CB030600

COLEÇÃO

Mundo do Trabalho

CAPITALISMO PANDÊMICO
Ricardo Antunes

CUIDADO: TEORIAS E PRÁTICAS
Helena Hirata

GÊNERO E TRABALHO NO BRASIL E NA FRANÇA
Alice Rangel de Paiva Abreu, Helena Hirata
e Maria Rosa Lombardi (orgs.)

ICEBERGS À DERIVA
Ricardo Antunes (org.)

OS LABORATÓRIOS DO TRABALHO DIGITAL
Rafael Grohmann

AS ORIGENS DA SOCIOLOGIA DO TRABALHO
Ricardo Festi

PARA ALÉM DO CAPITAL E PARA ALÉM DO LEVIATÃ
István Mészáros

A PERDA DA RAZÃO SOCIAL DO TRABALHO
Maria da Graça Druck e Tânia Franco (orgs.)

SEM MAQUIAGEM: O TRABALHO DE UM MILHÃO
DE REVENDEDORAS DE COSMÉTICOS
Ludmila Costhek Abílio

A SITUAÇÃO DA CLASSE TRABALHADORA NA INGLATERRA
Friedrich Engels

SUB-HUMANOS: O CAPITALISMO E A METAMORFOSE DA ESCRAVIDÃO
Tiago Muniz Cavalcanti

TEOREMA DA EXPROPRIAÇÃO CAPITALISTA
Klaus Dörre

UBERIZAÇÃO, TRABALHO DIGITAL E INDÚSTRIA 4.0
Ricardo Antunes (org.)

Veja a lista completa dos títulos em:
https://bit.ly/BoitempoMundodoTrabalho

a rebeldia do precariado

trabalho e neoliberalismo no sul global

Ruy Braga

a rebeldia do precariado

trabalho e neoliberalismo no sul global

prefácio

Michel Cahen

Direção editorial
Ivana Jinkings

Edição
Bibiana Leme

Assistência editorial
Thaisa Burani

Preparação
Caco Ishak

Revisão
Thaís Nicoleti

Coordenação de produção
Juliana Brandt

Assistência de produção
Livia Viganó

Capa e diagramação
Antonio Kehl
(foto da capa: manifestação da frente Povo Sem Medo
na Marginal Tietê, em São Paulo; Mídia Ninja)

Equipe de apoio: Allan Jones / Ana Yumi Kajiki / Artur Renzo / Eduardo Marques / Elaine Ramos / Frederico Indiani / Heleni Andrade / Isabella Barboza / Isabella Marcatti / Ivam Oliveira / Kim Doria / Marlene Baptista / Maurício Barbosa / Renato Soares / Thaís Barros / Tulio Candiotto

CIP-BRASIL. CATALOGAÇÃO NA PUBLICAÇÃO
SINDICATO NACIONAL DOS EDITORES DE LIVROS, RJ

B792r

Braga, Ruy, 1972-
A rebeldia do precariado : trabalho e neoliberalismo no Sul global / Ruy Braga. - 1. ed. - São Paulo : Boitempo, 2017.
(Mundo do trabalho)

Inclui bibliografia
ISBN 978-85-7559-572-5

1. Sociologia. 2. Ciências sociais. 3. Sociologia do trabalho. I. Título. II. Série.

17-43318 CDD: 301
CDU: 316

1ª edição: agosto de 2017
1ª reimpressão: novembro de 2018; 2ª reimpressão: agosto de 2023
3ª reimpressão: setembro de 2024

BOITEMPO
Jinkings Editores Associados Ltda.
Rua Pereira Leite, 373
05442-000 São Paulo SP
Tel.: (11) 3875-7250 / 3875-7285
editor@boitempoeditorial.com.br
boitempoeditorial.com.br | blogdaboitempo.com.br
facebook.com/boitempo | twitter.com/editoraboitempo
youtube.com/tvboitempo | instagram.com/boitempo

Precisamos perder o hábito, agora que estamos em pleno combate, de minimizar a ação de nossos pais ou de fingir incompreensão diante de seu silêncio ou de sua passividade.

Frantz Fanon, *Os condenados da terra* (Lisboa, Ulisseia, 1961).

Aos mestres Chico de Oliveira e Michael Burawoy.
Para Aline, Nina e Bia.

SUMÁRIO

PREFÁCIO Capitalismo esdrúxulo – *Michel Cahen* 13

FUNDAMENTANDO A CRISE DA GLOBALIZAÇÃO 21
O pesadelo de Polanyi 22
A crise da solidariedade fordista 25
O precariado no Sul global 29
Das fábricas às ruas 32
Neoliberalismo, precarização e lutas sociais 35

NEOLIBERALISMO NO SUL GLOBAL 39

1 A MIRAGEM EUROPEIA 41
Rumo à margem sul de Lisboa 44
Do fordismo periférico ao pós-fordismo financeirizado 48
Mercantilização do trabalho, angústia do(a) trabalhador(a) 50
Portugal: regulação e crise 55
Neoliberalismo: sementes da revolta 60

2 A LIBERTAÇÃO TRAÍDA 67
Apartheid, segregação e resistência 68
Trabalho e cidadania na África do Sul 73
A crise do fordismo racial e a transição democrática 77
A guinada neoliberal 79
África do Sul: regulação e crise 81
A cidadania salarial impossível 86

3 A HEGEMONIA LULISTA ... 95
Fordismo periférico: o avesso do consentimento ... 97
Trabalho e regulação na era Lula ... 101
Pós-fordismo e inquietação social ... 105
Da burocratização à hegemonia precária ... 110
Cidadania salarial: uma promessa difícil ... 114

PRECARIZAÇÃO NO SUL GLOBAL ... 119

4 DESAFIANDO O AUSTERICÍDIO ... 121
A crise da concertação social e a financeirização econômica ... 122
Uma outra Europa é possível? ... 125
O desmanche da regulação trabalhista ... 128
Resistindo à mercantilização do trabalho ... 131
O precariado português na indústria do *call center* ... 134

5 REINVENTANDO O *APARTHEID* ... 139
A tempestade perfeita: desemprego, mercantilização e endividamento ... 140
Precariedade, resistência e repressão ... 143
Uma outra libertação é possível? ... 147
O divórcio entre o trabalho e a cidadania ... 151
Endividamento e desenvolvimentismo: do medo à esperança ... 156

6 REVIRANDO O LULISMO ... 163
Formalização e precariedade: da esperança ao medo ... 165
A terceirização como destino ... 167
Mercantilização da cidade e ampliação da precariedade ... 171
A crise da hegemonia precária ... 176
O fim do lulismo? ... 179

LUTAS SOCIAIS NO SUL GLOBAL ... 185

7 PRECÁRIOS E INFLEXÍVEIS ... 187
Indignados! ... 188
O sindicalismo português e o dilema europeu ... 193
Portugal: o precariado em greve ... 196
Os limites da cidadania salarial ... 198

8 A REVOLTA DOS POBRES ... 201
A cidadania em farrapos ... 202
Marikana: o evento clássico ... 205
Trabalhadores pobres em Soweto ... 212
África do Sul: o precariado em greve ... 216

9 OS SENTIDOS DE JUNHO 221
"Não é por centavos, é por direitos!" 222
Jornadas de Junho: o desafio do precariado 225
Lulismo: aviso de incêndio 229
Das passeatas às ocupações: uma nova conjuntura nacional 235
Brasil: o precariado em greve 239

PORTUGAL, ÁFRICA DO SUL, BRASIL: DESIGUAL E COMBINADO 245

AGRADECIMENTOS 253

REFERÊNCIAS BIBLIOGRÁFICAS 257

Nota da edição
As citações de textos em outros idiomas que não o português foram traduzidas pelo autor especificamente para esta obra.

PREFÁCIO

Capitalismo esdrúxulo

Michel Cahen[1]

Quando Ruy Braga me pediu para escrever este prefácio, perguntei-me sobre a razão do pedido: afinal, trata-se de um livro de sociologia do trabalho, e eu sou um historiador da vida política africana. Mas há uma explicação simples: não pode haver uma sociologia séria sem que ela seja historicizada, isto é, sem ser, nesse caso, uma sociologia histórica do trabalho. Como, aliás, já existe uma sociologia histórica do político muito bem estabelecida em nossas disciplinas[2]. Todos os capítulos deste livro não hesitam em recuar no tempo, por vezes até o século XIX, para melhor analisar a contemporaneidade. Nesse caso, trata-se mais exatamente de uma *sociologia histórica da vida política relacionada ao trabalho.*

Com efeito, Ruy não se detém nos limites da sociologia profissional, mas combina sua análise com um pensamento emancipador, sem deixar de ser um cientista social. E há provavelmente outra razão para ele ter me pedido este prefácio: nossa intimidade com um marxismo vivo, plural, não fossilizado e não burocratizado. Além disso, este livro fala do Brasil e de Portugal, países que conheço – respectivamente, um pouco e bastante bem –, e da África do Sul, que, sendo eu um historiador de Angola e de Moçambique, também sou obrigado a conhecer.

Chamarei este livro de uma obra de "sociologia internacionalista". Bem sei que tal palavra pode soar como um palavrão nestes tempos de capitalismo triunfante, mas sou avesso às modas. Hoje, por exemplo, fala-se de "solidariedade" ou de "transnacionalismo" mais facilmente do que de "internacionalismo". No primeiro caso, temos a ilustração da despolitização e da "onguização" das tarefas do internacionalismo. No segundo caso, trata-se, paradoxalmente, de uma capitulação frente ao fetichismo do Estado. Com efeito, em razão desse fetichismo somado à equação catastrófica "Estado = Nação", o conceito de "internacionalismo" e os adjetivos correspondentes "internacional" e "internacionalis-

[1] Michel Cahen é diretor de pesquisa do Centre National de la Recherche Scientifique (CNRS), no Instituto de Estudos Políticos de Bordeaux, e pesquisador da Casa de Velázquez (Madri/Lisboa).

[2] Ver Yves Deloye, *Sociologie historique du politique* (Paris, La Découverte, 1997).

ta" foram se tornando quase sinônimos de "interestatismo" ou "interestatal" (as "relações internacionais" são quase sempre interpretadas como sendo relações interestatais). Ademais, quando se pretende tratar de relações entre povos sem passar pelos Estados, precisou-se inventar um novo conceito, o "transnacionalismo"[3].

O livro de Ruy, ao contrário, é autenticamente internacionalista. Não porque seja um trabalho de sociologia comparada (voltaremos a isso adiante), mas porque, além de sê-lo, analisa as lutas sociais por meio de uma nova força social, o precariado, nos marcos de um pensamento político mais amplo, perguntando-se sobre as possibilidades da emancipação em escala planetária, quando isso se mostra possível, ou, ao menos, na escala de alguns países, quando isso fornece uma ferramenta analítica mais prontamente utilizável. Parafraseando um célebre bolchevique, diria que não é possível existir sociologia em um só país.

Aqui, voltamos à comparação (procedimento que nunca serve apenas para comparar, mas para melhor compreendermos os próprios termos da comparação). E é muito claro que, olhando para Portugal vítima da Troika, entende-se melhor o que aconteceu e acontece no Brasil tardo-lulista e pós-golpe. Por sua vez, o que acontece na África do Sul, nos reinos de Thabo Mbeki e de Jacob Zuma, também nos ajuda a interpretar a realidade brasileira. Mas, se sempre é possível comparar o incomparável[4], a comparação é mais heurística quando há, em certo nível analítico, uma unidade entre esses países: o fato de serem, segundo Ruy Braga, todos da "semiperiferia" ou do "Sul global" é aqui fundamental. Ruy sabe que não concordo com essa metaclassificação para os três países[5]. Todavia, isso não importa aqui.

O que agora se faz necessário constatar é que, 1) num país da periferia europeia que foi vítima de uma feroz política de austeridade perfeitamente comparável aos planos de restruturação impostos pelo FMI a muitos países do "Terceiro Mundo" nos anos 1980-1990[6], 2) no mais importante país da América Latina, que há pelo menos trinta anos sofre um processo de desindustrialização[7], e 3) no país mais industrializado e proletarizado da África subsaariana, que experimentou um *thermidor* neoliberal logo após um autêntico movimento de libertação nacional e antirracista, ocorreram, com poucos anos de diferença, fenômenos perfeitamente comparáveis de precarização do trabalho. Por um lado, isso se explica por vivermos numa etapa da história do sistema-mundo capitalista (*alias*, ditadura mundial do capitalismo financeiro) cujas consequências existem para todos os países do planeta e, por outro, pelo fato de se tratar de países muito dependentes do centro capitalista, embora com níveis e historicidades diferentes.

---

3 Nasceu logo nos princípios do século XX, mas seu uso é, hoje, muitas vezes, generalizado como substituto de internacionalismo.

4 Ver Marcel Detienne, *Comparer l'incomparable* (Paris, Le Seuil, 2000).

5 Discuto, justamente, a noção de "Sul global" num livro que Ruy Braga e eu coordenamos: *Para além do pós(-)colonial* (São Paulo, Alameda, no prelo).

6 É claro que se pode também pensar na Grécia. Pode-se ainda consultar o livro de Bernard Conte, *La Tiers-Mondialisation de la planète* (Bordeaux, Presses Universitaires de Bordeaux, 2009).

7 Ver Pierre Salama, *Les Économies émergentes latino-américaines, entre cigales et fourmis* (Paris, Armand Colin, 2012).

Ora, qual é a etapa da história do sistema-mundo capitalista em que estamos? A grande revolucionária e marxista polonesa Rosa Luxemburgo, citada várias vezes neste livro[8], mostrou como o capitalismo é um sistema que só pode viver em expansão, e que esse movimento deve mesclar a ampliação do modo de produção capitalista com um vasto leque de outras formas de exploração e de dominação. Esse foi o principal meio de resolução provisória das contradições internas do sistema[9]. No entanto, após o retrocesso ao capitalismo experimentado pelos países do stalinismo senil, ditos "países do socialismo real", o sistema capitalista recuperou a totalidade da superfície do planeta e já não pode mais expandir espacialmente sua dominação: apenas pode expandir-se nas regiões e formações sociais já sob seu domínio, mas onde outros modos de produção, historicamente presentes, sobrevivem fragilizados.

Além disso, mesmo no centro, o capitalismo pode se expandir internamente, mercantilizando os serviços sociais, a água, o ar etc. Isso ocorre no exato momento – e não é por acaso – em que o capitalismo industrial, sem nunca desaparecer, embora mudando de "lugar" (por exemplo, da Europa e do Brasil para a China e a Coreia do Sul), passou a ser dominado pelo capitalismo financeiro. Isso quer dizer que o lucro capitalista já não é só apropriado pelos detentores de capitais a partir da extração do mais-valor ou dos ganhos com o comércio desigual, mas é apropriado por uma punção do capital financeiro sobre o mais-valor extraído pelo capitalismo industrial e mercantil. Como o livro sugere, em muitos países, embora a apropriação seja financeira, o volume global dos lucros captados pelo capitalismo financeiro é hoje superior ao do capitalismo industrial – isso mesmo quando o capital não cria capitais, alimentando por meio de crises mundiais periódicas a vingança da lei do valor.

A longa tendência à proletarização[10] do mundo não é uma boa notícia para o capitalismo, já que um proletário deve ser remunerado pelo custo mínimo da reprodução social, de si mesmo e de sua família; caso contrário, morreria. No nível microssocial, isso não é relevante. Entretanto, mostra-se insustentável no plano macrossocial, pois enseja o enfraquecimento do próprio mercado, sem falar do perigo de revoltas etc. Por isso, há muito interesse em aproveitar formas não capitalistas[11] de exploração capitalista, subalternizando sociedades inteiras onde sobrevivem outros modos de produção capazes de produzir o valor necessário à reprodução social, ou seja, aqueles espaços de colonialidade[12] onde subsiste o que os antropólogos marxistas chamaram de "articulação de diferentes modos de produção".

---

8 Ver Rosa Luxemburgo, *A acumulação do capital: contribuição ao estudo econômico do imperialismo* (São Paulo, Nova Cultural, 1985). Ver também Isabel Loureiro, "Rosa Luxemburgo e a expansão do capitalismo: uma chave marxista para compreender a colonialidade?", em Michel Cahen e Ruy Braga (org.), *Para além do pós(-)colonial*, cit.

9 A única outra forma é relativa às revoluções científicas (porque podem reduzir fortemente o valor do capital fixo), mas essas não são planejáveis.

10 Uso aqui o conceito de proletarização no sentido de Marx, isto é, a partir do conceito de proletário como aquele que só tem a venda de sua força de trabalho para viver; e não no sentido etimológico de quem tem em sua descendência (prole) a única riqueza.

11 Isto é, fora do modo de produção capitalista.

12 Ver Michel Cahen, "O que pode ser e o que não pode ser a colonialidade. Uma abordagem 'pós-pós-colonial' da subalternidade", em Michel Cahen e Ruy Braga (org.), *Para além do pós(-)colonial*, cit.

Mas isso não é suficiente e, na análise, sempre se deve lembrar que o capitalismo não é homogêneo nem tem um "metaplano" bem desenhado para sua sobrevivência. Por isso, os espaços de colonialidade não são suficientes e deve-se proceder também a ampliação interna do capitalismo, transformando, como vimos, valores de uso em valores mercantis. Este é o fundamento das políticas de "austeridade", cujo objetivo não é "poupar dinheiro", mas provocar o que, neste livro, é, com toda a razão, chamado de acumulação por espoliação. Isso não implica afirmar que a acumulação por extração do mais-valor ou por comércio desigual desapareceu, mas que ela já não é suficiente no capitalismo tardio[13]. Por isso, a acumulação por espoliação se tornou tão essencial.

Paradoxalmente, em certos aspectos, a espoliação se assemelha à acumulação primitiva do capital. A gigantesca diferença, no entanto, é a existência do capitalismo financeiro contemporâneo. Obviamente, a acumulação por espoliação ocorre de maneiras diferentes, ou ligeiramente diferentes, no âmbito político-social, quando se está num país do centro do mundo (França ou Estados Unidos, por exemplo) ou em países situados em diversos graus da periferia. Aqui, temos a razão de ser do precariado, a qual pode cobrir várias formações sociais, isto é, pode ser uma forma intermediaria de proletarização ou, ao contrário, uma forma tendencial de desproletarização.

Neste livro, Ruy Braga nunca chega a dizer que o precariado é uma nova classe social. E tem toda a razão. Pessoalmente, direi de modo frontal que o precariado não é uma nova classe – ao menos, não no sentido de Marx. Aqui, permito-me uma comparação com a(s) dita(s) "classe(s) média(s)". Para um marxista como eu, a "classe média" não existe... enquanto classe. As classes são formações sociais ligadas a um modo de produção e nunca constituem a totalidade de uma sociedade[14]. Classe não é sinônimo de pobreza ou de riqueza: um operário muito qualificado numa empresa ultramoderna pode ter um rendimento (salário) mais elevado do que um "microburguês", por exemplo, um pequeno comerciante de uma favela carioca. O que existe, sim, são estratos sociais médios oriundos de diferentes classes sociais: proletários bem pagos, camponeses abastados, artesões, comerciantes etc. O rendimento de cada um desses estratos pode ser equivalente, pois "médio", o que cria possibilidades comparativas entre eles. Mas a vida social destes permanece profundamente diferente. Por que abrir tal parêntese? Porque acho que ocorre algo semelhante com o precariado. E percebo isso em todos os estudos de caso enlaçados neste livro.

No exemplo de uma enfermeira brasileira que outrora era funcionária de um hospital, foi despedida e hoje é "terceirizada", isto é, trabalha para uma empresa de intermediação de força de trabalho, já não tendo nenhuma ligação institucional com o hospital, embora siga trabalhando no local, tendo perdido parte significativa de seus direitos e benefícios traba-

---

[13] Chamo de "capitalismo tardio" o capitalismo que já não tem a possibilidade de expandir-se espacialmente no planeta, como o fez secularmente desde o século XV.

[14] Entre alguns marxistas, é possível notar a existência de um "ultraclassismo", considerando que a totalidade da população de um país do centro do mundo ou é proletária ou é burguesa, ainda que reconheçam a existência de "frações de classe". No entanto, há forças sociais que não são classes, mas grupos sociais, corpos sociais etc., mesmo numa situação de polarização entre burguesia e proletariado. E pode haver vários modos de produção em concorrência, com suas classes respectivas, durante certos períodos históricos e num determinado território.

lhistas, não observamos um processo de desproletarização (ou lumpemproletarização[15]), mas de precarização de sua condição proletária. No entanto, caso seus "estágios" no hospital tornem-se excessivamente escassos (ou o salário caia a um patamar subnormal), ela precisará recorrer a outros trabalhos, provavelmente informais, alguns dos quais numa esfera não proletária[16]. Ou seja, a precarização pode levar tendencialmente à desproletarização.

No entanto, se tomarmos o caso de um jovem camponês sul-africano que não deseja ou não pode mais viver em um mundo rural empobrecido pelo comércio desigual e pela degradação ambiental e decide se mudar para a cidade, sobrevivendo do alongamento infinito da cadeia de distribuição – por exemplo, como vendedor de cigarros avulsos –, observaremos um camponês urbanizado que nunca conseguiu integrar-se ao modo de produção capitalista, pois não é proletário, movendo-se para uma instável plebe urbana. Todavia, caso obtenha um emprego terceirizado (por exemplo, como segurança num *shopping center*), o precariado se transformará em uma forma intermédia de proletarização e, eventualmente, de progresso sócio-ocupacional.

Obviamente, conforme os diferentes países ou, em um mesmo país, segundo os vários contextos sociais, econômicos e políticos, as duas trajetórias podem perfeitamente coexistir. Entretanto, em ambos os casos, trata-se da combinação da exploração por extração de mais-valor (o salário representa cada vez uma fração menor do valor produzido) e da exploração por espoliação (o desaparecimento progressivo dos antigos direitos trabalhistas, os ataques ao sistema público de saúde, ao seguro desemprego, ao direito à aposentadoria etc.). Também não há uma Muralha da China entre essas duas formas de exploração: com efeito, o salário real do trabalhador não é só o que ele recebe no fim do mês, mas inclui também os benefícios e a parte indireta dos salários (plano de saúde etc.). Quando um patrão pensa em empregar mais um trabalhador, ele compara, por um lado, o aumento possível de valor produzido pelo trabalhador suplementar e, de outro, a totalidade do "custo", isto é, o salário líquido e a parte indireta. Mas, em todos os casos, a variável de ajuste preferida pelo capitalismo financeiro é reduzir os "custos salariais", sem nunca pensar em diminuir suas margens de lucro ou mesmo investir na modernização dos meios de produção, a fim de aumentar a produtividade.

Acompanhando há tempos os estudos de Ruy Braga[17], é fácil concluir que o precariado não se assemelha a uma nova classe, mas a um estrato social que, tal como vimos no

---

[15] Marx entendia como lumpemproletários antigos proletários que, vítimas do desemprego de longa duração, tinham perdido a ligação orgânica com a classe proletária, vivendo de expedientes ilícitos a serviço de alguma clientela.

[16] É importante destacar que "informal" não quer dizer "não proletário". Um trabalhador informal pode perfeitamente ser um proletário. Mas há trabalhos informais que não são proletários (camponeses das periferias urbanas, comerciantes ilegais de rua etc.).

[17] Entre outras publicações, pode-se destacar Ruy Braga, "On Standing's A Precariat Charter: Confronting the Precaritisation of Labour in Brazil and Portugal", *Global Labour Journal*, v. 7, n. 2, 2016, p. 148-59; *A pulsão plebeia: trabalho, precariedade e rebeliões sociais* (São Paulo, Alameda, 2015); "Precariado e sindicalismo no Brasil: um olhar a partir da indústria do *call center*", *Revista Crítica de Ciências Sociais*, v. 103, 2014, p. 25-52; "Para onde vai o precariado brasileiro? Sindicalismo e hegemonia no Brasil contemporâneo", *Perseu: História, Memória e Política*, v. 10, 2014, p. 35-54; "Precariado e sindicalismo no Sul global", *Outubro*, v. 22, 2014, p. 35-61; "Precarious Development Model",

caso dos estratos sociais médios de várias classes sociais (ditas "classes médias"), pode cobrir, de acordo com os contextos, segmentos proletários, segmentos em vias de proletarização ou de desproletarização e setores da plebe. Mas não é por acaso que isso acontece no presente momento histórico, marcado pela crise da globalização/globalização da crise e, em especial, nos países localizados na periferia.

Aqui, não resisto ao prazer de reproduzir um comentário que li há pouco. O grande historiador brasileiro da escravidão, João José Reis, da Universidade Federal da Bahia (UFBA), recebeu, no dia 20 de julho de 2017, o prêmio Machado de Assis da Academia Brasileira de Letras pelo conjunto de sua obra. Obviamente, falou da escravidão na história brasileira. No entanto, lembrou-se de acrescentar:

> A recentíssima reforma trabalhista causa temor a quem entende do assunto. Segundo o auditor fiscal do trabalho Luís Alexandre Farias, "as mudanças criam condições legais e permitem que a legislação banalize aquelas condições que identificamos como trabalho análogo ao escravo". E a respeito do princípio do negociado sobre o legislado, o procurador do MPT [Ministério Público do Trabalho] Maurício Ferreira Brito, que encabeça a Coordenadoria Nacional de Erradicação do Trabalho Escravo, advertiu sobre o perigo da escravidão voluntária: "A depender do que se negocie", ele alertou, "você pode legalizar práticas do trabalho escravo". Seria uma graça que *esse* procurador fosse tão ouvido quanto os de Curitiba. Faltou falar da licença agora dada ao capital para empregar a mulher gestante em ambientes insalubres. Não me convencem as ressalvas da lei: se isso não é trabalho degradante, o que mais será? Sobre a reforma trabalhista, aceitem um exercício de imaginação pessimista. Não resisto a comparar o "trabalho intermitente" ali contemplado com o sistema de ganho ou de aluguel nas cidades escravistas: no primeiro caso, o senhor mandava o escravo à rua para alugar ele próprio sua força de trabalho; no segundo, o senhor escolhia um locatário. Circulava o escravo ao ganho ou de aluguel entre um e outro e mais outro empregador, como cumprirá fazê-lo o trabalhador intermitente do novo Brasil. Um professor, por exemplo, poderá, como autônomo intermitente, servir em vários estabelecimentos de ensino, um dia num, no dia seguinte mais um, depois ainda outro. Nascerá, assim, o professor ao ganho. Some-se a recente Lei da Terceirização e alcançamos o quadro quase completo de precarização radical do trabalho. A terceirização agora vale para atividades fins. Ainda no setor do ensino, empresas que antes limitavam-se a fornecer empregados para atuar na segurança ou na limpeza poderão doravante oferecer professores a escolas, faculdades e universidades, e fazê-los circular de acordo com a demanda do mercado. Nascerá, então, o professor de aluguel.[18]

Obviamente, estamos diante de uma analogia. O grande historiador da escravidão bem sabe que um escravo de ganho não é um precário de hoje, os tempos são diferentes, os modos de produção são outros. Mas a comparação faz sentido. Qual combinação esdrúxula promove esse capitalismo brasileiro do século XXI que *impõe* a comparação com

---

South African Labour Bulletin, v. 37, 2013, p. 35-45; *A política do precariado: do populismo à hegemonia lulista* (São Paulo, Boitempo, 2012); Ruy Braga, Francisco de Oliveira e Cibele Rizek (orgs.), *Hegemonia às avessas: economia, política e cultura na era da servidão financeira* (São Paulo, Boitempo, 2010); e Ruy Braga, Elísio Estanque e Hermes Augusto Costa (orgs.), *Desigual e combinado: precariedade e lutas sociais no Brasil e em Portugal* (São Paulo, Alameda, 2016).

[18] João José Reis, comunicação particular, 23 de julho de 2017.

o do século XIX antes de 1888 e que destrói, assim, as bases de seu próprio mercado? E isso não acontece apenas no Brasil[19]...

No entanto, não há razões para desânimo tão somente. Aliás, esse não é o tom geral deste livro. Como disse nas primeiras linhas, sua sociologia internacionalista não serve apenas para estudar, com a frieza do naturalista, o nascimento de um novo fenômeno social. Na realidade, serve para encampar a experiência social, incluindo suas lutas. E há uma boa notícia: o precariado luta e, por vezes, com certa eficiência. Aqui, é possível perceber uma grande diferença com o lumpemproletariado diagnosticado por Marx no século XIX. Este não apresentava as condições mínimas para se mobilizar como sujeito coletivo. Naturalmente, o lumpemproletariado subsiste nos dias de hoje, tanto no Brasil quanto na África do Sul, inserido na economia da droga ou em outras modalidades de existência ilegais e violentas.

Mas o fenômeno do precariado teve, nos países considerados neste livro, efeitos importantes sobre os movimentos sociais. Por um lado, e durante certo período, ajudou a enfraquecer o sindicalismo burocrático. No entanto, por outro, inventou novas formas de luta: assembleias de base nas empresas, quando possível, e lutas no âmbito das comunidades. Por um lado, isso se explica devido ao fato de que nem sempre era possível mobilizar os trabalhadores no interior dos locais de trabalho, tendo em vista a repressão patronal, a intervenção da polícia militar etc. Por outro, considerando que o precariado se encontra muitas vezes espalhado por empresas e submetido a contratos temporários, são as comunidades, e não as fábricas, que se transformaram nos espaços mais naturais de concentração para a mobilização coletiva. E, como demonstra Ruy, o sindicalismo mais tradicional, após um período de adaptação, atentou-se em particular a essas lutas, acolhendo-as, no caso de Portugal, ou então os precários criaram, eles próprios, novos sindicatos, como nos casos sul-africano e brasileiro. De uma maneira talvez otimista, diria que, afinal, o proletariado continuou a ser um fator de polarização: os precários criam as próprias formas de luta, embora, quando possível, peçam o apoio do sindicalismo tradicional, renovando sua organização.

Uma outra razão para a esperança é que essas lutas não são lutas a fim de obterem-se favores (lutas de sujeitos), mas lutas para assegurar o respeito aos direitos sociais (lutas de cidadãos). Não são lutas endereçadas a um rei ou a um mestre, mas à República. Aqui, vale a pena fazer uma comparação com os motins da fome em Maputo (Moçambique), em 2008 e 2010, quando o governo da Frelimo, um ex-partido "marxista-leninista" no poder desde 1975, decidiu aumentar os preços do pão, dos combustíveis, do arroz e do leite. Eclodiram, em decorrência, dias de motins na capital, que, por sua vez, foram barbaramente reprimidos pela tropa de choque da polícia.

No entanto, o que me marcou nessa onda de protestos foi a imagem de uma criança pondo fogo em um pneu no meio da rua e dizendo: "*Tamos chorar pra nosso pai*". Em

[19] Não conhecia esta palavra, "esdrúxulo", que meus dicionários portugueses de português não incluem. Apropriando-se do sentido originalmente atribuído a ela por Chico de Oliveira, Ruy a usa de modo a destacar a característica extravagante, *insensée*, como diria em francês, da reprodução do capitalismo na periferia.

outras palavras: "Imploramos ao presidente [o pai] que nos faça o favor de baixar os preços". Essa relação entre pai e filhos abandonados que buscavam sensibilizá-lo a respeito de suas justas demandas, caso maliciosos conselheiros não escondessem a realidade de seus olhos, revela um movimento social de sujeitos, e não de cidadãos. Claro que isso pode acontecer também no Brasil, na África do Sul e mesmo em Portugal. E, ao contrário, os amotinados moçambicanos, antes sujeitos, podem muito bem se tornar cidadãos amanhã. Mas fica evidente que, pelo menos nos exemplos estudados neste livro, e que parecem suficientes para indicar uma tendência geral, as lutas do precariado são por uma cidadania ativa, e não no interior de relações clientelistas. Os trabalhadores precários insurgem-se pela defesa de seus direitos, não por favores dos poderosos. Trata-se, em síntese, de lutas de classe.

Agora, qual pode ser o efeito de longo prazo da existência do precariado? Já vimos que pode haver dois sentidos: um momento intermediário rumo à desproletarização e, por outro lado, uma etapa na direção da proletarização. Há, porém, outro problema: o efeito tendencial da desproletarização não será o mesmo num país altamente proletarizado (como Portugal), num país onde a plebe é majoritária (como na África do Sul) ou, ainda, num país completamente formado pelo capitalismo colonial (isto é, historicamente submetido ao mercado capitalista), mas onde a classe proletária (não somente operária[20]) provavelmente não é majoritária, mas é massiva (como no Brasil). Dificilmente uma população proletária urbana volta a ser camponesa; bem pode se tornar plebeia, mas o custo político costuma ser muito alto: será que um Brasil formado principalmente por favelas seria viável, mesmo do ponto de vista da burguesia? Nesse caso, bem capaz que retornássemos a alguma forma de populismo, afinal, o próprio sistema capitalista necessita de alguma legitimidade. E isso tem um custo em termos de concessões aos trabalhadores. As lutas sociais que fatalmente se desenvolverão no Brasil pós-golpe parlamentar hão de determinar o futuro do regime político.

Com isso, concluo convidando o leitor a entrar em uma história que fala essencialmente de luta de classes. E que boas, velhas e necessárias palavras são essas!

Lisboa, 28 de julho de 2017

[20] Faço essa precisão porque o conceito de "classe operária" pode causar certa confusão. Num sentido marxiano, o proletariado é a classe, e a dita classe operária é um de seus estratos sociais, ao lado dos empregados do comércio e dos serviços, dos professores do primário e dos colégios, dos enfermeiros etc. É importante entender isso porque a dita "classe operária" pode muito bem diminuir numericamente (por exemplo, num processo de desindustrialização, como ocorre contemporaneamente no Brasil) enquanto o proletariado aumenta. A teoria do "fim da classe operária" funda-se muitas vezes nessa confusão. Na realidade, o proletariado nunca foi tão numeroso no mundo, em especial nos países do centro do sistema-mundo. Estimativas indicam que, na França, o proletariado constitui cerca de 85-90% da população total.

FUNDAMENTANDO A CRISE DA GLOBALIZAÇÃO

A instabilidade da economia global desde 2008 não deixa escapar o sentido da grande transformação que nos manieta. Da globalização da crise passamos à crise da globalização. A frágil recuperação econômica percebida no início da atual década e apoiada na expansão dos mercados de alguns países emergentes – em especial do conjunto formado por Brasil, Rússia, Índia, China e África do Sul, conhecido pelo acrônimo Brics – apenas adiou momentaneamente a conclusão inevitável: a crise atual veio para ficar, e os contágios entre os países que atravessam períodos de turbulência doméstica tendem a se multiplicar, aguardando uma mais do que improvável regulação mundial dos fluxos de capital. Enquanto isso, prevalece a lógica do salve-se quem puder.

A distribuição desigual dos impactos da crise nas diferentes sociedades nacionais não apenas radicalizou as disparidades econômicas entre os países do Norte e do Sul como tem alimentado soluções regressivas por toda parte. No Velho Continente, por exemplo, o voto britânico do dia 23 de junho de 2016 superou todos os contratempos anteriores colhidos pela União Europeia às suas iniciativas. Grécia, Irlanda, Holanda, França, Suécia ou Dinamarca, nenhuma derrota anterior pode ser comparada ao Brexit, como ficou conhecida a decisão do Reino Unido de abandonar o bloco europeu. A decisão da maioria dos eleitores abalou seriamente o projeto de integração europeu. Afinal, o Reino Unido não é apenas a segunda maior economia da Europa, é também a principal praça financeira do continente.

Em grande medida, a vitória do "*leave*" [sair] foi interpretada como o resultado da combinação entre o aumento do ativismo dos "eurocéticos" no interior do Partido Conservador e o crescimento do Partido da Independência do Reino Unido (Ukip). É importante acrescentar que o conservadorismo, nesse caso, possui um duplo sentido: preservar o Reino Unido dos efeitos socialmente deletérios trazidos pela crise dos refugiados ("retomar o controle das fronteiras", conforme a expressão usada pelos partidários do Ukip), mas também defender a ilha do desmanche neoliberal do Estado social praticado por Bruxelas – não nos esqueçamos dos milhares de eleitores do Partido Trabalhista oriundos da classe trabalhadora que também votaram favoravelmente ao *leave*[1].

Ainda que prevaleça uma versão "pragmática", isto é, mitigada, conforme o termo usado pelos negociadores Michel Barnier e David Davis, o Brexit é um fenômeno ambivalente capaz de revelar as contradições não apenas do capitalismo europeu mas, em certa medida, da própria crise da globalização, inaugurada em 2008 com a crise financeira do mercado *subprime* estadunidense. O estouro da bolha imobiliária nos Estados Unidos evoluiu na direção de uma desaceleração econômica generalizada, atingindo a Europa e a China e espalhando-se em seguida para as demais economias nacionais, com especial impacto sobre os países produtores de *commodities*. Quase dez anos de turbulências econômicas globais passaram a desestabilizar arranjos políticos nacionais, alimentando crises associadas ao avanço do autoritarismo. A inesperada escolha de Donald Trump para a Presidência dos Estados Unidos, no dia 9 de novembro de 2016, ilustrou à perfeição essa tendência.

De fato, a eleição do candidato republicano representou o coroamento da reação popular contrária à globalização capitalista, anunciada pelo voto britânico. À sensação de colapso iminente do projeto europeu deixada no ar pela decisão dos britânicos devemos somar todas as incertezas que uma administração populista de direita na Casa Branca fatalmente trará à cena política e ao funcionamento do mercado mundial. Aparentemente, o planeta está entrando em uma fase em que soluções protecionistas começam a substituir as receitas globalizantes propugnadas por governos e mercados desde os anos 1980.

Também no caso estadunidense, notoriamente a vitória de Trump foi assegurada pela determinação de parte da classe trabalhadora branca concentrada na região conhecida como Cinturão da Ferrugem – que abrange os estados do Nordeste, dos Grandes Lagos e do Meio-Oeste dos Estados Unidos, em especial Iowa, Michigan, Ohio, Pensilvânia e Wisconsin – de sufragar o candidato direitista. Ainda que já exista certo consenso em torno da tese de que, comparado ao que houve na eleição de 2012, o apoio democrata no Cinturão da Ferrugem desmoronou quando um grande número de eleitores democratas permaneceu em casa ou votou em um terceiro partido, muitos têm enxergado nas vitórias de Trump e do Brexit a sombra do fascismo.

O pesadelo de Polanyi

Em suma, a crise da globalização iniciada em 2008 foi um divisor de águas na política internacional, levando as classes dominantes do Norte global a recorrer ao intervencionismo estatal a fim de tentar estabilizar o sistema. No entanto, uma vez assegurado tal objetivo, voltaram à ofensiva sobre as classes subalternas com uma versão ainda mais crua do neoliberalismo. Os trabalhadores estão pagando a conta da crise por meio de rigorosos planos de austeridade e de padrões de vida cada dia mais

[1] Ver Alex Callinicos, "Brexit: A World-Historic Turn", *International Socialism*, n. 151, jun.-set. 2016.

baixos. Em poucas palavras, a onda de espoliação neoliberal tende a semear revoltas e multiplicar conflitos de difícil solução nos marcos democráticos tradicionais.

Na sociologia do século passado, a análise da relação entre a resposta protecionista dos Estados e as pulsões autoritárias ensejadas pela reação da sociedade às ameaças trazidas pela mercantilização em escala global alcançou em Karl Polanyi um expoente incontornável. Em seu livro mais conhecido, *A grande transformação*[2], ele não apenas iluminou os impactos da formação da sociedade de mercado sobre o trabalho, a terra e o dinheiro, como também revelou a conexão entre a mercantilização e a formação do sistema colonial, alargando a escala da investigação da dinâmica capitalista dos países industrializados à semiperiferia do sistema. Além disso, o autor assumiu uma perspectiva crítica em relação ao mercado, que, em certa medida, antecipou as preocupações de muitos estudiosos do mundo do trabalho com o advento do neoliberalismo.

Publicado em 1944, mesmo ano do aparecimento do livro de Friedrich von Hayek, *O caminho da servidão*[3], o projeto intelectual por trás de *A grande transformação* foi forjado ainda nos anos 1920, quando Polanyi vivia na Viena Vermelha governada por Karl Seitz. Aliás, as trajetórias, os destinos e as fortunas críticas de Polanyi e Hayek não deixam de refletir parte das desventuras do capitalismo no pós-Segunda Guerra Mundial. Chegados juntos à Inglaterra como imigrantes no início dos anos 1930, ambos viveram na mesma Viena socialista que encantou Polanyi e horrorizou Hayek. Foram perfeitos antípodas.

Principal representante da quarta geração da escola austríaca de economia, Hayek emigrou da Viena Vermelha para a Inglaterra, onde lecionou na London School of Economics (LSE) e influenciou a criação do Instituto de Assuntos Econômicos (IEA), que posteriormente ajudaria a formatar as políticas neoliberais implementadas por Margaret Thatcher. Finalmente, estabeleceu-se nos Estados Unidos, onde se transformou em uma proeminente fonte de inspiração do Departamento de Economia da Universidade de Chicago. De desajustado na Viena dos anos 1920 a ganhador do Prêmio Nobel de Economia em 1974, Hayek foi redimido pela contrarrevolução neoliberal iniciada nos anos 1970.

Polanyi viveu entre Budapeste e Viena, cidades onde os revolucionários russos eram bem acolhidos. Manifestando inclinações socialistas desde a juventude, rapidamente evoluiu de liderança ativa do movimento estudantil húngaro a fundador, ao lado de György Lukács, do Círculo Galileu, no qual expressou sua admiração pela coragem e ousadia dos revolucionários marxistas. Em 1914, Polanyi ajudou a fundar o Partido Radical Húngaro, atuando como seu secretário-geral por dois anos. Durante a Primeira Guerra Mundial, chegou a lutar no *front* russo. Com o fim da guerra, apoiou de forma entusiasmada o célere governo social-democrata húngaro[4].

---

[2] Karl Polanyi, *A grande transformação: as origens da nossa época* (Rio de Janeiro, Campus, 2000).

[3] Friedrich von Hayek, *O caminho da servidão* (São Paulo, Vide, 2013).

[4] Para mais informações, ver Kari Polanyi Levitt, *From the Great Transformation to the Great Financialization: On Karl Polanyi and Other Essays* (Nova York, Zed, 2013).

Morando em Viena nos anos 1920, Polanyi envolveu-se em debates sobre a contabilidade socialista, chegando a delinear um modelo democrático e associativo de processo de deliberação, tanto no âmbito econômico quanto na esfera política, para a prefeitura liderada por Karl Seitz. Entre 1924 e 1933, atuou como editor de uma prestigiosa revista econômica, na qual criticou a escola austríaca de economia por sua visão abstrata e desenraizada dos processos econômicos. A partir daquele momento, os conflitos promovidos pelo funcionamento dos mercados, bem como a importância da deliberação democrática na economia moderna, transformaram-se em temas frequentes de seus trabalhos. Em 1933, após a ascensão de Adolf Hitler ao poder, Polanyi foi demitido da revista em que trabalhava, mudando-se para Londres, onde passou a lecionar em uma associação educacional de trabalhadores em troca de um salário mínimo[5].

As pesquisas e anotações para suas aulas aos trabalhadores serviram de base à escrita de *A grande transformação*. Contra as teorias liberais, Polanyi empreendeu uma leitura da história ocidental segundo a qual, desde o século XIX, o capitalismo industrial teria presenciado inúmeras tentativas por parte da sociedade de proteger-se do cataclismo causado pelos avanços da mercantilização, por meio do estabelecimento de sindicatos e cooperativas de trabalhadores. Cada um a seu modo, também o fascismo, o socialismo e o *New Deal* estadunidense seriam respostas engendradas pela sociedade a fim de conter a destruição gerada pelo liberalismo.

A sucessão de crises econômicas e reviravoltas políticas que marcou o entreguerras na Europa, bem como seus resultados em termos de sofrimento humano, demonstraria a natureza essencialmente destrutiva da autorregulação do mercado. Assim, chegamos ao cerne da análise polanyiana, isto é, o argumento segundo o qual a mercantilização desmesurada destrói a "substância da própria sociedade". Na medida em que o trabalho e a terra nada mais são que "os próprios seres humanos nos quais consistem todas as sociedades, e o ambiente natural no qual elas existem, incluí-los no mecanismo de mercado significa subordinar a substância da própria sociedade às leis do mercado"[6].

Na verdade, trabalho e terra não são mercadorias, pois não são produzidos para a alienação mercantil. Por isso, Polanyi considerou o trabalho e a terra mercadorias "fictícias": "A ficção da mercadoria menosprezou o fato de que deixar o destino do solo e das pessoas por conta do mercado seria o mesmo que os aniquilar"[7]. Em termos marxistas, a mercantilização destruiria seus valores de uso. Igual argumento poderia ser proposto a respeito do dinheiro. Quando o dinheiro é mercantilizado, ele perde sua função de medir o valor das demais mercadorias e, consequentemente, tem seu valor de uso degradado. Esse processo tenderia a arruinar as próprias relações de mercado, promovendo crises frequentes de preços com impactos devastadores sobre a vida das empresas[8].

---

5 Para mais informações, ver Gareth Dale, *Karl Polanyi: The Limits of the Market* (Malden, Polity, 2010).

6 Karl Polanyi, *A grande transformação*, cit., p. 93.

7 Ibidem, p. 162.

8 Para mais informações, ver Michael Burawoy, "For a Sociological Marxism: The Complementary Convergence of Antonio Gramsci and Karl Polanyi", *Politics & Society*, v. 31, n. 2, jun. 2003.

A destruição promovida pelo liberalismo não se limitaria a um único país, acompanhando a difusão histórica do próprio mercado como instituição globalizante. Apesar de se concentrar na trajetória do capitalismo industrial inglês durante os séculos XVIII e XIX, Polanyi buscou construir um argumento universal, isto é, válido para toda a história moderna, segundo o qual, partindo de seus próprios interesses pragmáticos, apenas a classe trabalhadora seria capaz de proteger a sociedade contra os perigos trazidos pela mercantilização.

Afinal, mesmo que ocasionalmente proprietários de terra pudessem agir em defesa do trabalho, da terra e do dinheiro contra os interesses das classes comerciais, a única classe totalmente destituída de mercadoria alienável é a trabalhadora. Além disso, na condição proletária passou a acantonar-se a massa da nação, transformando--se aquela no destino usual do pequeno comerciante, do artesão e do pequeno proprietário rural arruinados. Tendo em vista sua posição social essencialmente protetora, Polanyi localizou a classe trabalhadora no coração do que chamou de "contramovimento" de resistência à mercantilização do trabalho, da terra e do dinheiro, estendendo-se do segundo quartel do século XIX até meados do século XX.

Para ele, o contramovimento produzido pelas forças sociais do trabalho teria se enraizado, nos anos 1930, tanto no fascismo europeu como no socialismo soviético, alcançando o bastião da economia de mercado, os Estados Unidos, em 1933. Por meio de uma série de políticas públicas conjuntas que, durante a década de 1930, buscavam aliviar a situação dos trabalhadores desempregados pela depressão econômica, o novo modelo de desenvolvimento fordista teria destroçado a regulação mercantil nos Estados Unidos.

A crise da solidariedade fordista

No entanto, a crise do fordismo, nos anos 1970, e a consolidação da hegemonia neoliberal, a partir dos anos 1980, não apenas subverteram as formas sociais de regulação do mercado analisadas por Polanyi como também inauguraram uma nova onda de mercantilização, cujo produto mais visível é o crescimento da insegurança econômica e da desigualdade entre as classes sociais em praticamente todo o mundo. Trata--se de uma realidade cujo efeito principal tem sido o aumento dessa desigualdade e o consequente aprofundamento da inquietação social, sobretudo após o advento da crise da globalização.

Neste livro, nosso objetivo principal será enfocar a precariedade dos modos de vida e de trabalho dos subalternos, a fim de revelar uma das principais características da crise atual, isto é, a relação entre o avanço do neoliberalismo e a renovação das lutas sociais, particularmente em Portugal, na África do Sul e no Brasil. Para tanto, é necessário colocar a noção de precariedade laboral no centro de nosso foco investigativo. Em larga medida, tal noção ganhou uma roupagem distintiva nos últimos trinta anos, sobretudo a partir do processo de enfraquecimento do sindicalismo fordista apoiado na fração adulta, branca, masculina e nacional da classe trabalhadora dos países de capitalismo avançado[9].

A mudança da estrutura industrial dos países do Norte global para os países do Sul global, somada ao enfraquecimento da segurança ocupacional, promovido tanto pela retração dos direitos trabalhistas quanto pelo decréscimo do apoio de governos liderados por partidos social-democratas, teria decretado o advento de toda uma era de declínio do poder sindical, traduzida em queda nas taxas de sindicalização e na perda de influência política dos trabalhadores em escala nacional. De fato, do ponto de vista das classes sociais subalternas, a crise do sindicalismo fordista é um dos mais salientes subprodutos da globalização capitalista[10].

Seja como fonte de poder associativo, seja como promessa de representação futura, o movimento sindical fordista criado pelas diferentes classes trabalhadoras nacionais na segunda metade do século passado está em apuros por toda parte. Trata-se de uma crise do poder associativo dos trabalhadores, cujos desdobramentos atingem igualmente os partidos políticos reformistas e pós-stalinistas associados, em termos gerais, ao sindicalismo fordista. Ao fim e ao cabo, tanto os sindicatos quanto os partidos trabalhistas foram severamente enfraquecidos pelas mudanças econômicas e políticas das últimas quatro décadas.

Um olhar que compare as taxas de densidade sindical dos maiores países industrializados do mundo com dados disponíveis, isto é, aqueles com populações acima de 50 milhões de habitantes, é capaz de captar a magnitude da crise do poder associativo dos sindicatos fordistas. Em escala global, a densidade sindical, apesar de alguns avanços e recuos sazonais, é declinante. Além disso, os sindicatos alternativos ao burocratismo fordista organizam apenas uma pequena parte dos trabalhadores, e a maioria de suas bases sociais vive em países relativamente ricos do Norte global, onde a participação das classes trabalhadoras na população economicamente ativa segue estagnada ou em baixa.

Embora o desenvolvimento desse processo seja desigual e com muitas diferenças entre os países, é necessário partirmos da constatação de que *as formas de representação das classes trabalhadoras atravessam uma transição na qual as velhas estruturas organizacionais fordistas já não são mais eficazes para alterar os rumos desse declínio, enquanto novas experiências organizativas estão ainda em seus estágios embrionários*. Esse momento relaciona-se de maneira direta à transformação da própria composição da classe trabalhadora em escala global, decorrente, em grande medida, do "choque de oferta de trabalho" produzido pela entrada dos trabalhadores da China, da Rússia e da Índia no mercado mundial[11].

---

9 Para mais informações, ver Michel Pialoux e Stéphane Beaud, *Retorno à condição operária: investigação em fábricas da Peugeot na França* (São Paulo, Boitempo, 2009).

10 Para mais informações, ver Andreas Bieler et al., *Free Trade and Transnational Labour* (Londres, Routledge, 2014).

11 Para mais informações, ver dados citados por Steven Kapsos, *World and Regional Trends in Labour Force Participation: Methodologies and Key Results* (Genebra, International Labour Organization, 2007).

TABELA 1: DENSIDADE SINDICAL EM PAÍSES SELECIONADOS, 1960-2013[12]

País	1960	1970	1980	1990	2000	2010	2013
África do Sul	-	-	-	-	28,3	26,5	16,6
Alemanha	34,7	32,0	34,9	31,2	24,6	18,6	17,7
Brasil	-	-	20,8	26,7	28,3	26,5	16,6
China	-	-	58,6	76,6	62,3	34,7	42,6
Coreia do Sul	-	-	-	-	11,4	9,7	-
Estados Unidos	-	23,5	19,5	15,5	12,9	11,4	10,8
Filipinas	-	-	27,0	29,7	27,1	8,7	8,5
França	19,6	21,7	18,3	10,0	8,0	7,9	7,7
Índia	-	-	-	-	13,8	10,2	9,8
Itália	24,7	37,0	49,6	38,8	34,8	36,0	36,9
Japão	32,9	35,1	31,1	25,4	21,5	18,4	17,8
Malásia	-	-	-	16,5	10,7	9,1	9,4
México	-	-	-	-	15,6	14,4	13,6
Reino Unido	40,4	44,8	51,7	39,7	30,1	27,1	25,4
Rússia	-	100	100	72,0	55,6	30,7	27,8
Turquia	10,8	25,9	42,1	24,0	12,4	7,0	6,5

Além disso, a crescente deterioração da relação salarial fordista, bem como o aumento do desemprego em vários países e regiões, promoveu o crescimento da informalidade laboral, que afasta os trabalhadores da proteção trabalhista, além de intensificar a rotatividade e estimular a intermitência do trabalho. O aumento do investimento externo direto na semiperiferia da economia mundial nas últimas três décadas foi marcante, e as corporações transnacionais aprofundaram a estratégia da terceirização empresarial com a consequente relocalização da produção para os chamados *greenfields*, isto é, regiões com pouca ou nenhuma tradição organizativa sindical. Assim, as negociações coletivas foram se tornando cada vez mais descentralizadas, e os contratos de trabalho, cada vez mais precários e individualizados.

Portanto, não deixa de ser surpreendente que o encontro entre a neoliberalização da economia, a precarização do trabalho e o crescimento global da força de trabalho tenha sido acompanhado pela intensificação das lutas sociais em diferentes regiões do planeta[13]. Antes de tudo, trata-se de uma tendência oposta ao declínio verificado entre meados dos anos 1990 e meados dos anos 2000: comparações internacionais de longo prazo têm revelado que, a partir de meados dos anos 2000, os protestos

[12] Marcel van der Linden, "Global Labour: A Not-so-Grand Finale and Perhaps a New Beginning", *Global Labour Journal*, v. 7, n. 2, 2016, p. 202.

[13] No caso da Europa, por exemplo, ver o levantamento das greves gerais realizado por Jörg Nowak e Alexander Gallas, "Mass Srikes against Austerity in Western Europe: a Strategic Assessment", *Global Labour Journal*, v. 5, n. 3, 2014.

ligados ao mundo do trabalho aceleraram seu ritmo, reconciliando-se com a onda da segunda metade dos anos 1980 e início dos anos 1990. Os protestos voltaram a acelerar após o início da crise da globalização, alcançando um pico entre os anos 2011 e 2015. Daí o espanto: como interpretar a anomalia segundo a qual o sindicalismo fordista declina, mas a mobilização dos trabalhadores se acirra?[14]

A primeira pista nos é dada por Marcel van der Linden, para quem a principal característica do atual ciclo é que a maioria esmagadora dos protestos trabalhistas constantes da base de dados do Instituto de Estudos Avançados do Trabalho de Amsterdã (Aias) tem endereçado suas queixas aos governos, exigindo que o Estado nacional, em vez de cuidar dos interesses dos grandes bancos e setores empresariais, desenvolva políticas econômicas e sociais alinhadas aos interesses da maioria dos cidadãos[15].

Com frequência, os protestos atuais gravitam em torno da oposição à onda de mercantilização do trabalho, da terra e do dinheiro, traduzida em termos de eliminação de subsídios sobre alimentos e combustíveis, cortes salariais, aumentos de impostos sobre a circulação de bens e serviços básicos, ataques à previdência social, reformas regressivas dos sistemas de aposentadoria e de saúde e precarização do trabalho. Além disso, tem-se tornado cada vez mais usual a associação dessa agenda à crítica da influência desmedida do poder das finanças e das grandes corporações sobre as decisões tomadas pelos governos nacionais.

Em suma, o enfraquecimento da capacidade de negociação dos sindicatos nas empresas tem estimulado uma reorientação dos protestos trabalhistas rumo à interpelação dos governos. Nesse sentido, é possível prever que a pressão das bases, isto é, aquela exercida por meio de formas de ação alternativas ao burocratismo trabalhista, deverá representar uma dimensão cada dia mais importante na reinvenção do sindicalismo. A fim de interpretar os limites e alcances desse desafio, os estudos do trabalho global deslocaram seu foco das estratégias sindicais burocráticas balizadas exclusivamente pelo Estado-nação para as mudanças na postura coletiva das forças sociais do trabalho em um contexto marcadamente globalizado[16].

Daí a ênfase nos novos parâmetros da organização do trabalho e nos repertórios emergentes de mobilização capazes de esboçar um "contramovimento polanyiano" à privatização, à mercantilização e à liberalização do trabalho. No entanto, e este é um traço saliente de tais estudos, ao contrário do que ocorreu logo após o sucesso das manifestações contra o encontro da Organização Mundial do Comércio (OMC)

---

[14] Ver Thomas Carothers e Richard Youngs, *The Complexities of Global Protests* (Washington, Carnegie Endowment for International Peace, 2015).

[15] Marcel van der Linden, "Global Labour", cit., p. 202.

[16] Para mais informações, ver, entre outros, Peter Evans, "National Labor Movements and Transnational Connections: Global Labor's Evolving Architecture under Neoliberalism", *Global Labour Journal*, v. 5, n. 3, 2014; idem, "Is It Labor's Turn to Globalize? Twenty-First Century Opportunities and Strategic Responses", *Global Labour Journal*, v. 1, n. 3, 2010; idem, "Is an Alternative Globalization Possible?", *Politics & Society*, v. 36, n. 2, 2008; Andreas Bieler e Ingemar Lindberg, *Global Restructuring, Labour and the Challenges for Transnational Solidarity* (Londres, Routledge, 2010); e Rina Agarwala, *Informal Labor, Formal Politics, and Dignified Discontent in India* (Cambridge, Cambridge University Press, 2013).

em Seattle, em 30 de novembro de 1999 – quando alguns estudiosos passaram a destacar a arena global, em detrimento do contexto nacional, como prioritária para apreender a renovação das dinâmicas da ação coletiva do trabalho –, os novos estudos enfatizam a centralidade da relação entre os contextos global e nacional, a fim de compreender as questões trabalhistas emergentes na globalização[17].

O precariado no Sul global

Em certa medida, a etapa contemporânea dos estudos do trabalho global precisou acertar contas com o entusiasmo que se acendeu entre os pesquisadores com o advento do Fórum Social Mundial (FSM), cuja primeira edição foi realizada em Porto Alegre, em 2001. Na realidade, o fascínio despertado entre os estudiosos do movimento operário pelo livro de Polanyi[18] deve ser interpretado a partir das afinidades eletivas existentes entre, de um lado, os alcances e os limites heurísticos do pensamento do autor e, de outro, a conjuntura política inaugurada em 2001 na capital gaúcha[19].

De Seattle a Porto Alegre, contramovimentos espontâneos estariam emergindo pragmaticamente na esteira da nova onda de mercantilização causada pela globalização. Assim, somados, o aumento da feminilização da força de trabalho, as diferentes formas de flexibilização e o aumento da informalidade verificados em escala global serviriam para aproximar objetivamente os interesses dos trabalhadores do Norte e do Sul globalizados, possibilitando uma retomada do processo de internacionalização das práticas solidárias. Trata-se de um diagnóstico que não apenas afirmou a existência do contramovimento à mercantilização como, em acréscimo, associou-o à tradição internacionalista do movimento operário.

Apesar da fragilidade dos indícios empíricos que atestam a eclosão desse contramovimento, o argumento predominante nos estudos da classe trabalhadora global é o de que as próprias contradições do desenvolvimento capitalista produzirão, cedo ou tarde, as bases para a internacionalização política da classe operária. E, com a retomada das mobilizações dos trabalhadores, o movimento sindical recuperará progressivamente seu protagonismo no interior do contramovimento do século XXI. No entanto, a frequência com que a experiência do FSM é citada pela literatura como exemplo bem-sucedido de contramovimento em escala global já indica a fragilidade dessa conjectura.

Um balanço desapaixonado do FSM revela que se trata do início da estruturação de uma agenda global, e não de uma experiência de regulação social em larga escala.

---

[17] Para mais informações, ver Michael Burawoy, "From Polanyi to Pollyanna: The False Optimism of Global Labor Studies", *Global Labour Studies*, v. 1, n. 2, 2010.

[18] Karl Polanyi, *A grande transformação*, cit.

[19] Para mais informações, ver José Seoane e Emilio Taddei, "From Seattle to Porto Alegre: The Anti-Neoliberal Globalization Movement", *Current Sociology*, v. 50, n. 1, jan. 2002.

Afinal, é notório que a direção majoritária do FSM se esforçou para manter o encontro como um "espaço aberto" de debates, em vez de uma ferramenta organizativa com determinadas finalidades estratégicas. Uma "utopia real" – para utilizarmos o conceito de Erik Olin Wright – como o fórum não deve ser confundida com a experiência histórica de enraizamento dos mercados na sociedade[20].

De fato, após o início da crise da globalização e o relativo malogro das coalizões globais entre sindicatos, organizações não governamentais (ONGs), agrupamentos de esquerda e movimentos sociais, inspiradas na experiência do FSM, os estudos do trabalho adentraram um período de certa polarização entre aqueles que seguiram enfatizando a importância de uma mudança de escala nas análises do trabalho com foco nas dinâmicas globais e aqueles um tanto céticos no que diz respeito à importância da dimensão global na origem dos movimentos trabalhistas[21].

Entre esses dois polos, organizou-se um campo investigativo que, além de destacar a centralidade da escala nacional, sobretudo a relação entre o Estado e os movimentos trabalhistas na estruturação da escala mundial, tem buscado compreender o fenômeno da transnacionalização do trabalho a partir de uma posicionalidade sociológica enraizada no Sul global. Assim, tais estudos almejam construir uma análise mais apurada dos entraves erguidos por coalizões políticas nacionais dominadas pelo capital financeiro globalizado aos projetos de construção de formas de solidariedade classista em âmbito internacional[22].

Aqui, cabe observar que, para além da simples dimensão geográfica, interpretamos o Sul global como uma metáfora da espoliação social, capaz de agregar tanto os processos de exploração nacional dirigidos pelas forças de financeirização quanto as batalhas por projetos alternativos de mudança social e política. Ademais, a expressão "Sul global" será utilizada neste livro como uma maneira de localizar as lutas sociais que ocorrem em regiões e países semiperiféricos submetidos às políticas de espoliação impostas pela globalização financeira. Ou, nas palavras de Vijay Prashad:

> O Sul global surgiu da concatenação de protestos contra a espoliação do bem comum, contra o roubo da dignidade humana e dos direitos, contra o enfraquecimento das instituições democráticas e das promessas da modernidade. O Sul global é isto: um mundo de protestos, um furacão de atividades criativas. Esses protestos produziram uma abertura cuja direção política não é fácil de definir.[23]

Em síntese, entendemos que a expressão "Sul global" contém uma dimensão explicitamente política, atada aos protestos e às denúncias das relações de exploração, opressão e espoliação impostas pelo Norte global à semiperiferia do sistema,

---

[20] Para mais informações, ver Erik Olin Wright, *Envisioning Real Utopias* (Londres/ Nova York, Verso, 2010).

[21] Sobre a importância das dinâmicas globais na análise dos movimentos trabalhistas, ver Peter Waterman, *Needed: A Global Labour Charter Movement* (mimeo, 2008); sobre a interpretação cética em relação à importância da dimensão global, ver Michael Burawoy, "From Polanyi to Pollyanna", cit.

[22] Para mais informações, ver Gay W. Seidman, *Beyond the Boycott: Labor Rights, Human Rights and Transnational Activism* (Nova York, Russell Sage Foundation, 2007).

[23] Vijay Prashad, *The Poorer Nations: A Possible History of the Global South* (Londres/ Nova York, Verso, 2012), p. 18.

os quais intensificaram as tensões entre a forma democrática da regulação política e a dimensão autoritária do regime de acumulação financeirizado. Essa tensão tem estimulado diferentes movimentos sociais de contestação à atual globalização capitalista (15-M, Que se Lixe a Troika! etc.), lembrando o alvorecer daqueles contramovimentos de resistência aos avanços da mercantilização no período do entreguerras, descritos por Polanyi.

Nesse sentido, os novos movimentos sociais protagonizados por jovens trabalhadores desempregados – ou subempregados – representam um desafio ao conflito entre regulação política e acumulação econômica, promovido sobretudo pelo aprofundamento da mercantilização do trabalho[24]. De fato, o avanço desse processo tem-se mostrado tanto uma fonte de precarização da condição proletária como um estímulo à aparição de contramovimentos sociais em escala nacional. Nesses termos, é possível identificar um decidido investimento dos estudos do trabalho global na análise dos novos repertórios mobilizados pelas forças sociais do trabalho no sentido de resistir à desconstrução das formas tradicionais de solidariedade fordista e ao enfraquecimento do poder sindical.

Inegavelmente, a dialética da mercantilização do trabalho transformou-se em um grande objeto investigativo. Afinal, a financeirização da economia promoveu o fechamento de fábricas e a redução do número de empregos qualificados nas economias capitalistas avançadas, empurrando os jovens rumo a ocupações desprotegidas, ao mesmo tempo que acelerou a ampliação de uma força de trabalho sub-remunerada e insegura nos países semiperiféricos. Nossa premissa geral é que o crescimento do precariado nos países do Sul global tem tensionado a regulação burocrática criada pelos Estados nacionais e pelo sindicalismo tradicional para absorver os antagonismos classistas nos limites da cidadania salarial, multiplicando conflitos insolúveis no interior do regime de acumulação pós-fordista e financeirizado.

Portanto, o estudo do precariado no Sul global é capaz de revelar algumas dimensões centrais da reprodução contraditória do neoliberalismo. Afinal, esse sistema tem se caracterizado pela dominação do capital financeiro monopolista, cuja base se apoia no crescimento massivo da superpopulação relativa na semiperiferia do sistema. Em termos marxistas, a superpopulação relativa reproduz as necessidades cíclicas do capital em relação à oferta de força de trabalho, assegurando às empresas uma fonte inesgotável de mais-valor por meio da compressão de seus custos produtivos. Além disso, como o trabalho barato é largamente acessível na semiperiferia capitalista, os trabalhadores mais bem pagos do centro do sistema são permanentemente chantageados pela relocalização produtiva, podendo ser demitidos sem ser recontratados, em um movimento que aprofunda a desigualdade também nos países capitalistas avançados[25].

---

[24] Nas palavras de Chico de Oliveira: "A precarização impulsionada pelo 'desmanche' globalitário transformou-se numa espécie de movimento de unificação dos subalternos". Francisco de Oliveira, "Quem canta de novo *L'Internationale*?", em Boaventura de Sousa Santos (org.), *Trabalhar o mundo: os caminhos do novo internacionalismo operário* (Rio de Janeiro, Civilização Brasileira, 2005), p. 165.

[25] Para Foster e McChesney, por exemplo, o resultado dessa polarização social é um aumento da "renda imperialista" extraída do Sul por meio da integração do precariado à produção capitalista, transfor-

Das fábricas às ruas

O aumento do precariado global tem sido acompanhado por uma violência igualmente crescente, cujo sentido consiste em assegurar a reprodução ampliada da exploração econômica e da espoliação social. Neste livro, optamos por uma abordagem comparativa entre diferentes contextos nacionais, apoiada na suposição de que, com a ajuda da teoria do desenvolvimento desigual e combinado, articulada à teoria da acumulação por espoliação, é possível ligar o local e o global, conectando as diferentes forças externas atuantes na globalização neoliberal. Assim, o conjunto heteróclito de processos econômicos e políticos diretamente influenciado pela crise econômica iniciada em 2008, nos Estados Unidos, com a chamada crise das hipotecas *subprime* – títulos de hipoteca "tóxicos" detidos pelos bancos –, pode ser associado aos processos internos que plasmam a experiência coletiva das classes trabalhadoras na crise da globalização[26].

Logo após a implosão da demanda efetiva estadunidense que se seguiu ao congelamento dos mercados de crédito, a União Europeia, ainda que de maneira desigual, foi severamente castigada pela crise, colocando na berlinda as economias de países como Portugal, Irlanda, Grécia e Espanha. Em poucos meses, o comércio global internacional caiu em um terço, provocando sérias tensões nas economias majoritariamente exportadoras, como as da África do Sul e do Brasil. Produtores de matérias-primas que haviam se beneficiado do superciclo das *commodities* depararam com uma abrupta queda internacional dos preços das matérias-primas. Além disso, os países que dependiam fortemente dos Estados Unidos como principal mercado para exportação acabaram sendo puxados para baixo[27].

Como era de se esperar, uma crise internacional dessas proporções acrescentou uma série de tensões aos diferentes modos nacionais de regulação do conflito classista, desafiando modelos de desenvolvimento outrora considerados exemplares, como o turco ou o brasileiro. No agregado, é possível dizer que essas tensões têm favorecido soluções antidemocráticas para os embates sociais[28]. Por meio da abordagem comparativa entre diferentes países do Sul global, tentaremos identificar algumas das conexões decorrentes dessa crise como constituintes de movimentos sociais que, por meio da retomada de algum tipo de controle sobre seu meio mais imediato, buscam atingir domínios mais distantes, desafiando a mitologia de uma crise totalmente alheia a qualquer forma de regulação social[29].

---

mando-o, igualmente, em uma alavanca para o aumento da taxa de exploração nos países do Norte. Ver John Bellamy Foster e Robert W. McChesney, *The Endless Crisis: How Monopoly-Finance Capital Produces Stagnation and Upheaval from the USA to China* (Nova York, Monthly Review, 2012).

[26] Para mais informações, ver Tom Brass, *Labour Regime Change in the Twenty-First Century: Unfreedom, Capitalism and Primitive Accumulation* (Leiden, Brill, 2011).

[27] Para mais informações, ver David Harvey, *17 contradições e o fim do capitalismo* (São Paulo, Boitempo, 2016).

[28] Para mais informações sobre a crise atual do modelo turco, ver Cihan Tuğal, *The Fall of the Turkish Model: How the Arab Uprisings Brought Down Islamic Liberalism* (Londres/ Nova York, Verso, 2016).

[29] Daí a necessidade de reforçar o estudo das macrofundações da microssociologia dos movimentos sociais em sociedades nacionais situadas no contexto da crise da globalização. A partir da comparação

Não pretendemos, com isso, desenhar uma imponente síntese teórica, mas mapear um terreno politicamente emergente. Em outras palavras, ao focar etnografias do trabalho em Portugal, na África do Sul e no Brasil, pretendemos revelar como a crise da globalização está sendo desafiada ou negociada pelas forças sociais subalternas. Assim, é possível perceber como a crise da globalização tem reproduzido o conflito social nas sociedades nacionais, radicalizando a mercantilização do trabalho, da terra e do dinheiro, e impulsionando as lutas de resistência à espoliação social imposta por governos e empresas. Para tanto, é estratégico fundamentar a crise da globalização no contraditório vínculo entre o neoliberalismo, o trabalho e as lutas sociais.

Em nossa opinião, parte significativa desse vínculo foi esquadrinhada por etnografias das classes sociais subalternas em Portugal, na África do Sul e no Brasil, com as quais lidaremos ao longo deste livro. Na realidade, trata-se de uma tentativa de explorar as "etnofundações" sociologicamente condicionadas do atual momento histórico. Essa perspectiva da crise da globalização desde "baixo" constitui o domínio empírico de nossa investigação, cuja análise buscará revelar tanto os limites impostos pelo atual ciclo histórico às aspirações das classes subalternas como os espaços por meio dos quais esses limites estão sendo desafiados pela ação coletiva dos trabalhadores[30].

Afinal, se as políticas atuais propõem um processo de saída da crise por meio de uma concentração ainda maior do poder das empresas e dos bancos, tentaremos demonstrar que o desenvolvimento desigual da crise da globalização também tem produzido movimentos heterogêneos de resistência ao neoliberalismo em diferentes sociedades nacionais. Em poucas palavras, fundamentar a crise da globalização por meio de análises etnográficas – ou, melhor dizendo, etno-históricas – requer igualmente o reconhecimento da centralidade da política fundamentada sobre a práxis dos "de baixo".

Aqui, privilegiaremos a ação coletiva dos grupos espoliados tanto no processo de trabalho quanto no acesso aos bens essenciais e aos direitos sociais, ameaçados sobretudo pela política de acumulação por espoliação. Trata-se de uma estratégia metodológica, mas também ideológica, advinda da necessidade de construirmos uma compreensão adequada da atual crise política das classes sociais subalternas. Parece-nos que tais classes, devido a sua inserção na estrutura social, que as coloca na linha de frente dos ataques oriundos da política da acumulação por espoliação, condensam as

---

entre diferentes estudos de caso ampliados, pretendemos revelar a resiliência de fontes de regulação social diante da atual onda de mercantilização, em especial o aumento do ativismo político dos "de baixo", por meio da exploração da íntima conectividade existente entre os diferentes âmbitos local, nacional e internacional. Para mais informações, ver Michael Burawoy, *Marxismo sociológico: Quatro países, quatro décadas, quatro grandes transformações e uma tradição crítica* (São Paulo, Alameda, 2014).

[30] Para mais informações sobre a noção de "etnofundações" sociologicamente condicionadas, ver Michael Burawoy et al., *Global Ethnography: Forces, Connections and Imaginations in a Postmodern World* (Berkeley, University of California Press, 2000).

contradições mais sensíveis do momento presente, assim como anunciam a possibilidade, ainda que embrionária, de superá-las positivamente[31].

Em suma: é necessária uma estratégia analítica que nos autorize a identificar tanto os limites impostos pela crise da globalização como os domínios a partir dos quais tais limites podem ser desafiados. Ou, de acordo com Harvey:

> Aqueles que trabalham no "setor informal" do trabalho intermitente nos becos das fábricas, nos serviços domésticos ou no setor de serviços em geral e o vasto exército de trabalhadores empregados na construção civil ou nas trincheiras [...] da urbanização não podem ser tratados como secundários. [...] Muitas vezes referido, hoje em dia, como "o precariado" (para enfatizar o caráter flutuante e instável de seus empregos e estilos de vida), esses trabalhadores têm sempre representado um grande segmento da força de trabalho total. [...] Sua mobilidade, dispersão espacial e condições de trabalho individualizadas podem tornar mais difícil a construção de solidariedades de classe ou a criação de formas coletivas de organização. Sua presença política é mais frequentemente marcada por tumultos espontâneos e levantes voluntaristas [...].[32]

Como veremos adiante, o efeito desses movimentos protagonizados pelo precariado urbano é desigual, mas, em geral, tem pressionado as formas tradicionais de organização dos trabalhadores, sobretudo os sindicatos e os partidos políticos, na direção de lutas sociais mais amplas. Trata-se de uma transformação em termos de protagonismo político que, apesar de perder o foco na produção, alcançou certa relevância ao conectar-se à esfera da vida cotidiana das classes subalternas em diferentes contextos nacionais. Das fábricas às ruas do Sul global, o precariado urbano tem desafiado o estilo burocrático e corporativista largamente predominante no movimento sindical[33].

De certa forma, trata-se da atualização do conhecido argumento segundo o qual em países semiperiféricos, como Portugal, África do Sul e Brasil, as condições gerais da industrialização tardia e periférica, isto é, o autoritarismo estatal, o despotismo fabril e os baixos salários, acabariam promovendo um estilo de sindicalismo de movimento social. Tal forma de ação coletiva tenderia a enfatizar a organização dos trabalhadores dentro e fora dos locais de trabalho, ou seja, nos bairros populares, além de conduzi-los à arena da luta política, enfrentando governos autoritários e falando em nome dos interesses das classes sociais subalternas.

Nos casos analisados neste livro, esse sindicalismo militante e popular contribuiu historicamente para o declínio de regimes autoritários, os quais foram sucedidos por governos comprometidos, ainda que de maneira desigual, com o processo de neoliberalização do social, isto é, com um modelo de regulação da economia que subordina os direitos básicos aos dispositivos balizados e dirigidos pelos mercados financeiros internacionais. Na condição de um projeto hegemônico centrado na generalização da concorrência como norma de conduta e da forma empresarial como

---

[31] Ver David Harvey, *17 contradições e o fim do capitalismo*, cit.

[32] Idem, *O enigma do capital e as crises do capitalismo* (São Paulo, Boitempo, 2011), p. 196.

[33] Para mais informações, ver Immanuel Ness, *Southern Insurgency: The Coming of the Global Working Class* (Londres, Pluto, 2015).

dispositivo disciplinar, a neoliberalização necessita articular concretamente as dinâmicas da acumulação de capital aos processos de legitimação da vida política nacional no interior de sociedades em diferentes estágios de desenvolvimento[34].

Nesse sentido, se os sindicatos no Sul global têm um papel muito limitado na definição da política econômica, o mesmo não pode ser dito a respeito de seu papel na regulação da precariedade ou ainda na pacificação do conflito social. Quer por meio de seu apoio às políticas públicas balizadas pelos mercados financeiros, quer por sua presença na administração direta do aparelho de Estado, o movimento sindical em países como Portugal, África do Sul e Brasil desenvolveu progressivamente a tendência de apoiar acordos neocorporativistas alinhados aos interesses dos mercados, mas dificilmente aceitáveis pela massa de trabalhadores precários[35].

Assim, veremos adiante que a burocratização do movimento sindical no Sul foi frequentemente acompanhada pelo progresso de movimentos sociais contestatórios, *transitando tendencialmente do chão de fábrica para as comunidades onde habitam os trabalhadores precários*. Em alguns casos, a inquietação social nos bairros e nas comunidades transbordou para os espaços públicos, manifestando-se de maneira mais ou menos orgânica em levantes populares cujo alvo é invariavelmente o Estado. Em geral, os trabalhadores se envolvem no ativismo de base por meio de assembleias populares, da formação de sindicatos independentes, da pressão direta sobre os sindicatos na ativa ou da criação de novos movimentos sociais[36].

Neoliberalismo, precarização e lutas sociais

Entre as diferentes abordagens que emergiram nos últimos anos no campo de estudos do trabalho global para problematizar a relação entre o ativismo dos trabalhadores precários e a regulação neoliberal, destaca-se o sociólogo inglês Guy Standing[37]. Em suas análises, ele tem insistido que o precariado não faz parte da classe trabalhadora e, consequentemente, seus padrões de ação coletiva divergiriam das formas tradicionais de mobilização trabalhista, alimentando um comportamento hostil dos jovens precários em relação aos sindicatos. Aos olhos do precariado, os sindicatos apenas seriam capazes de reproduzir uma política corporativista distante de suas necessidades.

Sem nos deter de maneira pormenorizada na fragilidade da caracterização do precariado como uma nova classe social, é possível dizer sumariamente que, em vez

---

[34] Para mais informações, ver Pierre Dardot e Christian Laval, *A nova razão do mundo: ensaio sobre a sociedade neoliberal* (São Paulo, Boitempo, 2016).

[35] Aqui, vale observar que a crise do sindicalismo que acompanhou a hegemonia da globalização neoliberal ajudou a erodir a proteção trabalhista das classes trabalhadoras também nos países do Norte global. Para mais informações, ver Ruth Milkman e Ed Ott (orgs.), *New Labor in New York: Precarious Workers and the Future of the Labor Movement* (Ithaca, Cornell University Press, 2014).

[36] Para mais informações, ver Immanuel Ness, *Southern Insurgency*, cit.

[37] Para mais informações, ver Guy Standing, *A Precariat Charter: From Denizens to Citizens* (Londres, Bloomsbury, 2014).

do surgimento de uma relação social de produção de novo tipo, o aumento do precariado representa, antes de qualquer coisa, um retrocesso civilizacional potencializado pelo longo período de acumulação desacelerada que se arrasta desde pelo menos meados dos anos 1970, cujos desdobramentos em termos da deterioração do padrão de vida dos trabalhadores e assalariados médios se tornaram mais salientes com a crise da globalização[38].

No entanto, Standing tem razão em destacar a trajetória ocupacional dos grupos mais jovens e precários do mercado de trabalho, frustrante e apartada daquela relativamente mais estável vivida pelas gerações anteriores, como uma das características mais notórias do estado de inquietação social que os atinge. Evidentemente, algum tipo de ressentimento em relação aos sindicatos pode florescer nesse meio, sobretudo na Europa ocidental. Trata-se de um diagnóstico parcialmente correto, mas que acaba subestimando a capacidade de auto-organização do precariado, além de obnubilar uma visão mais totalizante das formas de representação política associadas a seus interesses coletivos.

Afinal, se os sindicatos estivessem condenados ao desaparecimento, é óbvio que não poderiam propor soluções capazes de fortalecer a universalização dos direitos sociais e enfrentar a precarização do trabalho. Mas até que ponto a desconstrução analítica da relação entre o precariado, a classe trabalhadora e os sindicatos é empiricamente consistente? Como o precariado no Sul global tem se comportado em relação aos direitos sociais e ao sindicalismo?

A análise da relação entre a experiência política de jovens trabalhadores precários e as dinâmicas recentes dos sindicatos pode ser útil na tentativa de esboçar respostas a essas questões. De fato, os problemas levantados por Standing definem um conjunto decisivo de questões para a análise da ação coletiva dos subalternos no capitalismo contemporâneo. Além disso, ao apresentar a questão da natureza política da relação entre o sindicalismo e os jovens trabalhadores precários, o sociólogo britânico apontou para a transformação dos compromissos elaborados entre os trabalhadores e o Estado neoliberal.

Neste livro, buscaremos analisar a interconexão entre a *formação de classe* e a *ação coletiva de classe*, a fim de revelar em que medida as lutas sociais modificaram as formas de regulação classista em Portugal, na África do Sul e no Brasil. Assim, pretendemos partir da investigação do desgaste da promessa de uma cidadania salarial devido à privação dos direitos trabalhistas e sociais, privação essa ensejada pela onda de mercantilização do trabalho que castiga os países do Sul global, para observar a relação entre o precariado e o movimento sindical no contexto da crise da globalização.

No entanto, se não há dúvidas a respeito da devastação causada pelo desmanche neoliberal sobre as formas da solidariedade classista, as respostas populares às investidas da mercantilização ainda permanecem turvas. Por um lado, inovações alvissa-

---

[38] Erik Olin Wright detalhou de forma sistemática e convincente as razões teóricas para fundamentar a interpretação do precariado como parte da classe trabalhadora. Ver Erik Olin Wright, *Understanding Class* (Londres/ Nova York, Verso, 2015).

reiras como o Podemos, na Espanha, ou a formação da Geringonça, em Portugal, aliança entre o Bloco de Esquerda, o Partido Comunista Português (PCP) e o Partido Ecologista Os Verdes (PEV), em apoio ao governo do Partido Socialista (PS), avolumam-se, escudadas por jovens precários. Mas ainda é cedo para afirmar que se trata da emergência de um contramovimento polanyiano, capaz de enraizar a economia na sociedade, subjugando a mercantilização[39].

Apesar da importância do conceito de contramovimento, Polanyi se limitou a descrever um movimento social "espontâneo", cuja "natureza puramente prática, pragmática", fundiu classes sociais distintas em uma coalizão protecionista capaz de expressar a inquietação de uma sociedade atormentada pelo liberalismo econômico. Assim como não foi capaz de discernir claramente os diferentes tipos de intervenção estatal, subestimando, em consequência, o apoio do Estado às forças de mercado, Polanyi também falhou em fornecer uma teoria dos movimentos sociais capaz de explicar a estrutura e a dinâmica da ação do contramovimento. Em poucas palavras, o erro do diagnóstico polanyiano acerca da morte definitiva do liberalismo econômico deveu-se à subestimação da dinâmica propriamente política da luta social.

As carências da teoria polanyiana realçam a necessidade de uma abordagem crítica capaz de iluminar as relações da sociedade com o Estado e com o mercado a partir da perspectiva que evolve das lutas sociais. Não se trata de opor a abordagem polanyiana ao marxismo crítico, mas de evitar uma análise essencialista da política que nos conduza a uma avaliação desfocada a respeito das possibilidades de emergência de um novo internacionalismo operário como coroamento de um contramovimento espontâneo. Exatamente por ser o resultado de uma construção política, um possível contramovimento não pode surgir da reação automática da sociedade aos avanços do mercado[40].

Antes, é necessário saber combinar as *forças externas*, em especial o mercado e o Estado, com os *processos internos* à transformação das classes sociais, a fim de avaliar precisamente a contradição entre a acumulação capitalista e o comportamento polí-

[39] Nas eleições portuguesas de 4 de outubro de 2015, a coligação dos partidos de direita (Partido Social Democrata – PSD e Centro Democrático Social – CDS) que estava no poder desde 2011 obteve 38,5% dos votos, o que não lhe garantiu a maioria parlamentar necessária à formação do governo. O PS obteve 32,3% dos votos e, numa ação sem precedentes na história política de Portugal, o PCP, que alcançara 8,3% dos votos, e o Bloco de Esquerda, que obtivera 10,2% dos votos, decidiram apoiar um governo liderado pelo PS. No atual contexto europeu, por mais importante que essa vitória seja, a crise financeira atravessada pela economia de Portugal e a própria desnacionalização dos bancos portugueses são provas de que não há uma solução política durável para a sociedade portuguesa no interior de suas próprias fronteiras nacionais. Em suma, a inquietação polanyiana com a mercantilização do trabalho foi eficiente para formar um governo, mas insuficiente para encontrar uma saída para o Estado social no país. Para mais informações, ver Boaventura de Sousa Santos, *A difícil democracia: reinventar as esquerdas* (São Paulo, Boitempo, 2016).

[40] Para mais informações sobre o suposto surgimento da classe trabalhadora como resultado de reações automáticas à devastação cultural dos modos de vida camponeses tradicionais promovida pela mercantilização do trabalho, da terra e do dinheiro, ver Karl Polanyi, *A subsistência do homem e ensaios correlatos* (Rio de Janeiro, Contraponto, 2012).

tico da classe trabalhadora em escala global. Em nossa opinião, Beverly Silver[41] foi quem mais longe avançou nessa direção, ao demonstrar como, no século XX, o capital correu o mundo atrás da "miragem da força de trabalho barata e disciplinada", terminando por reproduzir o ativismo sindical nos lugares onde se instalou. Em poucas palavras, a mobilidade do capital criou novas classes trabalhadoras estrategicamente localizadas no Sul global, que, em troca, produziram novos e poderosos movimentos sociais nas indústrias em expansão.

Desse modo, o avanço da produção capitalista em uma região específica conduziria os trabalhadores ao fortalecimento de seu poder organizacional, pavimentando o caminho para uma crise de lucratividade. Na medida em que o capital é forçado a identificar estratégias de redução dos custos do trabalho por meio da reversão dos direitos sociais e do corte de custos salariais, a intensificação das lutas sociais daí decorrente renovaria a crise histórica, interpelando o Estado e obrigando as empresas a realocarem-se em novas regiões, onde as condições para a produção de baixo custo sejam asseguradas.

Ainda assim, o movimento do capital não produz espontaneamente um novo internacionalismo operário como seu corolário. Antes, trata-se de um processo de construção política que deve ser compreendido tanto em suas determinações estruturais quanto em seus desenvolvimentos subjetivos. As diferentes soluções encontradas pelo capitalismo a fim de superar os limites impostos à acumulação pela regulação econômica em escala nacional apenas serviriam para recriar conflitos entre o capital e o trabalho em escala global, empurrando as contradições capitalistas para a semiperiferia do sistema. Em outras palavras, para Beverly Silver, as melhores *chances* para o florescimento do contramovimento polanyiano estariam localizadas no Sul global[42].

De fato, alguns resultados da retomada do ativismo político dos subalternos nessa região são, sem dúvida, promissores. Como tentaremos demonstrar mais adiante, porém, são de igual modo muito frágeis e imaturos. Todavia, ao analisarmos o fluxo da crise iniciada em 2008, percebemos que um padrão tem se insinuado: *aonde vai a crise da globalização, a rebeldia do precariado vai atrás*. Assim, é da práxis política do proletariado precarizado que devemos partir, se quisermos decifrar o enigma da ausência de um contramovimento polanyiano em escala global.

---

[41] Ver Beverly J. Silver, *Forças do trabalho: movimentos de trabalhadores e globalização desde 1870* (São Paulo, Boitempo, 2005).

[42] Ver Beverly J. Silver, *Forças do trabalho*, cit.

NEOLIBERALISMO NO SUL GLOBAL

1

A MIRAGEM EUROPEIA

Por várias décadas, no mundo capitalista, o modelo de desenvolvimento fordista liderado pela social-democracia europeia foi o principal antídoto contra o caráter flutuante e instável dos empregos e estilos de vida das classes subalternas e assalariadas, cumprindo a função de inspirar o imaginário dos trabalhadores não apenas no Norte como, sobretudo, no Sul global. No interior do próprio continente europeu, a promessa da cidadania salarial, isto é, a combinação entre progresso ocupacional e proteção trabalhista para a maioria dos assalariados, estimulou o ativismo das forças sociais do trabalho em diferentes contextos nacionais, em especial após o colapso do ciclo autoritário que aprisionou sua periferia até meados dos anos 1970.

Essa promessa criou a miragem europeia, seduzindo milhões de trabalhadores nas margens do continente. No entanto, a guinada neoliberal do projeto de integração continental no final dos anos 1980 inviabilizou a promessa, ampliando a inquietação social, particularmente manifesta entre o precariado.

A possibilidade de países semiperiféricos, como Espanha, Grécia e Portugal, por exemplo, alcançarem um nível de proteção social compatível com o dos países mais avançados da Europa ocidental foi alardeada como uma das principais vantagens do projeto de integração do continente retomado no início dos anos 1980 por insistência do primeiro governo Mitterrand. De fato, tal foi o efeito sobre os novos governos no Sul da Europa em busca da consolidação de suas respectivas transições democráticas. Por várias razões, o caso português foi o mais emblemático de todos.

Afinal, a trajetória de uma solitária revolução popular vitoriosa, em grande medida liderada por forças alinhadas ao bloco soviético, posteriormente absorvida pelo projeto europeu, revelou, em um momento de incertezas a respeito da viabilidade da União Europeia, tanto seu potencial politicamente apassivador como sua força social em se tratando de desenvolvimento econômico. E, apesar de todo o ceticismo no tocante à integração europeia, demonstrado desde o início pelo movimento sindical liderado pela CGTP, o entusiasmo com o qual a elite política e as classes dominantes do país aderiram ao projeto assegurou a Portugal um papel pioneiro na unificação do continente.

Como argumentaremos adiante, a determinação nacional de aderir à Europa não apenas refletiu o colapso do colonialismo português como, sobretudo, os desejos de democratização do país inspirados pela Revolução dos Cravos. O horizonte de uma moderna democracia social parecia se abrir após quatro décadas de autoritarismo. No entanto, o projeto europeu, ao revelar-se uma iniciativa concentrada na criação de uma moeda única, capaz de assegurar um mercado comum de consumo que impulsionasse a mercantilização do trabalho em escala continental, não apenas frustrou parte considerável das expectativas políticas despertadas pela democratização de Portugal como também modificou de forma notável a estrutura de classes do país.

A despeito dos inegáveis progressos desencadeados pela integração continental no tocante à modernização da infraestrutura nacional, além dos avanços nas áreas da educação e da saúde, a sociedade portuguesa tem atravessado contemporaneamente um período de aprofundamento das desigualdades entre classes, cujo resultado é o aumento da inquietação social e da polarização política. O objetivo deste capítulo é reconstruir as principais determinações relacionadas às transformações recentes da estrutura de classes em Portugal a fim de relacioná-las à *formação do precariado pós-fordista português* e à sua *transformação em um decisivo sujeito da ação coletiva no contexto europeu*.

Buscaremos enfatizar tanto os sentidos da autoatividade desse grupo de trabalhadores quanto suas formas de mobilização coletiva na última década e meia, com especial atenção ao período pós-2008. Para tanto, será necessário analisar a construção de diferentes organizações autônomas de jovens precarizados e o surgimento de uma agenda e de repertórios renovados de lutas sociais. Por fim, é importante iluminar a evolução dessas organizações e sua relação com o movimento sindical português, ou seja, tentaremos inserir as transformações na estrutura de classes do país em um contexto histórico mais amplo, destacando a importância da modificação dos grupos subalternos, assim como seu revigorado protagonismo político.

Dessa forma, poderemos abordar os dois principais momentos do atual ciclo histórico de resistência à mercantilização do trabalho em Portugal a partir da indagação a respeito de qual a importância do jovem precariado português no ensaio de formação de um contramovimento aos avanços do neoliberalismo no Sul da Europa. Esquematicamente, é possível diferenciar dois grandes momentos desse processo: em primeiro lugar, tivemos no início dos anos 2000 a onda de mobilização social associada à eclosão do altermundialismo, representado pela experiência dos Fóruns Sociais Mundiais e de seus correlatos regionais (Fórum Social Europeu) e nacional (Fórum Social Português); a segunda onda iniciou-se em 2011, já no contexto da crise econômica global e da adoção da política de austeridade negociada entre a Troika (isto é, pelo FMI, pelo Banco Central Europeu e pela Comissão Europeia) e o governo liderado, primeiro, pelo primeiro-ministro socialista José Sócrates e, logo em seguida, por seu sucessor, o político conservador Pedro Passos Coelho.

Como era previsível, a aplicação de um conjunto de medidas de austeridade centradas no ataque aos direitos trabalhistas e nos cortes de despesas com saúde e educação precipitou uma súbita mudança na conjuntura política, inaugurando a vivificação da ação coletiva dos trabalhadores. Para ficarmos em apenas um exemplo inicial, entre 2010 e 2013, Portugal experimentou cinco greves gerais, ou seja, a mesma quantidade de todo o período democrático anterior. Trata-se de uma notável transformação do comportamento do movimento sindical no país que, como argumentaremos adiante, está intimamente relacionada tanto ao aumento da insegurança dos empregos e dos estilos de vida das classes subalternas e assalariadas portuguesas quanto ao crescimento do ativismo do jovem precariado nacional.

A fim de caracterizar a passagem do período marcado pela *inquietação social latente* e pela ação de pequenos agrupamentos políticos para o *momento das massivas manifestações antiausteridade* e pelo surgimento do precariado como um sujeito social capaz de desafiar as formas tradicionais de organização dos trabalhadores, vamos nos apoiar em três tipos complementares de abordagem sociológica: estudos econômicos das transformações da estrutura ocupacional e do mercado de trabalho nacional; análises sociológicas das modificações das condições de trabalho e de mobilização sindical no país; pesquisas etnográficas com foco na precarização da classe trabalhadora portuguesa e na transformação do precariado em um novo sujeito coletivo.

Nesse particular, acompanharemos as duas escolhas empreendidas por José Soeiro em sua tese de doutorado[1]. Em primeiro lugar, vamos nos concentrar no movimento Ferve (Fartas/os d'Estes Recibos Verdes[2]), por considerarmos que esse pequeno coletivo de jovens trabalhadores engajados na luta pela regularização do falso trabalho independente em Portugal condensou as principais características daquele ciclo, ainda latente, de mobilizações que avançou na década de 2000. Em seguida, pretendemos nos concentrar na bem-sucedida experiência de automobilização de trabalhadores qualificados do setor de *call center*, a chamada Linha Saúde 24, por ser um exemplo paradigmático tanto das potencialidades da ação coletiva quanto das dificuldades enfrentadas por tais trabalhadores num contexto de austeridade.

Antes de tudo, falar na possível formação de um contramovimento, contrário à mercantilização do trabalho em Portugal, implica reconhecer que o processo de precarização do trabalho supõe um conjunto de modificações no sistema de relações trabalhistas e na regulação política do trabalho que cristaliza juridicamente as práticas sociais do país. Trata-se de um processo cujos desdobramentos flutuam ao sabor da correlação de forças estabelecida entre as classes no interior de um determinado período histórico. Contemporaneamente, as metamorfoses do modelo de desenvolvimento, assim como do padrão de proletarização, acabaram desembocando no desmanche da classe trabalhadora fordista em Portugal e de suas formas tradicionais de representação.

---

[1] Ver José Soeiro, *A formação do precariado: transformações no trabalho e mobilizações de precários em Portugal* (Tese de Doutorado, Coimbra, Universidade de Coimbra, 2015).

[2] Os chamados "recibos verdes" são falsos contratos de trabalho independente, em vigor em Portugal, que permitem ao empregador manter com seus funcionários o vínculo de "prestadores de serviços", que os exclui das garantias e dos direitos que lhes seriam devidos em vínculo empregatício formal.

Evidentemente, essa tendência não se limita ao plano nacional. O fordismo periférico constituiu, afinal, uma realidade essencialmente articulada às modificações da divisão internacional do trabalho no pós-Segunda Guerra, mas cujos ritmos e características íntimas são inteligíveis apenas quando consideramos a interação entre Estado, empresas e classes sociais no plano nacional. Em outras palavras, interpretar a formação do precariado pós-fordista em Portugal implica recuarmos historicamente ao período compreendido entre a consolidação e o colapso do fordismo periférico português, ou seja, ao momento imediatamente anterior à integração do país ao projeto da União Europeia.

Rumo à margem sul de Lisboa

Após um período de intensas lutas sociais que se seguiram à queda da monarquia, em 1910, Portugal experimentou, durante o século XX, a dolorosa experiência de uma longa ditadura. Apoiados num Estado corporativo fortemente repressivo e auxiliado por uma Igreja ressentida com as expropriações promovidas pelo novo regime republicano, os impulsos de modernidade e de industrialização que o país viveu tiveram sempre por trás a tutela protecionista de uma regulação autoritária. O processo de formação e recomposição das classes sociais e, em especial, a emergência do operariado industrial e semiurbano da região de Lisboa-Setúbal constituem um fenômeno em que se enlaçam não apenas a trajetória e o destino históricos de Portugal nos últimos cem anos como também as antinomias presentes de todo um subcontinente em crise.

A despeito de alguns esforços pioneiros na construção naval ocorridos durante o período monárquico-constitucional consolidado a partir de 1851, é patente que a história da indústria portuguesa praticamente se confunde com a formação e a consolidação da Companhia União Fabril (CUF). Originalmente criada em 1865 para fabricar velas e sabão, já no final do século XIX a CUF decidiu investir na produção de adubos a fim de lucrar com um setor agrícola em expansão, cujo processo de modernização capitalista floresceu durante o governo de João Franco (1906-1908) e sob os auspícios de políticos reformadores, como Hintze Ribeiro. Assim, já em 1908 foi inaugurada na região de Setúbal, mais especificamente na cidade do Barreiro, a primeira fábrica de óleo do bagaço de azeitona e, logo a seguir, a de adubos químicos fosfatados com destino às grandes fazendas do Alentejo[3].

Tendo à frente Alfredo da Silva, conhecido capitão da indústria cujo autoritarismo ajudou a impulsionar a monopolização da economia portuguesa, a CUF, mesmo após a crise de 1929, diversificou suas atividades no entreguerras, modernizando e ampliando suas fábricas no Barreiro. Esse esforço de investimento culminou, em 1937,

[3] Para mais informações sobre as relações entre o patronato, o regime político liberal da "Regeneração" e a formação da classe operária portuguesa, ver Manuel Villaverde Cabral, "L'État et le patronat portugais devant la classe ouvrière de 1890 à 1914", *Le Mouvement Social*, n. 123, abr.-jun. 1983, p. 45-68.

no arrendamento do estaleiro naval da Rocha, localizado em Alcântara, Lisboa, e, posteriormente, em 1963, na criação da emblemática empresa de construção e reparação naval, a Lisnave. Para Fernando Rosas:

> Ao findar o segundo conflito mundial, o essencial do pequeno núcleo dos sectores mais modernos da indústria portuguesa tinha nascido à sombra do aproveitamento possível das sucessivas conjunturas internacionais propícias, desde certas químicas da CUF ou de empresas belgas e francesas e algumas metalúrgicas modernas (finais do século XIX, inícios do século XX), passando pelos cimentos Sommer (no primeiro pós-guerra), até à indústria de material eléctrico ou à refinação de petróleo na segunda metade dos anos [19]30. Os índices de produção industrial disponíveis registram, aliás, entre 1939 e 1945 um crescimento regular (uma taxa de crescimento médio anual de cerca de 5%) tanto no rescaldo da depressão internacional como nas difíceis condições do conflito mundial. A evolução da formação bruta do capital fixo na indústria, apesar dos parênteses constituídos pelos anos de maior impacto da crise de 1929 (entre 1930 e 1932) – seguidos de uma clara recuperação – e pelas novas quebras originadas pelo cerco económico da guerra (entre 1931 e 1944), manteve a sua tendência ascensional.[4]

Assim, quando da morte de Alfredo da Silva, em 1942, a CUF já era o mais importante grupo financeiro-industrial da península Ibérica, com investimentos em dezenas de empresas e cerca de 70 mil trabalhadores diretamente empregados[5]. Por meio dos laços de cumplicidade política desenvolvidos por Alfredo da Silva com a ditadura salazarista, a empresa prosperou tendo por base a proteção de seus mercados, o crédito oficial subsidiado e o intenso combate aos sindicatos[6]. Em termos gerais, é possível dizer que o esforço de industrialização e a transição ao modelo corporativista em Portugal foram subsidiados pela repressão aos trabalhadores e pelos baixos salários[7]. Nas palavras de Fernando Rosas:

> Uma industrialização historicamente assente na sobre-exploração da força de trabalho, em grande medida semicamponesa, com largo peso de mulheres e crianças, analfabeta, sem formação técnica de qualquer espécie e privada de liberdade de associação e expressão sindicais. Salários baixíssimos e longas jornadas de trabalho, conjugados com as várias modalidades de proteccionismo estatal, foram viabilizando a maioria das empresas dos sectores industriais tradicionais. De uma forma geral, eram escassas as preocupações patronais com o investimento tecnológico, a formação do pessoal ou a adopção de esquemas assistenciais, uma vez que se sobrevivia e até se prosperava ao abrigo da concorrência e da reivindicação e à custa de um operariado que, em boa parte, ia buscar à terra o complemento do salário que o empresário não pagava.[8]

---

4 Fernando Rosas, "Estado Novo e desenvolvimento económico (anos 30 e 40): uma industrialização sem reforma agrária", *Análise Social*, v. XXIX, n. 128, 1994, p. 873.

5 Ver Jorge Morais, *Rua do ácido sulfúrico: patrões e operários, um olhar sobre a CUF do Barreiro* (Lisboa, Bizâncio, 2008).

6 Ver Fernando Rosas, *Salazar e o poder: a arte de saber durar* (Lisboa, Tinta da China, 2012).

7 O chamado Estado Novo português foi um regime político autocrático, corporativista e fortemente repressivo sobre o movimento operário, tendo promovido a industrialização do país. Para mais informações, ver Fernando Rosas, Estado Novo e desenvolvimento económico (anos 30 e 40), cit.

8 Ibidem, p. 885.

Um modo de regulação corporativo e despótico imposto pela cúpula do Estado salazarista por meio do chamado "condicionamento industrial", assim como pelo total desmantelamento dos antigos sindicatos autônomos da Primeira República (1910-1926), organizou-se em torno das péssimas condições laborais, da indefectível perseguição aos sindicalistas e de pequenas concessões em termos do acesso à chamada "obra social cufista", isto é, escolas, moradias e hospitais, mas apenas àqueles operários que aceitassem a superexploração nas fábricas.

Vale lembrar que, para Fernando Rosas, não podemos nem mesmo falar em um verdadeiro "condicionamento industrial" entre os anos 1930 e 1950, pois, durante esse período, verificou-se não mais do que um modesto aumento de 22% para 28% da população ativa industrial (indústrias extrativa e transformadora, transportes e energia), sem, contudo, ser capaz de promover uma alteração aguda "dos equilíbrios estruturantes da sociedade portuguesa de então". Em suma, a estrutura social do país permaneceu marcada pelo domínio das indústrias tradicionais, faltando investimentos em projetos hidroelétricos e nas indústrias de base[9].

Nesse sentido, é possível dizer que, durante o auge do regime salazarista, houve certa prosperidade econômica, mas sem uma clara modernização industrial devido à fragilidade do investimento privado e à marcante dependência das empresas do protecionismo estatal. O crescimento da empresa alimentou-se, sobretudo, de um caudaloso fluxo de antigos assalariados agrícolas, advindos dos grandes latifúndios da região do Baixo Alentejo, região Sul de Portugal, localizada entre Lisboa e o Algarve, ainda hoje uma área dominada pela agricultura[10].

Entre as décadas de 1930 e 1950, o paternalismo autoritário de Salazar decidiu imprimir uma faceta "social" ao regime, promovendo, sob a tutela do ministro Duarte Pacheco, a construção de bairros destinados à classe trabalhadora na periferia de Lisboa, dos quais são exemplos os da Encarnação, de Madre de Deus e o Alto da Serafina. Essa face "social" era acompanhada pela ideologia do "Portugal de brandos costumes", além da promoção do estilo "Casa Portuguesa" e de outros símbolos exibidos pela doutrina oficial, celebrados na grande Exposição do Mundo Português realizada em 1940, ponto culminante da propaganda salazarista.

Ainda que recém-chegados ao mundo fabril, os operários industriais de primeira geração demonstraram notável ativismo no movimento sindical liderado pelo Partido Comunista Português (PCP). Apesar de relativamente pequenos e, em geral, controlados pelo regime, os sindicatos industriais foram aos poucos infiltrados por correntes políticas organizadas, sobretudo comunistas e setores progressistas ligados à Igreja

---

[9] Idem.

[10] No Alentejo floresceram, desde finais do século XIX, os grandes latifúndios, cujos proprietários rentistas residiam nas maiores cidades da região e na própria capital. Fugindo do atraso rural, em busca de melhores oportunidades de trabalho e atraída pelas promessas do acesso aos serviços sociais garantidos pelo paternalismo industrial, uma massa de trabalhadores rurais acantonou-se em várias regiões próximas ou adjacentes a Lisboa, tais como Setúbal e Almada, ao Sul, e Moscavide, Sacavém e Vila-Franca-de-Xira, a Nordeste. Para mais informações, ver José Cutileiro, *Ricos e pobres no Alentejo: uma sociedade rural portuguesa* (Lisboa, Sá da Costa, 1977).

católica, tornando-se as principais forças de resistência ao salazarismo. Assim, o movimento sindical protagonizou, em julho de 1943, a mais longa e emblemática greve do Estado Novo, debelada apenas pela ocupação militar das fábricas da CUF[11].

Derrotado pelas forças repressivas do regime, o sindicalismo cufista ressurgiu mais tarde, em 1969, durante a greve do jovem operariado da construção naval na Lisnave de Almada, quando a ação clandestina do PCP voltou a crescer no polo industrial da margem sul do Tejo. Em boa parte descendente de alentejanos, essa nova geração de trabalhadores começava a emergir após a saída de Salazar do poder e em um contexto marcado por crescentes expectativas quanto às reformas democráticas da "Primavera Marcelista", coincidente com a consolidação da indústria na região e com o desenvolvimento do setor de serviços. Embora esse movimento tenha sido derrotado e apesar das demissões decorrentes da greve, os jovens operários navais iniciaram no final da década de 1960 um vigoroso ciclo de mobilização que, após o 25 de Abril de 1974, ganharia um novo impulso, culminando na vitoriosa greve de 12 de setembro de 1974.

Vale lembrar que, com a Revolução de 25 de Abril de 1974, levada a cabo por um golpe liderado pelo Movimento das Forças Armadas (MFA), teve início um período de intensas iniciativas democráticas, e mesmo de democracia direta, com um grande protagonismo da classe trabalhadora. Contra o apelo dos militares que dirigiram o golpe e insistiam que a população ficasse em casa, milhares de cidadãos saíram às ruas a fim de gritar "morte ao fascismo". Tal período ficou conhecido como Processo Revolucionário em Curso (Prec), quando casas foram ocupadas, direções de sindicatos submissas à ditadura foram expulsas, greves, paralisações e ocupações de fábricas se sucederam, grupos econômicos ligados ao Estado Novo, entre os quais a CUF, foram desmantelados, e empresas consideradas de interesse público foram nacionalizadas. Vale lembrar que, durante o Prec, teve início a reforma agrária no Alentejo, surgindo as Unidades Coletivas de Produção[12].

O processo de luta de classes que se seguiu à Revolução dos Cravos convergiu no sentido da constituição de uma frente ampla reunindo o PS, a Igreja, setores do MFA e alguns grupos conservadores, a fim de enfrentar o projeto de Estado socialista em construção. Assim, após um período revolucionário que durou dezenove meses, o golpe militar de 25 de novembro de 1975 inaugurou um regime democrático e liberal que coroou a vitória das forças conservadoras sobre os setores socialistas insurgentes. Apesar disso, permaneceu em Portugal a presença dos direitos econômicos e sociais, assim como dos mecanismos de participação democrática previstos constitucionalmente e conquistados pela Revolução dos Cravos[13].

---

[11] Para mais informações, ver Vanessa de Almeida, "A greve de 1943 no Barreiro: resistência e usos da memória", Ubi*museum, Revista Online do Museu de Lanifícios da Universidade da Beira Interior*, n. 2, 2014, disponível em <http://www.ubimuseum.ubi.pt/n02/docs/ubimuseum02/ubimuseum02.vanessa-almeida.pdf>, acesso em jun. 2016.

[12] Para mais informações, ver José Soeiro, *Reforma agrária: a revolução no Alentejo* (Lisboa, Página a Página, 2013).

[13] A vitória do regime democrático e liberal significou tanto a derrota da Revolução como o início de uma curta hegemonia do Estado social, que se estendeu até as privatizações de 1989, cedendo seu

Do fordismo periférico ao pós-fordismo financeirizado

Muitos dos instrumentos capazes de fortalecer a democracia participativa portuguesa, no entanto, jamais foram regulamentados. Assim, o princípio da proteção inerente aos direitos econômicos e sociais, a despeito dos inegáveis avanços nas áreas de educação e saúde, ainda hoje permanece relativamente distante dos trabalhadores portugueses, forçando-os, em especial os mais jovens, a emigrarem em períodos de desaceleração econômica. Trata-se de uma ambiguidade que acompanha a história portuguesa contemporânea e cuja característica central é a tentativa de apassivar as pulsões socialistas cristalizadas na Constituição de 1976 por meio da consolidação de uma institucionalidade democrática liberal ao estilo europeu ocidental.

Em termos globais, podemos inferir que parte substantiva da situação delineada após o período do Prec pode ser sintetizada na trajetória da CUF. Com a nacionalização do grupo seguida por uma nova privatização e pela devolução da empresa à família Mello, no final da década de 1980, as atividades industriais da CUF conheceram um período de declínio acompanhado do aumento do desemprego na região de Setúbal[14]. No final dos anos 1990, as atividades relativas aos serviços médicos, financeiros e hoteleiros foram progressivamente adquirindo importância estratégica para Jorge de Mello e José de Mello, os herdeiros do antigo império industrial da CUF.

Hoje em dia, a CUF transformou-se no maior grupo privado de saúde de Portugal, obviamente interessado em aumentar seus lucros a partir da espoliação do sistema público de saúde promovida pelas medidas de austeridade aplicadas pelo governo do antigo primeiro-ministro Passos Coelho. Assim, quando o fordismo periférico finalmente se encontrou com a democracia liberal, reforçando a promessa de uma cidadania salarial portuguesa ao estilo da praticada no Norte da Europa, o modelo de desenvolvimento entrou em declínio, acompanhando o colapso do fordismo em escala internacional.

Essa tensão acentuou o ajuste esdrúxulo entre uma regulação fordista democrática herdada do período revolucionário e uma realidade predominantemente não fordista da relação salarial. Como resultado, a fragilidade da institucionalização da regulação fordista do vínculo salarial acabou prejudicando a consolidação de um Estado social em Portugal. Para Boaventura de Sousa Santos, por exemplo, o Estado português caracteriza-se por ser um "*quase*-Estado-Providência". Afinal, falta uma estrutura econômica capaz de garantir ao Estado uma relativa margem de manobra para realizar concessões reais em termos de direitos econômicos e sociais aos subalternos[15].

Assim como ocorreu no Brasil durante a ditadura civil-militar, o esboço de fordismo periférico português, em parte apoiado na íntima cumplicidade entre António

---

lugar ao ciclo das reformas neoliberais que prepararam a integração de Portugal à União Europeia. Para mais informações, ver Boaventura de Sousa Santos, *A difícil democracia: reinventar as esquerdas* (São Paulo, Boitempo, 2016).

[14] Para mais informações, ver Ana Nunes de Almeida, "Perfis demográficos e modos de industrialização: o caso do Barreiro", *Análise Social*, vol. XXIV, no. 100, 1988.

[15] Para mais informações, ver Boaventura de Sousa Santos, *A difícil democracia*, cit.

de Oliveira Salazar e meia dúzia de famílias, como a de Alfredo da Silva, teve como contrapartida o implacável controle do aparelho repressivo sobre um operariado com raízes no Alentejo: ao visitar a cidade de Aljustrel, onde ficam as minas que forneciam a pirita para as fábricas da CUF, não é difícil encontrar trabalhadores que ainda se lembram, por exemplo, dos assassinatos de António Adângio e Francisco Madeira, em 28 de abril de 1962, durante um protesto contra a prisão de mineiros grevistas[16].

De fato, as transformações da sociedade portuguesa promovidas pelo processo de democratização do país foram admiráveis. No início de 1974, Portugal era um dos países mais atrasados da Europa, ainda que insistisse em conservar um decadente império colonial. De súbito, o mais antigo regime autoritário da Europa viu-se diante da principal mobilização popular ocorrida no continente desde o fim da Segunda Guerra Mundial. No curso dos acontecimentos revolucionários iniciados no 25 de Abril, o socialismo foi inscrito nos programas dos principais partidos políticos portugueses, pavimentando o caminho que aproximaria o país do Estado social.

Com o fim da crise revolucionária em 25 de novembro de 1975, o objetivo imediato das forças sociais e políticas havia transitado da construção do socialismo para a criação de um Estado social segundo o modelo europeu ocidental:

> Depois de quase cinquenta anos de autoritarismo, nem o capital nem o trabalho tinham qualquer experiência de organização autônoma e de negociação. [...] Assim, paralelamente à intensificação dos conflitos sociais, assistiu-se ao enfraquecimento, à fragmentação e à paralisia crescente do Estado. Tudo isso, porém, em vez de impedir, favoreceu a promulgação de importante legislação no domínio laboral e social sob forte pressão dos movimentos operários, cada vez mais radicalizados, e das múltiplas formas de mobilização popular. Essa legislação seguiu o modelo utilizado nas sociais-democracias ocidentais, chegando às vezes a ultrapassá-lo. [...] Em termos políticos concretos, o objetivo do Estado era restabelecer a acumulação de capital e construir uma social-democracia de tipo europeu. [...] Apesar de as leis e as instituições fordistas se manterem em vigor, faltava-lhes a necessária base material econômica.[17]

Assim, emergiu em Portugal uma forma imperfeita de Estado social compatível com um modo de regulação social cuja característica basilar é reproduzir a combinação esdrúxula entre a promessa da cidadania salarial nos moldes europeus e a realidade semiperiférica de uma estrutura social pós-fordista e financeirizada. Evidentemente, trata-se de um modo de regulação marcadamente instável e historicamente condicionado por uma situação em que o capital não consegue sepultar a legislação trabalhista, mas as forças sociais do trabalho não são suficientemente fortes para garantir sua plena aceitação por parte dos setores patronais.

---

[16] Durante nossa pesquisa de campo realizada no inverno de 2015 em Aljustrel, entrevistamos um ex-mineiro, Manuel Guisado, cujo pai, José Guisado, foi preso e torturado pela Guarda Nacional Republicana (GNR) em razão de sua participação na greve de abril de 1960. As lembranças de Manuel Guisado a respeito das inúmeras greves ocorridas na região alongam-se até os anos 1990, quando a atividade mineira declinou em toda a região. Para um estudo etnográfico das minas de Aljustrel, ver Inês Fonseca, "Identidades e memórias em torno de uma mina: o caso de Aljustrel", *Revista de Antropologia Iberoamericana*, v. 1, n. 3, 2006.

[17] Boaventura de Sousa Santos, *A difícil democracia*, cit., p. 39-40.

Ainda no final dos anos 1970, quando o Partido Socialista português imaginou solucionar os dilemas da sociedade nacional adotando entusiasmadamente o projeto europeu como horizonte, tratava-se de uma tentativa de avançar rumo ao fortalecimento de uma sociedade democrática estável vertebrada pelo Estado social. Assim, a integração à União Europeia parecia ajudar o país nas complexas tarefas ligadas à consolidação de sua jovem democracia. De fato, com a chegada dos investimentos europeus a Portugal, uma nova era de pacificação tendeu a aproximar o Estado de sua autoimagem idealizada.

No entanto, com a chegada dos fundos estruturais da União Europeia, o Estado português preferiu perseguir um programa econômico balizado por interesses privados do setor de infraestrutura, afastando-se de uma estratégia de desenvolvimento redistributivo. Além disso, o governo português cedeu a todas as imposições neoliberais de controle dos gastos públicos contidas no Tratado de Maastricht, privilegiando a perseguição das metas fiscais e de medidas de disciplina orçamentária[18]. Assim, quando a integração europeia insinuava revitalizar o projeto da cidadania salarial no país, o Estado aderiu a uma via neoliberal cujo resultado foi a transição para um modelo de desenvolvimento pós-fordista e financeirizado, apoiado na precarização dos empregos e dos estilos de vida das classes subalternas portuguesas.

Mercantilização do trabalho, angústia do(a) trabalhador(a)

Esse processo pode ser mais bem compreendido quando consideramos as transformações pelas quais passaram setores tradicionais da indústria no contexto da atual globalização capitalista. Caso emblemático dessa transição ao pós-fordismo financeirizado em Portugal, a importante indústria da madeira e do mobiliário destacou-se tanto pelo desaparecimento da maior parte das empresas que dependiam do mercado interno quanto pelo processo de concentração do capital que garantiu ao setor um lugar relevante no crescimento das exportações portuguesas para a França, a Espanha e Angola na última década e meia[19].

Parte significativa da história da reestruturação industrial atravessada por esse setor encontra-se condensada na etnografia do trabalho operário conduzida por Bruno Monteiro, em 2007, na cidade de Rebordosa, localizada no Noroeste do país[20]. Antes de tudo, trata-se da descrição dos efeitos deletérios da transformação do regime fabril sobre o grupo operário no interior do processo de trabalho. No entanto, o estudo de caso se ampliou rumo ao aumento da insegurança laboral que a deterioração do antigo sistema da fábrica promoveu na comunidade e na vida familiar dos operários da indústria moveleira.

---

[18] Idem.

[19] Ver Margarida Cardoso, "Indústria do mobiliário espera ano recorde", *Expresso*, 18 nov. 2014, disponível em <http://expresso.sapo.pt/economia/industria-do-mobiliario-espera-ano-recorde=f898638>, acesso em jun. 2017.

[20] Ver Bruno Monteiro, *Frágil como o mundo: etnografia do cotidiano operário* (Porto, Afrontamento, 2014).

A modernização da indústria imposta pela concorrência internacional veio associada a um forte controle dos custos de produção e à criação de uma rede comercial sustentada na aceleração do ciclo de produtos e no investimento em design. Os efeitos dessas mudanças sobre o antigo regime fabril caracteristicamente paternalista gravitaram em torno da mecanização da produção, da desqualificação do trabalhador, da intensificação dos ritmos produtivos, da utilização de novos materiais, da redução da porosidade laboral e do endurecimento das hierarquias no interior do processo de trabalho[21].

Na realidade, tratou-se de uma ampla reestruturação empresarial que não apenas formalizou procedimentos de "qualidade" ou implantou métodos modernos de controle de gestão, como sobretudo logrou reinventar ao longo da década de 2000 o próprio modelo de negócios do setor ao abandonar o mercado interno em benefício do mercado internacional:

> Acho que a fábrica está numa fase em que vai ser difícil, vai ser difícil as pessoas quererem aquilo pro futuro delas. [...] A intensidade é sempre, é sempre no, no limite, não... aliás nós... aumentar a, a intensidade nunca, não há hipótese, já estamos mesmo no, no limite. Acho, acho que é um ritmo bastante forte mesmo. [...] Acho que... isso acontece devido ao sistema de gestão que temos. [...] Sou, sou uma pessoa que ando em constante estresse...[22]

A piora das condições de trabalho decorrente da intensificação do fluxo produtivo agravou o clima de insegurança no chão de fábrica. Para muitos operários, a perda do controle sobre o ritmo do trabalho provocou uma alta no número de acidentes, redundando em desinteresse pela produção. O "gosto pelo trabalho" transformou-se numa sensação angustiante de que a qualquer momento uma "desgraça" aconteceria. O desalento operário foi concomitante com um período de transição calcado no aumento do despotismo fabril que anunciou o colapso abrupto da economia da "graça" e dos "favores" que dissimulava as relações de poder e de dominação características do paternalismo industrial. Nesse contexto, a forma típica de resistência operária dá-se na tentativa de reassumir o controle do trabalho por meio da diminuição de seu ritmo:

> Nota de campo de 23 de janeiro de 2007 – "Estás a brincar com o trabalho dos outros?", diz Alberto para Filipe, quando este esbarrava propositadamente contra uma pilha de peças. Está manifestamente aborrecido. "Trabalham um para os outros", protesta. Como Filipe parecia não demonstrar muita vontade em levar o caixote e lenha até ao mandeirão, Alberto continua: "Vê bem. O Filipe vai andar a enconar* até ao lanche". Faltavam ainda dez minutos (eram 9h50). Alberto não chegou a colocar o moto-cargas sob o caixote para o levar. Apertou os sapatos, confirmando lentamente ora um, ora outro, arranjou a roupa, mexia (sem efeitos práticos) na consola da orladora e da calibradeira, "só a fazer que trabalhava". Quer dizer, "andava de um lado para outro sem fazer nada", a "coçá-los". Alberto comentava asperamente com Eliseu. "A culpa não é dele, é de quem manda".[23]

---

[21] Idem.

[22] Belmiro, 25 anos, marceneiro, trabalha desde os quatorze anos, citado em ibidem, p. 90-1.

* Termo popular usado em Portugal, significa "demorar muito a fazer alguma coisa".

[23] Ibidem, p. 120.

O desenvolvimento da dissimulação operária acabou desdobrando-se em uma miríade de pequenos gestos e iniciativas individuais de desresponsabilização pelo trabalho a fim de subtrair-se momentaneamente à pressão gerencial. Ao mesmo tempo que permite reassumir parte do controle perdido sobre o processo produtivo, tal desinteresse diminui a autoestima do trabalhador, redundando na descaracterização de seus vínculos classistas. O aumento da alienação do trabalho é percebido pelo operário como algo que viola sua vida íntima, desestabilizando uma de suas identidades mais estáveis.

Naturalmente, essa percepção não se distribui de forma homogênea pelas diferentes partes que compõem o grupo operário. Nitidamente, a presença desse sentimento de alienação do trabalho é mais saliente entre os operários saídos da "geração da fábrica", isto é, antigos trabalhadores com baixo grau de escolarização formados na própria indústria. Para os que conheceram o sistema tradicional de trabalho, a incorporação de jovens saídos da "geração da escola", com uma trajetória educacional mais longa e cursos técnicos ou profissionalizantes no currículo, é percebida como um "castigo" imerecido.

Ao mesmo tempo, o relato etnográfico registra como a competição entre o envelhecido grupo de trabalhadores e o jovem precariado industrial é resultado da desestruturação do antigo sistema cultural enraizado na comunidade operária e no paternalismo fabril. O choque entre as gerações da fábrica e da escola revela a existência de um conjunto mais profundo de tensões que a simples diferença etária não seria capaz de revelar. Na verdade, as variadas atitudes em relação ao novo regime fabril despótico são a razão última que opõe os dois grupos.

Os mais jovens, apesar de submetidos a contratos temporários e recebendo os piores salários da fábrica, aceitam mais facilmente os novos procedimentos formais, em especial aqueles que estão depositados em suportes escritos. Além disso, mostram-se mais responsivos às mudanças técnicas promovidas pela gerência. Esse comportamento não é tolerado pelos trabalhadores mais experientes, que identificam aí um ponto de apoio ao novo discurso gerencial promovido pela empresa:

> Entre as fendas da acelerada desagregação e reconstituição dos relacionamentos interpessoais no grupo de trabalho ("antes encobríamo-nos uns aos outros", "havia muita cumplicidade lá dentro"), surgem "aquelas pessoas que para subirem tentam se pôr por cima dos outros". [...] As pessoas andam "todas a matar-se umas às outras". [...] A mudança é talvez mais pronunciada dentro das empresas; onde "era tudo família", agora "é ver quem queima mais o outro". Os níveis de rotação dos postos de trabalho e o "risco" do desemprego tornam o coletivo de trabalho mais instável e enfraquecem os laços de solidariedade.[24]

Aos olhos dos trabalhadores mais jovens, a fábrica surge sobretudo como uma via de acesso ao mundo do consumo. Contratados no momento em que a intensificação dos ritmos produtivos, a mecanização da planta, os contratos temporários, o aumento da rotatividade e a elevação dos acidentes de trabalho já haviam redefinido o padrão

---

[24] Ibidem, p. 212.

da indústria, os novatos simplesmente não viam muito sentido em submeter-se a uma cultura operária passadista cujo centro gravitacional supunha um período prolongado de convivência na mesma empresa e na mesma comunidade. Naturalmente, isso não implica que estivessem satisfeitos com as condições encontradas na empresa.

Entre a raiva e a depressão, ambos os grupos experimentam múltiplas formas de desafeição pelo trabalho decorrentes da insegurança laboral. A diferença basilar entre os dois grupos é que, enquanto os antigos operários se engajam de forma mais ativa nas pequenas ações cotidianas de sabotagem ao ritmo de trabalho, os novatos tendem a ceder, transformando o mundo do consumo em um refúgio contra o medo e a incerteza. Em comum, os veteranos revelam uma certa frustração quanto à trajetória escolar um tanto mais prolongada de filhos que não obtêm melhores oportunidades de emprego depois de formados, enquanto os jovens se mostram céticos em relação ao retorno aos estudos como forma de escapar do trabalho na fábrica, adotando uma postura mais passiva quanto ao futuro.

Em suma, a degradação das condições reais de consumo da força de trabalho, somada à multiplicação das formas precárias de contratação e ao aumento da rotatividade daí resultante, semeou uma sensação de insegurança na indústria que pode ser ilustrada pelo depoimento de um operário de 63 anos que sempre trabalhou na mesma empresa:

> Adelino diz-me que "está desgraçado". "Agora é aguentar estes dois anos até a reforma". Para isso repete um exercício que fizera durante o serviço militar no Ultramar: "fazer as contas" ao "tempo que falta para vir embora". A ameaça latente do desemprego; a redução absoluta das remunerações, provocada pela progressiva redução na prestação de horas extraordinárias; a introdução de "prêmios" individuais – cujos procedimentos de atribuição estão rodeados de suspeições de favorecimento e cuja privação é encarada como dispositivo penalizador ("é um castigo", "multa"); a precarização das relações contratuais e a consequente elevação da rotação da mão de obra; a intensificação do rigor hierárquico e da pressão produtivista ("estão ali imprensados contra a parede"): estes são elementos que se sucedem no discurso de Adelino para dar conta de uma realidade de crescente '"injustiça", "falta de respeito" ("um gajo andava ali feito um palhaço"), "desânimo", "amargura" [...] e desespero.[25]

Mesmo considerando que a transição para o novo regime adotado pela indústria da madeira e do mobiliário em Portugal não estava concluída na segunda metade dos anos 2000, é perceptível o estabelecimento da precarização do trabalho como vértice do modelo exportador. Nesse sentido, a trajetória recente de tal setor não deixa de prefigurar as estratégias de desvalorização interna da força de trabalho, cujo objetivo consistiu em garantir um reposicionamento competitivo das empresas portuguesas no mercado internacional. Trata-se de uma meta conscientemente perseguida pelas medidas de austeridade negociadas pelo governo do ex-primeiro-ministro Pedro Passos Coelho com a Troika no início dos anos 2010. Em síntese, o sucesso da reestruturação do setor moveleiro anunciou a crise do projeto da cidadania salarial suscitado pelo 25 de Abril.

---

[25] Ibidem, p. 210.

Da indústria ao setor de serviços, além da marcante inserção de jovens nas posições mais precárias do mercado de trabalho, outra dimensão-chave da transição pós-fordista em Portugal é a crescente presença do assalariamento feminino no terciário do país. Trata-se de um processo que começou ainda nos anos 1960 devido à maciça emigração e à absorção dos homens pela guerra colonial, mas que se intensificou com o crescimento do número de empregos nos serviços públicos após a Revolução dos Cravos. O peso crescente do assalariamento feminino acompanhou ainda a transferência dos postos de trabalho da agricultura e da indústria para o setor de serviços. De fato, desde meados dos anos 1970, a feminilização do emprego reconfigurou o mercado no país[26].

No entanto, esse processo se deu por meio da absorção da força de trabalho feminina nos postos menos qualificados e mais mal remunerados. Em 2000, por exemplo, as mulheres ocupavam 61% das funções administrativas, 65% dos cargos de vendedoras e 65% das ocupações não qualificadas[27]. Mesmo contando com forte presença na administração pública, as mulheres ocupam majoritariamente suas franjas menos qualificadas. Além disso, a taxa de desemprego feminino tem sido historicamente superior à do masculino, atingindo valores especialmente elevados em períodos de crise econômica. O resultado é uma acentuada concentração de trabalhadoras em empregos precários[28].

As principais tendências do assalariamento feminino em Portugal nos últimos trinta anos, isto é, os baixos salários, o crescimento do falso trabalho independente, as altas taxas de rotatividade, a predominância dos contratos por tempo determinado, a concentração do emprego no setor de serviços e a longa duração das jornadas, entrecruzam-se na trajetória das trabalhadoras dos caixas de supermercados. De fato, trata-se de um setor da classe operária cujo crescimento se deu às expensas do respeito aos direitos trabalhistas e da contratação por tempo indeterminado.

O estudo de caso realizado por Sofia Alexandra Cruz reproduz em detalhes a trajetória ocupacional dessas jovens, acompanhando-as ao longo de uma sucessão de empregos intermitentes e, muitas vezes, informais[29]. Trata-se do resultado da acentuada preponderância do trabalho em meio período entre as mais jovens. Isso sem mencionar o clássico problema da duplicação da jornada ao consideramos o trabalho doméstico. Em suma: às formas tradicionais de opressão das mulheres somam-se as modalidades criadas pela precarização do trabalho características do pós-fordismo financeirizado: os contratos por tempo determinado, a alta disponibilidade exigida

---

[26] Ver dados citados por Virgínia Ferreira, "Os paradoxos da situação das mulheres em Portugal", *Revista Crítica de Ciências Sociais*, Coimbra, n. 52-53, nov. 1998, p. 204.

[27] Ver dados do Instituto Nacional de Estatística (INE) citados por Sofia Alexandra Cruz, *Entre a casa e a caixa: retrato de trabalhadoras na grande distribuição* (Porto, Afrontamento, 2003), p. 72.

[28] Assim, o trabalho a tempo parcial ocupa uma parcela majoritariamente feminina: com um horário inferior a 26 horas, encontram-se cerca de 70% das mulheres e apenas 30% dos homens. Ver Sofia Alexandra Cruz, *Entre a casa e a caixa*, cit.

[29] Idem.

pelas gerências para absorver mudanças no fluxo dos clientes, a pressão constante sobre os salários e a multiplicidade de empregos.

Confinadas em espaços rigidamente delimitados entre a cadeira e a máquina registradora, impedidas pelas gerências de dialogar entre si durante a jornada, necessitando sustentar um comportamento sempre amistoso com os clientes, mesmo que a comunicação com eles seja reduzida a um roteiro predeterminado, não é surpreendente que tais trabalhadoras destaquem em seus depoimentos o caráter monótono, repetitivo e desgastante de suas tarefas. O desinteresse pelo conteúdo da atividade decorrente da rotinização das tarefas deságua frequentemente na diminuição do ritmo de trabalho. A fim de combater essa tendência, as gerências empregam sistematicamente procedimentos de pressão e de vigilância cujo objetivo consiste em modular o fluxo do trabalho nos caixas conforme a cadência definida pela fila de clientes.

No entanto, se entre as funcionárias não qualificadas dos caixas tende a prevalecer uma certa atitude fatalista em relação ao futuro ocupacional, o cenário muda quando observamos as trabalhadoras estudantes universitárias. Por um lado, se interpretam o trabalho no caixa como um tempo de espera diante da incerteza do presente econômico, por outro é exatamente nesse subgrupo que os comportamentos irreverentes diante das gerências, normalmente menos qualificadas do que elas, além dos próprios clientes, são mais corriqueiros.

Sofia Alexandra Cruz desenvolveu sua pesquisa de campo no início dos anos 2000, período de queda na taxa de desemprego em Portugal. A despeito de ressentir-se da desaceleração econômica e da multiplicação dos empregos temporários, a promessa de uma melhor sorte ocupacional ainda fazia parte do horizonte dos trabalhadores portugueses. Assim, é razoável supor que a atitude irreverente, porém ainda um tanto contemplativa, desse subgrupo de universitárias tenha mudado conforme os anos de estagnação econômica e desgaste das condições de trabalho tenham se alongado, desaguando em uma ruidosa crise socioeconômica.

Portugal: regulação e crise

Em linhas gerais, quer do ponto de vista político, quer da perspectiva econômica, parece-nos razoavelmente claro que a atual onda de mercantilização vivida pela classe trabalhadora portuguesa deriva das escolhas estratégicas empreendidas pelo Estado nacional e pelos setores empresariais do país, que, entre 1986 e 2001, prepararam a integração de Portugal ao projeto da União Europeia. Em suma, o processo de formação do jovem precariado pós-fordista português é indissociável das transformações pelas quais a estrutura social e a vida política nacional vêm passando nas últimas décadas.

É a partir dessa perspectiva que devemos interpretar, por exemplo, a sequência de mudanças no sistema de relações trabalhistas e nas disposições legais que, a partir do início dos anos 2000, impulsionaram o trabalho precário, atacando a previdência social e consagrando a espoliação dos direitos trabalhistas como estratégia privilegiada de acumulação no país. A transição rumo a um regime de acumulação dominado pela espoliação social apoiou-se na necessidade empresarial de relançar a acumulação de maneira duradoura à custa de uma derrota política de grandes proporções dos trabalhadores portugueses[30].

Afinal, se a forma jurídica tende a cristalizar certas correlações de forças classistas, é razoável supor que, durante ciclos econômicos expansivos, aumente a possibilidade de concessões em termos de proteção social às classes subalternas. Por outro lado, em momentos marcados por contrações cíclicas, é maior a chance de haver uma deterioração real das condições de consumo da força de trabalho. No caso português, após um período de alta do assalariamento e da proteção social que acompanhou a adesão do país ao projeto europeu, a estagnação econômica dos anos 2000 promoveu o aumento acentuado da contratação precária de trabalho, que progressivamente se transformou no regime salarial predominante.

Em termos históricos, o sistema de regulação social criado pela Revolução dos Cravos buscou alterar a lógica privatista da assistência e da seguridade social que prevaleceu durante a ditadura salazarista. A proteção e os direitos sociais, que incluem, entre outros, a previdência, a saúde e a educação, passaram a ser considerados atribuições do Estado e assim foram consagrados na Constituição portuguesa. A revolução passiva posterior ao golpe militar de 25 de novembro de 1975 assegurou os direitos da cidadania em termos de seguridade social pública e obrigatória, garantindo sua universalidade por meio da progressiva generalização dos benefícios assistenciais.

Nesse sentido, vale lembrar que a regulação social no país se apoiou na solidariedade entre as gerações, combinando os sistemas de capitalização e de repartição, e alargando o âmbito da seguridade por meio da generalização dos benefícios assistenciais. No início dos anos 1980, quando o projeto da integração europeia foi relançado, o Estado português começava a consolidar sua rede de proteção social. Além disso, o Estado europeu ainda conservava suas características protetoras. Nesse contexto, aderir à União Europeia confundiu-se, para o movimento sindical português, com atingir um patamar de seguridade já esboçado na própria Constituição[31].

Até o começo da década de 2010, o balanço que se pode fazer da integração europeia é que esta funcionou quase sempre como um fator progressista de legitimação da luta pelo alargamento dos direitos sociais dos trabalhadores de Portugal. Na realidade, o sistema português de proteção social resistiu mesmo ao início da crise da

---

[30] Historicamente, o sistema de relações trabalhistas em Portugal caracterizou-se pela coexistência de diferentes modelos de regulação social, por formas de resolução dos conflitos do trabalho pouco institucionalizadas, pela íntima ligação das centrais sindicais aos partidos políticos, em especial o PS e o PCP, pela centralidade do Estado na estruturação da relação entre o capital e o trabalho e pela contenção progressiva da negociação coletiva. Nesse tipo de sistema de emprego e de relações trabalhistas, as medidas de austeridade tiveram como consequência a "desvalorização estrutural do trabalho". Ver Francisco Louçã e Mariana Mortágua, *A dívida(dura): Portugal na crise do euro* (Lisboa, Bertrand, 2012).

[31] De fato, a tentativa de alcançar os países europeus com alto desenvolvimento social balizou, por exemplo, a estratégia da CGTP, que, após o colapso das sociedades burocráticas do Leste, empenhou-se prioritariamente em tentar garantir aos trabalhadores nacionais direitos equivalentes aos conquistados pelos trabalhadores europeus. Ver Hermes Augusto Costa, *Sindicalismo global ou metáfora adiada? Discursos e práticas transnacionais da CGTP e da CUT* (Porto, Afrontamento, 2008).

globalização. Assim, num primeiro momento, mesmo que à custa do aumento do gasto público, a prioridade do governo foi utilizar tal proteção a fim de aliviar o peso da recessão para os grupos mais empobrecidos de trabalhadores, em especial os desempregados e a fração subempregada[32].

De fato, até 2010, a estrutura da despesa pública portuguesa não divergia da média europeia. No entanto, a partir da aprovação pelo parlamento, em março de 2010, do primeiro Pacto de Estabilidade e Crescimento (PEC I), a orientação geral do governo passou a ser a de reduzir o gasto público por meio de medidas de austeridade. O impacto sobre a participação dos rendimentos do trabalho no PIB foi imediato. Se o aumento de gastos sociais havia interrompido a queda na participação dos rendimentos do trabalho, a guinada do governo do PS rumo à adoção de medidas de austeridade e a posterior assinatura, em 2011, do memorando com a Troika, já sob o governo PSD-CDS, serviram para derrubar a participação dos rendimentos de 37,5% para 33% entre 2009 e 2011[33].

Em maio de 2011, pouco mais de um ano após ter lançado o PEC I, o governo assinou o Memorando de Entendimento com a Troika, o que consagrou padrões muito mais restritivos de gasto público, além de implementar uma série de reformas trabalhistas de modo a desvalorizar a força de trabalho portuguesa. A partir daí, a redução de pessoal no serviço público tornou-se a obsessão do governo do ex-primeiro-ministro Pedro Passos Coelho, com a clara tendência de substituir a produção direta de serviços públicos pela prestação indireta realizada por empresas terceirizadas. No mesmo sentido, o governo passou a transferir responsabilidades relativas à proteção social para a esfera privada por meio de um sistema conhecido como *parceria público-social*[34].

Em suma, se até o início da crise da globalização o aumento positivo das despesas com benefícios sociais pode ser considerado o melhor indicador das concessões feitas aos trabalhadores portugueses após o 25 de Novembro de 1975, a verdade é que, a partir de 2010, abriu-se uma nova etapa histórica marcada pelas medidas de austeridade previstas no memorando da Troika. A partir de então, os benefícios sociais que representavam 30,1% do PIB, em 2010, caíram para 27,6%, em 2012. Além disso, na onda de redução de gastos após a assinatura do memorando, ao menos 30% do montante geral dos cortes no orçamento público incidiram sobre as aposentadorias[35].

Portugal aderiu à Comunidade Econômica Europeia (CEE) em um contexto internacional favorável, marcado pela elevação dos investimentos externos e pela chegada dos fundos comunitários que alavancaram o investimento público com efeitos multiplicadores na infraestrutura e nos transportes. A retomada do crescimento na segunda metade da década de 1980, seguida pela queda da taxa de desemprego

---

[32] Para mais informações, ver Centro de Estudos Sociais, *Barómetro das crises*, n. 4, 10 jan. 2013.

[33] Para mais informações, ver Centro de Estudos Sociais, *Barómetro das crises*, n. 13, 26 mar. 2015.

[34] Para mais informações sobre a terceirização das atividades da assistência social para instituições privadas, ver Pedro Hespanha, Sílvia Ferreira e Vanda Pacheco, "O Estado social, crise e reformas", em José Reis, *A economia política do retrocesso: crise, causas e objetivos* (Coimbra, Almedina, 2014).

[35] Para mais informações, ver Centro de Estudos Sociais, *Barómetro das crises*, n. 4, 10 jan. 2013.

no início dos anos 1990 – de 9,3%, em 1986, para 3,9%, em 1992 –, foi acompanhada pelo crescimento do PIB *per capita* português, que garantiu a base econômica para a adesão política das classes subalternas ao projeto europeu[36].

Além da aprovação da renda mínima como forma de atenuar a pobreza e as desigualdades decorrentes do ajuste da estrutura social do país à União Europeia, o governo socialista de António Guterres apostou nos investimentos em infraestrutura e na melhoria da qualificação da força de trabalho nacional com o aumento do acesso ao sistema universitário como forma de seduzir as classes subalternas. De fato, o Partido Socialista imaginava poder temperar as forças de mercado com políticas de formação que elevassem os ganhos de produtividade, explorando vantagens competitivas e beneficiando a renda nacional[37].

No entanto, esse período de acumulação acelerada veio acompanhado pela privatização do sistema bancário e pela liberalização do fluxo de capitais financeiros em Portugal, os quais garantiram a passagem do modelo de desenvolvimento fordista periférico a um regime de acumulação pós-fordista e financeirizado, embora ainda dirigido por um modo de regulação associado à promessa do Estado social europeu. De fato, o contraste com o sistema financeiro oriundo da Revolução de 25 de Abril é marcante: as taxas de juro eram fixadas por meios administrativos, os bancos eram esmagadoramente públicos, havia um controle rígido de capitais e a taxa de câmbio era definida por meio de um mecanismo de ancoragem flexível em relação a um pacote de moedas estrangeiras capaz de ensejar a desvalorização competitiva das exportações portuguesas sempre que necessário.

A liberalização bancária iniciou-se em 1984 com a criação de novos bancos privados, que saltaram de 16, em 1984, para 33, no final da década de 1980. Em 1989, com o processo de revisão constitucional e após a reversão das nacionalizações, a maioria dos bancos públicos foi privatizada, fazendo com que, entre 1990 e 1994, a fatia de mercado dos bancos públicos caísse de 74% para 24%. Na realidade, o setor financeiro foi a vanguarda da transformação neoliberal da economia portuguesa. Além disso, a privatização e a liberalização do setor acabaram com os limites do crédito e com as taxas de juro administradas, produzindo um considerável efeito de multiplicação do crédito bancário ao longo de toda a década de 1990[38].

Por sua vez, a alta da oferta de crédito promoveu um aumento significativo da liquidez monetária e expandiu a demanda, sobretudo por bens de consumo duráveis. Entre 1995 e 2000, a taxa média de crescimento econômico foi de 3,5%, alimentada

---

[36] Isso sem mencionar o entusiasmado empenho do governo socialista de António Guterres (1995-2002), àquela altura ávido por abraçar um projeto modernizador capaz de mitigar os efeitos deletérios do colapso do socialismo burocrático de Estado sobre a esquerda portuguesa.

[37] Para mais informações sobre a política portuguesa de inovação durante a transição para a União Europeia, ver José Reis et al., "Compreender a crise: a economia portuguesa num quadro europeu desfavorável", em José Reis, *A economia política do retrocesso*, cit.

[38] Para mais informações, ver dados citados por João Rodrigues, Ana Cordeiro e Nuno Telles, "A financeirização da economia portuguesa", *Relatório parcial de pesquisa*. Observatório sobre crises e alternativas, Centro de Estudos Sociais - CES, Coimbra, 2014, mimeo).

principalmente pela combinação da elevação da demanda interna com a do endividamento privado, alçando o país às primeiras colocações no ranking europeu de endividamento privado. Trata-se de uma característica intimamente ligada à dependência da economia nacional em relação ao financiamento externo[39]. E o aumento do endividamento privado externo preparou a reviravolta econômica quando o regime de acumulação não foi capaz de reverter a desaceleração dos anos 2000.

Na verdade, desde o período preparatório para a adoção do euro, a economia portuguesa já registrava contínuos déficits na balança comercial que aprofundaram a necessidade do endividamento externo, ampliando os efeitos da financeirização econômica para o conjunto da estrutura social do país. A transição ao regime de acumulação dirigido pela espoliação social anunciado pela financeirização supõe uma pressão crescente do sistema financeiro europeu sobre o modo de regulação nacional. Por sua vez, este se vê permanentemente ameaçado pela desvalorização interna cujos alvos são seus pilares, isto é, os salários, os direitos sociais e as condições de trabalho. O efeito desse processo sobre uma economia que não se apoia em ganhos de produtividade do trabalho não poderia ser outro senão a redução da taxa de investimento, a desindustrialização e o aumento do desemprego e do subemprego[40].

No período marcado pela expansão do ciclo econômico, o barateamento do crédito permitiu combinar as garantias de proteção do Estado europeu com a liberalização econômica que modificou agudamente a estrutura social portuguesa. A crise financeira arruinou essa compatibilidade, promovendo, por meio das políticas de austeridade, a demolição da regulação a fim de garantir a desvalorização interna da força de trabalho. Tal desvalorização designa um corte dos salários nominais e de outros custos das empresas ligados aos salários e é provocada com o objetivo de equilibrar ou obter um excedente nas contas externas. No entanto, essa política acabou criando um círculo vicioso para os que vivem dos rendimentos do trabalho, pois, ao reduzir os salários, diminuiu a demanda interna – o que agravou a recessão e, consequentemente, o déficit fiscal[41].

Por seu turno, isso fez com que a pressão sobre os impostos aumentasse, agravando a recessão e o desemprego[42]. Em grande medida, o novo modelo de desenvolvimento delineado pela Troika buscou rebaixar o modo de regulação trabalhista às exigências do regime de acumulação pós-fordista e financeirizado, transformando o desemprego e a desvalorização interna em meios para obter uma rápida desvalorização salarial. De fato, entre as principais medidas de natureza trabalhista constantes do memorando, podemos destacar os inúmeros cortes salariais, a redução de 50% no 13º salário, a supressão do subsídio de férias, um forte aumento na carga tributária incidindo sobre

39 Idem.

40 Ver Francisco Louçã e Mariana Mortágua, *A dívida(dura)*, cit.

41 Idem.

42 De fato, após a adoção das primeiras medidas de austeridade, verificou-se um agravamento do desemprego em Portugal muito mais acentuado do que o identificado no conjunto da Zona do Euro. Portugal é atualmente um dos países da Zona do Euro com maior taxa de desemprego, depois da Espanha e da Grécia. Para mais informações, ver Centro de Estudos Sociais, *Barómetro das crises*, n. 13, 26 mar. 2015.

o consumo, a facilitação das demissões sem justa causa, o aumento da jornada de trabalho e a desvalorização do papel dos sindicatos nas negociações coletivas[43].

Em suma, trata-se da consolidação de um sistema despótico de colonização da proteção social pelo sistema financeiro:

> O efeito social das medidas de austeridade é uma transformação regressiva da distribuição de rendimentos: a distribuição do fardo da austeridade no rendimento disponível das famílias é clara e fortemente regressiva em Portugal, nomeadamente pelos efeitos das medidas adotadas no sistema de pensões. Dito de outra forma, a austeridade atinge mais fortemente os rendimentos dos mais pobres. [...] O aumento dos impostos, a redução dos gastos sociais do Estado, os cortes na saúde e na educação, na segurança social, nos subsídios de férias e de Natal, tudo somado é gasto no pagamento dos juros. Nada chega à economia produtiva.[44]

Neoliberalismo: sementes da revolta

Sem dúvida, a desvalorização dos salários é um dos efeitos mais agudos do desmanche neoliberal. Além disso, os compromissos assumidos pelo Estado português no tocante a facilitação das demissões, elevação da carga tributária, ampliação da jornada de trabalho, redução dos benefícios previdenciários e desvalorização dos sindicatos apontam para um fortalecimento do neoliberalismo como resposta capitalista à crise da globalização iniciada em 2008. Aqui, vale uma breve digressão a respeito do aprofundamento da dinâmica da mercantilização do trabalho, da natureza e do dinheiro levada adiante por meio do recurso ao poder político em benefício das disposições sociais balizadas pela competição e pela lógica empresarial.

Sinteticamente, duas grandes correntes marxistas desenvolveram-se ao longo das últimas três décadas a fim de analisar a trajetória e o destino do neoliberalismo. Em primeiro lugar, consolidou-se um estilo interpretativo, caracteristicamente anglo-saxão, cuja ênfase explicativa recaiu sobre as necessidades do regime de acumulação financeirizado. Como afirma Tony Smith, trata-se de uma abordagem que parte da economia política da globalização balizada, sobretudo, pela integração mais ou menos problemática entre as estratégias sociais da acumulação e as formas políticas do Estado capitalista[45].

Além disso, é muito comum que tal abordagem enfatize as reconfigurações geográficas da cadeia produtiva, isto é, a descentralização e a integração funcional em todo o mundo de vastas redes de produção e de distribuição que acompanham o

---

[43] Em seu conjunto, tais medidas fortalecem um regime de acumulação balizado pela espoliação dos direitos trabalhistas. Na realidade, a queda dos salários dos trabalhadores e de outros custos das empresas ligados ao trabalho é considerada o único tipo de ajuste de déficits externos à disposição de um país que não tem moeda própria. De fato, segundo as estatísticas europeias, entre o primeiro trimestre de 2010 e o mesmo período de 2014, os salários nominais médios caíram 8% em Portugal e 27% na Grécia. Para mais informações, ver idem.

[44] Francisco Louçã e Mariana Mortágua, *A dívida(dura)*, cit., p. 218-9.

[45] Tony Smith, *Globalisation: A Systematic Marxist Account* (Chicago, Haymarket, 2009).

movimento do valor em escala global. Assim, é possível perceber um aglomerado sem precedentes dos mecanismos de gestão empresariais, além da centralização do poder de tomada de decisões por uma diminuta parte dos agentes transnacionais capitalistas. Trata-se da formação do poder da plutocracia internacional concentrado nas finanças globais contra o qual se insurgiu o movimento *Occupy Wall Street* em 2011[46].

Nas palavras de Laurence Cox e Alf Gunvald Nilsen, o neoliberalismo seria um "movimento social ofensivo 'dos de cima'" cujo objetivo consiste em promover um amplo ajuste social capaz de concatenar as necessidades empresariais num contexto de crise de acumulação com as exigências de reprodução da ordem política diante da crise de legitimidade promovida por um Estado nacional refém do poder das finanças globalizadas[47]. É o caso português analisado até o momento. Assim, do ponto de vista das dinâmicas políticas, teríamos uma passagem das formas de proteção social e de solidariedade fordistas para um tipo de gestão pós-fordista do Estado concentrada em políticas de privatização da assistência social e de punição, tanto do desemprego quanto da pobreza.

O resultado desse amplo ajuste social promovido pelas forças econômicas da globalização escudadas por governos títeres, tanto no Norte quanto no Sul globais, pode ser percebido na reversão do enraizamento dos mercados proporcionado pela autoproteção da sociedade contra a tendência de subordinação à lógica de mercado ocorrida no entreguerras. Como argumentamos na introdução, a figura-chave aqui é, sem dúvida, Karl Polanyi. Para o socialista húngaro, o sistema soviético, o fordismo estadunidense e os fascismos europeus seriam respostas da sociedade ao terremoto social produzido pela tentativa do liberalismo do século XIX de criar um mercado autorregulado. Ao fim e ao cabo, a incompatibilidade entre a mercantilização e a autoproteção social destruiria a utopia de um sistema de mercado autorregulado.

Sabemos que o advento do neoliberalismo nos anos 1980 revirou o prognóstico polanyiano pelo avesso. Daí autores como David Harvey, por exemplo, associarem o advento do neoliberalismo ao avanço das estratégias sociais de acumulação por espoliação que têm sido impulsionadas por práticas econômicas intimamente ligadas aos interesses dos mercados financeiros. Assim, a privatização de empresas estatais, da moradia popular, dos recursos naturais, além do aprofundamento da mercantilização do trabalho por meio de ataques à legislação trabalhista e aos direitos previdenciários em escala global, teriam revertido quase completamente a onda de desmercantilização do pós-Segunda Guerra anunciada por Polanyi[48].

---

[46] Frequentemente, esse estilo de abordagem do neoliberalismo não apenas deriva de uma leitura da financeirização econômica do regime de acumulação ocorrida após a crise dos anos 1970, com todas suas implicações sobre a lucratividade das empresas e o aumento das desigualdades entre as classes sociais, como busca explorar a íntima conexão entre a mercantilização, a crise econômica e o Estado neoliberal. Para mais informações, ver David McNally, *Global Slump: The Economics and Politics of Crisis and Resistance* (Oakland, PM, 2010).

[47] Para mais informações, ver Laurence Cox e Alf Gunvald Nilsen, *We Make Our Own History: Marxism and Social Movements in the Twilight of Neoliberalism* (Londres, Pluto, 2014).

[48] David Harvey, *O novo imperialismo* (São Paulo, Loyola, 2004).

A partir dos anos 1980, o Estado neoliberal assumiu a função estratégica de, na expressão de Burawoy, impulsionar a "terceira onda da mercantilização" em benefício do poder financeiro ao dirigir processos de acumulação por meio do estímulo às políticas privatizantes, da adoção de políticas de austeridade fiscal e da implementação de regimes regressivos de tributação[49]. Como argumentaremos adiante sobre o caso português, os efeitos sociais do avanço da acumulação por espoliação são bastante visíveis quando observamos o aumento das desigualdades entre as classes sociais que acompanhou a mercantilização do trabalho, dos serviços de saúde, de educação e de proteção social.

Não há dúvida de que esse diagnóstico orientado pelos ajustes do regime de acumulação que fomentaram o neoliberalismo como um movimento social "dos de cima" não apenas soube evitar certos problemas da análise polanyiana como igualmente iluminou o sentido geral da globalização capitalista contemporânea, isto é, a generalização da espoliação social amparada na violência política do Estado neoliberal. E foi esse o principal aporte de Harvey para uma definição mais precisa tanto dos significados quanto das ameaças trazidas pelo neoliberalismo.

Além da interpretação do neoliberalismo como espoliação, ganhou força nos últimos anos, em especial na França, uma abordagem cuja ênfase recai na lógica normativa subjacente à racionalidade neoliberal em duas dimensões decisivas, isto é, a dinâmica da concorrência e o modelo da empresa. Segundo Christian Laval e Pierre Dardot, uma "nova razão do mundo" teria resultado de processos políticos conduzidos por diferentes governos a partir dos anos 1980, cujo coroamento seria a hegemonia de um modo geral de governo concentrado em multiplicar as situações de concorrência, expandir a racionalidade de mercado e generalizar a forma-empresa: "O neoliberalismo não é apenas uma resposta a uma crise de acumulação, ele é uma resposta a uma crise de governamentabilidade"[50].

Trata-se de uma "nova subjetivação contábil e financeira" que mobiliza todas as esferas da atividade humana sem se reduzir, conforme a interpretação exposta anteriormente, ao domínio das dinâmicas econômicas ou das estratégias políticas necessárias à reprodução da acumulação capitalista. Assim, teríamos o desenvolvimento da lógica de mercado e do modelo empresarial para um conjunto de mecanismos de gestão, públicos e privados, como eixo de uma sociedade neoliberal em que os imperativos concorrenciais são progressivamente internalizados pelos indivíduos, criando novas disposições de cunho social mesmo quando nos encontramos relativamente distantes da esfera econômica, como nos domínios familiar, científico, educacional ou religioso, por exemplo:

> A estratégia neoliberal consistirá, então, em criar o maior número possível de situações de mercado, isto é, organizar por diversos meios (privatização, criação de concorrência dos serviços públicos, "mercadorização" de escola e hospital, solvência pela dívida privada) a

---

[49] Michael Burawoy, "Facing an Unequal World", *Current Sociology*, v. 63, n. 1, 2014.

[50] Christian Laval e Pierre Dardot, *A nova razão do mundo: ensaio sobre a sociedade neoliberal* (São Paulo, Boitempo, 2016), p. 26.

"obrigação de escolher" para que os indivíduos aceitem a situação de mercado tal como lhes é imposta como "realidade", isto é, como única "regra do jogo".[51]

O argumento subjacente é que o movimento de autovalorização do capital não foi capaz sozinho de alcançar essa profundidade, devendo ser amparado em diferentes escalas pelas relações de poder, pelas construções institucionais e pelas formas jurídicas. Assim, melhor seria falar em dispositivos disciplinares que unificam o poder econômico e o poder social criando uma governança dos homens cujo sentido geral transforma o conjunto das instituições contemporâneas em verdadeiros dínamos da formação do sujeito neoliberal por meio da universalização da lógica da concorrência.

De acordo com essa abordagem, o neoliberalismo não seria uma renovação do velho liberalismo, mas uma racionalidade global de novo tipo engajada na criação de políticas de apoio às empresas, de corte dos custos trabalhistas, de desmantelamento do direito do trabalho e de estímulo ao empreendedorismo individual. Como o caso português também indica, o grande adversário a ser batido são as formas de solidariedade classista que ainda resistem às investidas dessa racionalidade concorrencial, como os sindicatos e demais movimentos sociais populares, por exemplo.

E nem mesmo os agrupamentos esquerdistas passariam incólumes pela nova onda de disciplinarização neoliberal. Na condição de forças políticas modernizadoras do Estado capitalista, muitos partidos reformistas, como o PS em Portugal, assumiram a tarefa de impulsionar dispositivos disciplinares neoliberais a fim de transformar e potencializar as políticas públicas. Ao estimular situações de concorrência e desenvolver medidas de desempenho cujo efeito consiste em modificar a conduta individual, transformando cidadãos em empreendedores, essas forças esquerdistas acabaram contribuindo indiretamente para a desmobilização das classes subalternas alinhadas à defesa dos direitos sociais de caráter universal[52].

Em nossa opinião, o caso português – assim como os casos sul-africano e brasileiro, como veremos adiante – revela a necessidade de pensarmos a complementaridade das tradições marxistas de análise do neoliberalismo, isto é, tanto a vertente que enfatiza as estratégias sociais de espoliação quanto a abordagem centrada em disposições balizadas pela concorrência, pelo consumo e pela aceleração do desempenho.

Finalmente, como pretendemos demonstrar na terceira parte deste livro, é importante lembrar que a combinação entre a política neoliberal e a acumulação financeira, que conduziu diferentes sociedades nacionais rumo à acumulação por espoliação e à

---

[51] Ibidem, p. 217.

[52] Em suma, o aparato disciplinar neoliberal esvaziou um projeto político capaz de articular as lutas parciais do mundo do trabalho com as lutas em defesa dos direitos sociais. Como veremos adiante, no caso brasileiro, trata-se de um tema sistematicamente abordado pelas pesquisas do Centro de Estudos dos Direitos da Cidadania (Cenedic-USP), sob inspiração do trabalho de Francisco de Oliveira. Em inúmeras publicações, os pesquisadores do Cenedic demonstraram, por meio de etnografias e estudos de caso, a natureza despolitizadora das políticas públicas elaboradas de acordo com o modelo neoliberal da concorrência e do desempenho. Para mais informações, ver Isabel Georges e Yumi Garcia dos Santos, *As novas políticas sociais brasileiras na saúde e na assistência: produção local do serviço e relações de gênero* (Belo Horizonte, Fino Traço, 2016).

multiplicação de disposições sociais baseadas na concorrência e no desempenho, potencializou igualmente o subversivismo esporádico dos trabalhadores precários ao afastá-los da promessa da cidadania salarial[53].

Quando pensamos no elo entre as dinâmicas da espoliação social e da disciplina neoliberal dos subalternos, percebemos que a tensão existente entre a acumulação e a regulação inerente a tais processos simplesmente impossibilita a pacificação social, atuando, na realidade, como um amplificador da inquietação popular. Afinal, o aumento da informalidade do trabalho que fatalmente acompanha a adoção de medidas "austeritárias" por parte dos governos neoliberais dificulta, tendo em vista o aumento da concorrência, que os empreendedores obtenham algum sucesso em suas aventuras nas fronteiras sempre incertas do informal, ilegal e ilícito[54].

Além disso, a mercantilização do dinheiro e das terras urbanas, principais razões para o endividamento crescente dos trabalhadores, arruína qualquer aposta na transformação das famílias em empresas administradas conforme a lógica do cálculo racional. Finalmente, o recuo da proteção trabalhista tende a aumentar o apetite grevista dos trabalhadores precários, potencializando a solidariedade e não a competição. Ou seja, assim como nos tempos de Polanyi, hoje em dia é igualmente possível perceber a vivificação da incompatibilidade entre a mercantilização e o contramovimento.

No entanto, diferentemente do passado fordista, uma vitória pacificadora do Estado social não parece nada provável. Quer enfatizemos a lógica da acumulação por espoliação, quer a dinâmica dos aparatos disciplinares apoiados na concorrência, chegaremos à mesma conclusão: o desmanche neoliberal da cidadania salarial tende a radicalizar o conflito social, aumentando a instabilidade política, sobretudo na semiperiferia do sistema capitalista[55]. Por sua vez, a combinação cada dia mais esdrúxula entre um modo de regulação formalmente democrático e um regime de acumulação concretamente despótico ajuda a reproduzir sociedades autoritárias, ainda que superficialmente plurais. Para Boaventura de Sousa Santos, por exemplo:

> A verdade é que o capitalismo extrativista obtém melhores condições de rentabilidade em sistemas políticos ditatoriais ou de democracia de baixíssima intensidade (sistemas de quase partido único), em que é mais fácil a corrupção das elites, por meio de seu envolvimento na privatização das concessões e das rendas extrativistas. [...] O futuro da democra-

---

[53] Como veremos mais adiante, em Portugal trata-se de um processo claramente perceptível tanto no aumento da mobilização dos movimentos sociais dos jovens trabalhadores precários quanto na elevação do ativismo sindical em escala nacional. Ver Hermes Augusto Costa, Hugo Dias e José Soeiro, "Significados da greve em contexto de austeridade: o caso português", em Ruy Braga, Elísio Estanque e Hermes Costa, *Desigual e combinado: precariedade e lutas sociais no Brasil e em Portugal* (São Paulo, Alameda, 2016).

[54] No caso da cidade de São Paulo, ver a etnografia de jovens empreendedores, trabalhadores precários e seguranças privados realizada por Vera da Silva Telles, *A cidade nas fronteiras do legal e ilegal* (Belo Horizonte, Argumentum, 2010).

[55] Trata-se da principal diferença de nosso trabalho em relação ao livro de Pierre Dardot e Christian Laval, que, apesar de concluírem sua obra debatendo o esgotamento da democracia liberal, praticamente não destacam o papel do neoliberalismo na radicalização do conflito social. Ver Christian Laval e Pierre Dardot, *A nova razão do mundo*, cit.

cia atualmente posto em causa no Sul da Europa é a manifestação de um problema muito mais vasto que está a aflorar em diferentes formas nas várias regiões do mundo.[56]

Como argumentamos anteriormente, trata-se de uma tensão social que bloqueou aquela etapa histórica marcada pela construção da cidadania salarial portuguesa após a Revolução dos Cravos. Da mesma forma, podemos identificar essa mesma tendência atuando no sentido de erodir os direitos sociais tanto na África do Sul pós-*apartheid* quanto no Brasil durante a redemocratização. Em suma, a possibilidade de se consolidar uma regulação democrática no Sul global foi perdendo seu impulso originário diante do desmanche da cidadania salarial.

E a crise da globalização iniciada em 2008 marcou o ponto de inflexão das tendências democratizantes em benefício de um regime global de acumulação apoiado na espoliação cada dia mais dependente do fortalecimento de dispositivos do que podemos chamar de "*apartheid* social". Ou seja, aquelas relações sociais assentadas no racismo, características do sistema sul-africano, reaparecem, por exemplo, na segregação espacial, nos abusos cotidianos e na privação dos direitos mais elementares, quer estejamos falando de trabalhadores imigrantes, quer de trabalhadores pobres e precários. Em suma, mesmo que o sistema de *apartheid* racial tenha sido superado, resta um tipo de *apartheid* social que progressivamente se impõe tendo em vista a permanente privação dos direitos da cidadania que submete as classes subalternas dos países do Sul global.

[56] Boaventura de Sousa Santos, *A difícil democracia*, cit., p. 193-4.

2

A LIBERTAÇÃO TRAÍDA

Como vimos no capítulo anterior, a crise da globalização devastou parte considerável dos direitos trabalhistas e do sistema de proteção social em Portugal. Trata-se de uma tendência que pode ser facilmente verificada em todo o Sul da Europa[1]. O ritmo com o qual os ataques "austericidas" à cidadania salarial vêm ocorrendo na semiperiferia capitalista sugere que a regulação democrática do conflito social esteja sendo progressivamente substituída por regimes despóticos disfarçados de, para usarmos a expressão de Boaventura de Sousa Santos, "democracias de baixa intensidade". Na opinião do sociólogo português:

> Está a consolidar-se globalmente um regime de acumulação capitalista com base na financeirização do capital, na concentração da riqueza, na exploração intensiva dos recursos naturais, na redução ou na eliminação dos direitos sociais, qualquer que seja o grau de inclusão social que permitem. Esse regime de acumulação torna mais evidente do que nunca que a acumulação primitiva violenta e ilegal é parte constitutiva de seu dinamismo. [...] Esse regime de acumulação está em rota de colisão com a democracia, mesmo com a democracia de baixa intensidade que é característica das sociedades capitalistas, colonialistas e patriarcais. Daí o fortalecimento de pulsões fascistas.[2]

Como regra geral, quanto mais intensos são os ataques aos direitos econômicos e sociais dos trabalhadores, maior é a abrangência do "*apartheid* social". Evidentemente, a exemplo do que ocorreu durante o domínio do regime de *apartheid* racial na África do Sul, esse *apartheid* social que se espalha pela semiperiferia capitalista,

---

[1] Recentemente, mesmo países com um robusto sistema de proteção social, como é o caso da França, por exemplo, também passaram por processos de desmanche neoliberal dos direitos trabalhistas. Para mais informações sobre o atual debate a respeito dos diferentes modelos de reforma neoliberal do mercado de trabalho francês, ver Michel Husson, "Flexibilité du travail, anarque néo-libérale (I)", *A l'encontre (La Brèche)*, 14 mar. 2016.

[2] Boaventura de Sousa Santos, *A difícil democracia: reinventar as esquerdas*, cit., p. 201.

impulsionado pela acumulação por espoliação tem estimulado a resistência popular[3]. Se desejamos avançar na caracterização desse *apartheid* social que tem alimentado a rebeldia de trabalhadores precários em diferentes contextos nacionais, é necessário nos determos no *apartheid* racial que por décadas oprimiu a classe trabalhadora negra na África do Sul a fim de comparar algumas de suas inquietantes semelhanças, para além das diferenças mais salientes.

E, se a colonização da proteção social pelo poder das finanças subjacente à implantação da política de austeridade é uma condição necessária para a desvalorização do trabalho português, vale lembrar que o legado mais duradouro deixado pelo colonialismo europeu à África do Sul foi a reprodução racializada das bases do trabalho barato. Nos dias atuais, assim como nos últimos três séculos, a contradição entre uma população branca opressiva e exploradora e uma população negra oprimida e explorada, ainda que temperada pelas inovações do período pós-*apartheid*, além de impor rígidas barreiras ao desenvolvimento da estrutura social do país, segue ameaçando a subsistência de milhões de trabalhadores sul-africanos negros.

***Apartheid*, segregação e resistência**

De fato, a história da formação da classe trabalhadora sul-africana confunde-se com a história da origem das estruturas necessárias à reprodução do processo de produção do trabalho barato negro no país. Do ponto de vista da acumulação especificamente capitalista, a força de trabalho negra começou a ser demandada em larga escala após a chamada "Revolução Mineral" advinda da descoberta, no interior do país, de diamantes e de ouro no último quartel do século XIX. Trata-se do período que assistiu à sujeição dos povos indígenas aos europeus. No entanto, somente a partir da década de 1910 é que o "capitalismo racial" sul-africano logrou amadurecer as estruturas segregacionistas de seu domínio na região[4].

---

[3] Como argumentaremos adiante, as fontes mais caudalosas de contestação ao neoliberalismo no Sul global localizam-se exatamente nos grupos de trabalhadores precariamente inseridos tanto no mercado de trabalho como no modo de vida mercantilizado das cidades. Esses trabalhadores e trabalhadoras enfrentam usualmente inúmeras dificuldades de mobilizar-se por meio do movimento sindical tradicional e, consequentemente, encontram-se mais distantes das formas históricas do movimento operário. Assim, não causa espanto que, em países do Sul global, tais grupos estejam recorrendo a formas de mobilização que mesclam a identidade do trabalho a outras identidades subalternas, sejam comunitárias, étnicas, de gênero, culturais etc., as quais sempre os acompanharam, embora fossem menos frequentes como motores de engajamento na ação coletiva. Para mais informações, ver Rina Agarwala, *Informal Labor, Formal Politics, and Dignified Discontent in India* (Cambridge, Cambridge University Press, 2013).

[4] Em termos gerais, o sistema de trabalho imigrante havia proporcionado trabalho barato aos empregadores sul-africanos e institucionalizado as divisões raciais entre os trabalhadores a fim de impulsionar os lucros dos capitalistas. Para uma definição marxista precisa do conceito de "capitalismo racial", ver Harold Wolpe, "Capitalism and Cheap Labour-Power in South Africa: From Segregation to Apartheid", *Economy and Society*, v. 1, n. 4, 1972.

A formalização do sistema de trabalho imigrante na década de 1920 transformou-se na peça regulatória decisiva da reprodução do regime despótico de exploração do trabalho negro barato sul-africano[5]. As minas de ouro, diamante e platina adotaram, sem exceção, o sistema de consumo de força de trabalho africana imigrante não qualificada a fim de manter os salários em um nível baixíssimo, isto é, suficiente apenas para a subsistência de um homem solteiro. Alguns historiadores afirmam que, na primeira metade do século XX, a estrutura social do país conheceu um processo de proletarização da população negra mais intenso do que qualquer outro, além de superior em escala a todas as trajetórias de proletarização vividas no continente africano[6].

Tendo em vista sua intensidade e escala, o processo de proletarização da África do Sul foi bastante específico. Nas primeiras três décadas do século XX, um período em geral marcado pela resistência negra à espoliação das terras pelos capitalistas brancos, a tese de que a industrialização do país deveria ser baseada no trabalho imigrante negro transformou-se em consenso entre os proprietários brancos. Ainda que os negros não pudessem simplesmente ser separados dos seus meios de produção, esses anos assistiram à aparição de uma série de leis cujo objetivo era empurrar os negros rumo ao mercado de trabalho e mantê-los por lá o máximo de tempo possível[7].

Além disso, com o passar do tempo, as empresas perceberam as inúmeras vantagens competitivas que o sistema de trabalho imigrante negro proporcionava. Tornou-se claro que, sob esse sistema, as reservas nativas garantiriam a reprodução de mulheres, crianças, doentes e idosos, ainda que em níveis de pura subsistência, liberando dos custos reprodutivos os salários dos trabalhadores. Daí a necessidade de manter a família destes nas reservas, enquanto eles eram considerados estrangeiros em sua própria região de origem. A história da segregação racial sul-africana é, assim, inseparável da história da violência inerente ao consumo do trabalho barato negro que levou os brancos privilegiados a desenvolver uma preocupação constante com as revoltas dos trabalhadores negros[8].

No entanto, o fato de o sistema de trabalho imigrante alimentar-se da contradição entre brancos exploradores e opressores, por um lado, e negros oprimidos e explorados, por outro, não significa que os interesses dos trabalhadores brancos estivessem perfeitamente alinhados ao sistema racista. Afinal, se as leis aprovadas no final dos anos 1910 enfraqueceram a capacidade de negociação dos trabalhadores negros, favorecendo os privilégios dos trabalhadores brancos, também é verdade que o preço do trabalho negro mantido permanentemente abaixo de seu valor estimulou a crescente substituição dos trabalhadores brancos por negros, aprofundando a instabilida-

---

[5] Assim, a Lei da Administração dos Nativos de 1927 garantiu que os africanos seriam "retribalizados" por um sistema distinto de lei e de governo. Para mais informações, ver T. Dunbar Moodie, *The Rise of Afrikanerdom: Power, Apartheid, & the Afrikaner Civil Religion* (Berkeley, University of California Press, 1975).

[6] Idem.

[7] Idem.

[8] Ver Harold Wolpe, "Capitalism and Cheap Labour-Power in South Africa", cit.

de política na África do Sul e desaguando, em 1922, na Grande Revolta do Rand e na subsequente promulgação da Carta da Barreira de Cor, de 1926[9].

Os levantes dos trabalhadores brancos nos anos 1920 criaram tensões entre o colonialismo inglês representado pelo Partido Unificado e o projeto segregacionista consideravelmente mais radical acalentado pelos africâneres e empunhado pelo Partido Nacional sob a liderança de Daniel François Malan. Confrontados os dois projetos nas eleições gerais de 1948, o nacionalismo sul-africano obteve uma apertada vitória sobre o projeto segregacionista menos radical do Partido Unificado. A força eleitoral do Partido Nacional refletiu não apenas o triunfo da pequena burguesia nacionalista, mas, sobretudo, sua habilidade em unificar capitalistas, pequenos proprietários e trabalhadores brancos em torno de um projeto racista mais ambicioso do que o implementado até então pelo Partido Unificado[10].

De fato, o surgimento do sistema de *apartheid* é indissociável desse recrudescimento da segregação racial no contexto da "revolução nacionalista" sul-africana. Entre as principais medidas implementadas pelo governo nas décadas seguintes à vitória eleitoral de 1948 a fim de consolidar o novo regime, destacam-se a expansão do controle nacionalista sobre a educação em todos os níveis e o subfinanciamento das escolas dos negros, a eliminação do direito de voto dos povos "de cor" e a formalização da segregação urbana dos grupos raciais, liberando as remoções forçadas da população não branca para distritos pobres construídos o mais longe possível dos centros das principais cidades[11].

Os ataques políticos dos nacionalistas brancos às populações negras, somados aos efeitos econômicos do advento do fordismo racista e periférico sul-africano, estimularam a intensificação da resistência dos trabalhadores negros às estruturas de segregação do regime de *apartheid*. O governo racista percebeu no aumento do apoio dos negros ao nacionalismo africano, representado sobretudo pelo Congresso Nacional Africano (ANC), a oportunidade para aprovar leis ainda mais radicais, em especial a Lei de Supressão do Comunismo, de 1950, que empregou uma definição extremamente ampla do termo a fim de garantir à polícia amplos poderes para reprimir qualquer atividade pública oposicionista.

Auge do *apartheid*, os anos 1960 assistiram ao recrudescimento da segregação racial como forma de consolidação da dominação africâner sobre as populações negras. Assim, todos os africanos passaram a ser classificados por sua origem "étnica"

---

[9] A Carta da Barreira de Cor de 1926 posteriormente ampliou o número de atividades industriais semiqualificadas exclusivas dos trabalhadores brancos. Assim, o sistema de reserva de empregos mais qualificados para os trabalhadores brancos seguiu limitando por décadas as opções dos empregadores que preferiam contratar um trabalhador negro por um salário menor. Para mais informações, ver John S. Saul e Patrick Bond, *South Africa, The Present as History: From Mrs Ples to Mandela & Marikana* (Joanesburgo, Jacana, 2014).

[10] Para mais informações, ver T. Dunbar Moodie, *The Rise of Afrikanerdom*, cit.

[11] Liberar as remoções significou também enviar forçosamente uma enorme população negra para áreas ainda mais pobres nas reservas rurais conhecidas como "bantustões", os únicos espaços permitidos para os negros reivindicarem alguma cidadania. Ver idem.

e identificados por sua "diversidade tribal" em separado dos sul-africanos brancos. O reforço da política dos bantustões servia tanto para mascarar a espoliação dos direitos mais elementares dos negros quanto para disfarçar o elevado número de trabalhadores desempregados. Afinal, o controle de fluxos migratórios garantia que os desempregados negros permanecessem escondidos nos bantustões, sobretudo em favelas reassentadas.

Ao mesmo tempo, o desemprego fortaleceu a luta contra o *apartheid* nas décadas de 1970 e 1980 de duas maneiras. Em primeiro lugar, providenciou uma massa crítica de jovens recrutas para a resistência nos bairros e comunidades pobres. Ao mesmo tempo, o aumento do desemprego eliminou a possibilidade de ganhos salariais, aproximando os trabalhadores empregados dos sindicatos negros. Da combinação da desaceleração do ciclo de crescimento econômico com a renovação do desafio político representado pelo aumento da resistência da população negra, adveio a reviravolta dos anos 1970[12].

O capitalismo racial sul-africano passou a ser desafiado pela conhecida sobreposição entre greves e rebeliões estudantis que o levou ao colapso no final dos anos 1980. Trata-se de um processo alimentado por contradições advindas da expansão do modelo de desenvolvimento fordista racial e periférico sul-africano. Afinal, os "anos dourados" do *boom* econômico serviram, igualmente, para acumular mais conflitos e tensões no interior do modelo de desenvolvimento ao empurrar números crescentes de trabalhadores negros para postos de trabalho degradados na manufatura, na mineração e na agricultura. Além disso, a urbanização precária e segregada dessa massa de trabalhadores negros alargou a base social da resistência ao regime racista[13].

Em acréscimo, o processo de mecanização da indústria promovido pela acumulação fordista aumentou a dependência das empresas de uma força de trabalho mais qualificada e estável. Assim, as limitações de um regime de acumulação baseado no trabalho barato negro foram se tornando cada dia mais visíveis: a escassez permanente de mão de obra qualificada em meio a uma abundante oferta de trabalhadores somou-se a um mercado interno relativamente pequeno, apesar da carência extrema de grande parte da população no tocante a todos os tipos de bens. As tensões do modelo de desenvolvimento foram se tornando cada dia mais explosivas.

O aviso de incêndio veio entre os anos de 1971 e 1973 na forma de um formidável ciclo grevista, iniciado na Namíbia, ilegalmente ocupada pela África do Sul. Essa primeira onda paredista foi acompanhada pela multiplicação de paralisações e greves na região de Durban, quando 90 mil trabalhadores cruzaram os braços, em 1973, impondo uma perda de 229 mil jornadas de trabalho aos empregadores. Influenciadas superficialmente pelo braço sindical no exílio do movimento de libertação nacional sul-africano, o Sactu, as greves de Durban impulsionaram o renascimento

[12] Para mais informações, ver John S. Saul e Patrick Bond, *South Africa*, cit.

[13] Para mais informações, ver Gay W. Seidman, *Manufacturing Militance: Workers' Movements in Brazil and South Africa, 1970-1985* (Berkeley, University of California Press, 1994).

do sindicalismo negro após um período de relativa inatividade experimentado durante os anos 1960[14].

A pulsão grevista originada no "momento Durban" estimulou o aparecimento de novos sindicatos negros cada vez mais desejosos de salvaguardar sua independência em relação ao estilo "populista" de ação coletiva característico da política do ANC e do Partido Comunista da África do Sul (SACP) durante os anos 1950 e 1960. Em meados da década de 1970, ganhou importância entre os trabalhadores negros na África do Sul a tese segundo a qual a melhor maneira de garantir os interesses gerais da classe trabalhadora negra seria a conservação tanto da independência de classe quanto do fortalecimento da democracia operária enraizada nos locais de trabalho e na capacidade de decisão das bases operárias. E o novo sindicalismo sul-africano dos anos 1970 produziu um salto qualitativo com a criação, em 1979, da Federação dos Trabalhadores Sul-Africanos (Fosatu).

Na realidade, após a proscrição legal dos movimentos nacionalistas africanos, em 1950, o embrionário movimento sindical que se desenvolveu durante o auge do período fordista sul-africano mostrou-se capaz de desenvolver sua liderança e definir suas estratégias de ação de forma um tanto independente da orientação do braço sindical do ANC e do SACP[15]. O vazio deixado pelo exílio das antigas lideranças sindicais populistas foi, então, ocupado por jovens ativistas cujas táticas organizativas eram marcadamente diferentes das da geração anterior. Menos engajado nos bairros e nas atividades partidárias e mais envolvido nas questões do chão de fábrica, nas reivindicações salariais e nas preocupações acerca das condições de trabalho, o sindicalismo praticado pela Fosatu mostrou-se suficientemente dinâmico para inspirar o ativismo dos trabalhadores negros, que, aos milhares, aderiram às suas fileiras[16].

No entanto, conforme a crise do regime do *apartheid* foi se aprofundando nos anos 1980, intensificando a repressão aos bairros negros, o conflito entre os estilos populista e obreirista de ação sindical foi perdendo importância diante do iminente processo de democratização do país. Assim, em 1985, tanto o Sactu quanto a Fosatu, além da corrente sindical inspirada pelo movimento da consciência negra e muito influente no sindicato mineiro, o NUM, fundiram-se em uma nova federação sindi-

---

[14] Apenas para efeitos comparativos, entre 1965 e 1971, menos de 23 mil trabalhadores negros tinham entrado em greve na África do Sul. Para mais informações, ver Steven Friedman, *Building Tomorrow Today: African Workers in Trade Unions, 1970-1984* (Cidade do Cabo, Ravan, 1987).

[15] Os esforços organizativos dos novos sindicatos no chão de fábrica mantiveram ao longo dos anos 1970 e 1980 uma cuidadosa distância em relação ao Sactu, cujo estilo de organização tendia a subordinar os interesses imediatos dos trabalhadores às campanhas organizadas pelo Partido Comunista e, posteriormente, aos objetivos definidos pela luta armada contra o *apartheid*. Ver idem.

[16] A filiação aos sindicatos ligados à Fosatu saltou de aproximadamente 700 mil em 1979 para mais de 3 milhões em 1993. Ver dados citados por Edward Webster e Glenn Adler, "Exodus Without a Map? The Labour Movement in a Liberalizing South Africa", em Björn Beckmann e Lloyd Sachikonye (orgs.), *Labour Regimes and Liberalization: The Restructuring of State-Society Relations in Africa* (Harare, University of Zimbabwe Publications, 1988), p. 126 e seg.

cal nacional, o Cosatu, respondendo, assim, ao clamor por unidade diante da escalada da repressão militar do regime aos bairros negros e pobres[17].

Na realidade, esse aumento da resistência popular verificado durante os anos 1980 decorreu basicamente da recusa das classes subalternas africanas a permanecerem submetidas à opressão do Estado racista. Nesse sentido, os trabalhadores precários sul-africanos agiram como uma espécie de força social solvente das estruturas racistas, galvanizando a luta de classes no país em uma escala praticamente incontrolável para o regime. Na condição de setor da classe trabalhadora cuja localização social é capaz de revelar com mais clareza as contradições do modelo de desenvolvimento, o precariado sul-africano se mostrou a força motriz por trás da articulação entre sindicatos e movimentos de resistência nos bairros cujo sucesso ajudou a assegurar o fim do *apartheid*[18].

Entre os sujeitos coletivos que mais se destacaram nesse momento, faz-se imprescindível mencionar os estudantes, isto é, as filhas e os filhos tanto do proletariado quanto do precariado urbanos que, a partir de meados dos anos 1970, em especial em Soweto, protagonizaram uma onda de protestos que alterou os rumos da luta política na África do Sul. O chamado "Levante de Soweto" não apenas serviu para precipitar o colapso das tentativas do regime do *apartheid* de construir alianças com países africanos, mas também forçou as potências ocidentais a reconsiderarem a viabilidade do Partido Nacional como maior aliado no subcontinente[19].

Trabalho e cidadania na África do Sul

Por trás desses levantes dos trabalhadores negros contra o regime racista, usualmente encontraremos a relação contraditória entre trabalho e cidadania que marcou historicamente a ação coletiva dos grupos subalternos negros na África do Sul. De fato, a fim de reproduzir as bases da produção do trabalho barato extraído dos negros, o modo de regulação racial e despótico imposto pelo regime de acumulação no país, ao mesmo tempo que protegia o setor branco da força de trabalho por meio de reformas trabalhistas e sociais que excluíam empregados temporários, mulheres e trabalhadores rurais, impunha à maioria dos trabalhadores negros um alto nível de exploração, violência, pobreza, humilhação e, evidentemente, privação dos direitos mais elementares.

No tocante à criação do regime de *apartheid*, vale observar que a trajetória sul-africana na primeira metade do século XX foi basicamente marcada pela utilização da cidadania como um instrumento de consolidação da supremacia branca. Nunca é demais lembrar que, de acordo com o discurso pseudocivilizador sul-africanista dos anos 1920, os trabalhadores negros seriam por demais "atrasados" para poder ascen-

---

17 Para mais informações, ver Jeremy Baskin, *Striking Back: A History of Cosatu* (Joanesburgo, Ravan, 1991).

18 Sobre a importância do papel do precariado sul-africano na crise do regime do *apartheid*, ver John S. Saul e Patrick Bond, *South Africa*, cit.

19 Para mais informações, ver Baruch Hirson, *Year of Fire, Year of Ash: The Soweto Revolt* (Londres, Zed, 2016).

der à condição de cidadania plena, devendo, ao contrário, ser "tutelados" e "conduzidos" pelos brancos, ou seja, em relação aos negros, trabalho e direitos sociais seguiriam caminhos antagônicos[20].

Os africanos negros resistiram à espoliação de suas terras por meio da defesa da agricultura independente como alternativa ao mercado de trabalho segregado imposto pelos brancos. A resposta do Estado racista foi a imposição de um conjunto de leis que limitavam o acesso dos negros à terra, reforçando o controle do acesso dos negros às cidades e proibindo a sindicalização dos trabalhadores negros. Dessa maneira, os africanos negros foram sendo empurrados para empregos sub-remunerados e degradantes, que aprofundavam a exploração do trabalho ao mesmo tempo que, contudo, deprimiam a demanda interna e atrasavam a formação de um mercado de consumo de massa[21].

A vitória do Partido Nacionalista nas eleições de 1948 consolidou a guinada do discurso colonialista que pregava a tutela dos negros pelos brancos para uma interpretação africâner ortodoxa a respeito das diferenças étnicas e raciais existentes na África do Sul. A partir de então, prevaleceu o princípio do "desenvolvimento em separado", consagrado na Lei de Promoção do Autogoverno Bantu, de 1959[22]. A mudança foi bastante radical e claramente inspirada pelas revoluções nacionalistas com conteúdo racial ao estilo do nazismo alemão. Nesse contexto, a cidadania para os povos "nativos", agora redefinidos como "Bantus", foi toda substituída pelo pertencimento a tribos burocraticamente sancionadas e culturalmente divididas:

> O projeto do *apartheid* reverteu o processo de extensão lenta da cidadania aos nativos, transformando os "Bantus" em imigrantes despojados dos direitos da cidadania. As reservas nativas foram então reorganizadas em "terras natais" Bantus, supostamente governadas por chefes africanos tradicionais sob a supervisão de um aparelho de Estado separado da burocracia ordinária. O primeiro-ministro Verwoerd comparou a África do Sul branca a um local de trabalho onde os africanos negros não tinham direitos a reivindicar. Para ele, todo o país do lado de fora das "terras nativas" era constituído de "propriedade privada dos europeus", onde os "nativos" poderiam permanecer apenas na condição de "trabalhadores imigrantes em uma grande fazenda".[23]

Assim, o regime do *apartheid* criou a necessidade de controlar minuciosa e despoticamente os fluxos migratórios de trabalhadores que, sem cessar, se deslocavam das terras nativas (também conhecidas como bantustões) rumo às grandes cidades, aonde retornavam sempre que a demanda por mão de obra local diminuía. Para tanto, o governo racista precisou não apenas regular a urbanização negra por meio da construção de *townships* – isto é, bairros precariamente construídos ocupados sobretudo por negros pobres, distantes dos centros urbanos e conhecidos, segundo a anti-

---

[20] Para mais informações, ver Franco Barchiesi, *Precarious Liberation: Workers, the State, and Contested Social Citizenship in Postapartheid South Africa* (Albany, Suny Press, 2011).

[21] Para mais informações, ver Edward Webster e Karl von Holdt, *Beyond the Apartheid Workplace: Studies in Transition* (Durban, University of KwaZulu-Natal Press, 2005).

[22] Para mais informações, ver T. Dunbar Moodie, *The Rise of Afrikanerdom*, cit.

[23] Martin Legassick, "Legislation, Ideology and Economy in Post-1948 South Africa", *Journal of Southern African Studies*, v. 1, n. 1, 1974, p. 20.

ga legislação do *apartheid*, como "áreas de ocupação negra" – mas também controlar por meio de castigos físicos as deserções que ocorriam nas minas e nas fábricas devido às brutais condições de exploração da força de trabalho negra[24].

Em suma, enquanto os fordismos históricos dos países capitalistas avançados promoviam reformas sociais no pós-Segunda Guerra Mundial como meio de estabilizar a acumulação, o regime do *apartheid* optou por generalizar a precariedade, servindo-se, para isso, da estrutura ocupacional. Ao longo dos anos 1950 e 1960, o sistema segregacionista reforçou, mediante leis cada vez mais restritivas, um modelo despótico de circulação dos trabalhadores que acabou por encarcerar a "cidadania" africana nas "terras natais" formalmente autônomas e etnicamente segregadas, mas, na prática, áreas de reprodução da miséria onde subsistia a população trabalhadora excedente.

Assim, forçados a deixar a família na extrema pobreza das "terras natais" e privados do direito de residência permanente nas cidades, os trabalhadores africanos negros classificados pelo regime como "imigrantes" foram empurrados para as funções mais precárias, insalubres, inseguras e sub-remuneradas, aquelas que os brancos se recusavam a ocupar. Em tais condições degradantes, a relação entre trabalho e cidadania simplesmente não podia existir, a não ser em termos claramente antagônicos. Em suma, o mercado de trabalho para os negros estruturou-se de forma tirânica e discriminatória, negando à maioria da população o acesso aos direitos sociais e trabalhistas e, consequentemente, definindo a precariedade do emprego como norma para o trabalhador africano[25].

Como não poderia ser diferente, a experiência de classe forjada a partir da combinação entre o despotismo fabril, a segregação racial e a exclusão política em larga escala vertebrou a trajetória do movimento sindical negro na África do Sul. Desde muito cedo, o sindicalismo protagonizado pelos trabalhadores negros organizou-se em torno da promessa da transformação do emprego em uma porta de acesso dos negros à cidadania. E, após 1973, com o "momento Durban", o movimento sindical negro sul-africano retomou uma trajetória ascendente de mobilizações que, entre avanços e recuos, acabou consolidando o ressurgimento do sindicalismo independente dos trabalhadores negros após mais de uma década de crua repressão.

Primeira federação nacional a organizar os trabalhadores negros, a Fosatu tornou-se o baluarte do sindicalismo industrial enraizado nas fábricas, advogando o controle operário e a independência política em relação aos partidos tradicionais. De fato, os sindicatos que originalmente formaram a Fosatu estavam relutantes em se envolver em lutas políticas mais amplas, preferindo um estilo sindical "obreirista" e centrado na "organização fabril como expressão de uma verdadeira consciência de classe trabalhadora"[26].

No entanto, existiam paralelamente à Fosatu vários sindicatos de comunidades que, em síntese, consideravam ser impossível separar as reivindicações dos operá-

---

[24] Para mais informações, ver Martin Legassick, "South Africa: Capital, Accumulation and Violence", *Economy and Society*, v. 3, n. 3, 1974.

[25] Para mais informações, ver Franco Barchiesi, *Precarious Liberation*, cit.

[26] Para mais informações, ver Edward Webster e Glenn Adler, "Exodus without a Map?", cit., p. 134.

rios fabris de problemas que eles próprios experimentavam em bairros pobres e que se identificavam abertamente com o movimento de libertação nacional sul-africano. Em poucas palavras, tratava-se da continuação daquele sindicalismo populista praticado nos anos 1950 pela ala sindical do ANC, isto é, o Sactu. Tais sindicatos logo se agruparam em torno da Frente Democrática Unificada (UDF), insistindo na necessidade de unir as lutas econômica e política em um amplo movimento *anti-apartheid*[27].

Lançada em agosto de 1983, a UDF participou das eleições para as novas autoridades negras locais que a introdução do parlamento tricameral pretendia incorporar ao sistema político oficial. Embora contasse com 565 organizações populares filiadas, a UDF tinha laços frágeis com o movimento dos trabalhadores: em 1984, apenas dezoito sindicatos estavam presentes em suas fileiras. As associações estudantis e de moradores dos bairros pobres eram largamente preponderantes na composição da frente, sugerindo uma relativa independência organizativa no tocante à direção exilada do ANC[28].

Apesar disso, em janeiro de 1985, a UDF aprovou a linha definida pela liderança do ANC no exílio de "tornar a África do Sul ingovernável", sendo logo apanhada por planos insurrecionais que subestimaram a força do regime do *apartheid*. As atividades de resistência tornaram-se menos coerentes e disciplinadas, culminando, em 1988, no banimento da UDF. O resultado do erro de avaliação tanto do ANC quanto do SACP ao lançar a luta insurrecional não poderia ter sido mais desastroso para a UDF: em 1987, a maior parte da liderança da frente se encontrava presa, escondida ou havia sido assassinada pelo regime racista[29].

Não que a UDF tenha sido, ela mesma, a força motriz por trás da miríade de focos locais de resistência ao *apartheid* que acelerou o colapso do regime no início dos anos 1990. No entanto, a frente acabou por tornar-se, em larga medida, o movimento presumido que dirigiu o vasto precariado urbano da África do Sul acantonado nos bairros pobres. Conforme aumentava a repressão às ações da frente, a direção da UDF, ao lado do Cosatu, decidiu redirecionar seus esforços no sentido da formação do Movimento Democrático de Massa (MDM). Assim, os ativistas dos bairros pobres buscavam construir uma base organizacional mais ampla a fim de estender as lutas populares para além dos protestos estudantis eclodidos em 1976[30].

Com o início das negociações para a democratização do país, porém, o movimento de libertação nacional considerou que tanto a UDF quanto o MDM haviam cumprido seu papel histórico na resistência ao regime racista. Para o ANC, qualquer papel político do precariado sul-africano no período pós-*apartheid* deveria limitar-se à participação eleitoral e ao apoio às políticas implementadas pelo partido governante. Ou seja, embora estivesse longe de ser o protagonista no movimento de resistência

[27] Para mais informações, ver Jeremy Baskin, *Striking Back*, cit.

[28] Para mais informações, ver John S. Saul e Patrick Bond, *South Africa*, cit.

[29] Para mais informações, ver Hein Marais, *South Africa Pushed to the Limit: The Political Economy of Change* (Claremont, UCT Press, 2011).

[30] Para mais informações, ver Janet Cherry, *Umkhonto weSizwe* (Sunnyside, Jacana, 2011).

ao *apartheid* entre as décadas de 1960 e 1980, o movimento de libertação nacional, tendo o ANC à frente, ressurgiu no início dos anos 1990 como o principal instrumento da transformação da África do Sul em uma democracia representativa[31].

Em suma, apesar de não ser inevitável para o ANC conquistar uma posição politicamente hegemônica no interior do movimento de libertação nacional, era bastante provável que isso acontecesse tendo em vista a combinação de um grupo político bem-estruturado com a liderança carismática de Nelson Mandela. No entanto, é importante destacar que se o movimento de libertação nacional se mostrou bem-sucedido em dirigir a transformação do país em uma democracia representativa, os acordos celebrados pelo ANC com o Partido Nacionalista praticamente inviabilizaram qualquer mudança econômica significativa para os africanos pobres.

As negociações que puseram fim no *apartheid* tiveram como premissa que a conquista da igualdade política não mudaria a estrutura econômica. A fim de garantir a consolidação de um regime não segregado em termos raciais, o ANC consumou um acordo largamente favorável aos interesses do capital local e global. A partir de então, o papel do movimento de libertação nacional deslocou-se na direção de transformar os trabalhadores organizados e o precariado sul-africano em cidadãos com direito a voto, mas cada dia mais distantes das demandas por igualdade econômica[32].

A crise do fordismo racial e a transição democrática

Em linhas gerais, a crise política que aboliu o *apartheid* tendeu a acompanhar a fadiga do modelo de desenvolvimento fordista periférico no país. A curva da alta do PIB sul-africano revelou a tendência: de uma média de 5,5% de crescimento nos anos 1960, capaz de assegurar ao regime racista seus melhores anos, a economia foi, nos anos 1980, desacelerando até uma média de 1,8% de crescimento, até cair para -1,1%, no início dos anos 1990. Com a crise do fordismo periférico, a economia sul-africana não apenas experimentou a decadência da indústria de transformação medida pela queda da participação total dos produtos manufaturados nas exportações (de 31% nos anos 1960 para 12% em 1988) como também passou a enfrentar problemas crônicos na balança de pagamentos[33].

Como consequência da desaceleração econômica dos anos 1980, o desemprego aumentou e a estrutura social tornou-se notoriamente incapaz de criar novas posições no mercado de trabalho a fim de absorver, sobretudo, os trabalhadores jovens. O setor de mineração, responsável por 66% dos lucros com exportações em 1991, demitiu, entre 1987 e 1995, 30% de sua força de trabalho, derrubando o número de trabalhadores empregados de 752 mil para 513 mil. No início da década de 1990, a

[31] Ver John S. Saul e Patrick Bond, *South Africa*, cit.

[32] Para mais informações, ver Sam Ashman, Ben Fine e Susan Newman, "The Crisis in South Africa: Neoliberalism, Financialization and Uneven and Combined Development", *Socialist Register*, n. 47, 2011.

[33] Ver dados citados por Hein Marais, *South Africa Pushed to the Limit*, cit.

taxa de desemprego do país já estava em 33%, com flagrante impacto na informalização e na precarização do trabalho[34].

As relações industriais orientaram-se na direção do conflito, tornando-se cada dia mais instáveis. A distribuição historicamente desigual do acesso aos serviços sociais, como habitação, educação, saúde e transporte, contribuía para desestimular os trabalhadores negros e deteriorar ainda mais a produtividade do trabalho. De fato, o regime do *apartheid* não possuía um plano alternativo ao fordismo racista capaz de promover novos setores ou indústrias, e a estratégia escolhida pelo governo para restaurar as bases do crescimento foi simplesmente alinhar a economia nacional à ortodoxia neoliberal, expondo as empresas sul-africanas à competição internacional[35].

Ao mesmo tempo, o regime racista iniciou um modesto movimento de distensão política, legalizando os sindicatos negros e relaxando as barreiras para a residência dos africanos nas cidades. Por um lado, se esse esboço de reforma do regime do *apartheid* revisou relativamente a segregação racial no âmbito das relações trabalhistas, por outro, a privação dos direitos políticos da maioria da população africana não foi tocada pelo Estado racista. Essa tentativa de legitimação do *apartheid* apoiada na regulação mercantil, contratual e, supostamente, não coercitiva do trabalho não foi em absoluto capaz de seduzir os trabalhadores negros que rejeitaram a agenda reformista proposta pelos governos de Pieter Botha e de Frederik de Klerk, intensificando as mobilizações contra o regime[36].

Em meados dos anos 1980, tendo em vista o aprofundamento da crise social e econômica, um grupo de corporações e lideranças políticas do regime racista decidiu que uma saída política deveria ser criada e, em fevereiro de 1990, o ANC e outras organizações *anti-apartheid* foram legalizados, com Nelson Mandela e outros líderes políticos sendo libertados da prisão. Durante as negociações entre o regime e a oposição, estabeleceu-se uma espécie de equilíbrio de forças entre o Partido Nacionalista e o ANC no qual nenhum dos contendores havia conquistado uma posição claramente dominante. Nas palavras de Govan Mbeki:

> Esta foi uma guerra sem vencedores absolutos... [...] As duas principais forças políticas na África do Sul alcançaram um empate. E então aconteceu que o opressor e o oprimido vieram juntos traçar o caminho para uma África do Sul democrática.[37]

Apesar da crise econômica e social do regime, agravada pelas sanções internacionais, pela irracionalidade da duplicação dispendiosa das instituições estatais e pela derrota militar sofrida em Angola pelas Forças Armadas Sul-Africanas (SADF) na batalha de Cuito Cuanavale, o Partido Nacionalista conseguiu manter o aparelho repressivo do Estado sob seu controle, além de continuar contando com o apoio de expressivos

---

[34] Idem.

[35] Idem.

[36] Ver John S. Saul e Patrick Bond, *South Africa*, cit.

[37] Govan Mbeki, *Sunset at Midday: Latshon'ilang'emini!* (Joanesburgo, Pan MacMillan South Africa, 1996), p. 119.

setores da população branca. Ademais, a crise do Leste Europeu e o desaparecimento da União Soviética enfraqueceram ideologicamente a posição do ANC e do SACP no processo de negociação com os brancos.

Tendo em vista o relativo equilíbrio de forças sociais, os três anos de negociações formais terminaram, em 1993, com um acordo político que diferiu significativamente das posições sustentadas *a priori* tanto pelo Partido Nacionalista quanto pelo ANC. O resultado das negociações foi um sistema de direitos individuais e coletivos que acenou para as massas africanas com a promessa da cidadania salarial, isto é, a combinação de sufrágio universal com direitos sociais consagrados em uma avançada Declaração de Direitos. Como todos estavam esperando, o ANC confirmou sua força política e sua condição de único partido realmente nacional do país, conquistando uma retumbante vitória nas eleições de 17 de abril de 1994.

Muitos analistas da cena política sul-africana sentiram-se desorientados com a moderação demonstrada pelo governo de Mandela no tocante à inexistência de reformas econômicas que beneficiassem a maioria da população negra. Na realidade, apesar da inegável vitória que pôs fim no *apartheid* racial, o acordo que garantiu a transição entre os racistas e o ANC estava cheio de compromissos desastrosos para a população negra. Assim, os brancos mantiveram as melhores terras, as minas, as fábricas e os bancos. Exportaram vastas quantidades de capital e foram os principais beneficiários das políticas neoliberais adotadas nos anos 1990.

Diante dessa situação, o ANC poderia naturalmente mobilizar o povo e usar o excedente financeiro controlado pelo Estado para promover a igualdade econômica. O partido de Mandela, contudo, optou por adotar a ortodoxia neoliberal entremeada por reformas pontuais a fim de assegurar a transição política e legitimar seu governo diante dos mercados internacionais. Enfrentando uma relação de forças desfavorável, o ANC preferiu seguir o caminho da integração do país à globalização neoliberal. E uma guinada ao neoliberalismo foi então preparada pelo novo partido governante. Dolorida, porém nada surpreendente.

A guinada neoliberal

Quando Nelson Mandela iniciou seu governo, o ANC, as antigas forças que outrora sustentaram o regime racista e o capital corporativo já haviam construído um consenso em torno da necessidade da modernização das bases ideológicas e políticas do poder do Estado sul-africano. Na realidade, durante a transição democrática, a aparência classista do novo governo foi garantida, sobretudo, pela atuação do movimento sindical. Enquanto duraram as negociações, o Cosatu atuou no sentido de reivindicar a criação de novos empregos e a redistribuição do acesso à saúde, à educação e à moradia, mantendo-se, no geral, fiel à linha política progressista após Mandela ter sido eleito presidente.

No entanto, a fidelidade do sindicalismo africano às exigências progressistas custou ao Cosatu a exclusão do corpo político de negociadores do ANC com o Partido

Nacionalista. Durante a campanha presidencial de Mandela, o movimento sindical apoiou a adoção pelo futuro governo do plano reformista de reconstrução da economia nacional, conhecido como Programa de Desenvolvimento e Reconstrução (RDP), em troca do apoio aos candidatos do ANC. Contudo, mesmo diante do consenso gerado entre as forças da Aliança Tripartite – ANC, Cosatu e SACP – em torno da necessidade de implementar o RDP, o governo de Mandela preferiu seguir a orientação geral do regime racista, liberalizando a economia sul-africana[38].

Durante as negociações para pôr fim no *apartheid*, o ANC comprometeu-se com políticas comerciais e de liberalização financeira, um amplo programa de privatização, um sistema regressivo de impostos, baixos índices inflacionários e uma série de outras medidas econômicas que favoreceram, sobretudo, os proprietários de capital. Assim, ninguém se surpreendeu seriamente quando, em 1996, o governo substituiu o RDP por um novo plano econômico claramente alinhado à agenda neoliberal, conhecido como Emprego, Crescimento e Redistribuição (Gear).

Desenhado para satisfazer as ambições de uma emergente classe capitalista negra formada pelo ciclo de privatizações promovido pelo governo de Nelson Mandela, o novo programa tonificou as funções do programa de Fortalecimento Econômico dos Negros (BEE), incluindo o controle de propriedades e ativos de empresas, a ação afirmativa nos níveis gerenciais mais elevados, o desenvolvimento de quadros burocráticos qualificados nas empresas públicas e a igualdade no acesso ao emprego qualificado[39].

O movimento de libertação nacional cobrou seu preço e os membros do Cosatu foram enquadrados no interior da Aliança Tripartite liderada pelo ANC. De militantes comunistas, os sindicalistas tornaram-se responsáveis por viabilizar o nacionalismo africano no poder. Com o fim do despotismo racista, a nova consciência nacional condensada na direção do ANC logo passou a identificar na reconstrução da economia capitalista do país a chave para consolidar um projeto inclusivo e democrático de nação, posteriormente batizado de "nação arco-íris". Onde o *apartheid* havia fracassado, o ANC e sua incontestável autoridade política triunfariam: convencer os trabalhadores africanos negros de que a economia capitalista garantiria sua emancipação individual[40].

---

[38] Em agosto de 1994, o novo Departamento do Comércio e da Indústria anunciou cortes nas tarifas de importação de roupas, têxteis e autopeças. Os setores mais atingidos foram os trabalho-intensivos, em especial a indústria de costura, que tradicionalmente empregava uma força de trabalho em sua maioria feminina. Ver Edward Webster, Rob Lambert e Andries Bezuidenhout, *Grounding Globalization: Labour in the Age of Insecurity* (Oxford, Wiley-Blackwell, 2008).

[39] Para mais informações, ver Vishwas Satgar, "Neoliberalized South Africa: Labour and the Roots of Passive Revolution", *Labour, Capital and Society/Travail, Capital et Société*, v. 41, n. 2, nov-dez 2008.

[40] Nesse contexto de transição democrática, o Cosatu passou a participar das complexas negociações burocráticas com executivos das empresas sul-africanas, algo que fez com que os sindicalistas se tornassem progressivamente mais receptivos aos conselhos dos especialistas do que à influência dos delegados sindicais eleitos no chão de fábrica. Para mais informações, ver Edward Webster e Sakhela Buhlungu, "Between Marginalization and Revitalization? The State of Trade Unionism in South Africa", *Review of African Political Economy*, n. 100, 2004.

A cidadania política conquistada após décadas de luta pela libertação nacional enfim assegurava uma forma de regulação social não segregada racialmente. No entanto, esse novo império dos direitos sociais e trabalhistas trouxe consigo as obrigações inerentes à participação na vida nacional. Inicialmente, o Cosatu traduziu suas antigas aspirações pela cidadania salarial em termos da defesa, junto à Aliança Tripartite, da necessidade de articular garantias constitucionais com políticas redistributivas. No entanto, tendo em vista as limitações gerais do contexto histórico que forjou os protocolos da transição democrática negociados com o Partido Nacionalista, o ANC mostrou-se, na esfera institucional, muito mais empenhado na tarefa de pacificar e controlar as exigências de seus aliados por meio da centralização política.

De fato, logo após a vitória eleitoral de Nelson Mandela, as preocupações do ANC com a construção de um Estado-nação democrático assentado sobre uma economia capitalista globalizada substituíram a antiga bandeira da luta pela libertação nacional. Em grande medida, o novo partido governante transformou qualquer contestação à sua nova orientação liberal em um desvio político passível de sanção. Assim, jovens militantes dos bairros negros ou antigos "camaradas" dos tempos da insurgência popular liderada pela UDF durante os anos 1980 foram rapidamente estigmatizados como "esquerdistas", cujas demandas ameaçavam as concessões democráticas alcançadas pelo ANC. Na realidade, a violência política com que o ANC passou a tratar seus antigos aliados revelou uma contradição social explosiva.

África do Sul: regulação e crise

Em sua tormentosa transição para uma democracia representativa, a promessa feita pelos dirigentes do ANC aos trabalhadores negros de que o novo regime fomentaria uma cidadania salarial capaz de atar a proteção do trabalhador ao progresso material do país ganhou uma forte centralidade na construção do Estado pós-*apartheid*. No entanto, a grande contradição que passou a desafiar tanto os trabalhadores quanto seus representantes, acicatando progressivamente toda a vida política sul-africana após 1994, foi que, apesar da conquista da igualdade política, o emprego tornou-se cada dia mais inseguro e precário no país, fazendo com que a promessa da cidadania salarial se transformasse em uma utopia desacreditada pelos trabalhadores africanos negros[41].

Além disso, as medidas de austeridade aplicadas pelo governo, como os cortes orçamentários, deprimiram a demanda agregada, levando ao declínio do crescimento econômico. O setor privado acompanhou a retração induzida pelo Estado e nem mesmo o ciclo privatizante lançado pelo governo do ANC foi capaz de reverter a estagnação. Na realidade, as empresas estatais foram vendidas para o capital financeiro internacional, que se mostrou pouco preocupado em preservar os empregos dos

---

[41] Para mais informações, ver Franco Barchiesi, *Precarious Liberation*, cit.

trabalhadores africanos negros[42]. Em suma, o colapso do emprego formal entre os negros foi, em larga medida, consequência das iniciativas privatizantes adotadas pelo partido no poder[43].

Quando a economia se recuperou na segunda metade dos anos 2000, devido ao superciclo das *commodities*, a queda na taxa de desemprego simplesmente não foi capaz de recuperar os níveis de ocupação dos anos 1990. Entre 1994 e 2003, a economia cresceu a uma taxa média de 2,8%, enquanto, entre 2004 e 2007, o crescimento médio saltou para 5%. Todavia, o emprego teve poucos motivos para comemoração. No auge do crescimento econômico da década de 2000, os setores que mais assalariaram foram aqueles ligados aos serviços privados[44].

Como tais setores se apoiam, principalmente, na força de trabalho terceirizada e subcontratada, as novas ocupações tenderam a ser sub-remuneradas, instáveis e precárias. Além disso, a multiplicação de empregos terceirizados e informais pressionou os rendimentos do trabalho, levando ao aumento da inadimplência entre as famílias trabalhadoras. A partir de 2008, devido à crise internacional, a economia sul-africana experimentou novamente a elevação do desemprego, a estagnação da manufatura, o encarecimento do crédito e o retorno dos déficits em conta-corrente[45].

Apesar do aumento do número de empregos criados a partir de 2003, em média, os salários caíram. Em 2008, de acordo com o Ministério do Trabalho da África do Sul, aproximadamente metade da força de trabalho do país encontrava-se inserida em ocupações temporárias e a taxa de desemprego passou de 21, 9% em 2008 para 25,2% em 2010. Quando somamos o desemprego por desalento, isto é, quando acrescentamos aqueles trabalhadores que pararam de procurar emprego durante o período considerado, a taxa de desemprego salta para uma média de 40% nos anos 2000. Além disso, a participação dos salários na renda nacional caiu, entre 1990 e 2002, de 57% para 51%, enquanto a participação dos lucros cresceu de 43% para 49%[46].

De 1995 a 2003, entre os trabalhadores não qualificados, em especial os trabalhadores domésticos, os ganhos reais declinaram 19%, enquanto a renda dos trabalhadores autônomos despencou 62% durante o período. Em 2005, um estudo realizado pelo *Labour Research Service*, entidade de pesquisa ligada ao Ministério do Trabalho da África do Sul, concluiu que a maioria dos trabalhadores do setor formal da economia ganhava em média 32 dólares por uma jornada de trabalho semanal de 47 horas. Em 2009, quando o preço das *commodities* desabou em decorrência da crise da globalização, a economia teve uma queda de -2,8% no PIB, fazendo com

---

[42] Para mais informações, ver Edward Webster, Rob Lambert e Andries Bezuidenhout, *Grounding Globalization*, cit.

[43] Atualmente, apenas 27% da população economicamente ativa na África do Sul possui um emprego formal, número que vem diminuindo. Para mais informações, ver dados citados por Peter Alexander et al., *Class in Soweto* (Scottsville, University of KwaZulu-Natal Press, 2013).

[44] Ver dados citados por Hein Marais, *South Africa Pushed to the Limit*, cit.

[45] Idem.

[46] Idem.

que o desemprego retornasse ao patamar do início dos anos 2000 com uma clara indicação de piora[47].

Em resposta à crise da globalização, em dezembro de 2008, o governo do ANC, os sindicatos e as principais empresas baseadas no país concordaram em formatar um plano que previa adiar "sempre que possível" cortes de pessoal, criar 2 milhões de novas "oportunidades de trabalho" – um eufemismo para designar empregos temporários e sub-remunerados – e reforçar o auxílio às famílias consideradas indigentes. A exemplo do que estava ocorrendo em Portugal, no início de 2010, o governo anunciou um plano de subsídios aos salários para jovens à procura do primeiro emprego. Em resumo, os empregadores que contratassem trabalhadores jovens com até 25 anos por um período de pelo menos dois anos receberiam reembolso do Estado em dinheiro[48].

Tendo em vista a situação do emprego no país, não é difícil concluir que a maioria dos trabalhadores sul-africanos recebem remunerações tão baixas e estão inseridos em ocupações tão precárias, isto é, instáveis e desprotegidas, que seus empregos simplesmente não são capazes de protegê-los contra a pobreza. Mesmo o emprego no setor formal é inseguro e precário, com salários baixos e destituídos de benefícios e direitos trabalhistas, ou seja, praticamente indistinguível dos empregos encontrados na economia informal. De acordo com o Ministério do Trabalho, em 2008, para uma força de trabalho formada por aproximadamente 13 milhões de trabalhadores, cerca de 5,8 milhões não estavam protegidos pelo seguro-desemprego, 2,7 milhões não apresentavam sequer contratos de trabalho escritos e 4,1 milhões não tinham direito a férias remuneradas[49].

Por trás dos números, é perceptível a decisão das empresas de terceirizar sua força de trabalho. Em poucas palavras, os trabalhadores negros são espoliados pelo modelo de desenvolvimento pós-*apartheid* não por estarem excluídos do mercado de trabalho, mas precisamente por estarem sendo inseridos de uma maneira cada vez mais desigual. Em muitos aspectos, essa inclusão desigual dos trabalhadores acaba por borrar as fronteiras outrora existentes entre a formalidade e a informalidade. Além disso, com o aumento da terceirização empresarial, muitos trabalhadores informais, isto é, sem contratos escritos ou direitos garantidos, encontram-se no interior das companhias trabalhando ao lado dos empregados formais[50].

Na África do Sul, a promessa da cidadania salarial foi herdada pelo movimento de libertação nacional do período das lutas contra o *apartheid*. Assim, em grande medida, a consciência da libertação nacional confundiu-se com a ideia de que o

---

[47] Ver dados citados por Geeta Kingdon e John Knight, "Unemployment in South Africa, 1995-2003: Causes, Problems and Policies", *Global Poverty Research Group*, Oxford, jan. 2005, disponível em <www.sarpn.org/documents/d0002390/Unemployment_SA_GPRG_Jan2005.pdf>, acesso em 11 fev. 2017.

[48] Com a crise, o governo abandonou a promessa de criar "empregos", priorizando a oferta de trabalho precário. Ver Franco Barchiesi, *Precarious Liberation*, cit.

[49] Ver dados citados por Geeta Kingdon e John Knight, Unemployment in South Africa, 1995-2003, cit.

[50] E o movimento sindical não tem obtido muito sucesso em organizar tais trabalhadores precários, obrigando-os a buscar o caminho da auto-organização. Para mais informações, ver Edward Webster, Rob Lambert e Andries Bezuidenhout, *Grounding Globalization*, cit.

fortalecimento do trabalho assalariado em um país emancipado do colonialismo e do racismo garantiria a ascensão das massas ao gozo pleno da cidadania. Em certa medida, essa promessa continuou sendo nutrida pela retórica oficial, que celebrava o compromisso do governo do ANC com a criação de mais empregos formais. No entanto, as decisões políticas do novo regime avançaram em uma direção oposta ao discurso oficial, organizado em torno do fomento à cidadania salarial.

Em 1996, após abandonar o programa de desenvolvimento social claramente reformista e orientado por premissas keynesianas, que tanto havia contribuído para a vitória eleitoral de Nelson Mandela, a direção do ANC decidiu impor uma reorientação geral de sua agenda e adotar o programa Gear, que alinhou o Estado aos poderes da globalização capitalista. E foi Nelson Mandela que usou seu enorme prestígio junto à população africana para legitimar a conversão do ANC ao neoliberalismo.

Durante o discurso de inauguração do ano parlamentar de 1995, Mandela advertiu a nação de que o governo simplesmente não tinha dinheiro para satisfazer as demandas dos pobres, lembrando-se de reclamar da

> [...] cultura dos direitos que faz com que certas pessoas se recusem a cumprir com suas obrigações, tais como o pagamento dos aluguéis, além das tarifas de água e de luz. [...] Ações massivas de qualquer tipo não criarão os recursos necessários.[51]

Vale observar que a preocupação de convencer os trabalhadores a aceitar o despotismo de mercado aumentou no governo de Thabo Mbeki, que, em 2000, também durante a inauguração do ano parlamentar, atacou a greve dos trabalhadores da fábrica da Volkswagen em Uitenhage contra o contrato coletivo então assinado entre a empresa e o Numsa[52]. Tratou-se de um momento-chave na relação entre o partido governante, o movimento sindical e os trabalhadores organizados, redefinindo o padrão dos conflitos trabalhistas na África do Sul. Pela primeira vez, o Numsa agiu para garantir os acordos do ANC e assegurar a "flexibilidade" exigida pela empresa[53].

O acordo assinado pelo sindicato previa uma escala de produção contínua baseada em uma semana de trabalho de seis dias com um dia de folga variável, o fim do pagamento das horas extras pelo trabalho nos fins de semana, a introdução de horas extras compulsórias sem a necessidade de aviso-prévio e jornadas semanais de até setenta horas, entre outras medidas consideradas intoleráveis pelos trabalhadores da Volks. Além do conteúdo, a maneira burocrática como o sindicato conduziu as negociações com a Volkswagen, assinando o acordo sem consultar previamente os operários da fábrica, também foi objeto de inúmeras críticas endereçadas pelos trabalhadores aos seus representantes sindicais[54].

A mudança no padrão de relacionamento do Numsa com a base metalúrgica somou-se à atitude passiva do sindicato em relação às gerências, irritando os trabalhadores e

---

[51] Nelson Mandela citado em Franco Barchiesi, *Precarious Liberation*, cit., p. 84.

[52] Ver Ashwin Desai, *We Are the Poors: Community Struggles in Post-Apartheid South Africa* (Nova York, Monthly Review, 2002).

[53] Idem.

[54] Idem.

levando-os a concluir que os benefícios conquistados por meio de intensas lutas durante o regime do *apartheid* estavam sendo progressivamente perdidos na democracia. Como o sindicato não convocou uma assembleia geral a fim de debater os pontos do acordo, alguns operários mais antigos começaram a convocar encontros durante o almoço. E a reação do Numsa foi expulsar os sindicalistas de base, alegando indisciplina[55].

No entanto, os trabalhadores recusaram-se a substituir seus representantes, resistindo à pressão do sindicato. Em primeiro lugar, os operários decidiram defender seu direito de escolher a própria liderança no nível do chão de fábrica para, então, resistir ao rebaixamento de seus contratos e, consequentemente, à capitulação do sindicato ao regime de trabalho flexível desejado pela empresa. A ideia de uma greve à revelia do Numsa começou a ganhar apoio entre os trabalhadores da Volks e, enfim, eclodiu no final de março de 2000[56].

Por semanas, mesmo diante da repressão policial, os funcionários continuaram se reunindo frequentemente no centro comunitário de Uitenhage. No início, a solidariedade era forte e a Volks teve muitas dificuldades para conseguir substitutos para os grevistas nos bairros próximos à fábrica. No entanto, numa condição de desemprego endêmico, alguns membros da comunidade acabaram cedendo e foram contratados pela empresa. Em pouco tempo, apenas uma pequena parte formada por centenas de trabalhadores ainda participava dos encontros dos grevistas. Com a demissão de 1.300 empregados, a greve foi encerrada no final de abril de 2000, deixando um legado doloroso para os operários da Volks que passaram a enxergar o Numsa, o Cosatu e o SACP não mais como representantes de seus interesses coletivos[57].

Nas palavras de Binisile Mzeku, trabalhador da Volks demitido em 2000 e um dos líderes do movimento grevista:

> O problema entre nós e a liderança do Numsa aconteceu porque o sindicato não fez absolutamente nada contra os ataques da Volks. Ao contrário, o sindicato consentiu com condições ainda piores ao assinar o acordo, ou seja, ele nos traiu. [...] O Partido Comunista, que está junto com o Cosatu ao lado do governo, também não disse uma única palavra. Nós esperávamos alguma palavra de apoio, mas nada. Eu estou pessoalmente muito desapontado. [...] Na África do Sul, existe uma propaganda de chocolate em barra. Dois amigos sentam-se juntos, um deles tem uma barra de chocolate. Em reposta ao pedido do outro amigo por um pedaço, ele responde: "Não atrapalhe nossa amizade". É assim que estão as coisas por aqui.[58]

No entanto, apenas alguns meses depois da derrota do movimento grevista de Uitenhage, outra greve organizada à revelia do Cosatu e liderada por trabalhadores tercei-

---

[55] De acordo com o então presidente do Numsa: "Eles precisavam ser expulsos pois estavam indo contra a política do sindicato e eram indisciplinados", Mthuthuzeli Tom, citado em Ashwin Desai, *We Are the Poors*, cit., p. 104.

[56] Ver Ashwin Desai, *We Are the Poors*, cit.

[57] Idem.

[58] Binisile Mzeku, entrevista concedida a Dietmar Henning e Andreas Kuckartz, "Interview With a South African Volkswagen Worker", *World Socialist*, 29 abr. 2000, disponível em <https://www.wsws.org/en/articles/2000/04/savw-a29.html>, acesso em 12 set. 2015.

rizados da refinaria da empresa petrolífera Engen, localizada em Wentworth, também na região de Durban, reacenderia as esperanças de que os trabalhadores pudessem desafiar de maneira bem-sucedida a precarização do trabalho na África do Sul pós-*apartheid*. Os grevistas exigiam que a empresa pagasse os mesmos salários dos efetivos para os terceirizados, detendo o processo de subcontratação do trabalho na refinaria[59].

Diante da indiferença das lideranças sindicais tradicionais, os petroleiros decidiram mobilizar suas forças por meio da criação de uma organização chamada Fórum de Relações Industriais, ligada a um pequeno sindicato independente, o CEIW, atuante na região. Utilizando uma lei de segurança dos tempos do *apartheid*, o Exército deslocou-se até Wentworth e, alegando que a refinaria era um ponto crítico para a segurança nacional, cercou a planta e ameaçou os grevistas. No entanto, o efeito da repressão do Exército acabou sendo o fortalecimento do ativismo nas comunidades e nos bairros onde viviam os operários:

> Uma jornalista minha colega observou: "Era como se toda Wentworth tivesse entrado em greve". A informalização – que implicava que os trabalhadores recebessem salários apenas duas vezes ao ano – e a terceirização do trabalho – que implicava que eles não fossem considerados trabalhadores da Engen e, portanto, não recebessem nenhum dos benefícios negociados previstos no contrato coletivo de trabalho – estavam ligadas ao fato de que as famílias trabalhadoras não poderiam suportar a escalada dos preços dos aluguéis, dos custos da água e da luz, e, portanto, estavam sendo despejadas por conta de suas dívidas. Diferentemente de outros lugares nos arredores de Durban, a corporação era o culpado em primeiro lugar e não o governo local. Mas isto não deteve os moradores de enfrentar o Estado quando este posicionou-se contra eles.[60]

A reação da comunidade em apoio ao movimento foi um fator-chave para o avanço bem-sucedido da greve, que, ao final de três semanas, alcançou seus principais objetivos. E, apesar de os ativistas do Fórum de Relações Industriais terem sido cooptados pelas organizações tradicionais, com o próprio sindicato retornando à sua rotina burocrática ao final do movimento, o Fórum de Relações Industriais voltaria a se mobilizar novamente durante a Conferência Mundial contra o Racismo em Durban, três meses depois.

A cidadania salarial impossível

Seja em confronto aberto com a Aliança Tripartite, seja superando o desinteresse do Cosatu em liderar greves, os operários de Uitenhage e de Wentworth anunciaram que a inclinação das bases não se alinhava aos interesses da direção do ANC e ao seu projeto de criar uma burguesia negra capaz apoiar a libertação nacional por meio da participação nos fundos de pensão controlados pelos sindicatos. A expectativa era que uma classe de capitalistas negros comprometida com o projeto de desenvolvimento do Estado sul-

---

[59] Ver Ashwin Desai, *We Are the Poors*, cit.

[60] Ibidem, p. 115.

-africano e leal ao ANC emergisse de programas como o BEE. Como resultado do programa, 27 ministros do governo Mbeki tornaram-se diretores e líderes empresariais[61].

No entanto, em vez de estimular a solidariedade entre trabalhadores e capitalistas negros, o BEE institucionalizou a pressão permanente dos interesses corporativos sobre o governo do ANC, afastando o governo das aspirações das populações africanas, cada dia mais empobrecidas pelas medidas neoliberais adotadas por sua liderança. A formação de uma classe capitalista negra não amainou, mas, ao contrário, intensificou o processo de luta de classes na África do Sul. Os dirigentes do ANC tornaram-se não apenas administradores e proprietários de grandes empresas como igualmente cúmplices das privatizações de companhias públicas que reforçaram a mercantilização do trabalho e dos direitos sociais.

Por outro lado, a disposição do ANC de disciplinar a inquietação dos trabalhadores refletia o fato de que, apesar do relativo enfraquecimento do poder sindical ao longo dos anos 1990, em termos globais, a classe trabalhadora sul-africana manteve-se, até meados dos anos 2000, inusitadamente organizada, com uma taxa de sindicalização oscilando em torno de 35% da população empregada. Na condição de maior federação sindical, o Cosatu tinha, nos anos 2000, cerca de 1,8 milhão de membros[62].

No entanto, com a crise da globalização iniciada em 2008, somada à elevação do desemprego, em especial entre os trabalhadores negros e pobres, qualquer esperança da juventude quanto a empregos assalariados com direitos sindicais pareceu se esvair por completo. O resultado da combinação entre neoliberalismo e crise econômica não poderia deixar de ser o aumento sem precedentes, mesmo em comparação com o período do *apartheid*, da desigualdade entre as classes sociais na África do Sul, perceptível no aumento da transferência de riqueza daqueles que vivem dos rendimentos do trabalho para aqueles que vivem dos rendimentos da propriedade[63].

O choque entre a promessa da emancipação pelo emprego e a realidade do subemprego fez com que o trabalho precário, intermitente e sub-remunerado fosse elevado à condição de principal desafio econômico e político para o regime democrático sul-africano. Afinal, trata-se de um espaço onde se sobrepõem a cidadania, a produção, as políticas públicas e a capacidade dos trabalhadores de ascender à condição de sujeitos políticos. Nesse sentido, tanto a promessa do trabalho assalariado quanto a realidade do subemprego pressionaram os limites da cidadania do pós-*apartheid*, mesclando as condições precárias de reprodução às memórias tanto das

---

[61] Além disso, muitos dos principais quadros políticos do ANC alcançaram inúmeras posições corporativas em grande parte estimulados pelos 37 bilhões de dólares que o programa investiu de 1994 a 2006. E mesmo as finanças do ANC passaram a apoiar-se crescentemente no financiamento dessas empresas criadas ou associadas ao BEE. Ver Bill Freund, "South Africa: The End of Apartheid and the Emergence of the 'BEE elite'", *Review of African Political Economy*, v. 34, n. 14, 2007.

[62] Ver Edward Webster e Sakhela Buhlungu, "Between marginalization and revitalization?", cit.

[63] A parcela da renda nacional distribuída aos proprietários de capital subiu de 38% em 1990 para um pico de 45% em 2002, até diminuir discretamente para 42,5% em 2004. A parcela dos assalariados, por outro lado, caiu de 51% para 45% no mesmo período. Ver Christopher Malikane, "Income Distribution, Persistent Unemployment, and the Classical Growth Cycle: Evidence from South Africa", *The Journal of Developing Areas*, v. 44, n. 1, 2010.

espoliações coloniais quanto das lutas de resistência ao colonialismo e ao racismo. Em suma, formou-se um campo de contestações políticas traspassado por memórias e ideologias conflitantes.

Na realidade, a ampliação da precariedade laboral na África do Sul obrigou os trabalhadores negros, em especial os mais jovens, a contestar diuturnamente suas expectativas em relação a uma vida melhor em uma democracia não racial. Mesmo entre aqueles empregados, a dura realidade dos baixíssimos salários praticamente não dava margem a qualquer esperança associada ao trabalho assalariado. Ao mesmo tempo, as promessas democráticas da cidadania, dos direitos sociais e da proteção para os trabalhadores, advindas do movimento de libertação nacional durante a transição democrática, criaram um espaço público para disputas políticas legítimas.

Nesse espaço, aconteceu o choque entre a representação dos governos a respeito dos direitos como contrapartida às responsabilidades individuais e a visão social de mundo dos subalternos, que perceberam na estrutura dos direitos recém-conquistados uma espécie de ferramenta para remediar as injustiças do passado. Após o fim do *apartheid*, esse conflito nutriu-se da deterioração das redes informais de proteção social, da crise da economia de subsistência dos trabalhadores negros e do aumento constante dos preços dos serviços básicos relacionados ao fornecimento de água e luz, além da inflação dos aluguéis.

A estrutura social do conflito de classes na África do Sul pós-*apartheid* é, em grande medida, devedora de tão notável atrito criado entre, por um lado, as expectativas estimuladas entre os trabalhadores negros pela democratização e, por outro, a realidade da deterioração do trabalho e das condições sociais de reprodução das classes subalternas. De fato, quando analisamos o discurso do ANC cristalizado na imagem da nação arco-íris, logo percebemos a centralidade política que a mescla de uma constituição democrática e um mercado de trabalho desracializado com a promessa de apoio governamental ao empreendedorismo dos negros assumiu com o fim do *apartheid*.

Não obstante, a promessa da nação como uma relação social histórica apoiada no exercício rotineiro de direitos por indivíduos libertos das amarras impostas pelas necessidades mais elementares da reprodução social transformou-se em uma inesgotável fonte de frustrações coletivas. A fim de compreender a estrutura de tais frustrações, é importante levar em consideração tanto as limitações políticas como as contradições econômicas do projeto do ANC para uma África do Sul democrática.

De fato, assim que o programa Gear passou a balizar o conjunto das políticas do governo de Mandela, o ANC começou a exigir dos trabalhadores negros que abandonassem seus supostos hábitos "dependentes" no tocante ao Estado e moderassem suas reivindicações. Ademais, os trabalhadores negros deveriam refrear suas expectativas em relação à justiça social enquanto a "revolução democrática nacional" não estivesse totalmente consolidada, além de recalcar seus ressentimentos no que tange às desigualdades de classes, colocando o trabalho árduo no centro de suas condutas[64].

---

[64] Em termos gramscianos, diríamos tratar-se de um projeto de pacificação social derivado de uma autêntica estratégia de revolução passiva. Para mais informações sobre a interpretação da hegemonia do

No entanto, o principal problema desse conjunto de exigências relacionadas à pacificação social pós-*apartheid* é que o emprego sob o neoliberalismo se manteve incrivelmente vulnerável e ainda mais instável para a maioria da população trabalhadora negra do país do que nos tempos do *apartheid*. Nas palavras de Haroon Bhorat e Morné Oosthuizen:

> A liberalização da economia fez do trabalho, ao invés de um remédio para a pobreza e para a desigualdade, um fator agravante para sua reprodução. As ocupações inseguras e os baixíssimos salários borraram as fronteiras entre a "inclusão" e a "exclusão" que na imaginação normativa dos formuladores de políticas públicas claramente dividiam aqueles com e sem empregos. [...] Nos anos 1990 e 2000, o emprego expandiu-se no setor informal da economia ou entre as ocupações mais precárias do setor formal. [...] Através dos diferentes setores do mercado de trabalho, é a juventude quem se encontra mais excluída dos rendimentos do trabalho: em meados dos anos 2000, 65,8% dos desempregados com idade entre 25 e 34 anos nunca haviam conhecido uma ocupação remunerada.[65]

Da promessa de libertação nacional por meio do trabalho árduo restou a necessidade de os governos do ANC disciplinarem a cidadania insurgente que começou a ameaçar a estabilidade da "revolução democrática nacional" tão logo os trabalhadores negros concluíram que seus salários não eram uma alternativa à miséria. Mesmo nos setores formais da economia, os baixos salários impediam que os trabalhadores empregados superassem o ciclo da pobreza. Em 2006, por exemplo, uma pesquisa realizada na Cidade do Cabo revelou que os salários médios na manufatura estancaram num nível abaixo de 80% do salário mínimo requerido para que uma família de quatro pessoas pudesse se reproduzir tendo em vista as necessidades mais elementares de consumo[66].

Evidentemente, os níveis de remuneração e as condições gerais de reprodução dos trabalhadores negros acantonados no interior da economia informal, no trabalho doméstico e na agricultura de subsistência são ainda piores do que os verificados no setor formal. Ao contrário do que acontece no Brasil com a Consolidação das Leis do Trabalho (CLT), na África do Sul, a Lei das Condições Básicas do Emprego (BCEA) não alcança a maioria dos trabalhadores terceirizados, intermitentes ou informais. A transição para a economia globalizada assegurada pelo ANC aprofundou essa tensão ao fazer com que a maior parte de um total de 1,4 milhão de empregos criados entre 1994 e 2003 estivesse localizada na economia informal[67].

ANC como produto de uma revolução passiva, ver Gillian Hart, *Rethinking the South Africa Crisis: Nationalism, Populism, Hegemony* (Durban, University of KwaZulu-Natal Press, 2013).

[65] Haroon Bhorat e Morné Oosthuizen, "Evolution of the Labour Market: 1995-2002", em Haroon Bhorat e Ravi Kanbur, *Poverty and Policy in Post-Apartheid South Africa* (Cidade do Cabo, HSRC, 2006), p. 46.

[66] Para mais informações, ver Trenton Elsley, "Outcomes of Collective Bargaining: The Quality of Low Wage Employment in the Formal Economy in South Africa", em Trenton Elsley, *Bargaining Indicators 2007: A Collective Bargaining Omnibus* (Woodstock, África do Sul, Labour Research Service, 2007).

[67] Idem.

Tendo em vista a combinação da participação majoritária das atividades informais na força de trabalho africana com a realidade da sub-remuneração dos assalariados formais, uma das características mais marcantes do mercado de trabalho na África do Sul é a sobreposição dos setores formal e informal da economia. Essa relação foi representada por Karl von Holdt e Edward Webster na forma de uma "cebola", incluindo um núcleo de trabalhadores empregados e estáveis (6,6 milhões), uma camada imediatamente exterior ocupada pelos trabalhadores terceirizados, temporários, contratados por tempo determinado e domésticos (3,1 milhões), uma camada seguinte formada por trabalhadores informais (2,2 milhões) e uma última camada comportando os desempregados (8,4 milhões)[68].

Em outras palavras, a pressão por mais competitividade, oriunda dos mercados globais e associada às condições do emprego, praticamente fundiu a economia formal com a informal, tornando suas fronteiras imprecisas. Tal característica vem sendo acentuada conforme aumenta a participação do emprego terceirizado na força de trabalho. Assim, quando os trabalhadores sul-africanos são contratados por meio de agências, seus direitos trabalhistas deixam de ser responsabilidade da empresa contratante, passando a ser regulados por um contrato de prestação de serviços celebrado diretamente entre o trabalhador e a empresa terceirizada. Nas palavras de Franco Barchiesi:

> Aproximadamente 44% dos trabalhadores informais (80% dos quais não têm um contrato escrito de trabalho) estão em relações permanentes com seus empregadores, enquanto 16% dos empregados formais não estão. Mais e mais trabalhadores informais são contratados por empresas terceirizadas, mesmo no setor de manufatura onde a terceirização das funções esteve de certo modo limitada. Quase 90% dos trabalhadores informais, mas também um terço dos empregados formais, não têm plano de aposentaria. Finalmente, apenas 8,4% dos trabalhadores informais são sindicalizados, contra 44% dos trabalhadores formais.[69]

Como é possível imaginar, os sindicatos têm-se mostrado bastante relutantes em organizar trabalhadores incapazes de pagar por sua filiação. Nesse sentido, o movimento sindical sul-africano passou a enfrentar o seguinte dilema: a informalização e a precarização do emprego enfraqueceram o poder de barganha dos sindicatos, em especial no setor privado, mas suas ferramentas organizativas têm-se mostrado ineptas para reverter a erosão de suas próprias bases sociais. A mercantilização dos serviços básicos, a precarização do trabalho, a informalização da economia e o enfraquecimento do poder sindical convergiram para aprisionar os trabalhadores negros em um círculo vicioso[70].

Por um lado, a queda das ocupações estáveis comprimiu os salários, empurrando os trabalhadores para uma espiral de endividamento com bancos e agiotas, além de

---

[68] Karl von Holdt e Edward Webster, "Work Restructuring and the Crisis of Social Reproduction: A Southern Perspective", em Karl von Holdt e Edward Webster (orgs.), *Beyond the Apartheid Workplace: Studies in Transition* (Durban, University of KwaZulu-Natal Press, 2005), p. 28.

[69] Franco Barchiesi, *Precarious Liberation*, cit., p. 78.

[70] Ver Karl von Holdt e Edward Webster, "Work Restructuring and the Crisis of Social Reproduction", cit.

aprisioná-los na dependência dos programas sociais do governo. Por outro lado, os gastos com aqueles incapazes de buscar empregos, em sua maioria jovens, idosos e doentes, garantiram ao ANC um expressivo incremento de sua base eleitoral, ou seja, o aumento da pobreza levou os trabalhadores a depender dos programas do governo, que, por sua vez, fortaleceu sua base de apoio devido ao desenvolvimento de laços clientelistas com tais trabalhadores precários e carentes de políticas públicas.

Trata-se da tentativa de desmanchar aquele processo de mobilização dos trabalhadores africanos negros verificado durante o período de resistência contra o *apartheid* e que se estruturou em torno de uma gramática da universalidade dos direitos da cidadania. Afinal, em uma sociedade caracterizada pela diversidade de línguas e de práticas culturais, não surpreende que a universalidade do exercício dos direitos sociais tenha cumprido a função de unificar as diferentes demandas políticas dos subalternos endereçadas ao Estado.

No entanto, as limitações impostas pelo próprio Estado ao acesso a esses direitos por parte da população africana, antes e após o regime do *apartheid*, não apenas frustraram as esperanças dos trabalhadores na democracia como alimentaram revoltas sociais entre os grupos mais pobres. A reprodução da tensão entre realidade e normatividade fez com que os direitos sociais na África do Sul pós-*apartheid* se transformassem em um regime político de reconhecimento e controle da inquietação social dos subalternos. O sistema previdenciário serve para ilustrar essa tensão.

Largamente contributiva e apoiando-se sobre esquemas ocupacionais, a previdência sul-africana é majoritariamente privada e com uma pequena cobertura provida aos trabalhadores negros. Assim, a previdência exclui os trabalhadores informais, o grosso dos temporários, além, é claro, dos trabalhadores jovens à procura do primeiro emprego. De uma forma semelhante, as pensões foram privatizadas no período pós-*apartheid* e, em sua maioria, passaram ao controle de grandes corporações financeiras. Mesmo os sindicatos consentiram com a privatização do sistema de pensões, pois o setor constitui o principal negócio por trás do programa BEE[71].

Aliás, a análise da adesão do movimento sindical às medidas de privatização das pensões deve considerar que, de acordo com o levantamento realizado por Hein Marais no início dos anos 2000, aproximadamente um terço dos membros do Comitê Executivo Nacional do ANC atuava também na dirigência de empresas ligadas ao programa BEE. Uma parte nada desprezível da elite dirigente do ANC era formada por ex-sindicalistas que, por meio do programa, ascenderam às posições de gestão das empresas, transformando-se em prósperos empresários[72].

Por outro lado, o sistema assistencial não é contributivo. O pleno financiamento fiscal faz com que os benefícios pagos pelos programas sociais de transferência de

---

[71] Ver Franco Barchiesi, *Precarious Liberation*, cit.

[72] O caso mais conhecido é o do antigo presidente do sindicato dos mineiros (NUM) e atual vice-presidente da África do Sul, Matamela Cyril Ramaphosa, cuja participação acionária na indústria da mineração é notória. Para mais informações, ver Hein Marais, *South Africa Pushed to the Limit*, cit.

renda do governo permaneçam, a despeito dos baixos valores dos benefícios, desmercantilizados. Entre esses programas, destacam-se o auxílio do Estado à velhice (Soap), o auxílio à infância (CSG) e o auxílio aos portadores do HIV. Trata-se de um sistema assistencial relativamente inclusivo, mas que, assim como ocorre com a previdência, também não é capaz de atender os trabalhadores jovens, informais, temporários e precários[73].

Em outras palavras, o jovem precariado sul-africano não recebe nenhum tipo de auxílio previdenciário ou assistência social. Na realidade, para esse enorme setor da classe trabalhadora sul-africana, as condições precárias de inserção na estrutura ocupacional do país coroaram a mercantilização das principais dimensões de sua vida. E, no momento em que o trabalho se torna mais inseguro, isto é, quando os trabalhadores precários mais precisam da previdência e da assistência social, menos conseguem apoio do Estado ou do mercado. Ao fim e ao cabo, o precariado sul-africano permanece desprotegido: não é suficientemente vulnerável para reivindicar os benefícios dos programas sociais e, ainda assim, é incapaz de receber um salário digno.

Em suma, trata-se do setor da classe trabalhadora africana mais exposto ao processo de mercantilização do trabalho. Se sua condição precária de vida se origina em um mercado ainda menos estruturado que o dos tempos do *apartheid*, devido ao neoliberalismo e à crise da globalização, a combinação peculiar entre uma proteção social privatizada e uma assistência social focada acabou reforçando essa condição ao estendê-la para os âmbitos da vida mais diretamente ligados à reprodução social, como a moradia.

De fato, a dinâmica social no período pós-*apartheid* consolidou um novo tipo de segregação social, menos ligada às diferenças raciais e mais dependente da renda e da qualidade das ocupações. Assim que a nova elite negra começou a se mudar para os subúrbios ricos antes reservados aos brancos, uma minoria de trabalhadores negros com empregos estáveis e benefícios sociais pôde adquirir as casas em bairros populares de propriedade do município que foram mercantilizadas, enquanto a maioria dos desempregados e dos trabalhadores precários foram forçados a continuar em suas habitações autoconstruídas.

Além disso, a privatização dos serviços municipais transformou as infraestruturas responsáveis pelo fornecimento de água e luz em empresas com objetivo de gerar lucro por meio da recuperação dos custos e da elevação das tarifas. Nesse contexto mercantilizado, aqueles moradores dos bairros e comunidades pobres que eventualmente não conseguiram seguir pagando seus aluguéis e contas de água e luz foram

---

[73] Por meio da manutenção de um sistema não contributivo e centrado nos setores mais vulneráveis da população de assistência social, o governo do ANC vem tentando controlar o aumento da insatisfação social nas comunidades mais carentes. No entanto, ainda que o governo Zuma tenha aumentado o gasto com os auxílios em relação ao governo de Mbeki, o sistema sul-africano de assistência social via programas de transferência de renda apenas conseguiu organizar burocraticamente a precariedade social, contendo algumas de suas consequências pouco desejáveis sem de fato enfrentar suas causas. Ver Gillian Hart, *Rethinking the South Africa Crisis*, cit.

sistematicamente despejados, além de terem cortado seu fornecimento de serviços básicos. E uma onda de protestos começou a ser gestada entre os grupos mais sensíveis à articulação dos diferentes modos de mercantilização, uma onda cujos protagonistas não seriam mais os sindicatos, mas os novos movimentos sociais organizados em torno das carências das comunidades pobres[74].

[74] De fato, em 2004, o governo de Pretória anunciou que iria vender 30% da paraestatal Eskon, o quarto maior fornecedor mundial de energia elétrica, a fim de mitigar problemas fiscais. Logo após a privatização, as contas de luz aumentaram num ritmo muito mais acelerado do que os benefícios com os programas sociais. Como resultado do aumento da inadimplência da população pobre em relação ao pagamento das tarifas, a Eskon diminuiu a extensão da rede de eletricidade rural enquanto milhões de pessoas afundadas em dívidas com a companhia eram simplesmente desconectadas, promovendo um movimento maciço e, frequentemente, bem-sucedido de reconexão ilegal dos serviços de luz. Para mais informações, ver John S. Saul e Patrick Bond, *South Africa, The Present as History*, cit.

3

A HEGEMONIA LULISTA

O neoliberalismo sul-africano apoiou-se na mercantilização do trabalho, das terras, do dinheiro e dos serviços públicos do país, assim como contou com a participação estratégica do Estado na configuração de um regime hegemônico cuja legitimidade se alimentou da memória das lutas acumuladas contra uma ditadura racista. Trata-se de uma combinação esdrúxula que apenas destaca a natureza instável de uma forma política híbrida, oriunda de uma revolução passiva na semiperiferia do sistema. Na perspectiva da história global do trabalho, um acúmulo tão notável de contradições sociais decorrentes de uma democratização com ampla presença das organizações da classe trabalhadora apenas encontra paralelo na experiência brasileira. E nossa última parada nesse sobrevoo pela conversão de forças politicamente reformistas à ortodoxia das finanças mundiais será no país do modelo de desenvolvimento pilotado pelo lulismo[1].

A exemplo do que acontecera com Mandela oito anos antes, a eleição presidencial da mais importante liderança popular da história brasileira, Luiz Inácio Lula da Silva, atraiu a atenção mundial em 2002. E, assim como ocorrera com o governo do ANC, a esperança de que a gestão petista se afastasse das políticas neoliberais adotadas pelas administrações anteriores também foi substituída pela incredulidade. A garantia da independência operacional do Banco Central, a manutenção da taxa de juros em um patamar elevado, a conservação da política de metas inflacionárias e uma reforma da previdência que aumentou o tempo de contribuição do funcio-

---

[1] Sobre a noção de história global do trabalho, ver Marcel van der Linden, *Trabalhadores do mundo: ensaios para uma história global do trabalho* (Campinas, Editora da Unicamp, 2013). Sobre o conceito de lulismo, ver André Singer, *Os sentidos do lulismo: reforma gradual e pacto conservador* (São Paulo, Companhia das Letras, 2012), e Ruy Braga, *A política do precariado: do populismo à hegemonia lulista* (São Paulo, Boitempo, 2012). Este capítulo é uma versão modificada e ampliada de minha contribuição ao livro organizado por André Singer e Isabel Loureiro, *As contradições do lulismo: a que ponto chegamos?* (São Paulo, Boitempo, 2016).

nalismo, diminuindo os valores dos benefícios, deixaram muitos daqueles que haviam apoiado o Partido dos Trabalhadores (PT) um tanto perplexos.

Contudo, aquilo que desorientou muitos analistas políticos já havia sido anunciado em outras oportunidades por sociólogos críticos que se dedicaram ao estudo da trajetória do PT. Provavelmente, a voz mais influente a anunciar a aproximação petista da ortodoxia financeira tenha sido a de Francisco de Oliveira. E não foi fortuito que em seu conhecido ensaio no qual denunciou a conversão do petismo ao rentismo, adiantando uma explicação sociológica a ser testada, Chico tenha ido buscar exatamente no país de Mandela o paralelo histórico capaz de decifrar o enigma[2].

Neste capítulo, pretendemos partir das pistas deixadas por Chico de Oliveira a fim de nos acercarmos do modelo de desenvolvimento pós-fordista, periférico e financeirizado que, entre 2003 e 2014, o lulismo ajudou a consolidar no país. Além disso, pretendemos discutir quais as bases sociais capazes de explicar a adesão das classes subalternas e, em especial, do precariado urbano ao projeto lulista. Por fim, tentaremos identificar a evolução de parte das tensões sociais que se acumularam ao longo da era Lula e que, em última instância, foram responsáveis pelo enfraquecimento da capacidade de a regulação lulista continuar reproduzindo os conflitos classistas no país. Para tanto, recorreremos ao estudo de caso ampliado da indústria paulistana do *call center*[3].

Como deverá ficar mais claro adiante, compreendemos que essa indústria sintetiza as principais transformações recentes do mundo do trabalho no Brasil, tornando-se um ponto de observação privilegiado das múltiplas interações entre trabalhadores, sindicalistas e governo federal, ou seja, a base da hegemonia lulista. Assim, começaremos com uma breve síntese do debate a respeito do lulismo no país, avançaremos pela caracterização dos traços mais salientes do modelo de desenvolvimento brasileiro e destacaremos as principais características assumidas na última década e meia pelo mercado de trabalho no país.

Finalmente, exploraremos no estudo de caso dos teleoperadores da indústria paulistana do *call center* a interação entre trabalhadores, sindicatos e governo federal, indispensável para a construção de um tipo de consentimento popular capaz de sustentar o antigo regime hegemônico. Além disso, tentaremos demonstrar como as bases sociais desse consentimento eram frágeis e, consequentemente, passíveis de uma reviravolta, que, de fato, ocorreu a partir de junho de 2013.

---

[2] Ver Francisco de Oliveira, *Crítica à razão dualista/O ornitorrinco* (São Paulo, Boitempo, 2003), e Francisco de Oliveira, Ruy Braga e Cibele Rizek (orgs.), *Hegemonia às avessas: economia, política e cultura na era da servidão financeira* (São Paulo, Boitempo, 2010).

[3] Parte dos dados colhidos neste estudo de caso foi publicada em Ruy Braga, *A política do precariado*, cit.; e Ricardo Antunes e Ruy Braga (orgs.), *Infoproletários: degradação real do trabalho virtual* (São Paulo, Boitempo, 2009).

Fordismo periférico: o avesso do consentimento

A vitória eleitoral do antigo operário metalúrgico para a Presidência da República coroou décadas de profundas transformações, tanto do regime de acumulação quanto do modo de regulação no país. Vale observar que, por modo de regulação, entendemos o complexo social formado pelas instituições com responsabilidade direta pela reprodução mais ou menos coesa dos conflitos inerentes às relações sociais de produção capitalista. Usualmente, essas instituições organizam-se em torno da normalização global das relações capital-trabalho, isto é, da legislação trabalhista, da previdência pública, do controle dos sindicatos e dos mercados interno e externo de trabalho etc. A eficácia de um modo de regulação (sua hegemonia) pode ser medida por sua capacidade de reproduzir os conflitos trabalhistas por meio da construção do consentimento entre as classes sociais subalternas, ou seja, sem a necessidade do uso da força repressiva do aparato estatal.

Por regime de acumulação, entendemos as instituições sociais com responsabilidade direta pela reprodução do processo de valorização do valor, isto é, a produção e a apropriação privada do excedente econômico em um contexto histórico determinado. Em geral, o regime identifica-se com os sistemas empresariais derivados do cruzamento dos diferentes modelos organizacionais de controle do trabalho, das formas de contratação de força de trabalho e da base tecnológica das empresas. Finalmente, por modelo de desenvolvimento, entendemos a combinação histórica mais ou menos coerente de um determinado modo de regulação com um regime de acumulação dado.

No caso brasileiro, um mesmo modelo de desenvolvimento, o fordismo periférico, por exemplo, comportou diferentes modos de regulação – o populista (1943-1964) e o autoritário (1964-1986) –, além de supor distintos momentos do regime de acumulação despótico: a superação do taylorismo primitivo (meados dos anos 1940), seguida pelo auge (período do "milagre" econômico brasileiro, de 1968 até 1974), pela crise (a chamada "década perdida", de 1978 até 1989) e pela substituição do fordismo periférico por um novo regime de acumulação pós-fordista e financeirizado (de 1994 até os dias atuais).

Sumariamente, apesar de ter alcançado relativo êxito por cerca de uma década e meia, a regulação autoritária viu-se enredada em flagrante crise no final dos anos 1970. Com a redemocratização do país, a tentativa de substituição desta por uma regulação neopopulista alicerçada em um pacto com o movimento sindical que aflorou no final dos anos 1970 em luta contra a ditadura militar, isto é, o chamado "novo sindicalismo", mostrou-se inviável por razões que vão do aprofundamento da crise econômica à possibilidade real de Lula da Silva conquistar a Presidência da República em 1989, passando pela intensificação do impulso grevista na segunda metade da década de 1980.

Nesse contexto, a vitória eleitoral de Fernando Collor, em 1989, representou a passagem para a regulação neoliberal: a partir daí, não apenas o modo de regulação mas o próprio regime de acumulação transformaram-se em objeto de sucessivos ajustes estruturais que, ao fim e ao cabo, asseguraram o nascimento do pós-fordismo financeirizado no país. Apesar do aperfeiçoamento do modo de regulação promovido pela burocracia lulista, esse regime de acumulação consolidou-se sem grandes contratempos ao longo dos anos 2000[4].

De uma perspectiva sociológica crítica, não nos parece exagerado afirmar que a mais influente das miradas sobre tal regime veio na forma de dois ensaios do sociólogo Francisco de Oliveira. No primeiro, ao revisitar a teorização inspirada pela Comissão Econômica para a América Latina e o Caribe (Cepal) a respeito do subdesenvolvimento brasileiro, Oliveira aventou sua afamada hipótese acerca da origem de uma "nova classe" social no país oriunda da articulação da camada mais elevada de administradores de fundos de previdência complementar com a elite da burocracia sindical participante dos conselhos de administração desses mesmos fundos[5].

Em seguida, por ocasião da vitória de Lula da Silva sobre o tucano Geraldo Alckmin, em 2006, e tendo como pano de fundo o fim do conturbado período do "mensalão", o escândalo político de compra de apoio no Congresso por parte do PT, Oliveira dedicou-se a reformular algumas hipóteses acerca da resiliência do governo petista, alertando-nos para os efeitos politicamente regressivos que essa forma de dominação social acarretava para a cultura política democrática do país.

A partir daí, Oliveira sugeriu sua afamada conjetura: no momento em que a "direção intelectual e moral" da sociedade brasileira parecia deslocar-se no sentido das classes subalternas, tendo no comando do aparato de Estado a burocracia sindical petista, a ordem burguesa mostrava-se mais robusta do que nunca. A esse curioso fenômeno "transformista" em que parte "dos de baixo" dirige o Estado por intermédio do programa "dos de cima", Oliveira chamou "hegemonia às avessas": vitórias políticas, intelectuais e morais "dos de baixo" fortalecem dialeticamente as relações sociais de exploração em benefício "dos de cima"[6].

Reagindo às provocações de Oliveira, o cientista político André Singer reelaborou a tese de que o programa Bolsa Família teria garantido a adesão dos setores pauperizados das classes subalternas ao governo petista[7]. Conforme o argumento de Singer, a partir de maio de 2005, ou seja, durante o período do "mensalão", o governo federal teria perdido para a oposição tucana importante número de apoiadores conquistados em 2002 entre os setores médios urbanos. No entanto, atraídas pelas políticas públicas federais, as camadas pauperizadas do eleitorado brasileiro, tradicionalmente distantes de Lula da Silva, teriam se aproximado de seu governo e, num movimento conhecido na ciência política como *realinhamento eleitoral*, decidido sufragar o candidato situacionista em 2006.

Para André Singer, ao satisfazer os desejos de consumo de milhões de trabalhadores pobres e excluídos por meio das políticas públicas federais, o "lulismo" contentaria o subproletariado brasileiro, legitimando a conversão petista à ortodoxia

---

[4] Para mais informações, ver Leda Paulani, *Brasil delivery: servidão financeira e estado de emergência econômico* (São Paulo, Boitempo, 2008).

[5] Ver Francisco de Oliveira, *Crítica à razão dualista/O ornitorrinco*, cit.

[6] Ver Francisco de Oliveira, Ruy Braga e Cibele Rizek (orgs.), *Hegemonia às avessas*, cit.

[7] Ver André Singer, "Raízes sociais e ideológicas do lulismo", *Novos Estudos Cebrap*, n. 85, nov. 2009.

financeira[8]. Assim, um Lula da Silva à frente de uma massa estagnada e pauperizada teria logrado constituir uma nova força social, potencialmente progressista. Onde Oliveira percebeu os riscos de uma ampla despolitização das classes subalternas promovida pela hegemonia lulista, Singer identificou uma espécie de "ponto de fuga para a luta de classes" operado desde cima por um "nordestino saído das entranhas do subproletariado".

Neste capítulo, trabalharemos com a compreensão com que tanto Oliveira quanto Singer destrincharam aspectos complementares do regime hegemônico que durou até 2014. Enquanto Oliveira enfatizou a fusão dos movimentos sociais (em particular, do movimento sindical) ao aparelho de Estado e aos fundos de pensão, Singer enfocou o efeito eleitoralmente sedutor do sucesso das políticas públicas redistributivas que garantiram uma destacada desconcentração de renda entre aqueles que vivem dos rendimentos do trabalho. Em outras palavras, ambos descreveram as principais características da hegemonia lulista.

Além disso, a combinação da ampliação do programa Bolsa Família com os aumentos reais no salário mínimo e com o subsídio ao crédito popular interagiu com o crescimento econômico, ajudando a fortalecer a formalização do mercado de trabalho brasileiro. Em 2013, por exemplo, 51,5% dos contratos estavam cobertos pela legislação trabalhista, ao ponto de ultrapassar o pico histórico de 50,3% dos contratos da participação do emprego formal no mercado trabalho alcançado na segunda metade dos anos 1980[9].

De fato, entre 2003 e 2013, foram criados em média 2,1 milhões de empregos formais por ano. Dentre os grupos ocupacionais que mais se destacaram durante essa onda de formalização do trabalho, selecionamos o grupo de teleoperadores, ou operadores de telemarketing, por considerarmos que tal setor sintetiza as principais tendências do mercado de trabalho no país na última década: formalização, baixos salários, terceirização, significativo aumento do assalariamento feminino, incorporação de jovens não brancos, ampliação do emprego no setor de serviços e elevação da taxa de rotatividade do trabalho[10].

Por tudo isso, entendemos que, ao analisar a trajetória dos teleoperadores paulistanos, somos capazes de observar não apenas alguns dos momentos-chave da transformação do precariado brasileiro como também as contradições do modelo de desenvolvimento pós-fordista e periférico que predominou no país até recentemente. Assim, poderemos

---

[8] Para mais informações sobre as políticas públicas entre os anos 1990 e 2000, ver Marcus André Melo, "Unexpected Successes, Unanticipated Failures: Social Policy from Cardoso to Lula", em Peter R. Kingstone e Timothy J. Power (orgs.), *Democratic Brazil Revisited* (Pittsburgh, University of Pittsburgh Press, 2008).

[9] Ver José Dari Krein, "Formalização e flexibilização?", *IHU On-Line*, n. 441, abr. 2014, disponível em <http://www.ihuonline.unisinos.br/index.php?option=com_content&view=article&id=5451&secao=441%20>, acesso em 30 nov. 2015; e José Dari Krein e Anselmo Luis dos Santos, "La formalización del trabajo en Brasil: el crecimiento económico y los efectos de las políticas laborales", *Nueva Sociedad*, v. 21, n. 239, 2012.

[10] Para mais informações, ver Ricardo Antunes e Ruy Braga, *Infoproletários*, cit.

perceber que, apesar dos avanços da formalização do emprego, o atual modelo de desenvolvimento seguiu reproduzindo as condições precárias de vida e de trabalho que alimentam um estado permanente de inquietação social entre os subalternos.

Isso sem mencionar os baixos salários e o crescente endividamento das famílias trabalhadoras. Não se trata de uma novidade histórica, afinal, ao longo de todo o ciclo da industrialização fordista periférica, isto é, entre 1950 e 1980, trabalhadores submetidos a condições precárias de vida e de trabalho mobilizaram-se politicamente a fim de alcançar e efetivar a promessa dos direitos trabalhistas, ocupando terras urbanas, participando de greves consideradas ilegais pelo Estado, enfrentando a polícia e pressionando o movimento sindical a incorporar suas demandas[11].

Antes, trata-se de um traço histórico e estrutural do capitalismo na semiperiferia. Afinal, no Brasil, país de passado colonial e escravista, a dificuldade de formação de poupança interna para investimento de capitais é conhecida. No século XX, a estrutura social brasileira cresceu muito, mas, de maneira associada e dependente, tanto em termos de capitais como de tecnologias. Esquematicamente, isso promoveu dois efeitos econômicos bastante conhecidos: por um lado, o capital injetado na produção – tendo em vista a divisão internacional do trabalho plasmada pela mundialização da tríade fordista concepção-fabricação-montagem – tendeu a se concentrar na manufatura semiqualificada que paga baixos salários e, por outro lado, a economia como um todo expatriou crescentes montantes de capital rumo aos países centrais, onde ficam as sedes das principais multinacionais[12].

Ao mesmo tempo, a industrialização fordista periférica foi acompanhada pela institucionalização de direitos sociais e trabalhistas que, num contexto econômico marcado pela relativa incapacidade das empresas de pagarem bons salários ou aceitarem fazer concessões materiais aos trabalhadores, demarcou um campo legítimo para as lutas sindicais. No entanto, essa mesma dinâmica de reconhecimento dos conflitos trabalhistas acabou por reforçar a tutela do Estado sobre os sindicatos, transformando o movimento sindical brasileiro, para empregarmos uma conhecida expressão de José Albertino Rodrigues, em um fator de "mudança e imobilismo" ao mesmo tempo[13].

Em suma, um movimento sindical pressionado por bases sociais submetidas a baixos salários, condições degradantes de trabalho e pouca proteção social foi obrigado a negociar com as empresas e o governo pequenas concessões materiais a fim de responder à pressão social dos "de baixo". Enquanto isso, o sindicalismo brasileiro foi incapaz de ultrapassar os limites da estrutura sindical corporativa, pois basicamente dependia – e ainda depende – da chancela do Estado para reproduzir seus privilégios burocráticos. Dessa forma, a despeito de assimilar tensões que o impulsionam rumo à inovação, é possível afirmar que historicamente o movimento sindical brasileiro tem

[11] Para mais informações, ver Adalberto Cardoso, *A construção da sociedade do trabalho no Brasil*: uma investigação sobre a persistência secular das desigualdades (Rio de Janeiro, FGV, 2010).

[12] Para mais informações, ver Alain Lipietz, *Miragens e milagres: problemas da industrialização no Terceiro Mundo* (São Paulo, Nobel, 1988).

[13] José Albertino Rodrigues, *Sindicato e desenvolvimento no Brasil* (São Paulo, Difusão Europeia do Livro, 1968).

desempenhado a função de agente moderador das demandas dos trabalhadores. Na era Lula não foi diferente.

Trabalho e regulação na era Lula

O ciclo grevista de 1978-1980 no chamado ABC paulista – tradicional região industrial na metrópole paulistana composta dos municípios de Santo André, São Bernardo do Campo e São Caetano do Sul –, por um certo tempo, pareceu romper com esse padrão. Afinal, as lideranças políticas do novo sindicalismo, tendo Lula da Silva à frente, foram presas pela ditadura civil-militar, e o Sindicato dos Metalúrgicos de São Bernardo do Campo passou pela intervenção do regime autoritário. Em termos globais, podemos dizer que houve certa descontinuidade da relação da estrutura sindical com o movimento dos trabalhadores. No entanto, é necessário considerar que essa descontinuidade foi efêmera, e logo a burocracia sindical de São Bernardo do Campo voltou a se reconciliar com a estrutura oficial, isto é, com o aparelho de Estado brasileiro do qual é um subproduto[14].

Em retrospectiva, é possível perceber que a rebeldia demonstrada no final dos anos 1970 era menos da burocracia sindical – que, digamos claramente, nunca desejou nem promover nem liderar greves – do que das próprias bases metalúrgicas, sobretudo daquele grupo formado pelos setores mais dominados e explorados das fábricas, isto é, os "peões". Ao analisarmos a formação, a transformação e a precipitação da insatisfação operária com os salários e as condições de trabalho na região, concluímos que os peões do ABC explicam a liderança de Lula, mas Lula não explica a rebeldia e o ativismo dos peões do ABC[15].

No entanto, durante aproximadamente duas décadas, Lula da Silva encarnou em termos práticos aquela pulsão plebeia reformista alimentada por um movimento social florescente que buscou institucionalizar os direitos da cidadania e cuja origem social pode ser bem localizada naquilo que Antonio Gramsci chamou de "bom senso" popular. Na verdade, a burocracia sindical liderada por Lula da Silva soube se alinhar a esse impulso classista e prático por trás da onda de greves, orientando-se por essa pulsão plebeia cujas raízes se nutrem das características da reprodução do capitalismo na semiperiferia. Daí sua popularidade como liderança sindical e como político profissional, fator naturalmente de grande valia tanto para a construção do PT quanto para a vitória na eleição presidencial de 2002[16].

De fato, tratou-se de uma eleição que redefiniu a relação do movimento sindical com o Estado brasileiro. Se levarmos em conta a histórica ligação de Lula com as

---

[14] Para mais informações, ver Ricardo Antunes, *A rebeldia do trabalho - o confronto operário no ABC paulista: as greves de 1978/80* (São Paulo/Campinas, Ensaio/Editora da Unicamp, 1988).

[15] Ver Ruy Braga, *A política do precariado*, cit.

[16] Para mais informações sobre a relação entre o "classismo prático" e o "bom senso" popular, ver Alvaro Bianchi, "Do PCB ao PT: continuidades e rupturas na esquerda brasileira", *Marxismo Vivo*, n. 4, 2001.

correntes mais dinâmicas do sindicalismo no país, perceberemos que dificilmente essa redefinição avançaria em um rumo alternativo ao apoio incondicional da CUT ao governo federal. No entanto, isso não quer dizer que, tendo em vista a continuidade da política macroeconômica neoliberal afiançada pelo PT, zonas cinzentas nas quais a defesa do governo e a condução de reivindicações dos trabalhadores representados pela CUT tivessem sido totalmente eliminadas[17].

Desde então, apoiando-se em uma conjuntura econômica marcada pelo crescimento, proporcionado, em parte, pelo superciclo das *commodities*, e fortalecendo progressivamente as políticas públicas redistributivas, o governo de Lula da Silva soube legitimar o processo de "fusão" parcial e sempre problemático da alta burocracia sindical com o aparelho de Estado brasileiro, iniciado em meados da década de 1990, o que consolidou a hegemonia lulista. Trata-se de uma relação social de dominação apoiada na articulação entre o consentimento passivo dos setores populares e o consentimento ativo das direções dos movimentos sociais.

Na realidade, parece-nos que o sucesso dos governos de Lula da Silva deveu-se, sobretudo, à combinação do momento econômico favorável com a consolidação de, para utilizarmos o termo popularizado pelo cientista político André Singer, um "reformismo fraco", cuja reprodução se alimentou desse vínculo social hegemônico[18]. Em suma, a combinação de crescimento econômico com desconcentração de renda entre aqueles que vivem do trabalho tornou-se muito sedutora para o precariado brasileiro. De fato, a associação entre a alta do salário mínimo acima da inflação, o aumento da oferta de crédito e a elevação dos gastos sociais com programas de transferência de renda estimularam o crescimento do PIB com base no avanço do mercado interno, proporcionando um incremento na formalização do trabalho associado ao controle da pobreza. Assim, o PIB per capita entre 2003 e 2011 saltou de R$ 16,6 mil para R$ 21,3 mil, e o coeficiente de Gini caiu de 0,572 para 0,507 entre 2001 e 2012[19].

Quando analisamos as negociações coletivas no Brasil durante os governos petistas, percebemos que o efeito mais notável da era Lula em prol dos trabalhadores sindicalizados foi a recomposição do poder de compra dos rendimentos do trabalho em relação aos governos de Fernando Henrique Cardoso. De fato, tomando como referência quatro categorias profissionais do Estado de São Paulo – bancários, metalúrgicos, químicos e comerciários –, é possível perceber que a negociação coletiva se beneficiou desse contexto favorável de formalização do trabalho para melhorar a renda do trabalhador.

---

[17] Na realidade, divergências internas relacionadas à subordinação dos sindicalistas ao governo surgiram constantemente, evoluindo certas vezes no sentido de rupturas, como a que ocorreu em março de 2004, redundando na fundação da Conlutas.

[18] Para mais informações, ver André Singer, *Os sentidos do lulismo*, cit.

[19] Para mais informações, ver dados citados por José Dari Krein e Marilane Oliveira Teixeira, "As controvérsias das negociações coletivas nos anos 2000 no Brasil", em Roberto Véras de Oliveira, Maria Aparecida Bridi e Marcos Ferraz, *O sindicalismo na era Lula: paradoxos, perspectivas e olhares* (Belo Horizonte, Fino Traço Editora, 2014) p. 218.

Assim, as categorias mais estruturadas e com representação sindical mais forte alcançaram a oportunidade de realizar acordos nos quais os ganhos salariais reais oscilaram ao ano entre 1,5% e 3% acima da inflação. Tomando-se o conjunto das categorias acompanhadas pelo Sacc-Dieese, de 2008 a 2013, os aumentos reais médios permaneceram entre 0,90% e 1,98%.

TABELA 2: BRASIL: EVOLUÇÃO DO AUMENTO REAL NAS NEGOCIAÇÕES COLETIVAS (2008-2013)[20]

Ano	2008	2009	2010	2011	2012	2013
Aumento real médio	0,92%	0,90%	1,70%	1,36%	1,98%	1,25%

A nosso ver, a desconcentração de renda promovida pela tríade políticas públicas redistributivas, crescimento econômico e formalização do mercado de trabalho garantiu a absorção daquela massa de trabalhadores pobres incapaz de poupar e que transforma toda a entrada de dinheiro na base da pirâmide salarial em consumo. Assim, assistimos a um ciclo de relativo progresso material, mas que, ao mesmo tempo, apresentou limites muito precisos. Afinal, com a globalização neoliberal, o mercado de trabalho brasileiro passou a apresentar sérias dificuldades para criar ocupações mais qualificadas do que aquelas facilmente encontradas, por exemplo, no setor de serviços pessoais ou na construção civil.

Além disso, as condições de trabalho estão se tornando mais degradadas, com o aumento da taxa de rotatividade e de flexibilização do emprego, sem mencionar o aumento no número de acidentes de trabalho no país[21]. Assim, parece-nos mais ou menos claro que, conforme a experiência política da classe trabalhadora brasileira com o atual modelo de desenvolvimento se aprofundou, o controle sindical da insatisfação das bases trabalhistas com os baixos salários, com a deterioração das condições de trabalho e com o aumento do endividamento das famílias trabalhadoras tornou-se mais problemático.

No caso do setor bancário, por exemplo, devemos lembrar que, entre 2003 e 2010, as contratações dos bancos públicos transformados em agentes da execução de políticas do governo federal produziram um significativo crescimento de 20% no número de trabalhadores bancários. No entanto, o aumento das contratações veio acompanhado pela ampliação do processo de terceirização. Nesse período, as despesas dos maiores bancos brasileiros com trabalhadores terceirizados subiu de 4 bilhões para 11,2 bilhões de reais, e o número de correspondentes bancários no país saltou de 36 para 165 mil[22].

Evidentemente, tais números revelam um aprofundamento da precarização do trabalho e, em consequência, um aumento da inquietação social numa categoria-chave da base do antigo governo petista. Pressionado por essa situação, o movimento sindical, desde 2008, promoveu greves e paralisações, ainda que as lideranças

---

[20] Ibidem, p. 225.

[21] Para mais informações, ver Vitor Araújo Filgueiras, "Terceirização e acidentes de trabalho na construção civil", Relatório parcial de pesquisa apresentado ao Cesit, Campinas, mimeo, 2014.

[22] Para mais informações, ver Paulo Fontes e Francisco Macedo, "As ambivalências das conquistas: os dilemas do Sindicato dos Bancários de São Paulo na era Lula", em Roberto Véras de Oliveira, Maria Aparecida Bridi e Marcos Ferraz, *O sindicalismo na era Lula*, cit.

sindicais lulistas não desejassem encabeçar movimentos paredistas nacionais, como o dos bancários e o dos trabalhadores dos correios. Afinal, trata-se de movimentos que invariavelmente fustigam o governo federal. No entanto, a fim de não se deslegitimarem junto aos trabalhadores, os sindicalistas precisaram se equilibrar entre a manutenção dos canais de negociação abertos pelo lulismo e as respostas ao aumento do apetite grevista por parte de suas próprias bases[23].

Essa ambiguidade do movimento sindical no tocante aos antigos governos petistas não apenas apontou para uma inovação da ação coletiva dos trabalhadores nos anos 2000 como revelou igualmente uma mudança sociológica da composição da classe ocorrida nas últimas décadas. Hoje, há mais mulheres trabalhando e a escolaridade aumentou a ponto de o diploma do ensino médio ter se transformado em um critério mínimo para a entrada no mercado de trabalho. Além disso, não devemos negligenciar o impacto que a transformação do padrão de consumo mundializado causou sobre as diferentes disposições sociais dos trabalhadores[24].

Trata-se de um processo que se alimentou da sobreposição entre, por um lado, o enfraquecimento das formas de solidariedade fordista, promovido pela empresa neoliberal, e, por outro, o desenvolvimento do padrão de consumo pós-fordista, estimulado pela globalização econômica desde os anos 1990. E certo avanço da individualização do comportamento político dos trabalhadores sindicalizados chocou-se com a precarização das condições de trabalho de parte significativa das classes subalternas. Desse modo, o movimento sindical no país viu-se desafiado por essa nova realidade, optando por apostar na relação privilegiada com o antigo governo federal em vez de assumir uma postura estrategicamente crítica ao governo.

A verdade é que os anos 1990 foram muito difíceis para o movimento sindical brasileiro – em especial quando pensamos na conjuntura econômica vertebrada pelo aumento do desemprego, sobretudo nos setores industriais. As empresas promoveram um acelerado ciclo de reestruturação produtiva que terceirizou, flexibilizou e precarizou o trabalho. Entre os vários efeitos produzidos por esse ciclo sobre o movimento sindical, ao menos dois se destacam. Em primeiro lugar, temos o recuo nas taxas de sindicalização e o consequente desmanche do militantismo de base em favor de um pragmatismo das cúpulas. Aos poucos, o movimento sindical foi priorizando um projeto orientado pela eleição de seus dirigentes para cargos políticos.

Naturalmente, a eleição de Lula da Silva, em 2002, coroou esse movimento. A tese, muito comentada no meio sindical, mas nunca totalmente assumida pelos dirigentes lulistas, afirmava que somente com a conquista do governo federal o sindicalismo haveria de readquirir forças para enfrentar as empresas em benefício dos trabalhadores. De fato, os sucessivos governos de Lula da Silva ajudaram a fortalecer

---

[23] E, em muitas ocasiões, esse equilíbrio implicou o apoio a greves, mesmo que contrariando os interesses imediatos do governo federal. Para mais informações sobre o comportamento do sindicalismo lulista no setor bancário, ver ibidem, p. 348.

[24] Para mais informações, ver Marcio Pochmann, *Nova classe média? O trabalho na base da pirâmide salarial brasileira* (São Paulo, Boitempo, 2012).

algumas das pautas sindicais, incorporando a política de valorização do salário mínimo, por exemplo, que se tornou um dos pilares de sua política redistributiva. No entanto, a era Lula foi marcada também pela absorção de sindicalistas no aparelho de Estado e nos fundos de pensão, transformando a elite sindical do país em verdadeira administradora do investimento capitalista[25].

Esse tipo de transformismo político afastou parte das lideranças sindicais das demandas provenientes de bases sociais formadas por um proletariado precarizado cada dia mais jovem e feminino. Trata-se de uma tensão que encontra paralelos em outros momentos da história da classe trabalhadora no país. Afinal, se o capitalismo periférico não pode prescindir de altos níveis de informalidade e precarização que assegurem a sub-remuneração da força de trabalho, é compreensível que os setores mais precarizados da classe trabalhadora se vejam permanentemente pressionados pela necessidade de mobilização política, ainda que à revelia dos sindicatos, a fim de assegurar as condições mínimas de sua própria reprodução.

No Brasil, como a margem para concessões materiais aos trabalhadores é muito reduzida devido à condição semiperiférica e dependente da estrutura social, mesmo demandas tão elementares como o cumprimento da lei do salário mínimo conduzem usualmente os trabalhadores a uma radicalização social cujo resultado é a rápida politização dos setores envolvidos. Obviamente, a práxis política do precariado do período fordista não é a mesma da atual. No entanto, o Brasil ainda é dotado de certas características que nos levam a concluir que a formação, na década de 1950, daquele instinto classista prático pode lançar luz sobre a atual estrutura dos conflitos laborais no país.

Pós-fordismo e inquietação social

Como argumentamos acima, a combinação entre a reestruturação que consolidou o modelo da empresa neoliberal e a mudança do padrão de consumo verificada nas últimas décadas promoveu o desmanche das antigas identidades classistas, oriundas do modelo de desenvolvimento fordista. No entanto, até a chegada definitiva da crise da globalização ao país, em 2015, os efeitos mais deletérios desse desmanche neoliberal da solidariedade fordista foram sendo retardados pela conservação dos empregos formais. Apesar da desaceleração econômica vivida pela economia, desde 2012, ao menos, o mercado de trabalho no país permanecia relativamente estável e a tendência à desconcentração de renda na base da pirâmide salarial não havia sido significativamente revertida até 2015.

Malgrado os planos de demissão voluntária (PDV) anunciados a partir de 2012 por algumas importantes montadoras, de maneira geral o mercado de trabalho brasileiro seguiu contratando até 2014, ainda que em um ritmo bem mais lento do que

[25] Para mais informações, ver Maria Celina D'Araújo, *A elite dirigente do governo Lula* (São Paulo, FGV, 2009).

aquele verificado ao longo da década de 2000[26]. Com o entusiasmo despertado pelo consumo popular ainda em alta, muitos esqueceram que, se olhássemos por trás da relativa desconcentração de renda (verificada entre aqueles que vivem dos rendimentos do trabalho) experimentada entre 2003 e 2010, encontraríamos uma sociedade cuja economia depende estruturalmente do baixo preço de sua força de trabalho.

Entre 2003 e 2015, os trabalhadores enredaram-se em um modelo de desenvolvimento pós-fordista, apoiado na formalização do emprego, na desconcentração de renda e na precarização do trabalho. Trata-se de uma fórmula esdrúxula tipicamente periférica. Se a gênese desse modelo remonta ao início dos anos 1990, quando as políticas de ajuste estrutural implementadas pelos governos de Fernando Collor de Melo e de Fernando Henrique Cardoso elevaram a taxa de desemprego aberto de 3% para 9,6% da População Economicamente Ativa (PEA), sua consolidação foi obra dos dois governos de Lula da Silva[27].

De fato, a chegada do PT ao governo coincidiu tanto com a maturidade da empresa neoliberal quanto com o início do superciclo das *commodities*, responsável por fortalecer o crescimento econômico do país. Somado às políticas implementadas pelos governos Lula da Silva, o resultado da combinação de ventos econômicos favoráveis com a consolidação da reestruturação empresarial iniciada nos anos 1990 foi que o mercado de trabalho se formalizou durante a década passada, à qual, associada à alta econômica média da ordem de 4,1% ao ano, redundou em uma incorporação anual de aproximadamente 2,1 milhões de novos trabalhadores ao mercado formal[28].

Assim, a base da pirâmide salarial foi rapidamente alargada, fortalecendo o mercado de trabalho. Entre 2004 e 2010, a participação relativa dos salários na renda nacional aumentou 10%, enquanto os rendimentos oriundos da propriedade decresceram cerca de 13%. No entanto, dos 2,1 milhões de novos postos criados todo ano, cerca de 2 milhões remuneravam mensalmente o trabalhador com até 1,5 salário mínimo[29]. Eis o segredo de polichinelo: o crescimento econômico da década passada apoiou-se numa abundante oferta de trabalho barato.

Dispensável dizer que esses trabalhadores simplesmente não são capazes de poupar. E à alta do consumo popular juntou-se o barateamento das mercadorias proporcionado pela cada vez mais profunda mundialização capitalista. Um novo padrão de

---

[26] Além de alimentar uma sensação de que a crise econômica não era grave, essa conjuntura obliterou uma antiga lição da sociologia latino-americana: em países outrora colonizados e depois subdesenvolvidos, as modernas relações capitalistas de produção são dominadas pelo atraso, tendendo a reproduzir as bases materiais da produção massificada do trabalho barato e superexplorado. Para mais informações, ver Francisco de Oliveira, *Crítica à razão dualista/O ornitorrinco*, cit.

[27] Vale lembrar que, de 1995 a 2004, a participação dos salários na renda nacional caiu 9%, enquanto a participação das rendas de propriedade subiu 12,3%. Para mais informações, ver Marcio Pochmann, *Nova classe média?*, cit.

[28] De fato, segundo dados da PNAD, entre 2004 e 2011, o emprego com carteira assinada no país avançou 19,3%, repercutindo positivamente sobre o mais numeroso grupo sócio-ocupacional brasileiro, isto é, os trabalhadores domésticos, cuja formalização progrediu 17,3%. Para mais informações, ver José Dari Krein e Marilane Oliveira Teixeira, "As controvérsias das negociações coletivas nos anos 2000 no Brasil", cit.

[29] Para mais informações, ver Marcio Pochmann. *Nova classe média?*, cit.

consumo emergiu no país: pós-fordista, pois baseado na capacidade de o regime de acumulação globalizado multiplicar a oferta de novos bens, e popular, pois apoiado no endividamento das famílias trabalhadoras que precisam fazer importantes sacrifícios para pagar as incontáveis prestações do comércio varejista.

Ocorre que esse novo padrão de consumo não repousa sobre ganhos de produtividade possibilitados pelo desenvolvimento da indústria nacional – na realidade, há pelo menos uma década, a estrutura social brasileira não percebe ganhos reais de produtividade –, mas principalmente nas economias de escala garantidas por alguns setores econômicos estratégicos que empregam força de trabalho não qualificada: mineração, petróleo, agroindústria e construção civil. Como consequência, a base da pirâmide foi alargada por meio da generalização dos baixos salários. Além disso, a economia cresceu acompanhada pelo desgaste da indústria de transformação (de 27,8% do PIB, em 1988, passamos para 14,5% do PIB, em 2010), a única capaz de garantir ganhos reais de produtividade[30].

O atual ciclo de financeirização da economia, inaugurado nos anos 1990, não apenas promoveu a inserção da estrutura social brasileira na mundialização capitalista por meio de um modelo apoiado em elevadas taxas de juros, na independência operacional do Banco Central e na política de flutuação cambial como também redefiniu os fundamentos da inserção do proletariado precarizado na estrutura ocupacional brasileira. Se até meados dos anos 1990 a dinâmica nacional de criação de empregos se concentrava na faixa de 3 a 5 salários mínimos, com a indústria respondendo por 40% das novas vagas, entre 1994 e 2008 a dinâmica do emprego deslocou-se para os serviços, com 70% das novas vagas sendo abertas no setor[31].

No entanto, aos aumentos do salário mínimo acima da inflação seguiu-se um endurecimento nas condições de consumo da força de trabalho: nos anos 2000, a taxa de rotatividade subiu cerca de 10%, passando de 33% em 1999 para 36% em 2009. Para os que recebem entre 0,5 e 1,5 salário mínimo, a taxa de rotatividade foi de 86% em 2009, ou seja, um crescimento de 42% em comparação com 1999. Além disso, entre 1996 e 2010, a taxa de terceirização do trabalho subiu em média 13% ao ano[32].

E a alta da rotatividade acompanhou o salto da criação de empregos terceirizados. De cerca de 3 milhões de trabalhadores prestando serviços para outras empresas em 2002, fomos para 12,7 milhões de trabalhadores terceirizados em 2013[33]. Assim, parte importante do que foi conquistado em termos de rendimentos do trabalho com

---

[30] Para mais informações, ver José Luis Oreiro e Carmem Feijó, "Desindustrialização: conceituação, causas, efeitos e o caso brasileiro", *Revista de Economia Política*, São Paulo, v. 30 n. 2, abr.-jun. 2010.

[31] Assim, aquela massa de 6 milhões de trabalhadores desempregados formada entre 1994 e 2002 foi reabsorvida por ocupações serviçais sub-remuneradas, isto é, de até 1,5 salário mínimo. Isso fez com que a parcela dos ocupados nessa faixa salarial alcançasse 60% de todos os postos de trabalho do país. Para mais informações, ver Claudio Salvadori Dedecca e Eliane Navarro Rosandiski, "Recuperação econômica e a geração de empregos formais", *Parcerias Estratégicas*, v. 11, n. 22, 2006.

[32] Para mais informações, ver Marcio Pochmann, *Nova classe média?*, cit.

[33] Para mais informações, ver Secretaria Nacional de Relações de Trabalho e Dieese, *Terceirização e desenvolvimento: uma conta que não fecha: dossiê acerca do impacto da terceirização sobre os trabalhadores e propostas para garantir a igualdade de direitos* (São Paulo, Central Única dos Trabalhadores, 2014).

o aumento da formalização e a valorização do salário mínimo acabou se perdendo com a elevada rotatividade do emprego, tendo em vista o fato de que as admissões ocorrem com salários frequentemente abaixo das demissões para as mesmas funções[34].

Além disso, o protagonismo alcançado desde os anos 1990 pelos programas de Participação nos Lucros e Resultados (PLR) nas negociações coletivas dos setores mais organizados do sindicalismo fragilizou a participação dos trabalhadores precarizados, na medida em que tais acordos usualmente excluem terceirizados, estagiários, temporários e trabalhadores afastados por doença[35].

Tudo somado, é importante lembrar que a deterioração das condições de trabalho verificada nos anos 2000 tornou-se mais saliente devido ao fato de que a maioria das novas vagas foram preenchidas por jovens, mulheres e não brancos, ou seja, aqueles grupos historicamente mais suscetíveis às flutuações cíclicas do mercado. Ao longo da última década, é possível perceber uma flagrante feminilização da força de trabalho, com as mulheres ocupando 60% das vagas criadas nos anos 2000, somada à ampliação do contingente assalariado jovem e não branco (cerca de 70% das vagas) e ao crescimento da escolaridade dos trabalhadores cuja taxa de ensino médio completo passou para 85% das vagas[36].

Os dilemas do mercado de trabalho brasileiro revelam-se com mais clareza quando consideramos o grupo ocupacional que historicamente melhor sintetizou as vicissitudes do precariado no Brasil, isto é, as trabalhadoras domésticas. Afinal, mesmo após tantas transformações no mercado, entre 1999 e 2009, o número de domésticas saltou de 5,5 milhões para 7,2 milhões, mantendo-se o emprego doméstico como a principal ocupação nacional, acompanhado de longe pelo trabalho no telemarketing, com cerca de 1,4 milhão em 2012[37].

Além disso, cerca de 93% dos mais de 7,2 milhões de trabalhadores domésticos são mulheres. Invisíveis à fiscalização do poder público – mesmo na principal metrópole brasileira, São Paulo –, em 2009, apenas 38% das empregadas tinham a carteira de trabalho assinada. Em todo o país, a formalização do serviço doméstico mal alcançou os 30%. Além da resiliência da informalização, outro dado nos salta aos olhos: o enve-

---

[34] Entre março de 2013 e fevereiro de 2014, por exemplo, ocorreram 22.341 milhões de admissões e 21.184 milhões de desligamentos, gerando um saldo positivo de 1.157.709 postos de trabalho. No entanto, a média salarial dos admitidos oscilou entre 68% e 95% em relação à dos desligados. Ver José Dari Krein e Marilane Oliveira Teixeira, "As controvérsias das negociações coletivas nos anos 2000 no Brasil", cit.

[35] Idem.

[36] Para mais informações, ver Marcio Pochmann, *Nova classe média?*, cit.

[37] No Brasil, o emprego doméstico é uma das mais antigas formas de trabalho assalariado, remontando ao período da escravidão. Assim, não é coincidência que, ainda hoje, mais de 60% da força de trabalho doméstica seja formada por não brancos. Para mais informações, ver Sirlei Márcia de Oliveira e Patrícia Lino Costa, "Condicionantes para a profissionalização do trabalho doméstico no Brasil: um olhar sobre a profissão em duas regiões metropolitanas – São Paulo e Salvador – na última década", 36º Encontro Anual da Anpocs, Águas de Lindoia, 21 a 25 out. 2012; disponível em <https://anpocs.com/index.php/papers-36-encontro/gt-2/gt36-2/8282-condicionantes-para-a-profissionalizacao-do-trabalho-domestico-no-brasil-um-olhar-sobre-a-profissao-em-duas-regioees-metropolitanas-sao-paulo-e-salvador-na-ultima-decada/file >, acesso em jun. 2017.

lhecimento dessa força de trabalho. Assim, entre 1999 e 2009, a principal concentração etária deslocou-se da faixa dos 20-30 anos para a faixa dos 40-50 anos de idade[38].

Esse envelhecimento revelou uma dimensão emblemática das recentes mudanças no padrão de proletarização do país. Atraídas pelos novos postos de trabalho formais abertos no setor de serviços nos anos 2000, as filhas das empregadas domésticas entraram aos milhares na indústria do *call center*. De fato, esse foi o setor que, na última década, mais acolheu trabalhadores, em especial jovens mulheres não brancas e oriundas da informalidade, garantindo-lhes acesso ao mercado formal de trabalho, além de alguma qualificação técnica[39].

O crescimento da indústria de *call center* transformou o telemarketing na principal porta de entrada para os jovens no mercado formal de trabalho do país, além de criar a segunda e a terceira maiores empregadoras privadas brasileiras, respectivamente as companhias Contax (78.200 funcionários) e Atento (76.400 funcionários). Em suma, surgidos durante o processo de desconstrução neoliberal do antigo sistema de solidariedade fordista e experimentando o aumento da concorrência e da fragmentação vivido pelos novos grupos de trabalhadores, os teleoperadores no país multiplicaram-se em ritmo acelerado durante os dois mandatos de Lula da Silva.

E, apesar de nosso estudo de caso ter se concentrado na indústria paulista de *call center*, tendências semelhantes podem ser encontradas em outras regiões do país, como na cidade do Rio de Janeiro:

> Esse enorme contingente de trabalhadores, em sua maioria jovens, mulheres, em condição de primeiro emprego, tornou-se rapidamente majoritária na categoria dos telefônicos do Rio de Janeiro. Apesar de ser um emprego formal, a maioria dos teleoperadores são terceirizados, inseridos em postos de trabalho que se caracterizam por baixos salários, alta rotatividade, intenso controle sobre o trabalho, e altos índices de doenças ocupacionais como lesões por esforço repetitivo e estresse. Além do surgimento de postos de trabalho que já nasceram terceirizados, como o caso dos teleoperadores, ocorria um processo intenso de terceirização da mão de obra dos trabalhadores do setor. [...] Os trabalhadores da rede externa vivenciaram intensa perda de direitos e benefícios, piora das condições de trabalho e insegurança no emprego devido à alta rotatividade que passou a caracterizar esta área de atuação.[40]

---

[38] Ver idem.

[39] No Brasil, 96% das centrais de teleatividades foram criadas após 1990, e 76% a partir de 1998, ano da privatização do sistema Telebras e auge do neoliberalismo no país. Entre 1998 e 2002, o número de ocupados no setor cresceu a uma taxa anual de 15%, e dados do Ministério do Trabalho indicam que, durante o governo Lula, essa taxa aumentou para 20% ao ano, acumulando uma variação de 182,3% entre 2003 e 2009. Ao somar as centrais de teleatividades terceirizadas e as próprias, a Associação Brasileira de Telesserviços (ABT), entidade que representa as principais companhias de *call center*, estima que, em 2012, mais de 1,4 milhão de trabalhadores estariam empregados no setor. Tendo em vista esse crescimento, a indústria brasileira de *call centers* despertou o interesse de inúmeros sociólogos do trabalho brasileiros. Ver, por exemplo, o conjunto de estudos reunidos em Ricardo Antunes e Ruy Braga (orgs.), *Infoproletários*, cit.

[40] Marco Aurélio Santana e Paula Jatahy, "O sindicalismo telefônico do Rio de Janeiro na era Lula: orientações e práticas", em Roberto Véras de Oliveira, Maria Aparecida Bridi e Marcos Ferraz, *O sindicalismo na era Lula*, cit., p. 319.

Da burocratização à hegemonia precária

Resultado do amadurecimento de um novo regime de acumulação pós-fordista no país, os *call centers* brasileiros alimentam-se de um vasto contingente de trabalhadores jovens, em especial mulheres e negros à procura de uma primeira oportunidade no mercado formal de trabalho. Esse perfil de trabalhador pressionou a relação das bases com as direções sindicais, ajudando a revelar as mudanças nas relações entre o sindicalismo e o aparelho de Estado. Na realidade, o movimento sindical na indústria de *call center* sintetizou parte das tensões advindas da reprodução do antigo modo de regulação lulista dos conflitos trabalhistas, permitindo caracterizar algumas das principais contradições de regime tão hegemônico.

Se não, vejamos... O levantamento realizado por Maria Jardim revelou que os sindicatos brasileiros dos setores bancários, eletricitários, telefônicos, petroleiros e de alguns segmentos metalúrgicos, assim como os dirigentes das três maiores centrais sindicais brasileiras à época (Central Única dos Trabalhadores, Confederação Geral dos Trabalhadores e Força Sindical), passaram a reivindicar ao longo do primeiro governo de Lula da Silva a criação de instituições de previdência privada para seus associados. Além disso, os dirigentes sindicais ascenderam à participação nos conselhos gestores dos fundos existentes, ampliando o escopo de sua representação sindical à poupança dos trabalhadores[41].

Dessa forma, tendo a criação e o controle dos fundos de pensão associativos como cuidado estratégico, consolidou-se uma nova agenda no movimento sindical do país, promovida pela aproximação da alta burocracia sindical em relação ao mercado financeiro. De fato, essa redefinição tática da relação entre a CUT e o aparelho de Estado fortaleceu a tendência, comum em outras centrais, a aproveitar as oportunidades de participação institucional geradas pela Constituição de 1988 em organismos como o Conselho do FGTS, o Conselho Deliberativo do Fundo de Amparo ao Trabalhador (Codefat) e o Fundo de Desenvolvimento Social, além dos conselhos nacionais da Previdência, da Seguridade Social, da Saúde, da Educação.

A arquitetura institucional necessária à absorção da combatividade sindical pelo Estado garantiu, de certo modo, um contraponto à estagnação do poder de mobilização das bases pelas direções. Nesse sentido, não é difícil perceber como sujeitos políticos foram transformados em parceiros do Estado na formulação de políticas públicas e na gestão de investimentos capitalistas por meio, sobretudo, dos fundos de pensão. Ao fim e ao cabo, a reorientação do sindicalismo cutista em direção ao diálogo social assumiu um claro protagonismo na tentativa do governo Lula de pacificar

---

[41] Vários deles assumiram posições de grande prestígio em empresas públicas – como Petrobras e Furnas Centrais Elétricas –, além de integrarem o conselho administrativo do Banco Nacional de Desenvolvimento Econômico e Social (BNDES). Para mais informações, ver Maria A. Chaves Jardim, *Entre a solidariedade e o risco: sindicatos e fundos de pensão em tempos de governo Lula* (São Paulo, Annablume, 2009).

as tensões entre o capital e o trabalho criadas pela conservação das bases do modelo de desenvolvimento anterior[42].

Naturalmente, o alinhamento da central ao governo rendeu frutos: no primeiro governo Lula, além dos cargos superiores de direção e assessoria, dos 64 ministros nomeados (ou secretários com *status* de ministro), 17 eram ligados ao sindicalismo e, desses, 14 eram dirigentes de centrais. Além disso, o Ministério do Trabalho elaborou um projeto de lei aprovado em março de 2008 que atribuiu às centrais o papel de coordenação política das entidades sindicais, reconhecendo-lhes o direito de representar o conjunto dos trabalhadores brasileiros. Para tanto, o ministério garantiu-lhes o acesso ao imposto sindical correspondente à representatividade de cada central[43].

É de se supor que a proximidade do movimento sindical com o governo federal possa ser também identificada na indústria do *call center*. A trajetória recente de um dos três sindicatos a atuar no setor, o Sindicato dos Bancários de São Paulo, exemplifica à perfeição as ambiguidades intrínsecas à absorção das lideranças sindicais pelo aparelho de Estado. Como muitos filiados à CUT, o Sindicato dos Bancários de São Paulo alinhou-se, desde o primeiro momento, ao governo de Lula da Silva. Além disso, é possível dizer que a cúpula dos bancários de São Paulo foi o principal elo da aliança afiançada por Lula da Silva entre a burocracia sindical petista e o capital financeiro.

Conforme observado anteriormente, o cimento desse pacto foram os setores da burocracia sindical que se transformaram em gestores dos fundos de pensão e dos fundos salariais. O Sindicato dos Bancários de São Paulo forneceu os quadros políticos para essa operação. Enquanto os sindicalistas egressos das fileiras dos metalúrgicos do ABCD ocupavam-se da política trabalhista e Luiz Marinho tomava assento no Ministério do Trabalho, os dirigentes sindicais bancários de São Paulo, como Gilmar Carneiro, Luiz Gushiken, Ricardo Berzoini e Sérgio Rosa, voavam rumo ao mercado financeiro, ocupando o comando do fundo de pensão dos funcionários do Banco do Brasil (Previ), da Petrobras (Petros) e da Caixa Econômica Federal (Funcef)[44].

Como é previsível, o compromisso principal desse grupo de sindicalistas, na condição de investidores institucionais, é com a liquidez e a rentabilidade dos ativos financeiros dos respectivos fundos. Muitos têm argumentado que, além de gerarem emprego e renda para os trabalhadores, os fundos teriam um papel central na promoção do "capitalismo social" e na seleção de investimentos ecologicamente sustentáveis.

---

[42] Em termos gerais, a transformação do sindicalismo em linha auxiliar do governo federal amparou-se no argumento da oportunidade histórica de fazer parte de um projeto de governo claramente favorável à participação dos sindicatos. O apoio da CUT a uma agenda política organizada em torno das reformas previdenciária, tributária, sindical e trabalhista coroou a participação da central no Conselho de Desenvolvimento Econômico e Social (CDES) e no Fórum Nacional do Trabalho (FNT). Ver Ângela Carneiro Araújo e Roberto Véras de Oliveira, "O sindicalismo na era Lula: entre paradoxos e novas perspectivas", em Roberto Véras de Oliveira, Maria Aparecida Bridi e Marcos Ferraz, *O sindicalismo na era Lula*, cit.

[43] Para mais informações, ver Andréia Galvão, "A reconfiguração do movimento sindical nos governos Lula", em Armando Boito e Andréia Galvão, *Política e classes sociais no Brasil dos anos 2000* (São Paulo, Alameda, 2012).

[44] Para mais informações, ver Maria A. Chaves Jardim, *Entre a solidariedade e o risco*, cit.

Leonardo André Paixão, ex-secretário federal de previdência complementar, por exemplo, justificou da seguinte maneira a adesão do sindicalismo brasileiro às estruturas tradicionais da acumulação financeira:

> A ampliação da previdência complementar, em especial da previdência associativa, poderá significar, no longo prazo, a transformação de muitos brasileiros em investidores, fazendo surgir o fenômeno do capitalismo social.[45]

No entanto, em vez de "transformar trabalhadores em investidores", os fundos de pensão brasileiros passaram a atuar como uma linha estratégica do processo de fusões e aquisições de empresas no país, financiando a monopolização econômica com efeitos sobre a intensificação dos ritmos de trabalho, a atrofia do poder de barganha dos trabalhadores e o enxugamento dos setores administrativos das empresas envolvidas. Isso sem mencionar a participação dos fundos em duvidosos projetos de infraestrutura, como a construção da usina de Belo Monte, uma das principais fontes de preocupação dos ambientalistas brasileiros.

Em suma, os fundos de pensão engajaram-se na tentativa de solucionar a relativa carência de capital interno para investimentos em infraestrutura. O curioso é que, durante os governos petistas, a aposentadoria do trabalhador, administrada por burocratas oriundos do novo sindicalismo, foi usada para financiar o ciclo de fusões e aquisições de empresas e reforçar investimentos no setor de produção de energia que fortaleceram os interesses das empresas da área da construção pesada. Não é de estranhar, portanto, as relações promíscuas desenvolvidas entre sindicalistas e grandes empreiteiras durante o ciclo lulista. Os fundos de pensão transformaram-se em peças-chave na reprodução do regime de acumulação que entrou em crise em 2015[46].

Como era de esperar, a intimidade entre empresários, gestores de fundos de pensão e sindicalistas também transformou a relação do sindicalismo da indústria de *call center* com o Estado. Ao longo de nossas entrevistas com dirigentes sindicais bancários, a opinião favorável ao governo Lula predominou da forma esmagadora. Para justificar sua adesão ao governo federal, os dirigentes sindicais utilizavam amiúde comparações com o governo de Fernando Henrique Cardoso. Além disso, projetos de formação profissional – sem mencionar acordos com faculdades particulares – implementados pelos sindicatos dependem de recursos do Fundo de Amparo ao Trabalhador (FAT) e contavam até recentemente com o apoio de programas federais, como o Programa Universidade para Todos (Prouni), o qual distribui bolsas de estudos parciais ou integrais para que estudantes de baixa renda financiem seus cursos em universidades privadas. Na mesma direção:

---

[45] Citado em Sidartha Sória e Silva, "As relações entre sindicalismo e fundos de pensão no governo Lula", em Roberto Véras de Oliveira, Maria Aparecida Bridi e Marcos Ferraz, *O sindicalismo na era Lula*, cit., p. 155.

[46] As origens desse modelo foram analisadas em Alvaro Bianchi e Ruy Braga, "Brazil: The Lula Government and Financial Globalization", *Social Forces*, Chapel Hill, v. 83, n. 4, 2005, p. 1745-62. Ver, também, Jeffrey Sluyter-Beltrão, *Rise and Decline of Brazil's New Unionism: The Politics of the Central Única dos Trabalhadores* (Oxford, Peter Lang, 2010).

Basta folhearmos alguns exemplares da *Folha Bancária* para constatarmos que, entre dirigentes e militantes vinculados ao Sindicato dos Bancários, a memória vigente sobre a era Lula é construída de modo a salientar os aspectos que mais diferenciariam o período 2003-2010 do anterior. Nesse sentido, trata-se de caracterizá-lo como momento de avanços para o sindicalismo bancário, marcado por crescimento expressivo dos postos de trabalho, aumento salarial real e fortalecimento das instituições financeiras públicas.[47]

Vale observar que uma das razões mencionadas pelos teleoperadores para justificar seu desejo de permanecer trabalhando na indústria paulistana do *call center* é a jornada de trabalho de seis horas que lhes permite cursar uma faculdade noturna. Associada à garantia dos direitos trabalhistas, a possibilidade de continuar estudando exerce forte atração sobre esses trabalhadores, em especial os mais jovens. Nesse caso, as políticas públicas dos governos petistas, como o Prouni, tenderam a reforçar a regulação dos conflitos laborais por meio da reprodução de certa aquiescência entre os trabalhadores, capaz de enfraquecer o sentimento de inquietação com os salários e as condições de trabalho[48].

Apesar disso, ao menos desde 2005 é possível verificar a ocorrência de greves na indústria paulistana de *call center*. A nosso ver, a experiência compartilhada de discriminação por gênero, orientação sexual e raça estreitou laços de solidariedade entre os teleoperadores paulistanos, criando certo pendor para a mobilização coletiva. O mesmo se poderia dizer a respeito da vivência do adoecimento, mais frequente entre mulheres do que entre homens no setor. Se é verdade que, por um lado, o fato de ser jovem, mulher e não branca produz um efeito disciplinador sobre o grupo de teleoperadores, por outro, certas questões interpretadas por elas como abuso de poder dos coordenadores de operações – quase sempre homens brancos – ou casos relatados de assédio sexual costumam ser explosivos nas empresas, catalisando o descontentamento latente e alimentando paralisações de protesto[49].

As dinâmicas relacionadas ao gênero não se esgotam aí. De acordo com o relato de sindicalistas de base de uma das centrais que atuam no setor, a existência de um comércio informal de lanches saudáveis, bolos e salgados, além de bijuterias, cosméticos e roupas, especialmente comum entre as teleoperadoras, não apenas contribui para reforçar a renda mensal, mas ajuda a criar entre os trabalhadores redes horizontais e difusas de comunicação, acionadas durante protestos, paralisações ou mesmo greves. Na realidade, as questões de gênero, associadas ou não às de raça, somam-se às características do processo do trabalho e ao despotismo fabril, criando um equilíbrio instável entre trabalhadoras e gerências[50].

Dinâmicas transversais de gênero tornam-se especialmente relevantes para a mobilização coletiva na indústria do *call center*, pois as Centrais de Teleatividades reúnem operações que respondem a diferentes ritmos em termos de metas, natureza da atividade

[47] Paulo Fontes e Francisco Macedo, "As ambivalências das conquistas", cit., p. 344.
[48] Para mais informações, ver Ruy Braga, *A política do precariado*, cit.
[49] Idem.
[50] Idem.

e níveis de remuneração. Devido à terceirização empresarial e à existência de múltiplos contratantes, é particularmente difícil concatenar as temporalidades de modo a paralisar uma CTA. Assim, a experiência compartilhada de discriminação de gênero tende a agregar as equipes em torno de demandas comuns que circulam entre as diferentes operações por meio do pequeno comércio informal de produtos de higiene, por exemplo. No setor de telemarketing, a famosa "Rádio Peão" da indústria fordista foi substituída pela "Rádio Avon"[51].

Cidadania salarial: uma promessa difícil

Vale destacar que a onda de mobilização grevista no setor não se limitou à indústria paulistana de *call center*. Um apetite semelhante pôde ser verificado entre os teleoperadores da cidade do Rio de Janeiro. A primeira grande greve desse novo ciclo foi deflagrada por trabalhadores terceirizados da empresa Oi, em março de 2010, conquistando um aumento dos salários mediante o compromisso de pagamento do piso regional e do Programa de Participação dos Resultados (PPR), além do fim do banco de horas. Em seguida, houve a greve deflagrada pelos teleoperadores do Detran, terceirizados pela empresa Criativa, devido ao corte do vale-alimentação imputado pela empresa. Ambos os movimentos contaram com o apoio e a participação do sindicato nas negociações com as empresas, garantindo as conquistas e o compromisso de não punição aos trabalhadores grevistas[52].

Em suma, a despeito das dificuldades interpostas à mobilização coletiva pela indústria de *call center*, ao longo da década de 2000, formou-se entre os teleoperadores um embrião de consciência coletiva, forte o suficiente para garantir passos importantes no caminho da auto-organização sindical. Acrescentaríamos que as mesmas características relativas à composição e à rotatividade da força de trabalho (baixa remuneração, discriminação de gênero e orientação sexual, forma subalterna de inserção ocupacional nas empresas, qualidade do processo de trabalho e ausência de tradição de um arranjo político) não representam obstáculos absolutos para a ação coletiva. Em alguns casos, tais condições podem, ao contrário, favorecer a deflagração da mobilização sindical.

Portanto, parece-nos medianamente claro que a dinâmica sindical no setor traduz a pressão dos teleoperadores sobre as lideranças do movimento por meio dos sindicalistas de base. A despeito da insuficiência das ações, certos ganhos organizativos oriundos desse vínculo de pressão das bases sobre o movimento sindical são perceptíveis. No Rio de Janeiro, por exemplo, o sindicalismo também procurou se adaptar à transformação de suas bases sociais, desenvolvendo novas estratégias, mais alinhadas ao perfil renovado dos trabalhadores:

---

[51] Idem.

[52] Para mais informações, ver Marco Aurélio Santana e Paula Jatahy, "O sindicalismo telefônico do Rio de Janeiro na era Lula", cit.

> O sindicato preocupou-se em compreender as demandas dos jovens e das mulheres que se tornaram majoritários na categoria por conta da expansão da indústria de *call centers*. [...] A realização de assembleias na porta das empresas, na tentativa de alcançar aquele trabalhador que trabalha e estuda e que não teria tempo de estar presente na sede do Sindicato. [...] Foi adicionada à pauta a luta contra a terceirização e a precarização do trabalho, assim como a bandeira pela saúde do trabalhador, contra o assédio moral e sexual.[53]

Em síntese, o regime de acumulação pós-fordista e financeirizado que se consolidou ao longo dos anos 2000 no país cristalizou uma face despótica apoiada sobre altas taxas de rotatividade, aumento no número de acidentes de trabalho, redução dos salários e intensificação dos ritmos de trabalho. Mesmo no auge do lulismo, tais características do regime de acumulação nunca deixaram de alimentar uma insatisfação difusa entre os trabalhadores, especialmente saliente nos setores mais precários, cuja regulação dos conflitos trabalhistas, desde o início dos anos 2010, passou a emitir sinais de fadiga, pressionando o movimento sindical.

Sem mencionar outras importantes greves nacionais ocorridas em 2011, como a dos bancários – com ampla participação dos teleoperadores terceirizados pelos bancos – e a dos trabalhadores dos correios, por exemplo, o impulso grevista permaneceu ativo em 2012. Nas obras de Belo Monte, cerca de 7 mil trabalhadores terceirizados distribuídos por todas as frentes da usina hidrelétrica cruzaram os braços por 12 dias. No Complexo Petroquímico do Rio de Janeiro (Comperj), localizado em Itaboraí (RJ), pelo menos 15 mil trabalhadores terceirizados entraram em greve no dia 9 de abril, permanecendo 31 dias parados. Ainda no início do ano, foram registrados 10 dias de greve em Jirau e na plataforma da Petrobras em São Roque do Paraguaçu (BA), além de novas paralisações em Suape, greves em várias obras dos estádios da Copa do Mundo de futebol[54] etc.

Acompanhando a formação do precariado pós-fordista na indústria paulistana do *call center*, pudemos perceber os primeiros sinais dessa fadiga por meio da análise dos dois lados do atual modelo de desenvolvimento: o acesso aos direitos sociais, mas à custa de baixos salários e precárias condições de trabalho. A angústia do precariado voltou-se, finalmente, para os sindicatos, que se viram obrigados a lançar mão de uma série de iniciativas com a finalidade de responder à nova dinâmica do conflito industrial produzida pelo crescimento do setor. Nesse caminho, os sindicalistas buscaram num primeiro momento conectar os teleoperadores às políticas públicas do governo federal, aliviando a insatisfação operária ao aproximá-los do modo de regulação lulista. E, quando tal expediente pareceu esgotar sua capacidade apassivadora, o sindicalismo passou a liderar greves no setor.

Entre 2003 e 2014, assistimos no Brasil a um ciclo de desconcentração de renda entre os que vivem dos rendimentos do trabalho, que, no entanto, apresentou limites

---

[53] Ibidem, p. 320-1.

[54] Para mais informações, ver Departamento Intersindical de Estatística e Estudos Socioeconômicos – DIEESE, "Balanço das greves em 2010-2011", *Estudos e Pesquisas*, n. 63, nov. 2012, disponível em <http://www.dieese.org.br/balancodasgreves/2011/estPesq63balGreves2010_2011.pdf>, acesso em 12 jan. 2017.

muito precisos: o mercado brasileiro tem notórias dificuldades de criar empregos mais qualificados do que aqueles facilmente encontrados, por exemplo, no setor de serviços pessoais ou na construção civil. Ademais, as condições de trabalho deterioraram-se ao longo dos anos, com o aumento da terceirização empresarial, da taxa de rotatividade e da flexibilização dos contratos, além da elevação do número de acidentes de trabalho no país[55].

Entre as iniciativas que alavancaram o processo de contratualizar a relação salarial com a consequente precarização das condições de admissão herdadas do governo FHC e jamais revertidas pelos governos petistas, destacam-se a instituição do contrato flexível, a ampliação do uso do contrato por tempo determinado, o contrato em tempo parcial, incluindo a substituição do contrato em tempo integral pelo de tempo parcial e a correspondente redução de salário, encargos e benefícios, além da suspensão do contrato de trabalho por tempo determinado. No mais, a Lei 9.601 instituiu a flexibilização da jornada de trabalho por meio da anualização das horas trabalhadas[56].

Aqui vale lembrar que, afora não ter revertido a tendência à flexibilização da legislação trabalhista, o primeiro mandato de Lula promoveu medidas relacionadas à flexibilização dos direitos, especialmente deletérias para os trabalhadores jovens, tais como a criação do Contrato do Primeiro Emprego, que instituiu a admissão por tempo determinado para jovens entre 16 e 24 anos ou a legalização do contrato de pessoa jurídica (PJs), que veio acompanhada pela supressão do poder do fiscal do trabalho de reconhecer o vínculo empregatício dos "PJs". Todas essas medidas estimularam a redução do pagamento dos encargos trabalhistas, criando desigualdades entre os trabalhadores quanto ao acesso a seus direitos e preparando as condições para um posterior ataque em maior escala à proteção trabalhista.

Em síntese, é possível identificar duas grandes tendências contraditórias em termos de precarização do trabalho durante os governos petistas. Por um lado, reduziu-se o processo de precarização ocupacional, tendo em vista o aumento da formalização da força de trabalho. Por outro, a ampliação do processo de terceirização das atividades produtivas para todos os setores econômicos acabou por precarizar contratos e salários, desapossando os trabalhadores de alguns direitos sociais. À medida que o mercado de trabalho se ampliava no ritmo do crescimento econômico dos anos 2000, uma massa de trabalhadores ia sendo absorvida em ocupações formais. No entanto, a inserção desses trabalhadores em ocupações terceirizadas, precárias e sub-remuneradas não tardou a revelar a face despótica do emprego formal.

Assim, parece-nos claro que, conforme a experiência social da classe trabalhadora brasileira com o modelo de desenvolvimento pós-fordista e financeirizado se aprofundou, mais problemático se tornou o controle da insatisfação das bases com os

---

[55] Para mais informações sobre a relação entre o aumento da taxa de terceirização do trabalho e o incremento do número de acidentes de trabalho no setor da construção civil, ver Vitor Araújo Filgueiras, "Terceirização e acidentes de trabalho na construção civil", cit.

[56] Para mais informações, ver Mario Henrique Guedes Ladosky, José Ricardo Ramalho e Iram Jácome Rodrigues, "A questão trabalhista e os desafios da ação sindical nos anos 2000", em Roberto Véras de Oliveira, Maria Aparecida Bridi e Marcos Ferraz, *O sindicalismo na era Lula*, cit.

efeitos da mercantilização do trabalho, das terras urbanas e do dinheiro pelo movimento sindical. Em suma, a soma do desmanche das formas de solidariedade fordista promovida pela empresa neoliberal, com o avanço do padrão de consumo pós-fordista estimulado pela globalização econômica, promoveu um avanço sem precedentes da individualização do comportamento da classe trabalhadora no país.

Nesse ínterim, outras formas de solidariedade, ligadas ao gênero e à faixa etária, por exemplo, foram surgindo em substituição àquelas apoiadas predominantemente em uma força de trabalho masculina e sindicalizada. A progressiva inquietação das bases sociais do movimento sindical começou a se expressar por meio desses parâmetros renovados. E, desde 2008, o sindicalismo brasileiro percebeu que essa inquietação não seria contida pelas políticas públicas, vendo-se obrigado a promover greves e paralisações, ainda que as lideranças sindicais lulistas não desejassem encabeçar movimentos paredistas capazes de atingir os governos do PT.

Como é possível perceber, os governos petistas deixaram um balanço ambíguo no tocante ao mundo do trabalho no Brasil. Apesar de não terem sido criados novos direitos trabalhistas, a formalização avançou, acompanhando o crescimento econômico e a geração de novos empregos. No entanto, os postos surgidos durante a vigência do lulismo concentraram-se nas faixas de remuneração mais baixas, denotando a precariedade das ocupações. Se a precarização do trabalho esteve mais ou menos diretamente relacionada à informalidade até os anos 1990, a partir dos anos 2000 percebemos uma nova realidade, na qual o emprego, mesmo formal, é terceirizado e sub-remunerado. Trata-se de uma situação híbrida, que rememora as combinações esdrúxulas, porém nada acidentais, criadas pela reprodução do capitalismo na semiperiferia[57].

Da perspectiva do movimento sindical lulista, o balanço é igualmente ambíguo. Por um lado, se a elite da burocracia sindical buscou fundir-se ao aparelho de Estado por meio do controle dos fundos salariais transformados em fundos de investimento capitalista, assegurando sua posição social privilegiada, por outro, o crescimento da pressão proveniente de suas bases sociais impediu um acomodamento sem conflitos ao modo de regulação. Na realidade, as tensões mais ou menos latentes entre o regime de acumulação e o modo de regulação, amainadas durante o período de *boom* econômico, foram se intensificando com a chegada da crise da globalização ao país, a ponto de se transformarem em uma contradição social aberta.

---

[57] Para mais informações, ver André Singer e Isabel Loureiro (orgs.), *As contradições do lulismo: a que ponto chegamos?* (São Paulo, Boitempo, 2016).

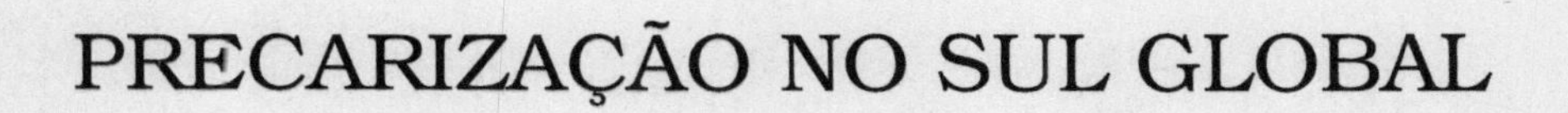

PRECARIZAÇÃO NO SUL GLOBAL

4

DESAFIANDO O AUSTERICÍDIO

Na qualidade de modo de regulação dos conflitos sociais, o lulismo acabou fracassando por não ter sido capaz de, no aprofundamento da crise da globalização, permanecer reproduzindo a pacificação social que o caracterizou ao longo de mais de uma década. Como vimos no capítulo anterior, esse fracasso já estava presente em tendências subterrâneas perceptíveis desde meados dos anos 2000. E, como argumentaremos adiante, quando a articulação concreta do consentimento passivo das massas com o consentimento ativo das direções dos movimentos sociais foi desafiada, por um lado, pela retomada da atividade das massas em 2013 e, por outro, pelo rearranjo reacionário em torno da agenda da espoliação social, a fadiga do modelo de desenvolvimento transformou-se no colapso da hegemonia lulista.

A radicalização das tensões entre o regime de acumulação e o modo de regulação no Brasil criou a oportunidade não apenas para um golpe parlamentar como, sobretudo, para um ajuste estrutural do modelo de desenvolvimento, amparado em um amplo ataque, disfarçado de medidas de austeridade, aos direitos sociais e trabalhistas desferido por um governo ilegítimo. Antes mesmo do *impeachment* de Dilma Rousseff, argumentei que uma comparação entre as experiências brasileira e portuguesa poderia ser útil para explorar as implicações para as classes subalternas desses diferentes países do atrito entre regulação social e medidas austericidas. Tendo em vista a dinâmica desigual e combinada da crise da globalização na ditadura financeira que asfixiou a sociedade portuguesa entre 2011 e 2015, seria possível em certa medida antever o devir brasileiro[1].

Assim como no Brasil entre 2003 e 2015, em Portugal, a regulação dos conflitos trabalhistas por meio da negociação entre governo e sindicatos (conhecida como política da *concertação social*) predominou durante a década de 2000. No entanto, tendo em vista os efeitos da crise da globalização sobre a economia portuguesa, medidas

---

[1] Ver Ruy Braga, *A pulsão plebeia: trabalho, precariedade e rebeliões sociais* (São Paulo, Alameda, 2015).

de austeridade diretamente responsáveis pela desvalorização da força de trabalho nacional e de cortes nos gastos públicos no país ascenderam a um primeiro plano quando da assinatura pelo governo português do Memorando de Entendimento com a Troika, em 2011.

A expectativa do gabinete liderado por Passos Coelho era que o endividamento internacional do país caísse no bojo da aplicação das medidas de austeridade que envolviam não apenas cortes de gastos do setor público como medidas de flexibilização da jornada de trabalho, dos contratos laborais e dos salários no setor privado. No entanto, o que se viu foi o inverso. Com a adoção das medidas contidas no memorando da Troika, a dívida externa líquida portuguesa, ao invés de cair, aumentou entre 2010 e 2013 cerca de 21 bilhões de euros, ao mesmo tempo que o PIB nominal foi reduzido em 7 bilhões de euros[2].

Outra vez, tal exemplo demonstrou que medidas de desvalorização interna adotadas em um contexto economicamente recessivo de forma coordenada por muitos países que integram o mesmo espaço econômico acabam, fatalmente, promovendo o endividamento público. Na verdade, não há uma solução "técnica" para a crise. Assim como aconteceria com o Brasil após 2015, o emprego de medidas austericidas foi uma decisão política em resposta à providencial oportunidade criada para as classes proprietárias pela crise da globalização de desmanchar o incipiente Estado social nascido com a Revolução dos Cravos:

> Durante as negociações em sede de concertação social em Portugal logo após a assinatura do Memorando de Entendimento, as confederações patronais insistiam inicialmente na redução dos chamados custos de contexto (energia, comunicações etc.), em detrimento da alteração da legislação laboral, cujo efeito iria incidir nos custos do trabalho. Mas, no final, por pressão do governo, acabaram por aceitar a alteração ao Código do Trabalho e esqueceram os custos de contexto.[3]

A crise da concertação social e a financeirização econômica

De fato, o memorando assinado com a Troika foi objeto de elogios tanto da Confederação Empresarial de Portugal (CIP), por ter reduzido os custos de demissão, quanto da Confederação do Comércio Português, por ter introduzido o banco de horas e a redução do pagamento de horas extras aos trabalhadores. Assim, é importante destacar que o memorando alcançou o apoio de poderosos setores da sociedade portuguesa, que perceberam no advento da crise da globalização uma oportunidade única de desmantelar a regulação trabalhista legada pelo período revolucionário, reduzir o poder

---

[2] Para mais informações, ver Francisco Louçã e Mariana Mortágua, *A dívida(dura): Portugal na crise do euro* (Lisboa, Bertrand, 2012).

[3] José Reis et al., "Compreender a crise: a economia portuguesa num quadro europeu desfavorável", em José Reis, *A economia política do retrocesso: crise, causas e objetivos* (Coimbra, Almedina, 2014), p. 75.

sindical, atacar os contratos coletivos e mercantilizar os serviços públicos. Trata-se da acumulação por espoliação seguindo seu caminho, o de lucrar com a mercantilização de todos os ativos públicos disponíveis, como saúde, educação e previdência.

A partir de 1986, com os acordos de concertação social, a política dominante ao longo dos anos 1990 e 2000 em Portugal era distinta, pois priorizava uma política salarial cujas bases eram o índice de inflação e os ganhos de produtividade alcançados pelas empresas. A norma vigente continuou sendo a do estabelecimento dos reajustes salariais por meio da negociação coletiva setorial e por empresa. Em 2011, com a intervenção da Troika, assistimos ao fim do regime de concertação social tal como havia sido celebrado entre governo e centrais sindicais em 1986. Isso significou o colapso do modo de regulação social que logrou estabilizar, ainda que com muitas tensões latentes, o conflito capital-trabalho no país durante o período de integração europeia.

Desde a crise da globalização, a espoliação e a disciplinarização neoliberais uniram-se no austericídio. Assim, os cortes nos gastos públicos foram acompanhados de medidas de aumento da flexibilidade salarial no setor privado, coroadas pelo atrelamento dos reajustes salariais à conduta da produtividade microeconômica. Simultaneamente, o salário mínimo nacional ficou congelado entre 2011 e 2014, rompendo com o acordo de concertação social celebrado em 2006. O declínio das convenções coletivas do trabalho em Portugal após a aplicação do memorando foi dramático, lançando a maioria dos trabalhadores portugueses em um regime mercantilizado de emprego[4].

Em resposta a tal rompimento e apesar de suas históricas diferenças, as centrais sindicais portuguesas decidiram modificar suas estratégias num sentido mais ou menos convergente. Por um lado, é possível perceber uma nítida radicalização política por parte da CGTP, combinada a uma tentativa de articular protesto e negociação por parte da UGT. A exemplo do que ocorreria no Brasil em 2017, o movimento sindical uniu-se em torno da greve geral. Assim, em um intervalo de apenas cinco anos, isto é, entre 2010 e 2014, ocorreram cinco greves gerais no país, mesmo número observado ao longo dos quarenta anos anteriores[5].

O colapso da concertação social no país revelou as flagrantes limitações do projeto europeu para os países semiperiféricos. Afinal, com a adesão ao euro, Portugal transformou-se em um país sem banco central, obrigando o governo a recorrer ao mercado financeiro internacional sempre que necessitasse de financiamento. E, tendo em vista a debilidade da estrutura social do país, somada aos embaraços decorrentes da impossibilidade de desvalorizar sua moeda, a dívida pública cresceu de forma permanente entre 2008 e 2015, desafiando a capacidade do Estado português de seguir pagando-a[6].

---

[4] Para mais informações, ver Maria da Paz Campos Lima, "A reconfiguração do regime de emprego e de relações laborais em Portugal na ótica liberal", CES/*Cadernos do Observatório*, n. 5, Coimbra, jun. 2015.

[5] Para mais informações, Jörg Nowak e Alexander Gallas. "Mass Srikes against Austerity in Western Europe: A Strategic Assessment", *Global Labour Journal*, v. 5, n. 3, 2014.

[6] Para mais informações, ver Francisco Louçã e Mariana Mortágua, *A dívida(dura)*, cit.

Haja vista a desconfiança na capacidade de pagamento dos países do Sul da Europa, os bancos europeus decidiram em 2009 congelar o fluxo de capitais até então assegurado à região. A crise da globalização, iniciada no ano anterior com o estouro da bolha financeira do mercado imobiliário *subprime* estadunidense, chegou, assim, com toda sua força ao Sul do continente. Nesse novo contexto, os bancos privados portugueses foram obrigados a recorrer ao financiamento do BCE para gerir o financiamento do déficit externo, e o governo português se viu ante a necessidade de solicitar aporte financeiro ao FMI de modo a evitar um calote de suas dívidas[7].

Na realidade, a crise da globalização e a ingerência da Troika representaram o esgotamento do ciclo da revolução passiva iniciado no dia 25 de novembro de 1975 e que havia conduzido o país rumo à integração europeia. A partir de 2011, o processo de financeirização econômico não mais voltaria a conviver com o amparo trabalhista. Afinal, um regime de acumulação baseado na espoliação social é totalmente incompatível com a imagem de um Estado social, ainda que fustigado por algumas reformas neoliberais.

De fato, entre os anos 1990 e 2000, a política de privatizações e a liberalização do sistema bancário conviveram de maneira mais ou menos tensa com o aumento de gastos sociais dos governos do antigo "arco da governação" (PS, PSD, CDS). Muito embora a reforma da previdência de 2007 tenha diminuído o valor das aposentadorias futuras, no geral o cenário foi marcado por avanços na universalização da seguridade social, além de aumentos nos gastos públicos com saúde e educação, ou seja, de forma semelhante ao lulismo, enquanto certo crescimento econômico permitiu, um processo de revolução passiva conviveu com o fortalecimento do poder financeiro.

Na realidade, a primeira fase da financeirização da economia portuguesa destacou-se por um fluxo ascendente de capitais estrangeiros que garantiu o crescimento econômico, além da diminuição do desemprego nos anos 1990. A integração europeia implicou agudos ajustes na estrutura social do país. E, após uma década e meia de transição, a indústria financeira apoiada pelo Estado transformou-se no principal motor da acumulação capitalista. A exemplo do Brasil da era Lula, nos anos 2000, tal regime logrou atar em Portugal as crescentes dívidas das famílias trabalhadoras aos investimentos na construção civil por meio de uma política habitacional controlada pelo sistema financeiro[8].

Apoiada sobre o crédito, e não sobre o investimento público, essa política beneficiou diretamente um setor financeiro recém-privatizado que lucrava não apenas por meio do endividamento hipotecário das famílias como também via financiamento direto da indústria da construção civil. Assim, a financeirização promoveu uma alta das tensões econômicas no país, pois, sem a possibilidade de desvalorizações competitivas de sua moeda, os motores da acumulação capitalista em Portugal reorientaram-

[7] Para mais informações, ver José Reis et al., "Compreender a crise", cit.

[8] Segundo dados do Banco de Portugal, o crédito imobiliário cresceu de 70%, no início dos anos 1990, para valores superiores a 80%, no final dos anos 2000. Acompanhando o ritmo do crescimento do crédito bancário, a dívida das famílias saltou de 47% da renda, em 1997, para 113% da renda disponível, em 2007. Para mais informações, ver dados citados por João Rodrigues, Ana Cordeiro e Nuno Teles, A financeirização da economia portuguesa, *Relatório parcial de pesquisa*, cit.

-se para os setores mais protegidos da concorrência internacional e, portanto, com menos inclinação exportadora, isto é, serviços financeiros, construção, transportes, telecomunicações, energia, comércio e distribuição, abandonando uma cartilha predominantemente industrial[9].

Com a financeirização econômica, seguiu-se a desindustrialização da estrutura social do país, inaugurada com a desregulamentação do sistema financeiro na segunda metade dos anos 1980. Desde 1981, ano do pico do volume de emprego na indústria portuguesa, isto é, 1,172 milhões de postos de trabalho, a diminuição do peso industrial na economia tem sido uma constante. Da véspera da adesão à CEE à véspera da circulação do euro, por exemplo, a indústria portuguesa perdeu 126 mil postos de trabalho, diminuindo o peso do emprego industrial no emprego total de 24,5% para 15,4%. No contexto da crise e da posterior aplicação das medidas de austeridade entre 2007 de 2010, a destruição registrada foi de 119 mil empregos[10].

Assim, setores tradicionais da economia portuguesa, como o calçadista, colapsaram devido à liberalização do comércio internacional e à sobrevalorização do euro. Com a crise da globalização, esse desequilíbrio aprofundou-se, precipitando um ajuste ainda mais radical da estrutura do país. De acordo com o antigo governo liderado por Passos Coelho, era necessário implementar medidas de restrição ao acesso à previdência social a fim de corrigir a suposta insustentabilidade de um sistema de repartição que "asfixiava" o Estado. Assim, a desigualdade social, até então estável, assumiu uma trajetória ascendente, ampliando a superpopulação relativa do país[11].

Uma outra Europa é possível?

Na condição de país semiperiférico, a precariedade do trabalho não é uma novidade em Portugal. Antes, trata-se de uma realidade já abundantemente estudada pela sociologia portuguesa. No entanto, vale destacar que, a partir dos anos 2000, o tema da precariedade laboral diferenciou-se, alcançando uma centralidade pouco usual na reflexão acadêmica e ajudando a fundamentar o debate sobre as desigualdades no país. Além disso, o ressurgimento da "questão social" fortaleceu os estudos críticos das estratégias políticas adotadas pelo sindicalismo para enfrentar a crise do trabalho. Finalmente, a formação e as metamorfoses do jovem precariado pós-fordista em Portugal estimularam o desenvolvimento de uma agenda investigativa concentrada na eclosão do movimento de trabalhadores precários independentes dos sindicatos e com repertórios inovadores de ação coletiva[12].

---

9 Para mais informações, ver Francisco Louçã e Mariana Mortágua, *A dívida(dura)*, cit.

10 Ver Maria da Paz Campos Lima, "A reconfiguração do regime de emprego e de relações laborais em Portugal na ótica liberal", cit.

11 Para mais informações, ver dados citados por João Rodrigues, Ana Cordeiro e Nuno Teles, A financeirização da economia portuguesa, *Relatório parcial de pesquisa*, cit.

12 Ver, entre outros, Ilona Kovács, *As metamorfoses do emprego: ilusões e problemas da sociedade da informação* (Oeiras, Celta, 2002); Ilona Kovács, *Flexibilidade de emprego: riscos e oportunidades* (Oeiras,

Essa agenda avançou em conformidade com o crescente ativismo social dos trabalhadores precários, não apenas em Portugal como, de resto, em todo o Sul da Europa. No início da década de 2000, por exemplo, a luta dos "trabalhadores atípicos" na Itália obrigou as centrais sindicais a desenvolver estratégias voltadas especificamente para esses grupos. Além disso, na primeira metade da década de 2000, é possível registrar mobilizações de trabalhadores entre grupos de precários na França e na Espanha, em especial na indústria do *call center*. O coroamento desse primeiro ciclo de ativismo social do precariado pós-fordista europeu deu-se em 2004 com a criação do movimento EuroMayDay[13].

Trata-se de um momento intimamente associado à solidificação do movimento altermundialista em escala global após a Batalha de Seattle, em novembro de 1999, consolidando-se com o lançamento, em janeiro de 2001, do primeiro Fórum Social Mundial (FSM) em Porto Alegre. Em suma, o EuroMayDay integrou uma conjuntura marcada pela contestação internacional à globalização capitalista cujas características definidoras, segundo Boaventura de Souza Santos, apontavam para a "rejeição do conceito de sujeito histórico" e, consequentemente, para a não priorização de um ator social específico[14].

Se é possível afirmar que tal projeto de globalização contra-hegemônica chegou à Europa durante a Batalha de Gênova, em 2001, foi apenas com o surgimento do Fórum Social Europeu em Florença, um ano mais tarde, que um espírito organizativo assumiu forma. Apoiando-se na experiência das marchas europeias contra o desemprego do final dos anos 1990, o EuroMayDay fortaleceu-se a ponto de transformar-se na principal manifestação do mundo do trabalho saída da experiência do Fórum Social Europeu. Antes de tudo, tratou-se de uma rede formada por jovens trabalhadores que abordou o problema da precariedade do emprego do ponto de vista dos imigrantes, das mulheres e dos jovens[15].

Trata-se de uma agenda cujos contornos se tornam mais claros quando pensamos na formação do precariado pós-fordista europeu como um novo sujeito coletivo, capaz de desafiar sindicatos e partidos políticos tradicionais e de promover um autêntico ciclo de mobilizações sociais em escala continental. Nesse sentido, é importante

---

Celta, 2005); Sofia Alexandra Cruz, *Entre a casa e a caixa: retrato de trabalhadoras na grande distribuição* (Porto, Afrontamento, 2003); Elísio Estanque, *Entre a fábrica e a comunidade: subjectividades e práticas de classe no operariado do calçado* (Porto, Afrontamento, 2000); Bruno Monteiro, *Frágil como o mundo: etnografia do cotidiano operário* (Porto, Afrontamento, 2014); Elísio Estanque e Hermes A. Costa (orgs.), *O sindicalismo português e a nova questão social: crise ou renovação?* (Coimbra, Almedina, 2011); e José Soeiro, *A formação do precariado: transformações no trabalho e mobilizações de precários em Portugal* (Tese de Doutorado em Sociologia, Coimbra, FEUC, 2015).

[13] Essa rede europeia se formou em 2004 durante um encontro promovido pelo Fórum Social Europeu de Londres. Em 2005, o EuroMayDay ocorreu em várias capitais europeias, culminando em 2008, quando alcançou a adesão de cerca de 500 mil trabalhadores em vinte cidades. Para mais informações, ver José Soeiro, *A formação do precariado*, cit.

[14] Ver Boaventura de Sousa Santos, *The Rise of the Global Left: The World Social Forum and Beyond* (Londres, Zed, 2006).

[15] Ver José Soeiro, *A formação do precariado*, cit.

destacar que, apesar das inúmeras dificuldades políticas e organizativas, as marchas europeias contra o desemprego, os Fóruns Sociais Europeus e, finalmente, o movimento EuroMayDay foram capazes de revelar e fortalecer uma forma de ação política refratária ao burocratismo sindical, cujo impulso se alimentou de um expressivo número de assembleias e protestos.

Tais mobilizações fomentaram a criação de uma série de ligas de jovens trabalhadores precários em escala nacional, que se destacaria a partir da crise da globalização em 2008. Na realidade, o crescimento da oferta de vagas no setor de serviços, a desregulamentação dos mercados, a oferta de força de trabalho qualificada e a precarização crescente das relações trabalhistas, a qual redundou no aprisionamento de toda uma geração de jovens em empregos precários, inflamaram o ciclo continental dos protestos.

Em Portugal, o desmanche da regulação, decorrente da passagem ao pós-fordismo, resultou em significativas transformações nos ritmos da transição da escola para o emprego, tornando-a longa e tortuosa. Em outras palavras, o estudante em tempo integral perdeu terreno em benefício de fórmulas híbridas de conciliação entre o aprendizado e o subemprego.

Em aproximadamente duas décadas e meia, as bolsas de estudos, a contratação irregular, o trabalho intermitente e a eterna sucessão de estágios não remunerados transformaram-se nas únicas alternativas ocupacionais para uma parcela crescente da juventude portuguesa. À inflação de bacharéis em decorrência dos investimentos em educação superior promovidos na década de 1990, que dobrou o volume anual de diplomados entre 1996 e 2008, somou-se a estagnação econômica dos anos 2000 para alimentar um progressivo sentimento de inquietação social, especialmente notável entre os mais jovens[16].

Além de aprofundar a crise social, a aplicação de políticas de austeridade no Sul da Europa radicalizou todas as tendências anteriores relacionadas à precarização do trabalho, tais como a flexibilização contratual e os baixos salários, preparando terreno para uma nova onda de mobilizações em escala europeia que teve origem justamente em Portugal. Apesar de se nutrirem do acúmulo das experiências anteriores de auto-organização do movimento altermundialista e de compartilharem com este uma flagrante perspectiva antineoliberal, os protestos dos anos 2010 concentraram-se no espaço nacional[17].

Antes de tudo, trata-se do amadurecimento da relação existente entre a militância influenciada pelo movimento EuroMayDay, a ampliação do precariado por causa da deterioração das condições de trabalho no contexto da crise da globalização e o emprego em escala nacional das políticas de austeridade decididas em âmbito europeu. Nesse sentido, é possível afirmar que a precariedade laboral não testemunhou simplesmente o aprofundamento da mercantilização do trabalho, mas anunciou o advento de um novo ciclo de insurgências políticas, protagonizado por jovens trabalhadores.

---

[16] Para mais informações, ver Nuno de Almeida Alves et al., *Jovens em transições precárias: trabalho, quotidiano e futuro* (Lisboa, Mundos Sociais, 2011).

[17] Para mais informações, ver Britta Baumgarten, "Geração à Rasca and Beyond: Mobilisations in Portugal After 12 March 2011", *Current Sociology*, v. 61, n. 4, 2013.

E, se tal ciclo compartilha com o anterior algumas características-chave, como a importância das redes sociais, a horizontalidade organizativa e a centralidade de coletivos centrados no combate aos falsos contratos de trabalho independente, é importante frisar que a passagem dos anos 2000 aos anos 2010 foi acompanhada por um importante ajuste na escala do protesto social. A dimensão globalizada dos protestos foi posta em segundo plano em benefício de exigências por mais democracia e mudanças nas políticas nacionais. Dito isso, é possível perceber que a preocupação com os temas continentais, característica do ciclo anterior, cedeu espaço a uma onda de mobilizações cujo centro gravitacional se reorientou na direção do Estado nacional.

O desmanche da regulação trabalhista

Seguramente, isso nos ajuda a entender as razões da revalorização dos sindicatos pelos movimentos de trabalhadores precários. Em certa medida, transitou-se de uma postura marcadamente hostil, perceptível nos EuroMayDays, para uma atitude colaborativa em relação aos sindicatos. A mudança rumo à política nacional como eixo da mobilização dos trabalhadores precários conduziu os jovens a uma aproximação do sindicalismo. Afinal, com o Estado social transformando-se no alvo preferido da política de espoliação, os sindicatos surgiram como aliados naturais na defesa dos direitos fundamentais, da previdência pública e dos gastos com os sistemas de saúde e educação.

Dessa forma, o terreno prioritário da ação coletiva dos trabalhadores precários em Portugal foi-se delineando. O vazio entre a validade jurídica e a facticidade social, ampliado com a aplicação das políticas de austeridade exigidas pela Troika, transformou-se no espaço privilegiado pelo movimento em termos da defesa do Estado social. Dessa forma, uma característica primária do modo de regulação português, isto é, a discrepância entre um Estado formalmente protetor, inspirado por uma Constituição originária da Revolução dos Cravos, e políticas públicas incapazes de incluir as massas portuguesas, transformou-se na fonte de legitimação do movimento dos jovens trabalhadores precários.

Evidentemente, a explicação para tal discrepância não subjaz exclusivamente no modo de regulação, enraizando-se nas fragilidades da estrutura semiperiférica do país. Historicamente, Portugal apresenta um tecido produtivo fragmentado, onde apenas 2% das empresas empregam mais de 50 trabalhadores, além de uma concentração econômica em setores retardatários do ponto de vista tecnológico. Após a integração europeia, a malha ocupacional portuguesa experimentou um aumento acentuado das funções semiqualificadas no setor de serviços, um decréscimo das industriais e um crescimento do número de profissionais formados pelo sistema universitário[18].

Às transformações na base do regime de acumulação somaram-se as modificações do modo de regulação português. A esse respeito, é possível identificar ao menos seis grandes períodos de fortalecimento do moderno modo de regulação das relações

---

[18] Para mais informações sobre a transição portuguesa para uma economia baseada nos serviços, ver Nuno de Almeida Alves et al., *Jovens em transições precárias*, cit.

trabalhistas em Portugal. Em primeiro lugar, temos o período de implantação do direito do trabalho como parte constituinte de uma sociedade que pretendia avançar rumo ao socialismo. O direito ao trabalho foi, então, entendido como parte dos atributos básicos de uma sociedade democrática e assegurado por uma legislação que enfatizava a proteção do emprego, a proibição da demissão imotivada, o salário mínimo, as férias remuneradas e a liberdade sindical[19].

O período seguinte estendeu-se do fim do Processo Revolucionário em Curso (Prec) até a adesão de Portugal ao projeto da União Europeia, em 1986, e foi marcado por uma longa turbulência econômica coroada por duas intervenções do FMI (1977 e 1983) e pelo início do desmanche da legislação trabalhista criada pela Revolução dos Cravos. Em 1978, foi aprovada a lei dos contratos temporários e o fim da unicidade sindical. Em 1984, o governo criou o Conselho Permanente de Concertação Social, passando a aplicar o programa de estabilização, negociado com o FMI no ano anterior, que previa mudanças nas circunstâncias das demissões, objetivando uma maior flexibilidade na utilização da força de trabalho[20].

O terceiro período acompanhou o projeto de integração europeia, ampliando-se até por volta de meados dos anos 1990. O contexto econômico foi marcado pela agenda da redução dos custos salariais, da competitividade da economia portuguesa e, principalmente, da liberalização dos fluxos do capital financeiro. Nesse momento, foram criadas leis para facilitar a contratação e a demissão de trabalhadores temporários, ampliando-se o regime geral de previdência a fim de acomodar a utilização dos recibos verdes, isto é, os trabalhadores independentes[21].

Entre 1995 e 2002, Portugal assistiu ao estabelecimento da Renda Mínima Garantida, em grande medida amparado na privatização de empresas estatais. Ao mesmo tempo que se aprofundou a flexibilidade do trabalho, sobretudo por meio do recurso ao trabalho independente, o país experimentou uma queda dos índices de desemprego, além da ampliação da assistência ao desemprego, à velhice, à doença e à invalidez[22].

Entre 2002 e 2011, anos marcados pela estagnação econômica, consolidou-se uma legislação marcadamente refratária aos interesses dos trabalhadores, cujo resultado mais visível foi o aumento exponencial da precariedade. Em 2003, aprovou-se o novo Código do Trabalho, consagrando o princípio do negociado sobre o legislado, seguido pela ampliação dos contratos por tempo determinado e pela redução das multas por suspensão de contrato. Em 2008, uma nova rodada de reformas na legislação trabalhista finalmente consagrou o fim do princípio geral do tratamento favorável ao trabalhador, instituindo o banco de horas e simplificando o processo de demissão[23].

Dispensável lembrar que a integração em postos de trabalho pouco qualificados, sub-remunerados e com jornadas mais longas e flexíveis obrigou parte não negligen-

---

[19] Ver José Soeiro, *A formação do precariado*, cit.

[20] Idem.

[21] Idem.

[22] Idem.

[23] Idem.

ciável dos jovens trabalhadores a acumular múltiplos subempregos. Evidentemente, isso resultou na extensão das jornadas individuais de trabalho e na consequente deterioração do tempo livre. Além disso, mesmo entre aqueles trabalhadores que alcançaram contratos mais estáveis, a insegurança associada aos baixos salários aumentou a percepção do risco iminente ao qual se encontram submetidos[24].

É importante destacar que, até o início dos anos 2010, a despeito do foco das reformas trabalhistas em Portugal (ou seja, transformar o mercado de trabalho em uma instituição cada dia mais "flexível" em termos de contratação, demissão e uso da força de trabalho), no tocante aos salários, as mudanças foram menos agudas. No entanto, a partir de 2011, com a implementação das políticas de austeridade desenhadas pela Troika, um longo ciclo de alterações quantitativas precipitou-se em uma abrupta mudança de qualidade. Aceitando uma política deliberada de redução salarial, ataque à negociação coletiva, flexibilização das demissões e redução da proteção social, as medidas adotadas pelo governo promoveram uma drástica precarização das relações trabalhistas em Portugal sem precedente em períodos democráticos[25].

Trata-se de um ajuste do modo de regulação dos conflitos entre o capital e o trabalho cujo objetivo foi assegurar a passagem rumo ao regime de acumulação por espoliação. Como já nos referimos anteriormente, compreendemos que os modelos de desenvolvimento capitalistas combinam de modo desigual estratégias sociais de acumulação distintas. Por um lado, temos a ênfase na exploração do trabalho assalariado típica dos períodos de acumulação acelerada; por outro, verificamos a adoção de políticas espoliativas, característica de momentos marcados pela crise de sobreacumulação, ou seja, pela incapacidade do reinvestimento lucrativo do capital.

No caso português, o regime de acumulação atravessou um longo período de desaceleração durante a década de 2000. De fato, o crescimento econômico português no ciclo liberalizante imposto pela adesão ao euro foi anêmico. Entre 2000 e 2010, a economia portuguesa cresceu 0,55% ao ano. Essa situação acabou pressionando o modo de regulação a adotar um conjunto mais ou menos radical de reformas trabalhistas que deteriorou as condições de contratação da força de trabalho, além de estimular as privatizações. Um dos aspectos mais marcantes da retomada da mercantilização do trabalho e da terra no país foi a reestruturação da empresa Águas de Portugal (AdP) com o consequente recuo do controle público sobre a gestão hídrica[26].

Ainda que os ataques se tenham iniciado no governo socialista de José Sócrates, foi apenas quando o ex-primeiro-ministro Pedro Passos Coelho assinou o memoran-

---

[24] Ver Nuno de Almeida Alves et al., *Jovens em transições precárias*, cit.

[25] Para mais informações, ver Jorge Leite et al., Austeridade, reformas laborais e desvalorização do trabalho, em Centro de Estudos Sociais (CES), *A anatomia da crise: identificar os problemas para construir as alternativas – relatório preliminar do Observatório sobre Crises e Alternativas*, (Coimbra, CES, no prelo).

[26] Trata-se de um conjunto de medidas tipicamente associadas à estratégia social de acumulação por espoliação, cujo epicentro consiste em reinserir na esfera da acumulação tudo aquilo que havia sido desmercantilizado, isto é, colocado relativamente "para fora" da dinâmica da acumulação capitalista no ciclo anterior de lutas de classes. Para mais informações, ver João Rodrigues, Ana Cordeiro e Nuno Telles, *A financeirização da economia portuguesa – Observatório sobre crises e alternativas*, cit.

do com a Troika que a transição para a chamada acumulação política finalmente se consolidou. A violência política associada à espoliação dos direitos sociais e do patrimônio público transformou-se, então, na principal ferramenta capaz de preservar a taxa de lucros e relançar a acumulação. E foi o próprio ciclo de institucionalização dos direitos sociais, iniciado com a Revolução dos Cravos, que criou uma área resistente às investidas da mercantilização, exaurindo-se no contexto da crise mundial.

Os efeitos da mudança do regime de acumulação sobre o mundo do trabalho em Portugal foram sentidos de imediato: já descontado o número de jovens trabalhadores que deixaram o país nos últimos anos (cerca de 500 mil desde 2012), no terceiro trimestre de 2015, além de 935 mil desempregados, havia 2 milhões de trabalhadores precários, contratados por tempo determinado ou por meio de recibos verdes. Em linhas gerais, é possível afirmar que a maior parte da força de trabalho portuguesa, ou seja, 54,4%, se encontra atualmente subempregada ou desempregada[27].

Resistindo à mercantilização do trabalho

Entre as diferentes fontes de precarização do trabalho que singularizam a estrutura social portuguesa, isto é, o desemprego, a informalidade e a precariedade promovida pelo Estado, sem dúvida a contratação fraudulenta de trabalho independente, isto é, os chamados "falsos recibos verdes", é a mais controversa devido ao notável crescimento na última década. Afinal, trata-se de uma situação "falsa" exatamente por ocultar a relação de dependência existente entre o trabalhador e a empresa, que, além de não pagar as contribuições sociais, transfere todas as responsabilidades tributárias ao empregado[28].

Em suma, seja do ponto de vista dos direitos trabalhistas, seja das condições de trabalho, seja das formas de contratação, a degradação do trabalho testemunha o fim do ciclo da revolução passiva portuguesa. Da Revolução dos Cravos à consolidação do neoliberalismo, é notório que Portugal passou por mudanças profundas, medidas por diferentes indicadores em áreas como a educação e a saúde.

No entanto, tendo em vista as dificuldades produzidas pelo crescimento desacelerado e pela crise da globalização, a estrutura social portuguesa simplesmente não foi capaz de completar seu projeto de Estado social. Esse diagnóstico aplica-se, em especial, à regulação trabalhista. Em tal domínio, a classe trabalhadora portuguesa amadureceu politicamente pressionada entre as promessas de proteção social trazidas pelo 25 de Abril e as ameaças da mercantilização do trabalho decorrentes da integração

---

[27] Para mais informações, ver Centro de Estudos Sociais (CES), *Barómetro das crises*, n. 13, 26 mar. 2015.

[28] Não por acaso, essa situação caracterizada pelos falsos recibos verdes transformou-se em um dos eixos centrais de mobilização coletiva dos trabalhadores precários portugueses, inspirando a criação de agrupamentos especificamente dedicados a enfrentar esse tipo de fraude, como a organização Ferve (Fartas/os d'Estes Recibos Verdes), por exemplo, que, posteriormente, se fundiu à Associação de Combate à Precariedade – Precários Inflexíveis (PI). Ver José Soeiro, *A formação do precariado: transformações no trabalho e mobilizações de precários em Portugal*, cit.

europeia. O desgaste de garantias constitucionais e a multiplicação de modalidades precárias e de novas maneiras de informalidade laboral têm demonstrado que o polo da mercantilização venceu o da proteção, ao menos momentaneamente[29].

A mercantilização do trabalho acompanhou a "horizontalização" das empresas, isto é, o achatamento dos níveis hierárquicos com acúmulo de poder nas poucas chefias restantes, a administração por metas que individualizou a responsabilidade pelo cumprimento de projetos e a terceirização empresarial que aprofundou o nível de subordinação do trabalhador devido à escassez dos direitos trabalhistas. Trata-se de uma realidade empresarial que deteriora as condições de trabalho, ampliando, por exemplo, os casos de assédio moral reportados por especialistas da área médica. Tome-se o caso de Manuel, jovem universitário contratado por um banco português logo após o início da crise da globalização, em 2008:

> Adaptou-se com alguma facilidade à nova função, mas o conteúdo do trabalho não lhe parecia interessante [...]. Assistiu, entretanto, a várias cenas de explosão de cólera do diretor do departamento com outros colegas [...]. As ofensas começavam no "*open space* e acabavam no gabinete do diretor, donde só se ouvia uma pessoa aos gritos". Viu colegas, sobretudo mulheres, chorarem copiosamente. [...] Um medo inexplicável foi-se apoderando dele à medida que o entusiasmo inicial e a intenção de reclamar tarefas mais qualificadas esmoreciam. Um dia foi ele a vítima da explosão colérica do diretor. A propósito de um gráfico que não estava "à sua vontade". [...] "Naquele momento senti medo, pavor... Nunca na vida ninguém me tinha tratado assim... O coração batia-me aceleradamente, tinha vontade de lhe partir a cara, mas calei-me... Só por vergonha não chorei. Nessa noite não dormi, mas não contei nada em casa. Nem sei explicar porquê..." [...] Começou a enviar currículos para outras empresas. [...] Estávamos no início de 2009. A crise global no seu auge e as empresas com as contratações paralisadas. [...] Manuel começou a ver-se "encurralado", segundo as suas próprias palavras, "num beco sem saída". E, quanto mais se degradavam as condições do mercado de trabalho, mais cresciam os maus-tratos na empresa. [...] As insônias instalaram-se. [...] As "cenas de explosão colérica" ou "quando o homem estava possuído" são as expressões que Manuel usa para se referir aos incidentes de abuso de poder. Estas cenas, diz, passaram a ocorrer sistematicamente no *open space*, à frente de todos os colegas. E Manuel tornou-se no alvo preferido. [...] A esposa conta que começou a estranhar o comportamento de Manuel: isolava-se em casa, deixou de brincar com os filhos, tinha insônias frequentemente [...] Manuel está de licença psiquiátrica, mas acedeu a contar-nos a sua história.[30]

A consolidação do regime gerencial despótico caminhou ao lado do agudo refluxo das convenções coletivas que acompanhou a crescente individualização das relações trabalhistas em Portugal. Em 2008, no começo da crise da globalização, havia cerca de 1,9 milhão de trabalhadores resguardados no país. Em 2013, sob o impacto das

---

[29] A exemplo do Brasil, também em Portugal é possível perceber um acentuado descompasso entre a facticidade e a validade da regulação trabalhista. Daí não ser nada surpreendente identificar na reivindicação do cumprimento da legislação trabalhista a principal estratégia política das associações de trabalhadores precários. Ver ibidem.

[30] Luísa Oliveira e Luísa Veloso, Assédio moral no trabalho: vamos fingir que não existe, em António Dornelas, Luísa Oliveira, Luísa Veloso e Maria das Dores Guerreiro, *Portugal invisível* (Lisboa, Mundos Sociais, 2012), p. 122-3.

políticas de austeridade, esse número despencou para não mais do que 240 mil trabalhadores. Vale destacar que esse processo intensificou seu ritmo em 2011 a partir da assinatura do memorando com a Troika, ou seja, em apenas cinco anos, um dos principais marcadores da proteção do trabalho português foi reduzido a um nível quase irrelevante[31].

A precarização do emprego repercutiu especialmente no aumento da utilização dos temporários. Na realidade, trata-se de uma tendência da estrutura social portuguesa desde, ao menos, o início dos anos 2000, que progressivamente se intensificou conforme o prolongamento da recessão econômica. Além da elevação da taxa de rotatividade do trabalho, o aumento do número de contratações temporárias pressionou a massa salarial para baixo, pois tais trabalhadores recebem em média remunerações muito próximas ao salário mínimo nacional. Conforme o depoimento de uma jovem trabalhadora do setor de serviços:

> Eu 'tive durante bastante tempo foi num café. Depois fui para outra pastelaria já maior e 'tive lá durante um ano, mas aí já tinha um contrato temporário. Quando chegou à altura de me passarem a efetiva não quiseram, e então vim-me embora. Andei cinco ou seis anos assim, quando chegava à altura de me passarem a efetiva mandavam-me embora. Depois comecei a trabalhar numa pastelaria no ***, do Barreiro (hipermercado), aí já 'tive muito tempo, dois ou três anos lá, e era a tal situação, quando chegavam as férias ela rescindia-me e depois voltava-me a chamar. (Entrevistada 54)[32]

Em síntese, a história recente da precarização das relações trabalhistas em Portugal aponta para o aviltamento das condições de contratação nas quais formas menos marcantes de precarização, como o recurso aos contratos por tempo determinado, são sistematicamente substituídas por formas fraudulentas, como a ampla utilização dos falsos recibos verdes. Ao longo dos anos 2000, a situação de precariedade laboral deixou de ser o horizonte de uma parcela importante porém minoritária das classes subalternas, passando à realidade da maioria dos trabalhadores portugueses que experimentaram o desmanche da relação salarial canônica, como o divórcio entre o salário e os direitos trabalhistas.

Em linhas gerais, o movimento sindical, em particular a federação nacional CGTP, foi o primeiro ator político relevante a opor-se ao desmanche da proteção social no país. As diferentes respostas do sindicalismo ao avanço da mercantilização do trabalho gravitaram, desde muito cedo, em torno do eixo da defesa da relação salarial fordista por meio do fortalecimento, via negociação coletiva, da solidariedade entre os trabalhadores estáveis e a crescente franja precarizada. Durante certo tempo, essa tentativa surtiu algum efeito em termos de retardar o crescimento do precariado. No entanto, a partir dos anos 2000, com o progresso das terceirizações, da individualização das relações trabalhistas, do aumento do desemprego e, por fim, com o agudo declínio das negociações coletivas, a tática principal dos sindicatos entrou em colapso.

---

[31] Ver Maria da Paz Campos Lima, "A reconfiguração do regime de emprego e de relações laborais em Portugal na ótica liberal", cit.

[32] Citado em Nuno de Almeida Alves et al., *Jovens em transições precárias*, cit., p. 68.

Além de o desemprego erodir o poder negocial dos sindicatos, é importante destacar o envelhecimento da militância sindical e o atraso da reflexão estratégica sobre as transformações econômicas e políticas do mundo do trabalho português como fatores explicativos para a distância verificada entre o sindicalismo e o precariado a partir dos anos 2000. Nas palavras do antigo secretário geral da CGTP, Manuel Carvalho da Silva:

> Havia discussões, ficou sempre na agenda, a Interjovem ensaiou várias coisas sobre a precariedade, mas começou a demonstrar-se que os sindicatos não tinham capacidade para reagir a isto. A malta não encontrou resposta para este problema e começou a sentir-se cada vez mais um vazio.[33]

E esse vazio foi ocupado progressivamente pelo surgimento de coletivos auto-organizados de jovens trabalhadores precários. Em seu conjunto, os grupos de precários criaram um novo campo de ativismo social, semeando formas de solidariedade fora das empresas e restituindo aos precarizados o protagonismo de sua própria ação. Assim, tais organizações iluminaram velhos problemas ligados ao burocratismo sindical – como a ausência de democracia interna e a resistência à renovação das lideranças –, preencheram o vazio representativo deixado pelos sindicatos e anunciaram o surgimento de um novo ator na cena política portuguesa[34].

O precariado português na indústria do *call center*

É provável que a primeira experiência bem-sucedida de automobilização do jovem precariado pós-fordista português tenha sido a organização da greve, em dezembro de 2002, dos operadores de *call center* da empresa de energia EDP. Tratou-se de um movimento organizado pelo coletivo "Stop Precariedade", que, durante cerca de um ano, desenvolveu um esforço de agitação em torno do tema do trabalho temporário na referida indústria. Em um contexto de alta rotatividade do trabalho e de sindicalização praticamente inexistente, o coletivo logrou organizar plenárias com os operadores que acabaram por impulsionar a campanha contra os cortes salariais anunciados pela empresa[35].

Essa greve pioneira inaugurou o ciclo de mobilizações do jovem precariado português formado originalmente – e não por acaso – na indústria do *call center*. De fato, o desenvolvimento desse setor condensou as principais forças que convergiram na década de 2000 para o desmanche da classe trabalhadora fordista no país. Assim, ao

---

[33] Apud José Soeiro, *A formação do precariado*, cit., p. 168-9.

[34] Entre os muitos agrupamentos criados a partir da segunda metade dos anos 2000, destacam-se a Associação de Bolseiros de Investigação Científica (Abic), o Movimento de Trabalhadores Desempregados (MTD), a Plataforma dos Intermitentes do Espetáculo e do Audiovisual, o Ferve, o MayDay Lisboa, os Precários Inflexíveis (PI), a Comunidária, a Maldita Arquitetura, o MayDay Porto, os coletivos de professores das Áreas de Enriquecimento Curricular (AEC), a Rede sobre Trabalho Sexual e o Movimento Sem Emprego (MSE). Para mais informações, ver idem.

[35] Idem.

observarmos tal ramo, percebemos como a massificação do acesso ao ensino superior, o aumento do assalariamento feminino, a incorporação dos jovens ao mercado de trabalho temporário, o crescimento do setor mercantilizado de serviços, sobretudo financeiros, além da generalização do falso trabalho independente, convergiram na criação da fatia mais explorada e submissa da classe trabalhadora portuguesa.

De fato, a indústria do *call center* é um verdadeiro retrato da precarização do trabalho no país. Para além da reprodução da flexibilidade do trabalho subalterno, com seus horários definidos em função das necessidades do fluxo informacional, suas rotinas monótonas e seus ritmos intensos, verifica-se no *call center* o amplo predomínio dos contratos individuais, dos contratos por tempo determinado e dos falsos recibos verdes. Além disso, destaca-se a ausência de fiscalização laboral por parte do Estado, enfraquecendo o recurso ao direito do trabalho e afastando o empregado da cidadania salarial[36].

Trata-se de uma tendência predominante na estrutura social portuguesa cujo aprofundamento da mercantilização do trabalho fomentou a alta da terceirização empresarial por meio das Empresas de Trabalho Temporário (ETTs). De início associadas ao trabalho intermitente, em um curto espaço de tempo essas empresas ampliaram sua atuação para setores qualificados da força de trabalho. Um exemplo conhecido é o dos profissionais da área de saúde que passaram a ser subcontratados por ETTs sem nenhum vínculo formal com a instituição onde trabalham. Essa situação espalhou-se pelas clínicas e hospitais portugueses, contribuindo para o aumento do número de casos de estresse ocupacional, especialmente entre os enfermeiros mais jovens e as profissionais mulheres[37].

Além da realidade da precarização contratual, é importante observar que as condições gerais do trabalho nos *call centers* e as características da relação salarial concorrem para o enfraquecimento do poder negocial dos teleoperadores. Em primeiro lugar, vale destacar que se trata, *grosso modo*, de trabalho barato. Afinal, a remuneração média mal ultrapassa o salário mínimo e, prática recorrente das empresas do setor, o décimo terceiro e as férias são pagos proporcionalmente todos os meses. Isso ajuda a mascarar as baixas remunerações, além de facilitar o acerto das contas do trabalhador no momento da demissão. Esse regime salarial associado à alta rotatividade do trabalho reforça a dinâmica da perda de direitos. Nas palavras de Renato, teleoperador entrevistado por João Carlos Louçã:

> Quando entrei, em 2004, ganhava quase 90 contos (450 euros) a fazer 6h. Neste momento alguém que está a fazer 8h ganhará pouco mais de que 100, 110, 120 contos (500, 550, 600 euros). [...] Ou seja, se eu comparar aquilo que se ganhava em 2004 quando eu entrei e aquilo que se ganha agora não te vou dizer que é muito menos, mas se fizermos as con-

[36] Para mais informações, ver João Carlos Louçã, *Call centers: trabalho, domesticação, resistências* (Lisboa, Deriva, 2014).

[37] Para mais informações, ver Maria da Conceição de Melo Silva e António Rui da Silva Gomes, “Stress ocupacional em profissionais de saúde: um estudo com médicos e enfermeiros portugueses”, *Estudos de Psicologia*, v. 14, n. 3, set-dez 2009, p. 239-48.

tas 50 euros fazem diferença [...]. Havia muita gente, daquela mais antiga, que tinha um conjunto de direitos que eu já não tinha.[38]

De fato, a multiplicidade das formas de contratação salarial elevou a pressão sobre os trabalhadores na hora de renovar o contrato. Na impossibilidade de prever a continuidade de seus empregos ou as características dos acordos seguintes, os operadores acabam se submetendo a toda sorte de arbitrariedades empresariais relacionadas às flutuações ocasionais da demanda por força de trabalho. Além disso, a precarização contratual aprofundou o despotismo gerencial à medida que submeteu o teleoperador a critérios subjetivos de avaliação de desempenho. Assim, o trabalhador vê-se inserido em um círculo vicioso no qual a modificação dos contratos invariavelmente desemboca na diminuição de vencimentos, no aumento da jornada e na perda de direitos trabalhistas.

Ademais, o sentimento de injustiça no tocante ao sistema de premiação é difuso entre os teleoperadores. Na medida em que compõem a parte variável de um salário muito baixo, os prêmios reforçam o despotismo gerencial, pois atuam como uma estratégia de disciplinarização da força de trabalho, que frequentemente se vê diante da opacidade dos critérios. Assim, mesmo os menores atrasos são punidos com a perda de parte variável do salário. E o acúmulo de eventos considerados injustos por parte dos teleoperadores tende a deteriorar a relação destes com a gerência, comprometendo a emulação para o trabalho e desalentando o trabalhador[39].

No entanto, o desalento não é a única reação dos teleoperadores ao despotismo empresarial. A narrativa etnográfica de João Carlos Louçã identificou igualmente o surgimento de formas de resistência passiva e de seu corolário, isto é, ações de sabotagem:

> Manuel trabalha há quatro anos em *call centers*, agora em atendimento técnico a clientes empresariais para uma empresa de telecomunicações. Passou já por um processo de luta a propósito da renegociação de contratos num momento em que a empresa para onde trabalhava estava a ser comprada por uma outra. De uma ETT para outra, as condições oferecidas pioraram substancialmente e, com os seus colegas, recusou-se a assinar os novos contratos. Durante o tempo que durou este braço de ferro, utilizaram os conhecimentos adquiridos como forma de pressão e represália. No seu último dia, antes de sair, exerceram esse poder: "Apagamos tudo que tínhamos na empresa, de registro, tudo. [...] Deixamos o mínimo de *know how* disponível para a empresa e saímos todos em conjunto. [...] Passado um mês, perderam o contrato". Nesse caso, a consequência da recusa em assinar os novos contratos foi o despedimento, Manuel considera por isso que foi uma luta perdida. [...] "Nós ganhamos moralmente, mas perdemos".[40]

Na realidade, as mesmas estruturas que concorrem para aprofundar a exploração do trabalhador na empresa, contraditoriamente, atuam no sentido de favorecer certa mobilização coletiva. Afinal, como o exemplo da sabotagem revelou, o conhecimento profissional, ainda que submetido ao despotismo gerencial, pode redundar em um

---

[38] Citado em João Carlos Louçã, *Call centers*, cit., p. 75.

[39] Idem.

[40] Ibidem, p. 121.

aumento do poder de negociação no momento do fim do contrato. Além disso, o arranjo do processo laboral em torno das equipes promove e amplia com frequência o sentimento de colaboração entre os teleoperadores. O trabalho em equipe é reforçado por práticas de socialização estimuladas pelas empresas, como saídas noturnas, viagens coletivas e jantares, cujo resultado acaba sendo o fortalecimento dos laços de solidariedade entre os trabalhadores.

Assim, se podemos associar os momentos de renovação do contrato temporário à insegurança do trabalhador, também é possível perceber aí a oportunidade para que essa solidariedade ecloda na forma da mobilização coletiva. Afinal, a frequente negociação dos termos do contrato de trabalho favorece a aglutinação dos sentimentos de injustiça latentes entre os teleoperadores, colocando-os diante dos dilemas da auto-organização. Ao contrário das formas de resistência cotidiana essencialmente individuais e que dispensam a presença dos sindicatos, os períodos de renegociação exigem certo empenho coletivo, inclusive por meio do recurso ao sindicato.

Apesar disso, é importante destacar que a identidade sindical ainda é frágil na indústria portuguesa de *call center*, ou seja, não estamos lidando com um grupo de trabalhadores mobilizado sindicalmente. Em certa medida, isso se deve à combinação da inexperiência política com a imperícia dos sindicatos atuantes no setor. Daí a importância de iniciativas como a da Associação de Combate à Precariedade – Precários Inflexíveis (PI), cuja tática de ação direta tem focado exatamente esse grupo de trabalhadores. Nas palavras de Raquel, teleoperadora entrevistada por João Carlos Louçã:

> Soubemos de uma invasão de um *call center* por parte dos Precários Inflexíveis que entraram por um *call center*... Soubemos por colegas que estavam a trabalhar lá e que foram despedidos do sítio onde estavam e pelas ETTs e colocados noutro *call center*. As pessoas gostaram imenso, embora a atitude dos supervisores tenha sido expulsar as pessoas, sempre ficou alguma mensagem. [...] Quanto à visita dos PI, sei que provocou o "afastamento" do segurança para outro local de trabalho, e como medidas imediatas a identificação de todas as pessoas que entram e saem, colocação de leitores de cartões (que pelo que sabemos, a utilização será obrigatória), e o reforço de todos os turnos de segurança para dois elementos. Sei que o supervisor que estava em sala, foi bastante violento com os PI, mas ainda não sei de mais... Claro que toda gente nos "corredores" falou da coisa. (Raquel, 41 anos, operadora)[41]

Em suma, o exemplo da indústria portuguesa do *call center* ilustra de diferentes ângulos o aprofundamento do despotismo fabril causado pela combinação entre o rearranjo empresarial dos anos 1990, as políticas de privatização dos anos 2000 e, por fim, as medidas de austeridade dos anos 2010. Além da deterioração dos empregos e do ataque ao poder sindical, é possível identificar com clareza o vínculo entre a financeirização econômica e a precarização do trabalho. Ao mesmo tempo, não é acidental que as primeiras mobilizações trabalhistas bem-sucedidas do precariado português tenham ocorrido no setor de telemarketing.

---

[41] Citado em ibidem, p. 134-5.

5

REINVENTANDO O *APARTHEID*

Seja como dinâmica de espoliação dos direitos sociais, seja como lógica disciplinadora dos sujeitos coletivos, a neoliberalização das sociedades nacionais bloqueia, ao mesmo tempo que promove, o surgimento das fontes de conflitos. E, a despeito da fragilidade das identidades dos novos atores políticos, sempre é possível perceber a vivificação das pulsões coletivas agindo subterraneamente nos locais de trabalho. No entanto, a tensão entre o regime de acumulação globalizado e o modo de regulação ainda fundamentalmente nacional não pode, por definição, ser contida pelas negociações salariais. Trata-se de um conflito globalizante que envolve o trabalho, mas transborda para os outros domínios sociais, como a família, a comunidade e a cidade.

Em Portugal, foi possível identificar os germes do protesto social formando-se no interior dos locais de trabalho. A despeito do recente desmanche neoliberal das relações trabalhistas, por pelo menos duas décadas a sociedade portuguesa aproximou-se da cidadania salarial europeia. Além disso, a regulação do trabalho legada pelo período revolucionário sempre se destacou pela proteção do trabalhador e, para muitos portugueses, ainda hoje aparece como um objetivo alcançável, semeando impulsos mobilizadores. Os novos sujeitos políticos lograram transformar a precariedade em uma questão primária da agenda nacional exatamente porque a sociedade portuguesa, a partir de certo momento em sua história recentíssima, passou a descumprir deliberadamente o prometido.

Nesse sentido, é correto afirmar que a violência política subjacente à imposição das medidas de austeridade representa algo de novo desde a democratização do país. Daí a ideia do fim do ciclo democratizante aberto com a Revolução dos Cravos. O despotismo estatal adormecido e quase olvidado voltou à baila na forma do memorando da Troika. Adiante, veremos que a reação dos jovens trabalhadores precários assumirá a forma da defesa de uma promessa cumprida aos seus pais, mas que lhes foi negada, isto é, o Estado social. E um Estado neoliberal usurpador será interpelado em nome da legitimidade da democracia.

Por seu lado, a resistência à articulação dos modos de mercantilização do trabalho, das terras e do dinheiro na África do Sul não começará pela defesa de um Estado social frágil, porém existente. Para a maioria dos trabalhadores negros, a utopia real nunca foi um Estado protetor, mas simplesmente um emprego estável. A dinâmica da precarização do trabalho no país alimenta-se menos da revolta com o desmanche da regulação trabalhista e mais do rechaço aos ataques às formas elementares de subsistência humana. De fato, poucos lugares ilustram tão bem como a África do Sul a afirmação de Polanyi segundo a qual a mercantilização desmesurada destrói a "substância da própria sociedade".

A tempestade perfeita: desemprego, mercantilização e endividamento

A relação entre o neoliberalismo e o aprofundamento da insegurança dos empregos e estilos de vida dos trabalhadores negros nutriu-se da histórica combinação, construída pelo *apartheid*, entre a hierarquia no trabalho e a segregação racial. A maior diferença é que agora o modo de regulação é formalmente democrático. No entanto, a mercantilização levada ao país pela globalização capitalista ajudou a banalizar ocupações desqualificadas e sub-remuneradas, somando-as à privatização da moradia e dos serviços básicos. Assim, chegamos a uma regulação democrática apoiada em um regime de acumulação despótico localizado no interior de um modelo de desenvolvimento pós-fordista e financeirizado pilotado pelos campeões da luta contra o *apartheid*.

Partindo dessa fórmula esdrúxula, o neoliberalismo acabou restaurando, por meio do despotismo de mercado, a relação existente entre o aprofundamento da exploração econômica e o endurecimento da segregação racial, que foi a marca basilar do *apartheid*. Afinal, quando foram obrigados a migrar para as cidades e preencher os postos mais degradantes que os brancos não aceitavam ocupar, os africanos negros experimentaram a violência econômica nas fábricas apenas como o complemento previsível da violência política vivida nos albergues onde estavam sob o olhar permanente de guardas armados[1].

Assim, não foi uma surpresa encontrar os trabalhadores africanos imigrantes negros entre os mais destacados militantes do ciclo grevista *anti-apartheid* dos anos 1970 e 1980. E, progressivamente, conforme as condições de vida dos trabalhadores negros iam se deteriorando com a crise do fordismo racial, as demandas sindicais passaram a transcender os limites da produção imediata, fundindo-se às preocupações das comunidades pobres. A exemplo do que ocorreu no Brasil no mesmo período, a simbiose entre a inquietação das fábricas e a insurgência dos bairros operários foi a grande mola propulsora do advento do novo sindicalismo de movimento social na África do Sul[2].

---

[1] Para mais informações, ver T. Dunbar Moodie, *Going for Gold: Men, Mines and Migration* (Berkeley, University of California Press, 1994).

[2] Para mais informações, ver Gay W. Seidman, *Manufacturing Militance: Workers' Movements in Brazil and South Africa, 1970-1985*, cit.

A resposta dos governos locais ao crescente aumento da agitação social nos bairros negros nos anos 1980 veio na forma de um amplo programa de remoção das populações negras que ocupavam ilegalmente as terras urbanas. O aumento da repressão do Estado consolidou a proximidade entre os movimentos de bairro e os sindicatos. Assim, estes últimos passaram a pronunciar-se sobre problemas mais amplos, transformando--se na vanguarda dos movimentos por justiça social e igualdade política no período da derradeira crise do *apartheid*. Nesse sentido, as assembleias sindicais logo se transformaram em espaços de desenvolvimento de demandas que combinavam a produção com a reprodução social. Nas palavras de um antigo líder sindical da Fosatu:

> O que acontecia nessas assembleias sindicais é que os trabalhadores começavam levantando questões que afetavam seu dia a dia, questões como o aumento da conta de água, dos aluguéis, as tarifas irreais recebidas por várias pessoas e também questões ligadas ao transporte, aos cortes dos ônibus escolares, ao comportamento dos motoristas, ao valor do vale-transporte... Esses problemas eram sempre levantados pelos trabalhadores com o acordo de que eram demandas que exigiam a imediata atenção de todos no bairro e não apenas do sindicato.[3]

Mesmo após o fim do *apartheid*, os bairros operários insurgentes não perceberam progressos significativos em suas condições de vida. Ao contrário, a reestruturação empresarial e a crise do emprego que se seguiu à recessão do fim dos anos 1980 não apenas reforçaram a decadência do setor manufatureiro sul-africano como aprofundaram ainda mais a informalização do trabalho no país. E as tendências relacionadas à desindustrialização, já perceptíveis no início dos anos 1990, aprofundaram-se acentuadamente com a implementação do programa Gear.

Apoiando-se nesse programa, o governo do ANC lançou um plano de incentivos fiscais a fim de estimular os investimentos estrangeiros. Esse conjunto de medidas somou-se a uma forte ênfase na moderação salarial e no emprego de medidas de flexibilização das leis trabalhistas. No geral, os resultados colhidos pelo programa favoreceram fundamentalmente a financeirização da estrutura social sul-africana. Entre 1998 e 1999, a economia cresceu a uma taxa média de 0,9%, com a indústria de transformação mantendo sua trajetória de declínio enquanto a indústria financeira conheceu uma intensa expansão devido às medidas liberalizantes adotadas pelo novo governo[4].

Nos primeiros cinco anos do programa Gear, o desemprego na área industrial do Rand oriental, por exemplo, saltou mais de dez pontos, subindo de 30,2% para 40,4%, com as empresas da região acompanhando as tendências de inovação tecnológica, descentralização produtiva, terceirização da força de trabalho e informalização dos empregos. Como resultado da combinação desses processos, no final dos anos 1990 a participação dos serviços alcançou 44,3% do total dos empregos na região, enquan-

---

[3] Citado em Franco Barchiesi, *Precarious Liberation: Workers, the State, and Contested Social Citizenship in Postapartheid South Africa*, cit., p. 145.

[4] No tocante aos impactos do programa Gear sobre o mundo do trabalho, destacam-se o fim de 500 mil empregos entre 1996 e 2000, o aprofundamento da terceirização empresarial somado à informalização do trabalho e, finalmente, o aumento exponencial do desemprego. Para mais informações, ver dados citados por John S. Saul e Patrick Bond, *South Africa, The Present as History: From Mrs Ples to Mandela & Marikana*, cit.

to a manufatura havia declinado de 50%, durante os anos 1970, para 32%, em 1999. Os supermercados e *shopping centers* transformaram-se nos principais empregadores, contratando basicamente trabalhadores temporários e informais[5].

E, mesmo entre 2001 e 2006, isto é, durante o período marcado pela retomada da atividade econômica na África do Sul, quando o emprego industrial cresceu 7%, cinco em cada sete postos criados eram temporários. Em suma, a precariedade do emprego passou a ser a regra, mesmo no setor formal da economia sul-africana. Dispensável lembrar o efeito deletério que o recuo das vagas industriais teve sobre a organização sindical dos trabalhadores. As tentativas do movimento sindical de "administrar" a crise em colaboração com as empresas mostraram-se, no geral, infrutíferas no tocante à manutenção dos empregos[6].

Além disso, a privatização dos serviços municipais de fornecimento de água e luz agravou a pobreza das famílias africanas prioritariamente atingidas pelos efeitos da precarização, promovendo uma crise de endividamento das famílias trabalhadoras e alimentando um novo ciclo de protestos populares protagonizado pelas comunidades pobres. Na maior parte do país, os governos locais foram abdicando do papel de provedores diretos dos serviços municipais. Afinal, em muitos casos, tendo em vista as limitações orçamentárias, a manutenção desses serviços exigiria uma transferência de recursos dos bairros ricos para os bairros pobres.

Em linhas gerais, logo após a adoção do programa Gear, em 1996, o governo do ANC decidiu reorientar sua estratégia de fornecimento de serviços básicos à população pobre, obrigando as companhias controladas pelas câmaras municipais a estabelecer "parcerias" com investidores internacionais cuja expectativa era se apropriar dos lucros advindos da recuperação dos custos e do aumento das tarifas cobradas dos usuários. Nas comunidades pobres, a provisão de água e luz deixou de ser um direito subsidiado pelas autoridades locais, transformando-se em uma mercadoria como outra qualquer.

O que transformou a água em uma fonte permanente de conflitos sociais em muitas regiões do país foi o fato de ela ser essencial para a vida e ter-se transformado em uma mercadoria cuja administração assegurou às autoridades um vasto poder sobre as populações africanas. Além disso, os moradores dos bairros construídos como resultado de remoções forçadas das populações africanas durante o *apartheid* compartilhavam usualmente o entendimento segundo o qual o governo deveria prover água, eletricidade e outros serviços básicos municipais a custos baixos como compensação pela violência que os empurrou para as periferias mais remotas das cidades[7].

---

[5] Ver dados citados por Franco Barchiesi e Bridget Kenny, "From Workshop to Wasteland: Deindustrialisation and Fragmentation of the Black Working Class on the East Rand (South Africa), 1990-99", *International Review of Social History*, n. 47 (Supplement), 2002.

[6] Ver Edward Webster, Rob Lambert e Andries Bezuidenhout, *Grounding Globalization: Labour in the Age of Insecurity* (Oxford, Wiley-Blackwell, 2008).

[7] Para mais informações, ver Robert A. Beauregard e Richard Tomlinson, "The Discourse of Governance in Post-Apartheid Johannesburg", em Klaus Segbers, *The Making of Global City Regions: Johannesburg, Mumbai/Bombay, São Paulo, and Shangai* (Baltimore, John Hopkins University Press, 2007).

Como o apoio financeiro do Estado é direcionado principalmente para as despesas de capital, os municípios passaram a assumir o provimento dos serviços básicos de manutenção das comunidades, ainda que, em muitos casos, não contassem com recursos suficientes. As prefeituras foram, então, estimuladas pelo governo de Pretória a estabelecer parcerias público-privadas com empresas multinacionais cujo objetivo principal era privatizar a água, a luz, a coleta de lixo e o saneamento urbano. Em contrapartida, aqueles lares que fossem classificados como "indigentes" receberiam uma pequena provisão inicial gratuita de água e de luz para poderem sobreviver, conforme o padrão conhecido como "Modelo Durban"[8].

No entanto, as famílias que utilizassem mais do que o pequeno aprovisionamento inicial gratuito e falhassem em pagar a conta do que foi excedido seriam punidas com a instalação de medidores de água. Assim, o controle hídrico tornou-se um expediente para gerir a vida financeira dos pobres. Desse modo, pequenas cidades e lugarejos com enormes restrições orçamentárias e parcos recursos administrativos foram sendo obrigados a se envolver em um tenso e complexo processo de controle das populações africanas por meio dos serviços essenciais.

Em consequência, por todo o país, populações africanas duramente atingidas pela crise do emprego passaram a experimentar um endividamento crescente com os municípios, produzido pelas políticas privatizantes do ANC. De início, as populações africanas responderam a isso por meio da conexão ilegal da água e da luz[9]. Além disso, os moradores que decidiram manter os medidores funcionando regularmente recusaram-se a realizar os pagamentos às empresas. A partir de 1997, essa onda de resistência passiva vertebrada por boicotes às tarifas começou a assumir uma feição ofensiva, transbordando dos bairros pobres mais afastados para os centros urbanos por meio de marchas e ataques às prefeituras[10].

Precariedade, resistência e repressão

No final da década de 1990, essa forma de resistência politizou-se com o surgimento de novos movimentos sociais, como o Fórum Antiprivatização (APF), em sua maioria liderados por dissidentes do próprio ANC. Ao menos no primeiro momento, a onda de revoltas do precariado urbano contra a privatização dos serviços básicos foi apoiada pelo movimento sindical ligado aos servidores municipais. Os novos movimentos sociais sul-africanos, largamente formados por trabalhadores jovens, desempregados, subempregados e beneficiários dos programas sociais do governo, ao contrário do movimento sindical controlado pelo Cosatu, preferiram abraçar a ação direta a negociar com as autoridades políticas[11].

---

[8] Para mais informações, ver Gillian Hart, *Rethinking the South Africa Crisis: Nationalism, Populism, Hegemony* (Durban, University of KwaZulu-Natal Press, 2013).

[9] Ver Ashwin Desai, *We are the Poors: Community Struggles in Post-Apartheid South Africa*, cit.

[10] Ver Gillian Hart, *Rethinking the South Africa Crisis*, cit.

[11] Ver Ashwin Desai, *We are the Poors*, cit.

Além do aumento do desemprego e das falhas do ANC em assegurar a construção de moradias populares, os novos movimentos sociais da segunda metade dos anos 1990 foram impulsionados por despejos, remoções forçadas e desconexões de água e luz, insurgindo-se contra o prestígio do movimento de libertação nacional conquistado na resistência ao *apartheid*. Assim, é compreensível que muitos dos moradores que participaram do ciclo de protestos considerassem o poder do partido governante impossível de ser desafiado. A atitude mais pragmática apontava para a construção de formas de resistência no interior do próprio ANC.

Tendo em vista a maturidade dos efeitos das políticas neoliberais implementadas pelo ANC nas comunidades pobres, uma série de realinhamentos políticos, rupturas e punições no interior do movimento de libertação nacional começou a marcar presença nas comunidades pobres. Foi nesse contexto que Fatima Meer, a primeira biógrafa de Nelson Mandela, e Ashwin Desai perceberam que o poder burocrático do ANC era o principal adversário do precariado de Chatsworth, bairro popular localizado na periferia de Durban[12].

Na segunda metade dos anos 1990, as condições de vida das famílias pobres de Chatsworth haviam se deteriorado devido ao aumento do desemprego, obrigando-as a depender das pensões e dos programas de assistência social do governo. Além disso, entre os que estavam empregados, a revolta com a alta dos preços dos aluguéis alimentava-se das longas distâncias que os moradores tinham de percorrer até o trabalho no centro de Durban. Nesse contexto, o governo do ANC decidiu despejar, em 1997, centenas de famílias endividadas, além de cortar o fornecimento de água e luz de outras tantas[13].

Apesar de essa decisão ter sido suspensa devido à proximidade do primeiro turno das eleições municipais, a frustração com o partido governante foi suficientemente forte para estimular, no ano seguinte, o aparecimento de novas lideranças populares opondo-se aos despejos e à mercantilização dos serviços municipais. Quando o governo decidiu lançar uma campanha nacional contra a alegada "cultura de não pagamento" das taxas municipais, essas novas lideranças organizaram um conjunto de protestos, reivindicando o perdão das dívidas e o restabelecimento da provisão de água e luz, além da reforma dos apartamentos pertencentes à prefeitura.

As associações de moradores argumentavam que a campanha lançada pelo governo estava em desacordo com as garantias constitucionais de manutenção da dignidade humana, de abrigo para os cidadãos e seus filhos e de acesso a uma quantidade suficiente de comida e de água. Após alguns meses, a Justiça decidiu que os cortes deveriam cessar, levando a Câmara de Vereadores a instalar medidores que regulariam o fornecimento gratuito de duzentos litros de água por dia[14].

A sentença judicial e a instalação dos medidores inauguraram um novo ciclo de resistência popular às medidas liberalizantes do ANC. Aparentemente, o governo

---

[12] Idem.

[13] Idem.

[14] Idem.

pretendia reforçar os valores de responsabilidade financeira associados ao consumo, mas na realidade o ANC planejava fazer com que as famílias pobres substituíssem a memória das lutas contra o *apartheid* pela necessidade de lidar com bancos e outras instituições de crédito. Em primeiro lugar, tratava-se do fortalecimento de uma técnica de controle dos trabalhadores por meio da mercantilização do dinheiro, isto é, do aumento do endividamento das famílias pobres[15].

Ademais, a campanha de estímulo ao pagamento de aluguéis e serviços municipais foi acompanhada pela tentativa do governo local de regularizar a posse da moradia. Basicamente, o governo propôs transformar os locatários em proprietários dos imóveis, obrigando-os para isso a quitar suas dívidas com o município. Aqueles que não fossem capazes de quitar suas dívidas ou conseguir uma hipoteca no banco seriam realocados em outras áreas. Assim, a partir da campanha de legalização da propriedade das casas, a Câmara Municipal de Durban iniciou seu ataque contra os "ilegais", isto é, os moradores que não podiam quitar suas dívidas com o município, selecionando famílias para o processo de despejo:

> Vanessa e seu marido trabalham em uma banca de cosméticos no mercado Bangladesh nos finais de semana. Durante a semana seu marido vende esses itens de porta em porta. Eles sobrevivem com 500 rands que conseguem obter por mês. Aqui as noções romantizadas de empreendedorismo dissipam-se rapidamente. A economia informal mal dá para garantir a sobrevivência. No dia 9 de fevereiro de 2000, a casa do sr. Biswanath foi selecionada para o processo de despejo. [...] Uma grande coluna formada por aproximadamente dez viaturas e dois batalhões de policiais fortemente armados acompanhavam o delegado do tribunal de justiça. [...] Todos os bens pessoais do sr. Biswanath foram arremessados na rua e 400 rands foram roubados pelos policiais no apartamento. [...] A experiência deixou Vanessa completamente destruída: "desde aquele dia, eu não sei o que significa comer uma refeição sem pensar sobre isso – o medo parece que não me abandona".[16]

A resistência dos moradores de Chatsworth aos despejos promovidos pelas autoridades do ANC representou um novo momento na história da luta popular em um bairro ocupado predominantemente por famílias indianas. Segundo o relato etnográfico de Ashwin Desai, em várias ocasiões as barreiras raciais que separam os moradores negros dos indianos desapareceram em benefício de um sentimento de solidariedade enraizado na memória coletiva de seus moradores. A partir da organização dos ameaçados pelas remoções forçadas, os moradores começaram a levantar questões a respeito dos motivos dos aumentos exorbitantes dos aluguéis, da ausência de empregos, da privatização dos serviços municipais e da erosão do valor dos benefícios sociais, em particular da assistência à infância[17].

---

[15] Conforme a lógica disciplinar neoliberal, ao instalar os medidores de água nas casas, o governo do ANC estava transformando cidadãos, isto é, sujeitos políticos portadores de direitos, em consumidores, ou seja, sujeitos monetários positiva ou negativamente privilegiados. Ver Gillian Hart, *Rethinking the South Africa Crisis*, cit.

[16] Ashwin Desai, *We Are the Poors*, cit., p. 51.

[17] Idem.

A partir de então, a dinâmica do conflito entre os moradores de Chatsworth e as autoridades do ANC passou a ser regulada pelo calendário eleitoral, levando a recuos por parte do governo antes das eleições. No entanto, logo que as urnas eram fechadas, uma nova onda repressiva abatia-se sobre o bairro – em certas ocasiões, empregando força militar a fim de conter os protestos e perseguir os ativistas envolvidos na reconexão clandestina de água e luz. O aumento da repressão aos bairros pobres endividados com as prefeituras forçou os movimentos sociais a adaptações táticas. Nesse sentido, os ataques aos escritórios municipais foram substituídos por manifestações que buscavam sensibilizar as autoridades e a opinião pública da legitimidade de sua demanda:

> Em março de 2002, [...] ao chegar ao escritório de controle dos aluguéis, a massa não queimou suas contas de água como eu estava esperando. Eles também não protestaram contra os abusos da polícia nem invadiram o prédio. Alguns seguravam uma única nota verde e outros esfregavam duas moedas juntas e exigiam pagar 10 rands por seus serviços mensais e nada mais. Assistir a uma enorme multidão clamando por pagar suas contas, mas apenas aquilo que ela era capaz de pagar, foi tão maravilhoso como desconcertante. O pessoal da TV que fazia a cobertura jornalística da passeata também lutou para esconder seu espanto e seu respeito pela demanda. [...] E, com certeza, logo que a ideia decolou em Tafelsig, na Cidade do Cabo, onde moradores organizaram suas próprias passeatas de 10 rands a partir do dia 28 de março de 2002, outras passeatas foram organizadas em Chatsworth, Wentworth, Umlazi e Mpumalanga.[18]

No entanto, o principal alvo das mobilizações do precariado sul-africano, isto é, o próprio partido governante, mostrou-se decidido a privatizar o maior número possível de serviços municipais. Com isso, o ANC pretendia não apenas enxugar o quadro de servidores públicos, mas também reforçar o caixa dos municípios por meio da elevação dos preços dos serviços cobrados pelas parcerias público-privadas estabelecidas entre as prefeituras e os investidores internacionais. Ademais, a política de recuperação de custos havia sido negociada abertamente com o FMI durante os primeiros momentos do governo de Nelson Mandela[19].

Àquela altura, a Câmara de Vereadores de Joanesburgo posicionou-se na vanguarda da mercantilização dos serviços municipais, apesar de toda a insatisfação popular que tal política gerava nos bairros populares. Quando o plano da Câmara foi anunciado, Trevor Ngwane, então um vereador recém-eleito pelo ANC em Soweto, temendo os efeitos da implantação de um sistema de recuperação de custos na vida de seus representados, decidiu insurgir-se contra o partido governante, sendo suspenso e posteriormente expulso do ANC. Ngwane associou-se, então, a outros ativistas, como Virginia Setshedi e Dudu Mphenyeke, organizando um movimento chamado Comitê de Combate à Crise da Eletricidade de Soweto (SECC), que logo evoluiu, em 2001, para a criação do Fórum Antiprivatização (APF).

---

[18] Ibidem, p. 90.

[19] Para mais informações, ver David A. McDonald e John Pape, *Cost Recovery and the Crisis of Service Delivery in South Africa* (Cidade do Cabo, HSRC, 2002).

Uma outra libertação é possível?

Em suma, logo que os contornos neoliberais da ordem pós-*apartheid* se tornaram mais claros, novas organizações baseadas em comunidades e grupos de pressão começaram a emergir na cena política sul-africana. Esses movimentos sociais concentraram-se, basicamente, em problemas percebidos como urgentes pelos moradores das comunidades e dos bairros pobres, por exemplo o acesso aos serviços municipais privatizados, a luta contra as remoções e a precarização do emprego. Em comum, esses diferentes movimentos reivindicavam os compromissos contidos no Programa Reconstrução e Desenvolvimento (RDP), bem como defendiam os direitos codificados na nova Constituição sul-africana, localizando-se politicamente, assim, no interior do movimento de libertação nacional[20].

Não tendo sido capazes de deter por completo o ataque contra os pobres, no plano local tais movimentos aumentaram o desgaste político do ANC. Decisões semelhantes, tomadas por comunidades de todo o país, de realocar famílias despejadas e retomar o fornecimento de água e luz, além da determinação demonstrada pelos moradores dos bairros pobres de enfrentar a polícia e resistir aos despejos, transformaram a aplicação das medidas neoliberais do partido governante em um tema embaraçoso para as autoridades, estressando, sobretudo, a relação entre os vereadores do ANC e suas bases eleitorais.

Um dos indícios mais evidentes do aumento do atrito entre o ANC e o precariado sul-africano veio sob a forma da ocupação de um lote de terra em Bredell, nas cercanias de Joanesburgo. No final do mês de julho de 2001, um grupo de pessoas pertencente a um pequeno partido político chamado Congresso Pan-Africanista distribuiu lotes cravados em um trecho de terra estéril localizado entre Joanesburgo e Pretória para milhares de famílias trabalhadoras, que começaram a construir seus abrigos. De imediato, o governo do ANC usou uma lei do período do *apartheid*, o *Trespass Act*, de 1959, a fim de desocupar violentamente Bredell[21].

Na realidade, a política do precariado, condensada nas lutas contra o despejo das famílias pobres e contra o corte de água e energia elétrica criou a oportunidade de trabalhadores africanos testarem formas organizativas mais flexíveis e, ao mesmo tempo, mais próximas dos desempregados, dos subempregados e dos grupos informais. De fato, em setembro de 2001, na cidade de Durban, um dos mais marcantes momentos dessa nova etapa veio à luz durante a Conferência Mundial das Nações Unidas sobre o Racismo, a Discriminação Racial, a Xenofobia e outras formas relacionadas de Intolerância (WCAR)[22].

---

20 Entre as organizações que mais se destacaram nesse momento, vale mencionar estas: *Treatment Action Campaign*, *Concerned Citizens Group*, *Western Cape Anti-Eviction Campaign*, *Soweto Electricity Crisis Committee*, *Landless People's Movement*, *Coalition of South Africans for the Basic Income Grant* e *Education Rights Project*. Para mais informações, ver Gillian Hart, *Rethinking the South Africa Crisis*, cit.

21 Idem.

22 Idem.

A ocasião marcou a aparição internacional das novas coalizões protagonizadas pelos trabalhadores precários que amadureceram desde a guinada neoliberal do governo do ANC, em 1996, e que progressivamente foram se desenvolvendo em torno da luta contra as políticas de mercantilização praticadas pelo partido governante. Diante de uma plateia internacional, esses novos movimentos desafiaram pela primeira vez a hegemonia do ANC. Os antecedentes são conhecidos, mas é importante destacar que a luta contra a desigualdade racial havia sido retomada pelo movimento antiglobalização, o qual se tornara proeminente por ocasião dos protestos contra o encontro da OMC em Seattle em 1999[23].

Na medida em que muito do interesse pela conferência recaiu sobre o encontro paralelo do fórum organizado por ONGs internacionais que admiravam o "milagre sul-africano" da transição para a democracia, os ativistas dos novos movimentos sociais surgidos no final dos anos 1990 perceberam que teriam de explicar aos estrangeiros que os avanços superficiais no combate ao racismo na África do Sul não eram suficientes para mitigar o aprofundamento da miséria da maioria da população africana do país. A fim de organizar a interlocução com a comunidade internacional, os ativistas sul-africanos decidiram criar o Fórum Social de Durban (DSF)[24].

A proposta foi apresentada, a princípio, pelo Fórum dos Cidadãos Descontentes (CCF) de Durban e posteriormente incorporada por outras organizações. Para revelar as contradições do partido governante quanto à questão racial, o DSF decidiu organizar uma passeata criticando as políticas neoliberais do ANC. Vários movimentos ligados às comunidades pobres no Gauteng e na Cidade do Cabo, além de militantes da causa palestina, foram contatados pelo CCF, que assumiu a tarefa de animar a nova coalizão. E, antecipando o modo de organização que se consolidaria mais tarde com a criação do Fórum Social Mundial, o DSF não aceitou a participação de partidos políticos, privilegiando a filiação de movimentos sociais[25].

O objetivo do DSF era mostrar o neoliberalismo como uma espécie de novo "*apartheid* global" que, em vez de segregar as raças, segregava as classes sociais. Ou, conforme o discurso de Dennis Brutus no DSF:

> É pura hipocrisia desse governo apresentar-se como se fosse o grande campeão da luta contra o racismo. É uma hipocrisia porque suas políticas econômicas continuam a atacar os negros de uma maneira ainda mais insensível. [...] E o que é mais vergonhoso neste fórum internacional é a postura das pessoas com quem eu quebrei pedras na prisão da ilha Robben ou levantei cartazes durante os tempos do exílio. Elas alinharam-se com o imperialismo mais escancarado e opõem-se às políticas que poderiam libertar os povos do Sul do "*apartheid* global".[26]

Apesar de ter sido convidado a participar da criação do DSF e de ter convocado uma greve que deveria coincidir com a abertura da conferência, o Cosatu recuou,

---

[23] Ver Ashwin Desai, *We Are the Poors*, cit.
[24] Idem.
[25] Idem.
[26] Ibidem, p. 127.

transformando a greve em uma passeata no dia 30 de agosto de 2001. Além disso, decidiu afastar-se da passeata convocada pelo DSF, mantendo-se distante de toda iniciativa que causasse constrangimentos internacionais ao ANC. Nada adiantou. Um dia depois da passeata do Cosatu, 30 mil manifestantes convocados pelo DSF serpentearam pelas ruas de Durban por mais de sete quilômetros, desafiando todos aqueles comprometidos com a luta contra o racismo a enfrentar o governo de Mbeki[27].

Um ano após a Conferência Mundial contra o Racismo em Durban, durante a Cúpula do Desenvolvimento Sustentável ocorrida em Joanesburgo, o ANC teve novamente de enfrentar uma maciça mobilização protagonizada por mais de 30 mil ativistas dos novos movimentos sociais, que apequenaram a passeata organizada pela Aliança Tripartite em apoio ao governo. E, em 24 de agosto de 2002, dia anterior ao início da conferência, os movimentos organizaram um ato no *campus* da Universidade de Witwatersrand. O diário de campo de Gillian Hart registrou da seguinte maneira a repressão ao protesto organizado pelo APF no *campus* universitário:

> Eu cheguei para encontrar uma manifestação acontecendo do lado de fora do grande salão da Universidade de Wits, organizada pelo Fórum Antiprivatização (APF) e liderada por Trevor Ngwane – apesar de haver um bom número de pessoas vestindo camisetas do Movimento dos Sem-Terra (Landless People's Movement, LPM). Aparentemente, eles estão protestando contra a prisão de um grupo de pessoas do LPM que marcharam em frente a um escritório da província na última quinta-feira. [...] Por volta das seis horas da tarde, quando Arundhati Roy estava prestes a falar, um grande grupo de manifestantes entrou no salão e convidou o público presente a juntar-se a eles numa passeata até a praça John Vorster – a delegacia de polícia na qual muitos antigos militantes do movimento *anti-apartheid* ficaram detidos nos velhos tempos – a fim de protestar contra as prisões dos militantes do LPM. Filas de carros e veículos da polícia encontram-se estacionados bem na entrada do *campus* de Wits (Universidade de Witwatersrand). Ainda que na superfície o clima parecesse, ao menos até o momento, incrivelmente relaxado com uma multidão consideravelmente grande – incluindo um bom número de crianças – reunida do lado de fora do "Grande Salão". Em poucos minutos, aconteceu uma série daquilo que soava como tiros e o ar ficou saturado de uma fumaça fedorenta. Imediatamente, um número grande de pessoas começou a correr na minha direção, algumas delas gritando desesperadamente de medo. Verifiquei que, como vários daqueles que participavam do protesto correram na direção da rua Jorissen, a linha de policiais da tropa de choque começou a atirar bombas de fragmentação sem nenhum aviso anterior. Muitas pessoas ficaram feridas pelas bombas e várias foram presas. [...] As águas turbulentas pelas quais a maquinaria pesada do Estado deve navegar podem ser vistas no que aconteceu durante a conferência em Wits. Soube no dia seguinte que Zwelinzama Vavi, o presidente do Cosatu, fez um discurso inflamado no grande salão, assistido por um bom número de militantes do APF. Na conclusão de seu discurso, eles se levantaram e começaram a cantar velhas canções sindicais – mas mudaram as palavras e o acusaram de ser um traidor! Enquanto as canções estavam sendo entoadas, aparentemente Vavi deixou o salão e desapareceu. A ironia é que ele está localizado na ala esquerda e crítica da Aliança Tripartite (ANC-SACP-Cosatu). Isso claramente significa pouco para os militantes do APF, muitos dos quais desiludidos e revoltados moradores dos

[27] Idem.

> bairros pobres que tiveram seu fornecimento de água e luz cortado por não poderem pagar os preços de mercado. Os limites neoliberais da hegemonia aparentemente estão ficando mais claros. [...] No dia 31 de agosto de 2002, uma semana depois da repressão ao protesto na Universidade de Witwatersrand, o que viria a ser chamado de Movimento Social de Indaba organizou uma marcha espetacular desde os barracos com esgoto a céu aberto do bairro popular de Alexandra até a fortaleza de Sandton, no Noroeste de Joanesburgo, onde acontecia o encontro oficial. De grande significado foi o claro contraste entre a enorme e descontraída marcha do movimento, vestindo camisetas vermelhas, e a embaraçosamente esquálida passeata patrocinada pelo ANC.[28]

Tendo em vista o relativo sucesso dessas mobilizações, alguns analistas perceberam nos novos movimentos sociais sul-africanos o nascimento de um "contramovimento polanyiano" alternativo à hegemonia neoliberal do ANC. No entanto, ao menos em termos de sustentação do nível de mobilização, essas expectativas mostraram-se um tanto superdimensionadas, e as principais características comuns desses movimentos podem ajudar a entender os alcances e as limitações de suas iniciativas. Em retrospectiva, ficou claro que tais movimentos estavam, desde o início, muito fraturados para configurarem um polo contra-hegemônico[29].

Além disso, os novos movimentos sociais apresentaram uma série de diferenças potencialmente conflitantes em termos táticos, além de uma excessiva fragmentação quanto às campanhas nacionais contra as políticas do ANC. E, de fato, o projeto para construir uma alternativa ao movimento de libertação nacional sul-africano simplesmente não conseguiu estruturar-se de forma independente o bastante em relação à influência da Aliança Tripartite. Afinal, muitos dos que militavam nos novos movimentos criticando as contradições do ANC permaneceram apoiando eleitoralmente o governo ou mesmo filiados ao partido governante.

Apesar de todo o entusiasmo produzido pelas intervenções bem-sucedidas dos novos movimentos sociais tanto na Conferência Mundial contra o Racismo quanto na Cúpula sobre o Desenvolvimento Sustentável, é importante reconhecer que esse foi apenas o início de um longo processo de contestação da hegemonia do ANC. Sem mencionar o fato de que, em sua maioria, os novos movimentos são organizações pequenas, muitas das quais se encontram limitadas às comunidades e excessivamente dependentes do ativismo de alguns poucos militantes. Ademais, a partir de 2008, o aumento da inquietação social das comunidades pobres foi canalizado pelo apoio à candidatura de Jacob Zuma[30].

A realidade é que o simples controle do aparelho de Estado pela Aliança Tripartite representa uma razão forte o suficiente para minar o florescimento de movimentos alternativos. Assim, mesmo críticos da guinada neoliberal do governo do ANC, como o Cosatu, até tempos atrás optaram por manter uma atitude pragmaticamente

[28] Gillian Hart, *The World Summit on Sustainable Development: a Diary* (mimeo, 2002), p. 2-12.

[29] Ver Karl von Holdt e Edward Webster, "Work Restructuring and the Crisis of Social Reproduction: A Southern Perspective", em Karl von Holdt e Edward Webster (orgs.), *Beyond the Apartheid Workplace: Studies in Transition* (Durban, University of KwaZulu-Natal Press, 2005), p. 3-40.

[30] Ver Gillian Hart, *Rethinking the South Africa Crisis*, cit.

propositiva em relação ao governo. Assim, quando os novos movimentos passaram a se opor abertamente aos governos locais do ANC, abandonando a tática de exigir que o governo cumprisse com suas promessas eleitorais, o Cosatu adotou medidas disciplinares mais duras contra os ativistas rebeldes[31].

Despojadas de suas ligações com o "velho" movimento social representado pelo Cosatu, as novas coalizões acabaram ficando relegadas às margens da cena política nacional a partir de meados dos anos 2000. Na opinião de Buhlungu, os novos movimentos surgidos a partir de 1996 na África do Sul simplesmente não foram capazes de disputar com o ANC a hegemonia em torno do simbolismo da luta contra o *apartheid*. Na realidade, ao buscarem construir um movimento social em grande escala nas falhas do partido governante, os novos movimentos abdicaram inadvertidamente de apresentar ao conjunto das classes subalternas do país uma visão crível a respeito de como poderia ser o projeto de uma ordem pós-colonial alternativa ao neoliberalismo[32].

O divórcio entre o trabalho e a cidadania

Se os novos movimentos sociais que surgiram das cisões da Aliança Tripartite não chegaram a representar um verdadeiro desafio à hegemonia do ANC, a partir de meados dos anos 2000 uma nova onda de protestos populares, significativamente mais violentos, massivos e espontâneos, passou ameaçar a reprodução do modo de regulação pós-*apartheid*. Batizada por Peter Alexander de "a rebelião dos pobres", esse novo ciclo explodiu após as eleições nacionais de 2004. Uma onda de lutas cotidianas nos bairros populares aumentou a pressão dos subalternos sobre as autoridades políticas, ocupando o vazio deixado pelo colapso dos novos movimentos sociais no início dos anos 2000:

> A principal conclusão a que chegamos da análise das estatísticas policiais é que o número de protestos pelo fornecimento dos serviços municipais continua crescendo. As tentativas do governo para melhorar o fornecimento dos serviços não foram suficientes para amenizar a raiva das populações pobres sul-africanas. Pelas matérias dos jornais e por nossas próprias pesquisas está claro que, enquanto a reivindicação de fornecimento dos serviços proporciona o principal foco para os incidentes, muitas outras questões têm sido levantadas, em especial a falta de empregos. Como muitos comentadores e ativistas concordam, os protestos pelo fornecimento de serviços são parte de uma ampla rebelião dos pobres. Essa rebelião é massiva. Eu ainda não encontrei nenhum outro país no mundo onde ocorra algo similar em termos de nível de inquietação urbana. A África do Sul pode ser razoavelmente descrita como a capital mundial do protesto social. O país ainda possui os mais altos índices de desigualdade e de desemprego em relação a qualquer outro da mesma escala e é também razoável supor que tal rebelião, em larga medida, possa ser uma conse-

---

[31] Para mais informações, ver Sakhela Buhlungu, "Union-Party Alliances in the Era of Market Regulation: The Case of South Africa", *Journal of Southern African Studies*, v. 31, n. 4, 2005.

[32] Idem.

quência desse fenômeno. E não há nenhuma base para presumir que ela arrefecerá a não ser que o governo seja mais eficiente em canalizar recursos na direção dos pobres.[33]

Além disso, a nova onda de rebeldia do precariado cresceu com a fragilização política dos representantes do ANC advinda dos esforços de Pretória para aprofundar o controle orçamentário dos municípios. As demandas em torno da reparação das injustiças históricas cometidas contra as populações africanas e pelo fornecimento de serviços públicos aos negros criaram os canais pelos quais passou a fluir a pulsão plebeia dos manifestantes contra os poderes locais, as autoridades municipais e os grupos de negócios acusados de incompetência e de corrupção. De fato, a maioria dos manifestantes exige serviços públicos e, segundo analistas, não deseja "um favor do Estado no cada dia mais problemático nível local"[34].

Talvez o resultado político mais visível do atual ciclo de mobilizações em torno do fornecimento dos serviços públicos na África do Sul seja o questionamento da lealdade popular ao ANC, despojando o movimento de libertação nacional daquela legitimidade inquebrantável que costumava ter em muitas comunidades pobres. Trata-se de uma nova tendência na cena política sul-africana, isto é, o questionamento da posição estratégica do ANC como representante indiscutível do movimento de libertação nacional sul-africano. Para Gillian Hart:

> A capacidade de o bloco dominante do período do pós-*apartheid* preencher as expectativas radicais do entendimento popular da "questão nacional" formou o eixo de seu poder hegemônico, assim como uma crescente fonte de instabilidade que alimentou a proliferação e a amplificação da política populista.[35]

Consequentemente, a incapacidade de o partido governante alimentar as expectativas da libertação nacional criou fissuras na outrora inabalável relação do Cosatu com o ANC. No interior do movimento sindical, começaram a se multiplicar vozes defendendo claramente a ruptura com a Aliança Tripartite, caso notório do poderoso sindicato dos metalúrgicos, o Numsa, que foi recentemente expulso do Cosatu por suas atitudes rebeldes. E, nesse contexto de aprofundamento da crise política e da elevação do nível do ativismo das classes sociais subalternas africanas, alianças estratégicas entre o sindicalismo e os movimentos sociais parecem se tornar mais críveis[36].

Em 2001, por exemplo, na cidade de Joanesburgo, ocorreu a formação da coalizão do APF com o sindicato dos servidores municipais, o Samwu, cujo maior objetivo era reverter a decisão do governo municipal de aplicar o plano privatizante conhecido como iGoli 2002. Nesse momento, também o Cosatu se mostrou crítico ao programa neoliberal anunciado pela prefeitura. Assim, a imposição de um controverso plano de privatização dos serviços municipais, liderado pela mais importante prefeitura do

---

[33] Peter Alexander, "Rebellion of the Poor: South Africa's Service Delivery Protests - A Preliminary Analysis", *Review of African Political Economy*, v. 37, n. 123, mar. 2010, p. 33.

[34] Gillian Hart, *Rethinking the South Africa Crisis*, cit., p. 21.

[35] Idem, p. 23.

[36] Ver Sakhela Buhlungu, "Union-Party Alliances in the Era of Market Regulation", cit.

ANC, revalorizou a importância do vínculo entre o trabalho e a comunidade, uma retórica frequentemente usada na luta contra o *apartheid*. A nova coalizão mirava o drama vivido pelas famílias trabalhadoras nos bairros pobres com a combinação entre a crise do emprego e a crise do endividamento das famílias com o município[37].

O movimento sindical dos servidores municipais decidiu, então, organizar uma longa greve contra o plano de privatização que, durante os meses de novembro e dezembro de 2000, tentou reviver o sindicalismo de movimento social por meio da articulação da seção de Joanesburgo do Partido Comunista Sul-Africano (SACP), de dissidentes do ANC, do movimento estudantil e dos novos movimentos sociais surgidos nas comunidades. Ao construir um leque mais amplo de alianças, a liderança do Samwu pretendia fortalecer uma política classista capaz de reverter a relativa perda de importância do sindicato no âmbito das relações locais de trabalho. Nas palavras de Roger Ronnie, dirigente nacional do Samwu:

> O povo perdeu muito de sua confiança na habilidade de os partidos políticos expressarem suas necessidades. Nós vamos abraçar suas lutas independentemente dos partidos. Nós necessitamos construir alianças fortes com os fóruns das comunidades.[38]

No entanto, a direção do ANC soube identificar no movimento protagonizado pelos servidores municipais uma oportunidade para disciplinar seus próprios aliados, recusando-se a negociar com os grevistas e perseguindo suas lideranças. Além disso, o ANC aproveitou o reforço de sua legitimidade junto à população, assegurado pela vitória na eleição municipal de dezembro de 2000, para isolar o movimento dos trabalhadores municipais, acusando-o de estar sendo impulsionado por interesses corporativistas. Dispensável dizer que o Cosatu apoiou os candidatos do ANC e, consequentemente, viu-se aprisionado em uma posição política ambígua em que, por um lado, criticava o plano privatizante, mas, por outro, apoiava eleitoralmente seus executores.

Ademais, na condição de um sindicato filiado ao Cosatu, o Samwu foi pressionado pela federação a retornar para a esfera de influência da Aliança Tripartite. O ANC soube enfraquecer a posição dos servidores municipais em greve, promovendo brechas para que emergissem as tensões internas ao próprio movimento. Ao fim, apesar de a greve dos servidores municipais de Joanesburgo ter sido capaz de manter unidos por mais de um mês sindicalistas, dissidentes do ANC, ativistas do SACP, estudantes e moradores dos bairros pobres da cidade, os atritos entre o sindicalismo e o precariado acabaram prevalecendo sobre o movimento.

Ao mesmo tempo, seria enganoso afirmar que a greve dos servidores municipais foi simplesmente derrotada. Ao expressar as inquietações sociais tanto dos trabalhadores sindicalizados quanto do precariado urbano, o movimento grevista verbalizou um conjunto de lutas de resistência que não poderia ser contido pela intransigência do governo municipal. Assim, no final de 2001, a prefeitura decidiu assegurar um

---

[37] Ver Franco Barchiesi, *Precarious Liberation*, cit.

[38] Citado em ibidem, p. 158.

provimento básico e gratuito de serviços de água e de eletricidade a todos aqueles que fossem classificados como "indigentes"[39].

Ocorre que o divórcio da relação entre trabalho e cidadania anunciado pela guinada neoliberal do ANC não apenas distanciou o novo regime democrático das aspirações da população negra, como ajudou a borrar as fronteiras entre trabalhadores e "indigentes". Na realidade, a ampliação do precariado urbano em detrimento dos trabalhadores estáveis revela a deslealdade da promessa da cidadania salarial pela elite do ANC. Engajado no projeto de mercantilizar o trabalho e a reprodução social em uma escala superior àquela do *apartheid*, o partido governante multiplicou empregos tão precários e sub-remunerados que se tornaram incapazes de proteger o trabalhador negro do pauperismo.

Trata-se de uma das características da globalização neoliberal menos destacadas quando se fala em reestruturação capitalista: o próprio aparelho de Estado transforma-se em um instrumento da precarização do trabalho. Assim como em outros lugares, o caso sul-africano também enlaça a privatização dos serviços públicos, a terceirização dos servidores e o estímulo ao empreendedorismo dos pobres como suposta alternativa à dependência da proteção social. Apoiando-se na subcontratação de força de trabalho, em sua maioria feminina, os municípios do país foram fortemente encorajados pelo governo do ANC a empregar trabalhadores temporários das próprias comunidades pobres, como garis, a fim de baratear os salários do funcionalismo e enfrentar problemas fiscais[40].

A subcontratação de trabalhadores temporários das próprias comunidades pobres serviu também para fortalecer as redes clientelistas desenvolvidas por vereadores que negociam o acesso aos subempregos em troca de lealdades eleitorais. Mesmo diante de uma longa resistência do Samwu à contratação comunitária de servidores subempregados, tal sistema de admissão de trabalhadores temporários pelos governos municipais transformou-se no modelo predominante de relacionamento dos africanos pobres e negros com o emprego municipal.

Diante desse sistema que reproduz e aprofunda a incerteza e a precariedade do trabalho no interior do próprio aparelho de Estado, não é surpreendente que aqueles trabalhadores e ativistas sindicais que viveram a experiência do *apartheid* se mostrem desalentados com os resultados alcançados pela democracia sul-africana. Em sua etnografia do trabalho dos servidores municipais de Joanesburgo, Franco Barchiesi identificou uma nostalgia dos tempos em que os negros enfrentavam de modo coletivo a segregação racial, alcançando resultados positivos em termos de melhorias das condições de trabalho. Na realidade, as comparações com os tempos do *apartheid* frequentemente destacam a deterioração do trabalho no presente:

> O trabalho agora é pesado, mais do que era antes, desde que temos essa nova Câmara de Vereadores. Antes, nos tempos do *apartheid*, era pesado, mas não como agora. A velha Câmara de Vereadores não era correta, por conta do *apartheid*, mas trabalhávamos de

[39] Idem.

[40] Idem.

> uma maneira correta... Antes nós tínhamos treinamento, com essa nova Câmara não temos mais. [...] Estamos dizendo que estamos voltando atrás. Agora nós podemos dizer que votamos em nosso governo e pensávamos que viveríamos melhor. Mas, pelo fato de estarem agora por cima, eles estão nos fazendo sofrer... É como se tivéssemos saído do Egito e agora estivéssemos retornando ao Egito. O velho governo era o Egito e nós pensávamos que estávamos indo pra Canaã, mas, ao invés disso, com essa nova instalação para o processamento do lixo, estamos de volta ao Egito.[41]

Nesse sentido, é possível afirmar que o crescimento do precariado desafiou a promessa da cidadania salarial como modo de regulação, revelando os estreitos limites da revolução passiva sul-africana. Ao mesmo tempo que negociou e promoveu a integração ativa da economia do país à globalização neoliberal, o ANC transformou-se em um meio privilegiado de absorção de indivíduos e grupos subalternos pelo Estado, acomodando-se ao papel de agente dos negócios das corporações e das finanças internacionais[42].

No entanto, para seguir dirigindo tal modelo, o ANC necessitou controlar tanto a insatisfação dos trabalhadores organizados quanto a ansiedade do precariado urbano. A celebração do trabalho assalariado pelo ANC não é suficiente para reproduzir o consentimento dos "de baixo". Assim, os empregos precários se tornaram o ponto de partida para a contestação e para a negociação dos subalternos com o ANC. Nesse domínio, as fronteiras entre o trabalho e a indigência, pobres e sem-teto, empregados e precários, formais e informais etc. ficaram ainda mais indefinidas e permeáveis. Comparada com os tempos do *apartheid*, essa relativa indeterminação das identidades dos trabalhadores que circulam entre a produção e a reprodução alterou as modalidades tradicionais de ação coletiva dos subalternos.

Na realidade, a precarização do trabalho não é apenas um processo produtivo, mas envolve igualmente a construção de um sentido político pelo trabalhador, que engloba a comunidade onde ele vive. Ao desafiar as formas tradicionais de ação coletiva dos subalternos, o trabalho precário transformou-se em domínio povoado por subjetividades ambivalentes que mesclam formas conhecidas de mobilização política com estratégias imprevisíveis de adaptação social. Diante disso, não é surpreendente que tanto os trabalhadores quanto seus representantes sindicais se sintam preocupados, inseguros e confusos com o estado atual das relações trabalhistas[43].

Apesar de a elite burocrática sindical africana ter ascendido às posições de poder e de prestígio asseguradas pelo programa BEE, a realidade é que, de uma maneira

---

[41] Citado em ibidem, p. 189.

[42] Aqui vale lembrar que utilizamos esse conceito como princípio metodológico comparativo capaz de interpretar processos históricos de atualização das estruturas sociais nacionais. Em outras palavras, advogamos uma compreensão ampla de diferentes revoluções passivas nacionais – em Portugal, na África do Sul e no Brasil – capazes de revelar dimensões específicas da transição estatal que são internamente relacionadas às condições histórico-mundiais gerais do desenvolvimento desigual e combinado do capitalismo. Para mais informações, ver Adam David Morton, *Unravelling Gramsci: Hegemony and Passive Revolution in the Global Political Economy* (Londres, Pluto, 2007).

[43] Ver Franco Barchiesi, *Precarious Liberation*, cit.

geral, as lideranças dos sindicatos devem administrar o crescente descontentamento de suas bases sociais com o aumento do desemprego e da precarização do trabalho. Afinal, os trabalhadores negros sindicalizados não estão entre os vencedores da transição pós-*apartheid*. Mesmo certas conquistas alcançadas durante o ciclo grevista dos anos 1980, como o limite para as horas extras, mostraram-se bastante frágeis diante da combinação entre a reestruturação empresarial e a mercantilização do emprego.

Endividamento e desenvolvimentismo: do medo à esperança

De certa maneira, para os trabalhadores negros, o período pós-*apartheid* representou a transição da centralidade das lutas trabalhistas para a centralidade das lutas nos bairros e nas comunidades pobres. Quando o trabalho estável, apesar de sua enorme importância para as famílias trabalhadoras, deixa de ser uma demanda sindical de curto prazo, é compreensível que a esfera da reprodução social assuma uma posição proeminente no modo de vida dos subalternos. Para Andile Nyambezi, dirigente do sindicato dos químicos Ceppwawu, por exemplo: "'Os trabalhadores já não mais exigem empregos estáveis, pois não acreditam que os sindicatos possam oferecer isso a eles'"[44].

Assim, os trabalhadores são pressionados a transformar a crise do emprego em ações políticas nos bairros, transferindo seus investimentos organizativos para os temas ligados à opressão das dívidas e à segregação espacial. Aliás, o *apartheid* racial sempre se expressou em termos de segregação espacial. Após a democratização do país, o ANC optou pela política do Banco Mundial de evitar investimentos em habitação popular, conter os subsídios à moradia e fortalecer a confiança em bancos e desenvolvedores comerciais. O resultado da adoção dessa política foi a reprodução da segregação espacial baseada em critérios não mais diretamente racistas, mas monetários:

> O presidente de uma das maiores companhias de vendas de propriedades de Joanesburgo, a Lew Geffen Estates, insistiu: "Casas baratas deveriam ser construídas nas áreas periféricas onde a propriedade é barata e imóveis de melhor qualidade poderiam ser construídos" [...]. Muitas centenas de milhares de casas foram construídas no período pós-*apartheid*, menores do que as "caixas de fósforo" de quarenta metros quadrados e localizadas em áreas ainda mais distantes dos centros urbanos, a muitas horas dos empregos e dos serviços urbanos. Em acréscimo ao problema das desconexões de água e luz, as novas favelas sofrem com a baixa qualidade dos serviços municipais de coleta do lixo e limpeza das ruas e uma inadequada drenagem de águas pluviais.[45]

Em poucas palavras, o emprego precário e a reprodução mercantilizada reforçam-se mutuamente, degradando o trabalho e bloqueando a cidadania. A combinação de diferentes modos de mercantilização obriga as famílias trabalhadoras a uma dependência cada dia maior de serviços privatizados, que absorvem uma parcela sempre crescente dos rendimentos, em especial onde os empregadores revogaram os benefícios

---

[44] Citado em ibidem, p. 207.

[45] John S. Saul e Patrick Bond, *South Africa: The Present as History*, cit., p. 168.

conquistados pelas lutas sindicais dos tempos do *apartheid*. Nos lares das famílias trabalhadoras africanas, dívidas em espiral refletem tanto a insegurança dos salários quanto o aumento dos gastos com educação, aluguel, água, luz e transporte[46].

As respostas improvisadas pelo ANC ao problema da espoliação crescente das rendas das famílias trabalhadoras por bancos e agiotas apenas ampliaram o ativismo nos bairros pobres. A moradia é uma boa maneira de abordar a contradição que soluções mercantilizadas de improviso por parte do partido governante alimentaram nos últimos vinte anos. Não é segredo que as lutas por moradia têm uma longa história nos bairros pobres sul-africanos. O fim do *apartheid* renovou a esperança da aquisição da casa própria pelos trabalhadores negros sindicalizados. E, de fato, com os estímulos ao investimento nos bairros negros gerados pelo fim da segregação racial, muitas empreiteiras passaram a construir casas nas comunidades carentes.

No entanto, conforme a crise do emprego na África do Sul se aprofundou, milhares de famílias trabalhadoras que haviam adquirido suas moradias subsidiadas viram-se impossibilitadas de pagar suas dívidas. Com muita frequência, elas responderam organizando boicotes de pagamento, o que naturalmente desestimulou novos investimentos em habitação popular por parte das construtoras. As empreiteiras denunciaram o calote, e a imprensa culpou a "cultura dos direitos dos negros" pelos boicotes. A reclamação dos empresários foi ouvida pelo ANC, que lançou no dia 13 de outubro de 1996 uma campanha nacional chamada de "Masakhane" a fim coibir a suspensão dos pagamentos às empreiteiras.

A chave para entender o malogro dessa primeira experiência de construção de moradias populares ainda durante o governo de Mandela é, sem dúvida, o sistema de subsídio ao crédito, que focou os indigentes, excluindo os trabalhadores assalariados. Para estes, sobraram as elevadas hipotecas que, com a deterioração do mercado de trabalho, se revelaram impagáveis. Além disso, como supostamente podiam dispor do acesso ao crédito bancário ou mesmo recorrer a empréstimos não tradicionais, como os consórcios para aquisição da casa própria, os trabalhadores estáveis utilizaram sua aposentadoria para garantir os empréstimos, comprometendo seus rendimentos na velhice[47].

A questão da insegurança salarial no país ganhou um capítulo de destaque quando o ANC decidiu reformar o sistema de aposentadorias dos servidores públicos municipais, aumentando o tempo de contribuição previdenciária e limitando o valor dos benefícios. Essa verdadeira espoliação das aposentadorias dos servidores em um contexto marcado pela ausência de diálogo com as autoridades municipais

---

[46] Uma pesquisa sobre a estrutura das dívidas dessas famílias revelou um endividamento médio de 106,2% em relação ao salário entre os respondentes com até 35 anos e de 74,3% entre aqueles com mais de 35 anos. Os gastos somados com educação, aluguel, água, luz e transporte absorviam em 2005, em média, 61,9% do salário de um trabalhador da indústria química, 77,3% do salário dos servidores municipais de Joanesburgo e 35,9% dos salários de um trabalhador metalúrgico. Ver Ingrid Hurwitz e John Luiz, "Urban Working Class Credit Usage and Over: Indebtedness in South Africa", *Journal of Southern African Studies*, v. 33, n. 1, 2007.

[47] Idem.

não apenas ampliou a angústia dos servidores como consolidou sua desilusão no governo do ANC[48].

E da combinação de desilusão com empregos precários, angústia ante o endividamento das famílias e revolta dos trabalhadores contra os ataques aos direitos sociais resultaram tanto a renovação do ativismo social nos bairros pobres quanto o aumento da violência política praticada contra os subalternos:

> O mais amplamente conhecido desses protestos aconteceu na cidade de Ficksburg, na província de Free State, no dia 13 de abril de 2011. No decurso de um grande protesto durante a campanha das eleições municipais, a polícia espancou e atirou duas vezes em Andries Tatane, um professor de matemática e militante dos movimentos sociais locais. O assassinato foi gravado por câmeras e transmitido no noticiário noturno pela South African Broadcasting Corporation, produzindo um estado de choque. [...] Começando com os protestos em Harrismith onde outro ativista, Tebogo Mkhonza, foi morto pela polícia, a onda de protestos tornou-se incrivelmente violenta. Em outubro de 2012, uma iniciativa multidepartamental do governo liberou um relatório revelando que a atividade de protestos havia aumentado dramaticamente nos oito primeiros meses de 2012 e que, em 80% dos casos, tratava-se de protestos violentos.[49]

De fato, nos anos 2000, os protestos locais em relação à falta de água, luz e moradia, além das críticas à incapacidade do governo de prover serviços básicos para a população, multiplicaram-se na paisagem social sul-africana. Em geral, os integrantes da Aliança Tripartite perceberam no processo de reivindicação popular de serviços municipais uma ameaça aos interesses do governo. Além disso, entendiam que a direção desses novos movimentos era politicamente ultraesquerdista e, portanto, incapaz de se manter alinhada à "revolução democrática nacional".

Evidentemente, tratava-se de uma abordagem bastante estreita desses novos movimentos, mas perfeitamente sólida quanto à conservação dos privilégios burocráticos subjacentes ao vínculo entre os sindicatos e o governo. Afinal, em larga medida, os novos movimentos sociais alimentaram-se das tradições radicais presentes na história das lutas populares sul-africanas para vertebrar uma posição independente em relação ao partido governante. Essa inclinação à autonomia política, por sua vez, nutriu-se da disposição das bases sociais desses movimentos, que, muitas vezes, era formada por antigos simpatizantes do ANC:

> Foram os trabalhadores que mudaram o governo, nós estávamos *toyi-toying* ("lutando", no sentido de protestar coletivamente) pelo novo governo, nós éramos parte disso, e agora o que realmente queremos é encaminhar nossos problemas ao governo, pois não estamos ganhando nada com isso. Hoje, quando a gente *toyi-toyi*, quando a gente começa a protestar, eles (os políticos do ANC) dizem que estamos matando a economia, que nossa economia está indo para o buraco por nossa causa. Então, nós perguntamos: não poderemos nunca mais voltar a lutar para tentar melhorar nossa vida? (Entrevistado 166)[50]

[48] Ver Franco Barchiesi, *Precarious Liberation*, cit.

[49] Gillian Hart, *Rethinking the South Africa Crisis*, cit., p. 48-9.

[50] Citado em Franco Barchiesi, *Precarious Liberation*, cit., p. 239.

Analisando as falas dos trabalhadores engajados com o ativismo nos bairros pobres, é possível perceber facilmente o desencantamento com as sucessivas traições do diretório do movimento de libertação nacional sul-africano. No entanto, isso não se confunde com hostilidade aos sindicatos e mesmo aos vereadores do ANC. Com alguma frequência, é possível identificar opiniões que, ao mesmo tempo, afirmam a independência do governo e a defesa de alianças pontuais com os sindicatos do Cosatu, por exemplo, em torno de questões que articulam comunidade e trabalho, como o transporte público.

Em suma, apesar da desconfiança e das tensões existentes entre os trabalhadores precarizados em relação aos sindicatos, ainda há certa base de apoio sindical quando estes se mostram sensíveis às demandas populares. Aliás, a etnografia do trabalho precário entre os servidores municipais realizada por Franco Barchiesi registrou que mais de um terço dos entrevistados confiava menos no governo do que no sindicato[51]. Naturalmente, isso se deve ao fato de o sindicato dos servidores filiado ao Cosatu ter-se revelado historicamente crítico às medidas neoliberais adotadas pelas prefeituras do ANC. No entanto, é significativo que, mesmo desiludido, um terço dos trabalhadores declare continuar filiado ao partido governante[52].

E, apesar dos ataques aos salários e às aposentadorias, muitos continuavam a perceber no governo do ANC o "seu" governo. Trata-se de uma situação em que o apoio eleitoral ao movimento de libertação nacional se encontra em discordância com as críticas às políticas implementadas:

> Se eu continuar a apoiá-los, talvez possa fazer com que eles mudem as coisas. Veja, no passado estávamos sofrendo, eu não poderia ir até aquele sinal (de trânsito), eles me prenderiam se eu não tivesse um passe. Agora, o ANC lutou pela gente e estamos livres por conta deles, essa é a razão de eu apoiá-los. Ainda assim, quando estamos lutando, esperamos alcançar algo, não ser tratados dessa maneira (pelo ANC). (Entrevistado 148)[53]

Na realidade, a percepção de que o ANC ainda é capaz de representar politicamente as populações africanas foi reforçada por concessões que o ciclo de mobilizações protagonizado pelo precariado em pequenas comunidades conquistou em meados dos anos 2000. Estimulada pela combinação entre a política de administração da indigência e as medidas de controle do crédito das famílias africanas, a agitação popular pressionou os vereadores do ANC a ponto de minar a lógica burocrática de administração da pobreza prevalecente desde a adoção do programa Gear. Com receio do acirramento dos protestos, os vereadores do ANC começaram a negociar concessões junto às autoridades locais, ampliando as bases do clientelismo nos bairros pobres. Como um vereador observou:

> Cada assinatura (atestando oficialmente a situação de indigência a fim de suspender os pagamentos das tarifas de água e luz) é uma garantia de voto. Esse foi um período em que estávamos muito receosos do povo "*toyi-toying*" (protestando coletivamente) nas ruas.[54]

---

51 Idem.

52 Idem.

53 Citado em ibidem, p. 242.

54 Citado em Gillian Hart, *Rethinking the South Africa Crisis*, cit., p. 135.

E a vitória eleitoral do partido governante nas eleições municipais, em março de 2006, pareceu legitimar as concessões alcançadas pelas mobilizações populares nos bairros das comunidades pobres. Passadas as eleições, no entanto, as autoridades municipais controladas pelo ANC voltaram a pressionar as comunidades pelo pagamento das tarifas municipais. Aplicada localmente, a orientação veio de Pretória, que decidiu regular a atuação política dos vereadores, alinhando-os às medidas privatizantes do governo. Dessa maneira, o partido governante posicionou seus vereadores na linha de frente da batalha para disciplinar a população pobre sul-africana.

Obviamente, tal situação ampliou o conflito no interior do próprio movimento de libertação nacional, erodindo a autoridade política de suas lideranças locais. Nesse sentido, é possível dizer que os protestos ligados ao acesso à água no país revelaram um conflito entre os interesses do governo e as aspirações do precariado sul-africano muito mais profundo do que a questão do clientelismo político pode sugerir. Antes, trata-se do aprofundamento das tensões criadas pelas estreitíssimas margens de concessão material aos subalternos permitidas pela submissão do governo à ortodoxia neoliberal.

Na realidade, o recrudescimento do conflito social acontece mesmo quando há alguma concessão por parte do governo. Tomemos como exemplo a violenta divisão, registrada por Ashwin Desai em Wentworth, antigo bairro segregado com aproximadamente 30 mil moradores, localizado ao sul da cidade de Durban, entre aqueles que apoiam um projeto do governo municipal de reforma dos conjuntos habitacionais e aqueles que consideram que a prioridade em termos de investimento municipal deveria ser a construção de novas habitações. Afinal, quando muitos apartamentos são ocupados por quatro gerações de uma mesma família vivendo em apenas dois quartos, não há espaço para consensos a respeito de para onde deveria ir o dinheiro:

> Ok, legal. Eles vão refazer nossos apartamentos. Nós teremos novas janelas de alumínio. Nós teremos novos pisos de cerâmica. Legal. Mas, os 21 moradores que forem para os dormitórios provisórios serão os mesmos 21 que voltarão pra cá. [...] Nós não temos problemas com o andamento da reforma. Mas nós estamos dizendo que, ao mesmo tempo, eles deveriam estar construindo mais casas... [...] A reforma vai restaurar os apartamentos, mas não alivia o problema da superlotação. (Entrevista, 24 de fevereiro de 2016)[55]

Essas tensões desafiam politicamente a localização estratégica dos sindicatos, empurrando os representantes sindicais de base contra suas direções:

> Em 2003, o Ceppwawu (sindicato dos químicos) suspendeu a liderança sindical da região de Wits a qual estava organizando seus membros demitidos em um movimento que o sindicato considerou de oposição ao ANC e muito próximo do Fórum Antiprivatização (APF). A expulsão dos sindicalistas redundou na criação de uma nova organização, o Sindicato dos Trabalhadores de Todas as Indústrias da África do Sul (Giwusa), que, adotando um perfil radicalmente antineoliberal, começou a recrutar trabalhadores de diferentes indústrias, tais como papel, vidro e fábricas de produtos químicos na região do Rand oriental.[56]

---

[55] Citado em Ashwin Desai, "Service Delivery and the War Within: Wentworth, Durban, South Africa", *South African Review of Sociology*, v. 48, n. 1, 2017, p. 90-1.

[56] Franco Barchiesi, *Precarious Liberation*, cit., p. 240.

Não parece exagerado afirmar que os protestos das comunidades pobres e os desafios levantados pelos novos movimentos sociais à Aliança Tripartite somaram-se à fadiga dos próprios dirigentes do ANC com as políticas neoliberais, pavimentando o caminho para que Jacob Zuma conquistasse a liderança do movimento de libertação nacional sul-africano. Nesse sentido, as frustrações e ressentimentos dos trabalhadores precários foram determinantes para pôr fim na era Thabo Mbeki, marcada por sua adesão desavergonhada ao neoliberalismo.

De fato, o governo Jacob Zuma procurou renovar as esperanças populares na ordem, na disciplina e no respeito às hierarquias tradicionais que foram progressivamente sendo erodidas pela generalização da insegurança no trabalho. De forma semelhante ao que ocorreu no mesmo período com o primeiro governo de Dilma Rousseff, Zuma resgatou uma linguagem neodesenvolvimentista que reivindicava para o Estado a primazia das soluções técnicas para a pobreza. Discursivamente, o neodesenvolvimentismo enfatizou a importância do trabalho organizado na administração pública. Assim, apresentou-se como a única solução estável para as turbulências geradas pelo advento da crise da globalização em 2008.

Em vez de simplesmente submeter-se à ortodoxia neoliberal, o novo governo advogou a ideia de que o movimento de libertação nacional era a única força disciplinada da esquerda sul-africana capaz de alcançar um equilíbrio entre a desregulação neoliberal e o burocratismo estatal, combinando as vantagens do desenvolvimento econômico com a democracia política. Evidentemente, sustentar essas alegações implicava criar novos empregos, ainda que estes se concentrassem no turismo e na indústria do *call center*, onde os salários são baixos e os sindicatos são frágeis.

No entanto, as esperanças de uma guinada neodesenvolvimentista despertadas pela ascensão de Zuma foram desaparecendo conforme o quadro de instabilidade social se aprofundou em decorrência da crise da globalização. Além de apresentar projetos para a criação de oportunidades de empregos precários para os sul-africanos negros e pobres, o do governo concentrou-se no aumento dos gastos sociais e no reforço de valores tribais conservadores. No entanto, como se tornou mais claro com o passar do tempo, tratou-se mais de um ajuste do que de uma guinada no modelo de desenvolvimento sul-africano pós-*apartheid*[57].

Em 2009, após a derrota dos grupos tecnocráticos do partido governante aglutinados em torno do ex-presidente Mbeki para os partidários "radicais" de Zuma no Congresso de Polokwane, a alardeada guinada à esquerda do ANC foi mais retórica do que propriamente real. Assim, assegurada a vitória eleitoral de Zuma, o Cosatu e o SACP voltaram a ser colocados de lado nas decisões da Aliança Tripartite. Além disso, as esperanças de uma maior influência da classe trabalhadora no governo desapareceram quando o novo Comitê Executivo Nacional do ANC incluiu, em 2010, ainda mais empresários do que aquele eleito em 2002 no governo de Mbeki.

---

[57] Afinal, os interesses dos grandes grupos corporativos e financeiros internacionais não foram em momento algum contrariados pelo governo Zuma. Para mais informações, ver Hein Marais, *South Africa Pushed to the Limit: The Political Economy of Change*, cit.

Sob Zuma, o ANC pareceu trabalhar com a mesma perspectiva de seu predecessor no tocante à relação com o movimento sindical, ou seja, a de que os sindicatos, devido à precarização do trabalho e à informalização dos empregos, teriam seu poder estrutural cada vez mais erodido e, consequentemente, sua capacidade de pressionar o governo tenderia a se tornar irrelevante. De fato, apesar do número de trabalhadores empregados ter aumentado entre 2000 e 2006, o quadro de sindicalizados permaneceu constante. Essa tendência aumentou as pressões corporativistas no interior do sindicalismo sul-africano[58].

Além disso, apesar da alta taxa de densidade sindical em setores estratégicos da economia, como a mineração, em que aproximadamente 80% dos mineiros são sindicalizados, o número de mineiros continua diminuindo. No setor manufatureiro, a densidade sindical está em nítido declínio devido, sobretudo, ao aumento da terceirização e do desemprego industrial. Finalmente, em setores como comércio, construção civil e bancos, a despeito de a diminuição da densidade sindical ser menor do que na manufatura, ainda assim a tendência é declinante[59].

Nos anos 2000, o perfil dos filiados do Cosatu reagrupou-se quase exclusivamente no interior dos setores mais estáveis da classe trabalhadora, enquanto a maioria dos subempregados formais, dos desempregados e dos que sobrevivem na economia informal, isto é, o precariado urbano, permaneceu do lado de fora da proteção sindical. No entanto, novas tendências acrescentaram tensões na relação dos sindicatos com o governo, revertendo provisoriamente o acomodamento da federação ao corporativismo. Nesse sentido, a crescente filiação de servidores públicos em funções subalternas e sub-remuneradas, além de alterar o peso relativo do setor público no interior da federação, implicou um reforço da resistência à mercantilização do trabalho no país.

Em suma, o movimento sindical sul-africano, mesmo diante do declínio do poder estrutural do Cosatu, seguiu marcado por fortes tensões. Por um lado, há aqueles, como o todo-poderoso sindicato dos mineiros (NUM), que nitidamente advogam a ideia de que, em uma sociedade na qual um só partido monopoliza a vida política eleitoral, trabalhar em seu interior e por meio dele parece ser a maneira mais realista de influenciar a mudança social. Daí deriva todo o ceticismo em relação aos movimentos sociais críticos ao ANC. Por outro, há aqueles que, a exemplo do Numsa e de alguns sindicatos de servidores públicos, não identificam mais vantagens em fazer parte de uma aliança que os enfraquece perante suas próprias bases sociais, envolvendo-os em decisões consideradas politicamente desastrosas.

Em certa medida, o dilema do movimento sindical na África do Sul sintetiza a encruzilhada do conjunto das forças democráticas do país: ser ou não ser parte do governo do ANC. Trata-se de um dilema que, durante treze anos, não foi nada estranho às forças progressistas brasileiras. E, num contexto pós-golpe parlamentar, possivelmente deverá voltar a desafiar o sindicalismo e os movimentos nacionais.

---

58 Para mais informações, ver Sakhela Buhlungu (org.), *Trade Unions and Democracy: Cosatu Workers' Political Attitudes in South Africa* (Cidade do Cabo, HSRC, 2007).

59 Ver dados citados em National Labour and Economic Development Institute (Naledi), *The State of Cosatu: Phase One Report* (Joanesburgo, Naledi, 2006).

6

REVIRANDO O LULISMO

Joanesburgo, 7 de fevereiro de 2013. O público aparentava ficar cada vez mais cético enquanto eu ia apresentando dados e imagens a respeito das revoltas operárias em Jirau, Belo Monte, Suape... O debate confirmou minhas expectativas: "Se, como você está alegando, a situação econômica e política no Brasil promove a inquietação social, como explicar a popularidade de Lula e de Dilma?". Repliquei dizendo que o quadro era complexo, pois, apesar das péssimas condições laborais, do aumento no número de acidentes de trabalho, da elevação da taxa de terceirização das empresas e da nítida retomada da atividade grevista a partir de, ao menos, 2008, o mercado de trabalho continuava aquecido e, malgrado o inédito patamar do endividamento popular, as famílias trabalhadoras permaneciam consumindo bens duráveis. Além disso, os trabalhadores brasileiros simplesmente não identificavam alternativas políticas críveis ao Partido dos Trabalhadores (PT) e seus aliados.

Por se tratar do mês de fevereiro, o tempo em Joanesburgo estava compreensivelmente quente, porém estranhamente seco, condição climática que parece ter influenciado as perguntas do público. Não posso dizer que tenha angariado muitas simpatias... Alguns meses antes, Edward Webster decidira organizar um evento chamado "Lessons from the Brazilian Experience: A Labour Perspective", na sede do Cosatu, a fim de debater a recente experiência política brasileira de relação entre os trabalhadores, os sindicatos e o governo federal, e pediu-me que falasse sobre a "hegemonia lulista"[1].

Entre os participantes do encontro, além de especialistas acadêmicos em Brasil e em África do Sul, como Gay Seidman e Giorgio Romano Schutte, por exemplo, estariam líderes sindicais da central que, no passado, se notabilizou mundialmente por sua aguerrida luta *anti-apartheid*. De fato, lá estava Zwelinzima Vavi, o carismático

[1] As contribuições a esse evento apresentadas pelos participantes foram publicadas em Edward Webster e Karen Hurt, *A Lula Moment for South Africa? Lessons from Brazil* (Joanesburgo, Chris Hani Institute, 2014).

secretário-geral do Cosatu e um dos mais entusiasmados apoiadores daquilo que os documentos da central batizaram de "Lula Moment" [Momento Lula].

Tratava-se de uma política cujo objetivo consistia em pressionar o governo sul-africano para que este se aproximasse do então modelo brasileiro pilotado pela burocracia lulista: aumento de gastos sociais, queda de desigualdades entre aqueles que vivem dos rendimentos do trabalho, elevação do consumo popular etc. O entusiasmo sul-africano com a hegemonia lulista fora reforçado pela bem-sucedida participação de Lula da Silva no congresso do Cosatu, em 2011.

Tudo somado, a hegemonia lulista surgiu aos olhos de uma central sindical às voltas com um sério dilema a respeito de sua própria relação com o governo do ANC. Ao me convidar para o seminário na Cosatu House, Edward Webster desejava apenas temperar o debate sindical sul-africano com visões críticas sobre o cenário político brasileiro. A despeito das intenções de Edward Webster, é dispensável dizer que meus alertas sobre a iminente fadiga da hegemonia lulista não foram muito bem acolhidos pela direção da central.

Meu prognóstico apoiava-se na suposição de que o ciclo grevista vivido pelos trabalhadores brasileiros alimentava-se de contradições da própria estrutura social do país – não se tratando, portanto, de um fenômeno episódico, como alegavam os especialistas alinhados ao antigo governo petista. Ademais, tendo em vista o amadurecimento das tensões existentes entre o regime de acumulação financeirizado e o modo de regulação, eu previa um futuro tormentoso para a hegemonia lulista, algo que os militantes do Cosatu não pareciam dispostos a considerar seriamente ao insistirem na importância do exemplo de Lula para a revitalização das lutas sindicais na África do Sul.

A aposta fazia sentido à luz dos sinais mais ou menos claros de fadiga do modelo de desenvolvimento brasileiro captados pelas pesquisas de campo do Centro de Estudos dos Direitos da Cidadania (Cenedic), que, à época, eu dirigia. De fato, desde 2008, o Cenedic havia publicado livros e artigos argumentando – por meio de etnografias de trabalhadores vivendo em bairros populares e periféricos, análises das modificações recentes da estrutura sócio-ocupacional brasileira e estudos de caso de trabalhadores precarizados – que, em vez de consolidar a hegemonia política do PT, a reprodução do modelo de desenvolvimento financeirizado alimentava um estado mais ou menos permanente de inquietação social, capaz de precipitar uma onda de indignação popular[2].

Talvez por essa razão, as chamadas Jornadas de Junho tenham surgido para o Cenedic como o resultado previsível de uma situação histórica marcada pela inquietação dos grupos subalternos. Em 2006, a equipe do Cenedic já se lançara a campo, sobretudo no bairro paulistano de Cidade Tiradentes, com o propósito de investigar as microfundações da macro-hegemonia do PT. Localizada no extremo leste da capital paulista e contando com cerca de 300 mil moradores, a região abriga, além de uma grande favela, um dos maiores conjuntos habitacionais da América Latina. Em

---

[2] Para mais informações, ver Robert Cabanes et al (orgs.), *Saídas de emergência: ganhar/perder a vida na periferia de São Paulo* (São Paulo, Boitempo, 2011).

suma, trata-se de um bairro que permite observar o modo de vida dos que conheceram como poucos o avesso da hegemonia lulista[3].

Formalização e precariedade: da esperança ao medo

As vicissitudes cotidianas das famílias trabalhadoras de Cidade Tiradentes, bairro onde 65% dos moradores vivem com uma renda média individual de até 80 dólares por mês, multiplicaram-se nas etnografias do trabalho informal, do tráfico de drogas, da terceirização, da precarização do trabalho doméstico, do comércio ilícito, da violência policial, das ocupações irregulares, da população de rua e das trajetórias das mulheres chefes de família do bairro. Assim, uma miríade de dramas privados transformou-se em uma fértil matéria-prima para o debate público. E a pesquisa do modo de vida das famílias do bairro flagrou a dialética cotidiana entre os espaços privado e público, movendo-se no sentido da retomada da ação coletiva, mediada não mais pelos sindicatos ou pelos partidos políticos tradicionais, mas por igrejas neopentecostais.

Além disso, é importante lembrar que há tempos o Cenedic analisa a violência policial militarizada elevada à condição de mecanismo garantidor da segregação espacial urbana. Quer a pretexto da infame guerra às drogas, quer como força de despejo a serviço das grandes incorporadoras de áreas da cidade irregularmente ocupadas, é notório que a Polícia Militar (PM) brutaliza e mata impunemente, sobretudo jovens trabalhadores negros e pobres, nas periferias dos grandes centros urbanos do país.

Aqui, vale destacar que, longe de "mal treinada" ou "despreparada" para lidar com as multidões, a PM de São Paulo é deliberadamente instruída a empregar técnicas "preventivas" de contrainsurgência sobre os trabalhadores jovens. A frequência com que isso acontece é um claro indicador de como a violência policial contra públicos inofensivos se transformou em um verdadeiro mecanismo de regulação do modo de vida urbano. O relato etnográfico da ação da PM durante uma apresentação do grupo Racionais Mc's no dia 6 de maio de 2007 na praça da Sé em São Paulo oferece indícios de como a repressão policial não é fruto de uma orientação errática ou deficiente:

> Uma pequena confusão se inicia no lado esquerdo da praça. [...] Os policiais reagem de forma totalmente desproporcional e resolvem dissipar a multidão... [...] Depois de duas tentativas de retomar o show, a polícia volta ao confronto. Ainda do lado esquerdo, aparecem várias viaturas da tropa de choque e dezenas de policiais avançam em direção ao público, soltando bombas de gás lacrimogêneo e de efeito moral. A multidão corre em pânico. Do palco, os Racionais tentam acalmar a situação, mas já não é possível. [...] O show termina, uma grande onda de violência se espalha pelo centro da cidade: telefones públicos são destruídos, portas de lojas são depredadas, banheiros químicos são danificados e um carro é incendiado. [...] A explosão de revolta que se seguiu à apresentação deve ser

---

[3] Nas palavras de Francisco de Oliveira, as etnografias realizadas pelos pesquisadores do Cenedic na zona leste de São Paulo ajudam a revelar, para além da aprovação eleitoral, "o cotidiano de pessoas (kafkianamente) transformadas em insetos na ordem capitalista da metrópole paulistana". Francisco de Oliveira, Prefácio: Contos kafkianos, em ibidem, p. 7.

> compreendida exatamente a partir dessa distância: uma grande desconfiança entre o Estado e a população ali representada e, ao mesmo tempo, uma enorme proximidade com os Racionais. Por mais paradoxal que pareça, foi a polícia que criou a desordem na praça, enquanto o grupo de rap tentou usar sua influência para controlar a desordem, ou manter certa ordem.[4]

Ao se transformar em um modo rotineiramente empregado pelo Estado para reprimir as aspirações populares, a violência policial nos grandes centros urbanos do país assumiu a função de fiadora da acumulação por espoliação. No tocante à reprodução da precariedade do trabalho e da insegurança social como modo de vida predominante nas periferias das cidades, a repressão policial militarizada incorporou-se à paisagem urbana da mesma forma que as igrejas neopentecostais, os *shopping centers* e as faculdades privadas noturnas. Das remoções das populações em benefício das incorporadoras aos ataques contra os movimentos sociais urbanos, a Polícia Militar tornou-se a face mais visível da consolidação de um regime de acumulação baseado na espoliação do "comum".

O inesperado é que a face abertamente repressora do modelo de desenvolvimento então pilotado pelo lulismo revelou-se durante um ciclo histórico marcado pela formalização do trabalho que apontava para o fortalecimento da proteção do trabalhador, quando na realidade uma nova onda de mercantilização do trabalho estava se enraizando na base do modelo de desenvolvimento brasileiro. A surpresa é compreensível. Afinal, até meados dos anos 1990, tendo em vista a importância da indústria de transformação no PIB, a precariedade do modo de vida do trabalhador associava-se, sobretudo, à informalidade devido ao fato de a dinâmica nacional de criação de empregos localizar-se na faixa entre 3 e 5 salários mínimos. No entanto, o deslocamento dos empregos para o setor dos serviços privados, ainda que formais, concentrou os novos postos na faixa até 1,5 salário mínimo[5].

Em outras palavras, a classe trabalhadora brasileira, mesmo no *boom* de criação de empregos formais, isto é, entre 2004 e 2008, continuou oscilando entre o improvável acesso a um emprego estável e a inevitável "viração", isto é, o recurso a todos os meios disponíveis de criação de renda, tão característico do cotidiano dos trabalhadores acantonados nas periferias dos centros urbanos brasileiros. Trata-se de uma condição inerente à insegurança e à violência que caracterizam o modo de vida dos trabalhadores precários. Nesse sentido, quando pensamos na melhor maneira de sintetizar a era Lula do ponto de vista do mundo do trabalho, é inevitável recorrermos à combinação esdrúxula entre formalização e precarização.

---

[4] Daniel Veloso Hirata, "Vida loka", em ibidem, p. 191-2.

[5] Além disso, vale lembrar que o avanço do processo de terceirização empresarial reforçou a rotatividade do trabalho, afastando ainda mais os trabalhadores da proteção social. Para mais informações, ver Departamento Intersindical de Estatística e Estudos Socioeconômicos (Dieese), *Rotatividade setorial: dados e diretrizes para a ação sindical* (São Paulo, Dieese, 2014).

A terceirização como destino

O novo emprego formal no país transfigurou-se a ponto de reproduzir uma condição de insegurança social muito parecida com a velha informalidade. Substituindo o trabalho regular, o emprego precário sob a forma de cooperativas de trabalho, contratos de prestação de serviços via pessoa jurídica (PJs) e terceirizações tornou-se parte indispensável do regime de acumulação pós-fordista e financeirizado. Daí o reconhecimento dos pesquisadores do Cenedic a respeito da centralidade assumida pelos hibridismos (formal-informal, lícito-ilícito etc.) inerentes ao modo de vida do precariado urbano em suas várias encarnações, tais como trabalhadores terceirizados, costureiras e imigrantes, além daqueles empregados pelo narcotráfico. Alguns pesquisadores, inclusive, identificaram uma espécie de nova porosidade emergente entre as fronteiras do formal-informal ou do lícito-ilícito[6].

Essa intimidade entre o lícito e o ilícito aparece sob a forma menos de uma polaridade do que de uma combinação sempre conflituosa entre mundos distintos, porém interdependentes. Por vezes, no interior da mesma família, encontramos filhos "trabalhadores" e filhos "bandidos", cujas atividades se complementam tanto no plano moral quanto no plano material. A tensão valorativa que a presença do ilícito cria no interior da família, no entanto, tende a ser mitigada com o passar do tempo pela negociação de uma série de pequenos armistícios cotidianos capazes de reproduzir um certo equilíbrio entre os mundos do trabalho e do crime[7].

Trata-se de um expediente que decorre, sobretudo, da impossibilidade de a família reproduzir-se recorrendo exclusivamente aos rendimentos do trabalho, ainda que formalizado. Assim como pudemos verificar na África do Sul, o emprego deixou de garantir a segurança das famílias trabalhadoras contra as vicissitudes advindas da pobreza urbana. Antes de tudo, não devemos perder de vista que a porosidade entre o lícito e o ilícito é, simplesmente, uma estratégia de sobrevivência nas periferias. Em poucas palavras, as atividades criminosas tornaram-se fundamentais para a reprodução de parte não desprezível das famílias trabalhadoras:

> Não seria possível dizer que o "crime" venceu a moral familiar: dentro de casa não se fala de carros, motos, música e mulheres, temas e objetos dominantes na sociabilidade entre amigos. Por isso, ao chegar em casa, Lázaro desliga o som, tira o boné e saca o dinheiro do bolso. Mas a família "trabalhadora" também não venceu o "crime": ninguém exige que os rapazes deixem as ações criminosas, sobretudo porque elas ajudam no sustento de todos e são fundamentais à rotina doméstica. [...] Os filhos "trabalhadores" sustentam a estrutura do grupo simbolicamente: são o orgulho da mãe. No plano material, porém, o sustento é garantido pelos filhos "do crime". A família tem proventos simbólicos e materiais, e isso permite que ela se restabeleça.[8]

---

6 Para mais informações, ver Vera da Silva Telles, *A cidade nas fronteiras do legal e ilegal*, cit.

7 Ver Gabriel de Santis Feltran, "'Trabalhadores' e 'bandidos' na mesma família", em Robert Cabanes et al. (orgs.), *Saídas de emergência*, cit.

8 Ibidem, p. 411.

Assim, tendo em vista a natureza essencialmente punitiva da ação do Estado nas periferias, não surpreende que um segmento da população se identifique com o sistema de justiça imposto por organizações criminosas, como o Primeiro Comando da Capital (PCC), considerado mais igualitário do que a justiça oficial envolvida apenas na tarefa de encarcerar os pobres. E, no interior dessa renovada constelação de relações sociais existente nas periferias urbanas, a etnografia proletária apreendeu o fatalismo dos fracos em meio à tormenta promovida pela mercantilização do trabalho. Ainda que latente, uma subjetividade em revolta insinuou aflorar por meio da gramática religiosa:

> O que predominava nas entrevistas era um julgamento moral pessimista sobre a degradação progressiva da qualidade dos homens. Esse julgamento podia adquirir uma conotação dramática, não desprovida de certa satisfação intelectual, quando se vinculava a uma perspectiva escatológica (muito presente em seu horizonte). A acumulação dos erros humanos levaria ao fim do mundo. Então haveria justiça – o fim da desigualdade – e alegria por não ter nada a perder, nessa única e definitiva esperança de revanche dos humildes e dos humilhados. Essa era a lição que eles tinham aprendido na vida; mas, em sentido sociológico, talvez possamos ver aí uma maneira de eles se elevarem acima dos que não têm voz, mostrando uma independência de espírito e de julgamento, uma capacidade de pensar que não tiveram no cotidiano; em resumo, maneira de exprimir sua cidadania e sua igualdade.[9]

Essa combinação do pessimismo moral com uma vontade ativa de superar escatologicamente as humilhações cotidianas somou-se às frustrações com os resultados do assalariamento formal. Ainda assim, isso serve para revelar uma vez mais a importância da cidadania salarial, isto é, o reconhecimento do direito à proteção trabalhista associado ao progresso ocupacional na vida das classes subalternas do país. A frustração com os limites muito rígidos que a transição para o trabalho formal produziu nos meios populares pode ser percebida na resiliência da informalidade no seio das famílias trabalhadoras, mesmo durante a onda de formalização do trabalho. Aos "bicos" devemos acrescentar a carteira assinada.

Além disso, na maior parte das vezes, a inclusão no mercado formal não vem acompanhada da independência em relação à família. Formais ou informais, todos permanecem morando com a mãe:

> Sueli não saiu do esquema de pequenos bicos. Suas duas redes principais – a Igreja Batista e um "político" que não se elegeu, mas virou assessor de um vereador – ainda estavam em atividade e eram de algum auxílio. Ela não via outra saída além daquela proposta por seus filhos, dos quais quatro estavam empregados com carteira assinada: o mais velho ainda era cobrador de ônibus e não parecia disposto a se casar; vivia em casa e, segundo suas irmãs, tinha todas as características de um solteirão empedernido; o segundo trabalhava como instalador em uma empresa que vendia equipamentos para filtros de água e conseguiu que uma de suas irmãs fosse contratada no setor de *telemarketing*; outra irmã trabalhava numa empresa de *telemarketing*; um filho vivia com a esposa, bem mais velha que ele, e fazia bicos como pedreiro; duas filhas terminaram o ensino secundário e davam

[9] Robert Cabanes, "Proletários em meio à tormenta neoliberal", em ibidem, p. 35.

cursos de catecismo na Igreja Batista; dois outros filhos ainda estavam na escola. Todos, exceto o pedreiro, moravam com a mãe, e o espírito geral era muito diferente e até contrário ao da geração precedente: o trabalho vem antes dos amores ou do casamento.[10]

É importante insistir que o trabalho formal subalterno necessita ser avaliado no contexto do aumento da terceirização empresarial que não apenas mercantilizou ainda mais o trabalhador ao desapossá-lo de benefícios trabalhistas como contribuiu diretamente para a ampliação da jornada, comprimindo os salários e elevando a rotatividade do trabalho. De fato, em média, os trabalhadores terceirizados no Brasil recebem 24,7% a menos por uma jornada semanal 7,5 horas mais longa, submetendo-se a uma taxa de rotatividade 53,5% superior aos trabalhadores diretamente contratados[11].

Em larga medida, a combinação entre formalização e precarização do trabalho, característica da era Lula, transformou o trabalhador terceirizado na síntese dessa verdadeira nova precariedade que se enraizou no regime de acumulação pós-fordista. Ademais, a terceirização empresarial antecede formas ainda mais degradantes de assalariamento, como o trabalho intermitente e o trabalho contratado por falsas cooperativas.

Nesse caso, não deixa de causar surpresa que, muitas vezes, seja o próprio Estado que promova direta ou indiretamente a terceirização por meio, sobretudo, do recurso às cooperativas de trabalho, organizações não governamentais e organizações sociais. Em 2013, conforme registros administrativos do Ministério do Trabalho e Emprego, aproximadamente 35% dos trabalhadores do serviço público federal haviam sido contratados por modalidades alternativas ao Regime Jurídico Único[12]. Aqui, o relato etnográfico revelou mais uma combinação esdrúxula, isto é, a espoliação dos direitos trabalhistas de Mercedes, empregada do Tribunal de Justiça de São Paulo, realizada por aqueles que deveriam zelar pelo cumprimento de seus direitos sociais e trabalhistas:

> Depois de cinco anos no tribunal, o "pessoal da limpeza" tem duas opções: entrar para uma cooperativa que passará a ter contrato de trabalho com o local ou ir embora. Mercedes já trabalhava numa empresa de limpeza terceirizada, mas esta dá lugar a uma cooperativa, e "a cooperativa é assim: a gente ganha pelo que faz, não tem aumento de salário, não tem, e aquele salário fixo de um ano ou dois de contrato, mas é só aquele, então ganhava muito pouco". Ao ver que teria um ganho menor que seu salário, não teria registro e seria ainda responsável coletivamente por qualquer problema que ocorresse na seção de limpeza, ela não entrou para a cooperativa. "Eu já 'tava doente lá dentro, eu digo: 'Eu num dou conta mais, trabalhar assim, o dinheiro que eu ganho não dá nem pra me tratar'."[13]

---

[10] Ibidem, p. 52.

[11] Para mais informações, ver Denise Motta Dau, Iram Jácome Rodrigues e Jefferson José da Conceição, *Terceirização no Brasil: do discurso da inovação à precarização do trabalho (atualização do debate e perspectivas)* (São Paulo, Annablume, 2009).

[12] Ver Secretaria Nacional de Relações de Trabalho e Departamento Intersindical de Estatística e Estudos Socioeconômicos (Dieese), *Terceirização e desenvolvimento, uma conta que não fecha: dossiê acerca do impacto da terceirização sobre os trabalhadores e propostas para garantir a igualdade de direitos* (São Paulo, Central Única dos Trabalhadores, 2014).

[13] Ludmila Costhek Abílio, "A gestão do social e o mercado da cidadania", em Robert Cabanes et al. (orgs.), *Saídas de emergência*, cit., p. 310.

O caso de Juraci e Arlete, ambos moradores do Jardim São Carlos, periferia leste da cidade de São Paulo, revela como a terceirização se vinculou não apenas à precarização, mas também ao desemprego. Ele trabalhou como porteiro registrado por uma década e meia e ela sempre trabalhou como empregada doméstica. Juraci foi demitido quando o pessoal do condomínio foi terceirizado. Para ele, a terceirização significou, além do desemprego, a desconstrução daquelas redes informais a que recorria usualmente para voltar a trabalhar, isto é, o contato direto com síndicos e zeladores, as indicações, as informações internas etc. Quando da entrevista, em 2007, Arlete era quem sustentava a casa com aquilo que ganhava no trabalho doméstico[14].

Em acréscimo, o caso de Jair e Vanda demonstra como o acesso ao trabalho terceirizado reproduz a precariedade laboral. Na realidade, nenhum dos dois conseguiu escapar do método da ocupação irregular e da autoconstrução a fim de garantir sua moradia no Jardim São Carlos. Trabalhador terceirizado da Petrobras com experiência em obras como o gasoduto Brasil-Bolívia, Jair sempre havia trabalhado em grandes projetos até ser demitido, sem receber seus direitos trabalhistas, por uma construtora que faliu após entregar obras na região paulistana de Alphaville. Por sua vez, Vanda trabalhou em confecções por alguns anos até chegar às empresas terceirizadas de limpeza, nas quais a remuneração nunca supera a faixa do salário mínimo, predominando pagamentos atrasados e demissões[15].

Outra forma de perceber os limites da combinação esdrúxula entre a formalização do emprego e a precarização do trabalho é analisar aquelas famílias trabalhadoras que transitaram das ocupações informais menos qualificadas e mais degradadas, como o trabalho de coleta e reciclagem do lixo, para relações formais de emprego, como o trabalho de limpeza terceirizado. Ao visitar a família de Ângelo e Sara, em um intervalo de três anos, entre 2006 e 2009, isto é, justamente durante o pico de expansão do emprego formal, o registro etnográfico captou sinais de progresso material, como o avanço na construção da casa própria, ainda que em um contexto geral marcado pela reprodução da precariedade[16].

Acrescente-se a esse frágil quadro de formalização a flagrante despolitização das relações de trabalho, capitaneada pela descentralização, privatização e terceirização dos serviços públicos nos bairros periféricos, e perceberemos a gravidade do colapso dos movimentos sociais reivindicativos da periferia[17]. À custa da "destruição dos músculos da sociedade civil brasileira", como diria Chico de Oliveira, o crescimento do "onguismo", liderado por ex-militantes especializados em estabelecer contratos terceirizados com a Prefeitura de São Paulo a fim de desenvolver projetos sociais nas

---

[14] Ver Eliane Alves da Silva, "Ocupação irregular e disputas pelo espaço na periferia de São Paulo", em ibidem.

[15] Idem.

[16] Ver Robert Cabanes e Mônica Virgínia de Souza, "A coleta e o tratamento do lixo", em Robert Cabanes et al. (orgs.), *Saídas de emergência*, cit.

[17] Ver Isabel Georges e Yumi Garcia dos Santos. *As novas políticas sociais brasileiras na saúde e na assistência: produção local do serviço e relações de gênero*, cit.

periferias, substituiu a reivindicação de direitos universais pelo ativismo em torno de políticas públicas focalizadas[18].

De fato, a hegemonia neoliberal consolidada no país desde os anos 1990 acabou substituindo a dinâmica das reivindicações de direitos universais pela disputa por editais e financiamentos de projetos sociais. Estamos diante de uma verdadeira mercantilização do ativismo social que, por outras vias, coroou a burocratização do movimento sindical via integração ao aparelho de Estado. A generalização da racionalidade técnica é perfeitamente compatível com a máxima administrativa largamente praticada pelo lulismo: a burocracia é superior em conhecimento. Assim, presenciamos o princípio de uma verdadeira gestão competitiva do engajamento social nos moldes do modelo empresarial neoliberal[19].

Em linhas gerais, trata-se da mesma matriz subjacente à financeirização da burocracia sindical que transbordou os gabinetes ministeriais e os fundos de pensão, inundando o terreno do ativismo social nas periferias. O resultado é que, ao estimular o modelo disciplinar neoliberal de gestão do social, a desmobilização política promovida pelo lulismo enfraqueceu os processos reivindicativos apoiados na conquista e efetivação de direitos universais, isto é, a dinâmica dos direitos da cidadania, ao investir na produção de um consenso passivo baseado no empreendedorismo dos pobres apoiado por políticas públicas[20].

No entanto, esse novo governo das populações não é capaz de mitigar as duras condições de vida do precariado das periferias das grandes cidades. Devido ao acúmulo das contradições enlaçando a violência, o trabalho, a prisão, a moradia e o transporte, contradições essas procedentes da reprodução do regime de acumulação, e não da (in)eficiência do modo de regulação, a pacificação social simplesmente não é capaz de perdurar por muito tempo. O modo de vida periférico não aponta apenas para os limites da formalização do trabalho ou para a mesquinhez das concessões materiais aos subalternos. Anuncia que a resposta popular à crise da globalização, provavelmente, será inorgânica e intempestiva.

Mercantilização da cidade e ampliação da precariedade

E como poderia ser diferente se, mesmo nas periferias e favelas que foram urbanizadas com investimentos públicos, o resultado foi a consolidação de um modo de vida precário? Ainda que existam mais escolas e postos de saúde hoje do que na década de 1970, a qualidade dos serviços públicos é notoriamente deficitária. A tensão entre direitos sociais assegurados constitucionalmente e serviços públicos que negam

---

[18] Para mais informações, Cibele S. Rizek, "Gerir a pobreza? Novas faces da cultura nos territórios da precariedade", em Ana Clara R. Torres, Lilian Fessler Vaz e Maria Lais Pereira da Silva (orgs.), *Leituras da Cidade* (Rio de Janeiro, Letra Capital, 2012).

[19] Para mais informações, ver José César Magalhães, "As entidades sociais e o surgimento de uma gestão concorrencial do engajamento cívico", em Robert Cabanes et al. (orgs.), *Saídas de emergência*, cit.

[20] Para mais informações, ver Paulo Arantes, *O novo tempo do mundo* (São Paulo, Boitempo, 2014).

na prática o acesso a esses direitos aprofundou a inquietação social ao longo de toda a era Lula.

Nesse sentido, uma maneira verdadeiramente privilegiada de observar a reprodução da angústia popular que se espalhou pelas periferias brasileiras é analisar o programa Minha Casa, Minha Vida (MCMV). Originalmente apresentado como uma demanda do setor da construção civil para sair da crise econômica instalada em 2008, o MCMV foi ampliado e transformado pelo segundo governo de Lula da Silva na política oficial de habitação do país. A estrutura do programa apoiou-se no subsídio governamental ao crédito para aquisição da casa própria. Em linhas gerais, trata-se de uma política que reproduz o padrão tradicional de articulação entre Estado e interesses privados no país, isto é, promove a espoliação dos fundos públicos em benefício da acumulação privada[21].

As construtoras são estimuladas a produzir habitação para moradores de baixa renda, e o governo assume todos os riscos do pagamento por meio do subsídio às construções. A faixa 1 do Minha Casa, Minha Vida é totalmente subsidiada pelo governo, isto é, está fora do crédito hipotecário, sendo destinada àqueles classificados como de "baixíssima renda" pelo programa. Trata-se da faixa cujos beneficiários são indicados pelas prefeituras e governos estaduais. Nessa faixa, como as empresas são responsáveis por encontrar e adquirir a terra e por elaborar os projetos, o critério da rentabilidade acaba prevalecendo, resultando em projetos padronizados nas áreas mais longínquas das periferias urbanas[22].

Apesar dos bilhões de reais em subsídios públicos, o programa MCMV acabou reproduzindo o velho padrão periférico de expansão das cidades por meio da segregação espacial entre ricos e pobres. Por um lado, se o MCMV atingiu uma parte das classes subalternas que não era atendida pelos governos em termos de habitação popular, por outro o programa não modificou a segregação espacial que domina a paisagem urbana no país. Em suma, trata-se de uma política de financiamento da casa própria desenhada para fortalecer um tipo de acumulação rentista apoiada no endividamento e, consequentemente, na espoliação das economias das famílias trabalhadoras[23].

De fato, fortalecidas pelo aumento de liquidez do crédito público, as construtoras impuseram um tipo de planejamento que consiste basicamente em tratar as terras urbanas como um ativo financeiro à espera de valorização. Como a rentabilidade desse ativo depende dos custos de aquisição das glebas, as construtoras foram atrás dos terrenos mais distantes dos centros devido ao baixo valor da terra, lançando as famílias trabalhadoras em regiões totalmente destituídas de serviços urbanos e reproduzindo o padrão de precarização das condições de vida das classes subalternas nas periferias. Reforço do *apartheid* social? Trata-se de um padrão de financeirização do

[21] Para mais informações, ver Raquel Rolnik, *Guerra dos lugares: a colonização da terra e da moradia na era das finanças* (São Paulo, Boitempo, 2015).

[22] Idem.

[23] Idem.

espaço urbano que revela aspectos centrais de esgotamento do modelo de desenvolvimento brasileiro outrora pilotado pela burocracia lulista.

Segundo a Fundação João Pinheiro, responsável pela organização e divulgação das pesquisas sobre o déficit habitacional brasileiro, entre 2007 e 2012, o número de pessoas que sofriam com o gasto excessivo com aluguéis aumentou 35,3%, chegando a 2,66 milhões de famílias. Ademais, alavancado pelo aumento dos aluguéis, entre 2011 e 2012, o déficit habitacional nas metrópoles brasileiras subiu 10%. A cidade de São Paulo sozinha apresentava um déficit de mais de 700 mil moradias, cerca de 1,3 milhão de pessoas vivendo em favelas e 2,5 milhões em loteamentos irregulares[24].

Em outras palavras, ao longo da era Lula, o aluguel forçou as famílias trabalhadoras a se mudarem para bairros mais baratos e distantes, dificultando o acesso aos serviços públicos. Não por acaso, a luta pela mobilidade urbana serviu de lema das Jornadas de Junho de 2013. Ao fim e ao cabo, o que foi entregue ao precariado urbano por meio do reajuste do salário mínimo acima da inflação foi subtraído pelo aumento dos aluguéis. Isso sem mencionar o fato de que os conflitos urbanos se tornaram mais frequentes e violentos na medida em que as áreas valorizadas pelas incorporadoras e construtoras foram rareando[25].

Nesse momento, terrenos ocupados que, por algum motivo, ainda não tivessem sido totalmente regularizados transformaram-se em alvos preferenciais das forças do mercado imobiliário que conspiram para a remoção dos moradores, frequentemente assegurada por meio do recurso à violência policial. E, quando, por algum motivo, a PM não é uma opção, as construtoras valem-se de incêndios criminosos a fim de forçar a desocupação das moradias. Ainda que difícil de provar, a ação das construtoras é indiretamente perceptível quando comparamos as áreas incendiadas com o índice de valorização imobiliária[26].

Tendo em vista o fato de a cidade ter vivido recentemente a experiência de sediar a Copa do Mundo e os Jogos Olímpicos, o Rio de Janeiro é um caso emblemático de remoções forçadas. Onde as remoções foram "negociadas", a população recebeu, na prática, uma só opção de adquirir imóveis do programa MCMV nos bairros de Campo Grande e Santa Cruz, localizados na zona oeste do Rio. Notoriamente, trata-se da região mais mal servida de transportes, equipamentos, empregos e serviços da cidade, ou seja, as remoções reforçaram os mecanismos autoritários de segregação espacial e de diminuição do acesso aos serviços públicos característicos do *apartheid* social[27].

A combinação entre o acirramento das lutas sociais após as Jornadas de Junho de 2013 e a crise do modelo de desenvolvimento pós-fordista e financeirizado no país

---

[24] Ver Guilherme Boulos, *De que lado você está? Reflexões sobre a conjuntura política e urbana no Brasil* (São Paulo, Boitempo, 2015).

[25] Idem.

[26] Assim, o site *Fogo no Barraco* produziu abrangente um mapa de incêndios em favelas paulistanas entre 2005 e 2014, mostrando que a maioria dos incêndios aconteceu nas zonas de valorização. Ver ibidem, p. 37.

[27] Para mais informações, ver Raquel Rolnik, *Guerra dos lugares*, cit.

estimulou a entrada em cena do MTST. Sem mencionarmos o crescimento do ativismo de organizações como a Frente de Luta por Moradia (FLM), a Central de Movimentos Populares (CMP) e a União Nacional por Moradia Popular (UNMP), o MTST protagonizou 63 mobilizações em 2014 apenas na cidade de São Paulo. Em relação ao número de ocupações urbanas, o crescimento foi notável. Se entre 2011 e 2012 aconteceram pouco mais de 200 ocupações em São Paulo, entre 2013 e 2014 esse número saltou para 680 ocupações, sobretudo a partir do segundo semestre de 2013[28].

Na verdade, o MTST reconheceu que a insegurança da moradia está diretamente ligada às vicissitudes do trabalho precário, que, assim como no passado fordista periférico, continuam obrigando o trabalhador a ocupar irregularmente terrenos nas regiões periféricas a fim de minimizar os riscos inerentes às alternâncias entre a atividade e a inatividade do trabalho. Quando a organização da vida ao longo do tempo se transforma em uma negociação cotidiana cujo resultado é sempre incerto, a moradia irregular garante um mínimo de controle sobre o modo de vida para que o trabalhador possa seguir em sua sequência de empregos intermitentes.

Nesse contexto, a promessa da cidadania salarial, isto é, a dobradinha de proteção social com progresso ocupacional, vai-se revelando cada dia menos crível. Quase um engodo, quando observamos a trajetória das trabalhadoras mães solteiras e chefes de família, esse verdadeiro alicerce das relações sociais nas periferias dos grandes centros urbanos do país. Letícia, 34 anos, separada e mãe de dois filhos, por exemplo, após trabalhar dois anos como operária em uma empresa metalúrgica, precisou se demitir devido à distância entre a empresa e a casa. Mas não tardou a conseguir outro emprego:

> Tornou-se operadora de caixa num estacionamento, no qual tinha um "bom salário" (400 reais) e benefícios como assistência médica e vale-transporte. Demitida seis meses depois, tornou-se operadora de *telemarketing*, mas não era registrada. [...] (Após se separar do primeiro marido) Letícia conheceu um homem bem mais jovem que ela (20 anos). [...] Após dois anos de namoro, engravidou e o casal passou a viver junto. Foi a partir daí que a relação começou a se deteriorar. Seu companheiro era ciumento e a obrigou a parar de trabalhar. Com medo de apanhar, ela pediu demissão da empresa de *telemarketing* em que trabalhava e começou a fazer "bicos" de manicure para sobreviver. [...] Sozinha com duas filhas, [...] a ex-operadora de *telemarketing* se vira com bicos (faxineira, lavadeira e manicure). Por fim, [...] ainda espera conseguir uma bolsa do Programa Universidade para Todos (Prouni). Suas boas notas no Exame Nacional do Ensino Médio (Enem) a capacitariam para o programa.[29]

A frustração do precariado urbano com os resultados da promessa da cidadania salarial talvez ajude a iluminar o comportamento desse grupo social nas eleições. Durante o pleito de 2014, por exemplo, enquanto os setores organizados da classe trabalhadora e o subproletariado seguiram firmes ao lado da candidata Dilma Rousseff, uma massa de aproximadamente 45 milhões de cidadãos, formada por jovens entre 16 e 33 anos, mais escolarizada que a geração anterior e recebendo uma renda

---

[28] Ver Guilherme Boulos, *De que lado você está?*, cit.

[29] Yumi Garcia dos Santos, "Interrupções e recomeços: aspectos das trajetórias das mulheres chefes de família monoparental de Cidade Tiradentes", em Robert Cabanes et al. (orgs.), *Saídas de emergência*, cit.

individual semelhante à de seus pais, desgarrou-se da hegemonia lulista, avizinhando--se da candidatura de Marina Silva[30].

Apesar de reconhecer certo progresso ocupacional na última década e meia, esses eleitores demonstravam insatisfação com os limites da regulação lulista. Em um primeiro momento, nem Aécio Neves nem Eduardo Campos lograram seduzi-los. Afinal, ambos eram políticos identificados com o sistema partidário criticado por esses jovens. Mas o que dizer da líder de um partido que é uma "rede", uma mulher que não é "nem de esquerda nem de direita", oriunda de uma região longínqua do país, cuja trajetória de vida está associada à preservação ambiental e que fala o tempo todo em "nova política"? E, de fato, durante parte da campanha eleitoral de 2014, Marina Silva absorveu parte dos votos tanto das classes médias tradicionais quanto dos eleitores jovens que vivem em famílias que recebem entre dois e cinco salários mínimos mensais.

Apesar de Dilma Rousseff vencer Marina Silva por uma boa margem entre os eleitores identificados com opiniões à esquerda (50% a 43%), o que mais chamou a atenção na pesquisa do Instituto Datafolha foi a vantagem obtida pela ambientalista entre eleitores de centro-esquerda (47% a 45%) e de centro (48% a 43%). Tratava-se de praticamente metade do eleitorado brasileiro (48%) e, apesar de a pesquisa não cruzar dados relativos à idade, é razoável supor que essa fatia acolhia parte considerável dos 45 milhões de eleitores entre 16 e 33 anos[31].

Na realidade, a aproximação entre a juventude trabalhadora e a candidata ambientalista manifestou eleitoralmente o desejo de uma mudança social progressista. Tratava-se de uma ilusão, pois certamente Marina Silva faria um governo tão neoliberal quanto o turbulento segundo mandato de Dilma Rousseff até o *impeachment*. No entanto, o desejo era autêntico. Os milhões de jovens que vivem entre um emprego sem futuro e uma faculdade particular noturna de baixa qualidade desejavam aquilo que o atual sistema político não era capaz de garantir, isto é, a ampliação de seus direitos sociais. Além disso, pressentiram o risco de retrocesso histórico em caso de vitória do candidato tucano. Afinal, não foram os governos do PSDB que produziram desemprego e sucatearam os serviços públicos?

O que dizer, porém, de uma ex-militante do Partido Revolucionário Comunista (PRC), companheira de Chico Mendes, senadora pelo PT e dissidente (à época, lembremos, pela esquerda) do lulismo? A despeito do flagrante oportunismo político, do conservadorismo ideológico e da adesão à ortodoxia econômica por parte de Marina Silva, a imagem que aqueles jovens manietados por mais de duas décadas de neoliberalismo e de lulismo faziam da candidata do Partido Socialista Brasileiro (PSB) era positiva. E, por algumas semanas, Marina identificou-se com a pulsão plebeia que

---

[30] Ver Alan Rodrigues, "O que os jovens pensam sobre a política", *Istoé*, 29 ago. 2014, disponível em <http://istoe.com.br/380009_O+QUE+OS+JOVENS+PENSAM+SOBRE+A+POLITICA/>, acesso em 7 nov. 2016.

[31] Ver Ricardo Mendonça, "Centro-direita sustenta liderança de Marina no 2º turno, diz Datafolha", *Folha de S.Paulo*, 7 set. 2014, disponível em <http://www1.folha.uol.com.br/poder/2014/09/1512201-centro-direita-sustenta-lideranca-de-marina-no-2-turno-diz-datafolha.shtml?cmpid=menupe>, acesso em 13 jul. 2015.

animou o ciclo de lutas sociais inaugurado pelas Jornadas de Junho de 2013, capitalizando o desejo de progresso ocupacional enraizado na realização e ampliação dos direitos da cidadania.

Marina Silva, porém, nunca se mostrou capaz de disputar a direção dos movimentos sociais com o PT. Assim, o *consentimento ativo* das direções permaneceu estável, garantindo a Dilma Rousseff um enorme poder de reação durante a campanha eleitoral. Ademais, o subproletariado não se afastou da candidata governista. Entretanto, por algumas semanas, Marina Silva disputou com o lulismo o *consentimento passivo* de parte dos subalternos, atraindo aquela massa precarizada de trabalhadores jovens do setor de serviços acantonada nas periferias das principais cidades brasileiras.

O fato de Marina Silva não ter chegado ao segundo turno das eleições presidenciais de 2014 denota o rápido desencantamento desses setores mais jovens da classe trabalhadora com as inconsistências políticas de sua candidatura. A tática petista de atacá-la prioritariamente, poupando Aécio Neves no primeiro turno, somada à fragilidade eleitoral do PSB, mostrou-se bastante eficaz em desidratar Marina Silva, ao mesmo tempo que reconduziu a disputa eleitoral do segundo turno para a, aparentemente, confortável polarização PT-PSDB. De acordo com os relatórios eleitorais do Instituto Datafolha, os votos que Marina perdeu no primeiro turno entre aqueles eleitores jovens que vivem em famílias com renda média localizada na faixa entre dois e cinco salários mínimos redistribuíram-se entre Dilma e Aécio, em favor do candidato tucano.

No entanto, após uma campanha marcada pela radicalização discursiva do PT no segundo turno, essa mesma massa de eleitores reconciliou-se com a candidata lulista, garantindo sua apertada vitória. Não seria exagero afirmar que os votos do precariado urbano foram os grandes responsáveis pela vitória de Dilma Rousseff em 2014. Todavia, a expectativa nutrida por esse setor das classes subalternas brasileiras de um segundo mandato que não atacasse direitos sociais e trabalhistas, assegurando as modestas conquistas sociais em termos de rendimentos do trabalho alcançadas no período anterior, chocou-se contra um governo empenhado em aplicar uma política de austeridade cujas maiores vítimas eram exatamente os grupos que garantiram a reeleição da petista.

A crise da hegemonia precária

A capitulação de Dilma Rousseff à pressão dos mercados financeiros não pode ser considerada uma surpresa. Afinal, a guinada neoliberal de seu governo já vinha ocorrendo desde o segundo ano do primeiro mandato. Tratava-se de uma situação criada pelas próprias contradições inerentes a um projeto reformista (fraco) liderado por uma burocracia sindical em tempos de hegemonia da globalização financeira. Aqui, vale lembrar que a hegemonia lulista entendida como um *modo de regulação* dos conflitos classistas se apoiou na articulação de duas formas distintas, porém complementares, de consentimento, cujo resultado foi a relativa pacificação social do país por mais de uma década.

Em primeiro lugar, devemos caracterizar o *consentimento passivo* das classes subalternas ao projeto de governo liderado pela burocracia sindical que, durante o período de expansão do ciclo econômico, soube garantir modestas, embora efetivas, concessões aos trabalhadores. Sumariamente, o *subproletariado semirrural* acantonado nos grotões foi beneficiado pelo Programa Bolsa Família (PBF), passando da extrema pobreza à pobreza oficial. O *precariado urbano* deixou-se seduzir pelos aumentos do salário mínimo acima da inflação e pela formalização do mercado de trabalho com a criação de empregos. E o *proletariado sindicalmente organizado* beneficiou-se do mercado de trabalho aquecido, alcançando negociações coletivas vantajosas em termos tanto salariais quanto de benefícios trabalhistas.

Em um país mundialmente conhecido por suas desigualdades abissais, esses discretos avanços foram fortes o bastante para sedimentar o consentimento dos subalternos à regulação lulista, garantindo ao PT a reeleição de Lula da Silva, além da eleição e da reeleição de Dilma Rousseff. O fortalecimento da renda "dos de baixo" transformou-se imediatamente em acesso a bens duráveis, o que modificou a norma social de consumo elevando as expectativas populares em relação ao futuro. E o acesso ao mercado de consumo, sem dúvida, retroalimentou o desejo de progresso ocupacional dos subalternos, em especial dos trabalhadores jovens.

Ademais, como argumentamos, o projeto de governo petista soube articular concretamente os interesses da burocracia sindical, das lideranças dos movimentos sociais e dos setores médios intelectualizados, criando as bases para um *consentimento ativo* ao lulismo, cujo lócus é o aparelho de Estado. Assim, o sindicalismo lulista transformou-se não apenas em um ativo administrador do aparelho de Estado, mas em um ator-chave da arbitragem do investimento capitalista no país. Por meio da ocupação de postos nos conselhos dos fundos de pensão e dos bancos públicos, a alta burocracia sindical "financeirizou-se", isto é, fundiu seus interesses de camada social privilegiada ao ciclo de acumulação do capital financeiro. Ou, conforme Lula da Silva:

> Estejam certos que nunca antes na história deste país se discutiu tanto sobre fundos de pensão como vamos discutir nos próximos anos. Primeiro, tentando incentivar as mais diferentes categorias de trabalhadores do nosso país a criarem o seu próprio fundo. E isso é um trabalho, eu diria, de uma grandeza incomensurável. Segundo, discutindo mais seriamente com nossos parceiros de outros países que também participam de fundos de pensão, para que a gente possa fazer parcerias e muitos investimentos no nosso país. Terceiro, para que a gente discuta, de uma vez por todas, como os fundos podem ajudar a resolver parte dos problemas que parecem insolúveis ao nosso país [...] Os fundos de pensão podem começar a pensar que o seu papel daqui para a frente deverá ser mais nobre, do ponto de vista social, do que foi até os dias de hoje.[32]

Dessa forma, o petismo militante nas greves e nos movimentos sociais afastou-se de suas origens, tornando-se um sócio menor do bloco do poder capitalista no Brasil. Ocorre que, se esse poder político-administrativo não assumir a forma da propriedade privada de capital, a posição privilegiada da burocracia sindical não se cristalizará, pois permanecerá dependente do controle do aparelho político. Daí a ideia de um regime

[32] Citado em Maria A. Chaves Jardim, *Entre a solidariedade e o risco: sindicatos e fundos de pensão em tempos de governo Lula*, cit., p. 160.

hegemônico precário. E, para reproduzir seu poder burocrático, deve ser capaz de acomodar os interesses tanto de seus aliados históricos (setores médios da própria burocracia, pequena burguesia intelectualizada...) quanto de seus adversários (camadas burocráticas hostis, grupos sectários com interesses corporativistas...) no interior do aparelho de Estado.

Ainda que com grandes dificuldades, decorrentes da capitulação do petismo às regras antidemocráticas do financiamento empresarial de campanhas eleitorais e da tentativa do primeiro governo de Lula da Silva de romper com os esquemas do presidencialismo de coalizão por meio da compra direta de apoio político no parlamento, a hegemonia lulista alcançou até 2014 um notável êxito em reproduzir tanto o *consentimento passivo* das massas quanto o *consentimento ativo* das direções. Durante o ciclo expansivo da economia, no entanto, importantes contradições sociais acumularam-se, preparando a reviravolta que levaria o país ao golpe parlamentar, jurídico e midiático, disfarçado de *impeachment* de Dilma Rousseff.

Em 2014, já no ritmo da desaceleração econômica, 97,5% do emprego ofertado no mercado formal pagava até 1,5 salário mínimo. Com o aprofundamento da crise econômica e a guinada neoliberal do segundo governo de Dilma Rousseff, o regime de acumulação pós-fordista e financeirizado assumiu uma direção marcada pela espoliação social. De um "esboço desenvolvimentista", que flertava com o fordismo periférico, passamos às políticas de austeridade fiscal desenhadas mais ou menos diretamente pelo setor financeiro[33].

A contração cíclica impulsionada pelos cortes dos gastos federais elevou o desemprego (segundo a Pesquisa Mensal de Amostras por Domicílio Contínua, a taxa de desocupação do trimestre encerrado em novembro de 2016 revelou que o desemprego atingiu 12,1 milhões de trabalhadores, contra 9,1 milhões no ano anterior), acertando em cheio tanto o precariado urbano quanto o proletariado sindicalmente organizado. Ainda assim, a exemplo do proletariado organizado, ainda ativo nas greves, o proletariado precarizado seguiu resistindo aos ataques da política de austeridade por meio das ocupações dos movimentos sociais sem-teto.

Por outro lado, os setores médios tradicionais, alguns deles inclusive aliados do PT e da CUT até o escândalo do "mensalão", evoluíram rumo a uma agenda econômica abertamente neoliberal. Não é difícil imaginar suas razões. O progresso da formalização do emprego encareceu o trabalho doméstico. O mercado de trabalho aquecido impulsionou a inflação dos serviços. O aumento do consumo de massas fez com que os trabalhadores "invadissem" espaços antes reservados às classes médias tradicionais, como *shopping centers* e aeroportos. Finalmente, o aumento da oferta de vagas em universidades privadas e de baixa qualidade para filhos de famílias trabalhadoras aumentou a concorrência por empregos que pagam mais do que 1,5 salário mínimo.

---

[33] Para mais informações, ver André Singer, "A (falta de) base política para o ensaio desenvolvimentista", em André Singer e Isabel Loureiro (orgs.), *As contradições do lulismo: a que ponto chegamos?* (São Paulo, Boitempo, 2016).

O fim do lulismo?

Quando o escândalo do "petrolão" passou a monopolizar o noticiário, a insatisfação das classes médias tradicionais explodiu em uma gigantesca onda de manifestações favoráveis ao *impeachment* de Dilma Rousseff que tomaram as ruas das principais cidades brasileiras em março e abril de 2015. Ao menos aparentemente, os protestos contra a presidenta confirmavam as análises tanto de direitistas quanto de governistas a respeito do levante popular de junho de 2013. Para certos jornalistas ligados ao Instituto Liberal, Junho foi um levante de classe média galvanizado pelo MPL contra a corrupção do governo federal. Segundo essa perspectiva, a população teria abandonado as ruas logo que percebeu a presença ultraesquerdista por trás da exigência de revogação do aumento das tarifas do transporte público[34].

Por outro lado, para alguns analistas alinhados ao PT, Junho foi uma onda de insatisfação manipulada pela grande mídia e protagonizada pelas classes médias tradicionais contra as políticas sociais do governo federal. Em consequência, a mudança na conjuntura política e a queda na popularidade da presidenta teriam pavimentado o caminho para o avanço da direita, facilitando a eleição de um Congresso ainda mais conservador do que o antecedente. A despeito da diversidade ideológica das análises, a conclusão é compatível, pois afirma uma continuidade essencial entre as manifestações de 2013 e de 2015. Afinal, as massas foram às ruas contra o antigo governo federal, retornando quase dois anos depois para completar o trabalho iniciado. Em consequência, as Jornadas de Junho transformaram-se na campanha pelo *impeachment* de Dilma[35].

Seria produtivo analisarmos tais alegações a partir de dois parâmetros: a base social dos protestos e sua direção política. Como bem destacou Marcelo Badaró, não parece haver muita dúvida sobre as diferenças sociológicas existentes entre os manifestantes. Em junho de 2013, na contracorrente de uma intensa campanha midiática, uma massa formada por jovens trabalhadores com escolaridade mais alta do que a renda, muitos deles moradores das periferias, tomou as ruas de várias capitais em reação à brutal repressão da PM ao protesto organizado pelo MPL no dia 13 em São Paulo. Àquela altura, os setores médios tradicionais também se fizeram presentes, em especial a partir do dia 20 de junho, mas sem uma clara maioria nas ruas[36].

Em março e abril de 2015, ao contrário, houve uma flagrante predominância da população adulta, concentrada entre trinta e cinquenta anos, esmagadoramente branca e recebendo mais de cinco salários mínimos. E os manifestantes populares, isto é, aqueles vivendo em famílias que ganham até três salários mínimos, não

---

[34] Ver Flavio Morgenstern, *Por trás da máscara: do Passe Livre aos Black Blocs, as manifestações que tomaram as ruas do Brasil* (São Paulo, Record, 2015).

[35] Ver Marcelo Barbosa e Kadu Machado, "A segunda onda", PT, 16 mar. 2015, disponível em <http://www.pt.org.br/marcelo-barbosa-e-kadu-machado-a-segunda-onda/>, acesso em 16 jun. 2015.

[36] Ver Marcelo Badaró Mattos, "Junho e nós: das jornadas de 2013 ao quadro atual", *Blog Junho*, 2 jul. 2015, disponível em <http://blogjunho.com.br/junho-e-nos-das-jornadas-de-2013-ao-quadro-atual/>, acesso em 2 jul. 2015.

passaram de 20%. Em resumo, estamos diante de uma reviravolta social, e não de uma continuidade linear entre os dois ciclos de manifestações. Se adicionarmos as diferenças relativas ao conteúdo político dos protestos, entenderemos com mais clareza a distância entre 2013 e 2015. Em 2013, as demandas levadas às ruas, apesar da natural diversidade existente em um protesto espontâneo de massas, decantaram-se em uma pauta popular em favor de mais investimentos públicos em transporte, saúde e educação.

Nada espantoso, considerando a segregação espacial que acompanhou a financeirização das terras urbanas e o deslocamento de trabalhadores em condições precárias de vida e de trabalho para as periferias mais distantes das cidades. Além disso, é importante destacar a ampliação do adoecimento derivado da intensificação dos ritmos do trabalho e do incremento da rotatividade laboral que têm levado cada vez mais trabalhadores precários a recorrerem ao Sistema Único de Saúde (SUS). Por fim, devemos lembrar a intensificação da busca desses trabalhadores por qualificações produzida pelo aumento da competição laboral que faz com que eles recorram mais intensamente à educação como única via de progresso ocupacional.

Por outro lado, as manifestações de direita, além do apoio midiático, foram dirigidas e financiadas por organizações com claros vínculos classistas – algumas delas, ligadas a *think tanks* estadunidenses –, cujo foco foi o *impeachment* de Dilma Rousseff. Em suma, a ampla luta distributiva subjacente a Junho, com sua demanda por mais investimentos estatais, chocando-se com os gastos com juros e amortizações da dívida pública, foi substituída por ataques contra o antigo governo petista.

No entanto, é inegável que exista ao menos uma importante relação entre as duas ondas de protestos. Afinal, Junho abriu uma nova conjuntura política marcada pelo fim da pacificação social característica do lulismo. Assim, o ano de 2013 anunciou a chegada de uma nova era de luta de classes ao país e, consequentemente, da crise do modo de regulação apoiado na combinação do consentimento popular com o consentimento das direções dos movimentos sociais ao projeto lulista. A crise econômica parece ter aprofundado o ressentimento das classes médias tradicionais com o governo petista, potencializando a natureza antipopular e conservadora da reação dos estratos intermediários da pirâmide social brasileira. E, do lado dos subalternos, as políticas recessivas adotadas pelo governo alienaram o que ainda restava de apoio popular a Dilma Rousseff.

Os trabalhadores perceberam que a presidenta estava empenhada em implementar políticas austericidas que atingiam os direitos trabalhistas, como as MPs 664 e 665, desenhadas para rebaixar o preço da força de trabalho. O aumento do desemprego, em especial entre os jovens, passou a espremer o orçamento de famílias trabalhadoras cada dia mais endividadas. Tratava-se de uma tríade infernal: precarização, endividamento e desemprego. Em resumo, o ressentimento popular com o governo federal tendeu a aumentar, pulverizando a popularidade da ex-presidenta[37].

---

[37] Para mais informações, ver Ricardo Antunes, "A sociedade da terceirização total", *Revista da Abet*, v. 14, n. 1, jan.-jun. 2015, p. 6-14.

Na verdade, a crise do lulismo significou, em última instância, a condensação das contradições sociais que se acumularam ao longo de treze anos. Diante da falência do modelo de desenvolvimento financeirizado apoiado sobretudo na exploração do trabalho assalariado barato, o governo de Dilma Rousseff decidiu atualizar o regime de acumulação, priorizando a estratégia de espoliação social. Os contornos dessa era pós-lulista não estão totalmente definidos. No entanto, algo parece claro: o segundo governo de Dilma Rousseff anunciou o fim da pacificação social que marcou o lulismo, inaugurando uma nova era de luta de classes, na qual o centro da vida social se deslocou para os extremos do espectro político.

A estrutura dessa transição entre regimes de acumulação, responsável por orientar a radicalização política que se apossou do país durante o governo de Michel Temer, foi anunciada na repressão promovida pelo governo do tucano Beto Richa aos professores e servidores estaduais que protestavam em frente à Assembleia Estadual no dia 29 de abril de 2015 contra a votação do projeto de lei que alterou a Paranaprevidência.

Coincidentemente, eu participaria de atividades sindicais na Universidade Federal do Paraná no dia seguinte à manifestação dos servidores públicos estaduais. Assim, pude ouvir os dramáticos relatos sobre a repressão policial do dia anterior e vi de perto os hematomas deixados pelas balas de borracha e os cortes causados pelos estilhaços das bombas de fragmentação nos servidores públicos que participaram do ato. Fui informado pelos trabalhadores de que o governo estadual havia trazido tropas de choque de várias regiões do Estado para reforçar o efetivo de 1.500 policiais posicionado em frente ao parlamento estadual e soube que todo o estoque de gás lacrimogêneo do Paraná se esgotou em apenas duas horas. A nuvem de gás criada pela PM obrigou a evacuação às pressas de uma creche na região.

A escala da violência política contra uma multidão formada por professores e servidores públicos, muitos deles eleitores de Beto Richa, não deixou dúvidas a respeito da importância da votação do projeto de lei que modificaria o regime previdenciário dos servidores paranaenses. Trata-se basicamente da espoliação de direitos sociais em benefício do pagamento da dívida pública estadual. A brutalidade policial assegurou o roubo das aposentadorias e das pensões dos servidores.

Ainda assim, a "Batalha de Curitiba" seria um acontecimento isolado não fosse o fato de a espoliação dos direitos sociais e trabalhistas a fim de pagar juros e amortizações da dívida pública ter-se transformado na principal estratégia social de acumulação do modelo de desenvolvimento brasileiro.

Na realidade, a ofensiva sobre os direitos previdenciários e trabalhistas que tem balizado o atual regime de acumulação por espoliação no país já havia sido publicamente anunciada em uma entrevista do então presidente da Federação das Indústrias do Estado de São Paulo (Fiesp), o empresário Benjamin Steinbruch, ao jornal *Folha de S. Paulo*, durante a campanha eleitoral de 2014. Na ocasião, após entoar a indefectível cantilena a respeito do elevado custo do emprego no Brasil, o dono da Companhia Siderúrgica Nacional (CSN) reivindicou um "país leve na lei trabalhista", isto é, com jornada mais flexível, idade legal diminuída e horário de almoço encurtado:

Não precisa de uma hora (de almoço). Se você vai numa empresa nos EUA, você vê (o trabalhador) comendo o sanduíche com a mão esquerda e operando a máquina com a mão direita. Tem quinze minutos para o almoço.[38]

Por trás das propostas do ex-presidente da Fiesp, encontramos as três grandes frentes de ataque dos interesses patronais incorporados na proposta de reforma trabalhista do governo de Michel Temer, isto é, a implementação do princípio do negociado sobre o legislado, a flexibilização da jornada de trabalho e a universalização da terceirização empresarial. Além de decretarem o fim da CLT, as medidas aprovadas pelo parlamento, em junho de 2017, colocaram um ponto final naquele longo ciclo iniciado nos anos 1930 de organização do mercado de trabalho brasileiro com algum grau de proteção assegurado ao trabalhador[39]. De quebra, ameaçam o Fundo de Garantia do Tempo de Serviço (FGTS), o vale-transporte e o vale-alimentação.

A respeito da terceirização, mesmo antes da reforma trabalhista o quadro já era desalentador. De acordo com a Confederação Nacional da Indústria (CNI), nos últimos três anos, cerca de 70% das indústrias brasileiras contrataram empresas terceirizadas. Dos 50 milhões de trabalhadores com carteira assinada existentes em 2014 no país, 12,7 milhões eram terceirizados, recebendo em média salários 30% inferiores em relação aos contratados diretamente[40]. Além disso, são mais vulneráveis tanto aos acidentes de trabalho quanto às condições análogas à escravidão[41]. A reforma trabalhista apresentada por Temer em seu discurso de posse deterioraria ainda mais uma condição social já calamitosa.

Ao fim e ao cabo, não parece haver muita dúvida de que essas exigências empresariais foram plenamente incorporadas pela agenda do golpe de 2016, cujo objetivo não declarado é assegurar a transição mais rápida possível de um regime de acumulação apoiado predominantemente na exploração do trabalho assalariado barato para um regime de acumulação centrado na espoliação dos direitos dos trabalhadores. Evidentemente, isso não implica que a exploração do trabalho assalariado barato tenha perdido centralidade. No entanto, tendo em vista o prolongamento da crise econômica internacional, somado à dificuldade do regime de acumulação em acomodar os conflitos trabalhistas decorrentes da ampliação do assalariamento formal da última década, o governo golpista decidiu orquestrar uma brusca mudança nos rumos da economia.

---

[38] Ver entrevista de Benjamin Steinbruch a Fernando Rodrigues, *Folha de S.Paulo*, 29 nov. 2014, disponível em <http://www1.folha.uol.com.br/poder/poderepolitica/2014/09/1523956-leia-a-transcricao-da-entrevista-de-benjamin-steinbruch-a-folha-e-ao-uol.shtml>, acesso em jul. 2017.

[39] Para mais informações sobre a história da CLT, ver Adalberto Cardoso, *A construção da sociedade do trabalho no Brasil: uma investigação sobre a persistência secular das desigualdades* (Rio de Janeiro, FGV, 2010).

[40] Para mais informações, ver dados citados em Secretaria Nacional de Relações de Trabalho e Departamento Intersindical de Estatística e Estudos Socioeconômicos (Dieese), *Terceirização e desenvolvimento, uma conta que não fecha*, cit.

[41] Para mais informações, ver Jeane Sales e Vitor Araújo Filgueiras, "Trabalho análogo ao escravo no Brasil: natureza do fenômeno e regulação", *Revista da Abet*, v. 12, n. 2, jul-dez 2014.

A prioridade voltou-se para o reforço dos alicerces da acumulação por espoliação, ou seja, a mercantilização do dinheiro, da terra e do trabalho. Naturalmente, isso já ocorria durante o ciclo lulista. No entanto, vale lembrar que alterações quantitativas podem provocar mudanças qualitativas. E, sem dúvida, entramos em 2016 em uma quadra histórica diferente da anterior. Um ajuste fiscal desenhado para durar vinte anos, atingindo prioritariamente os investimentos em educação e saúde, somado a uma proposta regressiva de reforma da previdência social, anunciou essa nova era coroada por um substancial aumento do desemprego. A partir de então, a expectativa é que as lutas sociais contra a política de espoliação social alcancem uma importância cada vez maior na convulsionada cena política brasileira.

LUTAS SOCIAIS NO SUL GLOBAL

7

PRECÁRIOS E INFLEXÍVEIS

Tradicionalmente, o marxismo tendeu a interpretar como uma transição sequencial a passagem da acumulação primitiva escudada na violência política do Estado para o capitalismo industrial apoiado na violência econômica da exploração do trabalho assalariado. No entanto, Rosa Luxemburgo nos mostrou que a acumulação do capital articula de forma orgânica estas duas dimensões, isto é, tanto o processo econômico de produção de excedentes de capital quanto o recurso a um regime apoiado na política colonial, no sistema internacional de empréstimos, na guerra, na força, na fraude, na opressão dos povos e na pilhagem das riquezas nacionais[1].

Ambas as dimensões encontram-se atadas ao destino histórico do capitalismo, afinal o impulso geral da dinâmica da acumulação exige que os diferentes domínios da vida social sejam abertos de maneira contínua ao investimento. Assim, o progresso capitalista depende permanentemente da violência política do Estado a fim de articular e fortalecer modos distintos de mercantilização. Em um contexto econômico marcado pela crise de sobreacumulação, isto é, pelos excedentes de capitais ociosos sem oportunidades de investimento lucrativo, as políticas da espoliação capitalistas dirigidas pelo Estado neoliberal liberam ativos a baixo custo a fim de que o capital sobreacumulado possa se apropriar de tais excedentes a uma taxa rentável[2].

O grande perigo para a estabilidade do sistema é que, ao assumir tão desavergonhadamente a defesa dos interesses do capital monopolista em detrimento das necessidades públicas, a política de acumulação por espoliação acabe por criar uma crise de legitimidade capaz de alimentar uma revolta mais ou menos aberta contra o próprio sistema, o que nos conduz ao problema geral da resistência às políticas de acumulação

---

[1] Para mais informações, ver Rosa Luxemburgo. *A acumulação do capital: contribuição ao estudo econômico do imperialismo* (São Paulo, Nova Cultural, 1985).

[2] Para mais informações, ver David Harvey, *O novo imperialismo* (São Paulo, Loyola, 2004), e Robert Brenner, *O boom e a bolha: os Estados Unidos na economia mundial* (São Paulo, Record, 2003).

por espoliação, ou seja, aos movimentos insurgentes que têm desafiado a combinação entre os diferentes modos de mercantilização – do trabalho, da terra e do dinheiro –, característica do momento presente.

Mesmo considerando apenas Portugal, África do Sul e Brasil, a miríade de movimentos sociais de resistência à espoliação organizados em torno das identidades étnicas, das questões de gênero, das nacionalidades etc. inviabilizaria nossa análise. Por isso, selecionamos duas ordens de questões a serem exploradas comparativamente nesses três países: em primeiro lugar, enfocaremos a relação problemática dos movimentos protagonizados pelos trabalhadores precários com as formas tradicionais de organização e representação trabalhista, em especial os sindicatos; em segundo lugar, priorizaremos o elo entre a precarização do emprego e a regressão dos direitos trabalhistas no contexto da crise da globalização como força motriz das insurgências contemporâneas.

Indignados!

Em Portugal, selecionamos o mais importante movimento social protagonizado por trabalhadores precários surgido no contexto de sua ascendência por uma globalização contra-hegemônica, isto é, a Associação de Combate à Precariedade – Precários Inflexíveis (PIs). Organização criada durante o primeiro MayDay Lisboa, em 2007, rapidamente os PIs destacaram-se por sua denúncia dos abusos trabalhistas, em especial o endividamento dos trabalhadores independentes junto à previdência social. Atuando ao lado de outras organizações (aqui, vale destacar os coletivos engajados na luta por moradia) ao longo da segunda metade dos anos 2000, os PIs souberam diversificar seu repertório de ação, promovendo, além de assembleias e sessões de esclarecimento sobre os direitos trabalhistas, atividades como aulas de teatro, *workshops* de escrita criativa, lançamentos de livros e exposições de imagens.

Na segunda metade dos anos 2000, o principal interesse dos PIs era discutir com os trabalhadores a agenda da precariedade laboral, naquele momento ainda distante dos sindicatos. O método privilegiado foi a ação direta por meio de iniciativas exemplares que atraíssem a atenção de um público amplo, como invasões de *call centers* e pichações de empresas de trabalho temporário. De fato, a ação direta transgressiva constituiu-se desde o início no método escolhido pelo movimento dos precários para assegurar certa visibilidade à sua agenda. Em particular, a invasão de *call centers* tornou-se a principal marca do movimento[3].

No entanto, com a crise de 2008 e a aplicação das políticas de austeridade negociadas com a Troika, essas iniciativas foram perdendo sua eficácia devido, sobretudo, ao medo que os trabalhadores ainda empregados tinham de apoiar tais intervenções. O refluxo do movimento dos trabalhadores precários em Portugal verificado no final

[3] Para mais informações, ver José Soeiro, *A formação do precariado: transformações no trabalho e mobilizações de precários em Portugal*, cit.

dos anos 2000 duraria pouco tempo. A partir de 2011, um novo ciclo de protestos irrompeu no país, surpreendendo a maior parte dos analistas políticos[4].

De fato, entre março de 2011 e novembro de 2013, realizaram-se doze grandes manifestações de rua, organizadas quer pelos trabalhadores precários, quer pelo movimento sindical. Intempestiva, a onda de mobilizações começou com a manifestação do 12 de março de 2011, conhecida como "Geração à Rasca" [geração em risco], convocada por meio das redes sociais e independente dos sindicatos. Essa manifestação logrou obter uma adesão maciça, sobretudo por parte dos jovens trabalhadores precários, tornando-se, apesar de suas contradições, um momento claro de inflexão na cena política portuguesa[5].

A bem da verdade, antes do dia 12 de março, alguns importantes protestos contra os cortes nos gastos do Estado e contra as reformas do mercado de trabalho em Portugal já haviam sido organizados, sobretudo pelas duas principais centrais sindicais, a CGTP (Confederação Geral dos Trabalhadores Portugueses) e a UGT (União Geral dos Trabalhadores). No entanto, a dominância de mobilizações lideradas pelos sindicatos acabou quando o protesto da Geração à Rasca emergiu. Após o sucesso desse movimento, o nível de mobilização dos agrupamentos da sociedade civil não apenas aumentou exponencialmente como também impulsionou a criação de vários novos grupos de ativistas e de redes de solidariedade[6].

A história é bastante conhecida, mas vale a pena relembrar: inspirados pela execução da canção "Parva que sou", do grupo de fado-rock Deolinda, no Coliseu dos Recreios em Lisboa, Alexandre Carvalho, António Frazão, João Labrincha e Paula Gil, amigos que haviam estudado juntos na Universidade de Coimbra, decidiram organizar um evento no Facebook cujo manifesto convocou jovens desempregados, "quinhentoseuristas", subcontratados, contratados a prazo, falsos trabalhadores independentes, trabalhadores intermitentes, estagiários, bolsistas e trabalhadores-estudantes a protestarem em Lisboa a fim de reivindicar melhores condições de trabalho:

> Os Precários foi a primeira organização que contatamos. Obviamente porque era a única organização que conhecíamos, já tinham aparecido nas notícias pelas invasões de *call centers*, e era a única organização com quem queríamos contar desde o início porque estávamos a querer divulgar um tema que é o fulcro do trabalho deles e que portanto obviamente o seu trabalho, a experiência na divulgação e até, às vezes, na abordagem destes temas era importante. (Alexandre Carvalho)[7]

Por um lado, se é inegável a influência do ciclo de rebeliões sociais inaugurado pela Primavera Árabe, em 2010, sobre os movimentos de indignados em Portugal e na Espanha, é importante destacar que a principal força de aglutinação das demandas capaz de explicar o ativismo nesses países foi, sem dúvida, o Estado nacio-

---

4 Para mais informações, ver Britta Baumgarten, "Geração à Rasca and Beyond, cit.

5 Para mais informações, ver Nuno de Almeida Alves et al., *Jovens em transições precárias*, cit.

6 A participação de cerca de 800 mil manifestantes, sem dúvida, a maior demonstração popular em Portugal desde da Revolução dos Cravos. Ver Britta Baumgarten, " Geração à Rasca and Beyond", cit.

7 Citado em José Soeiro, *A formação do precariado*, cit., p. 306-7.

nal. Na realidade, analisando o movimento da Geração à Rasca, torna-se patente o baixo grau de internacionalização do protesto. Tratou-se de um movimento cuja novidade se debruçou sobre o protagonismo social do jovem precariado, passando por temas do mercado de trabalho e pelo déficit democrático na direção de interpelar o governo português[8].

O exemplo de Portugal é bastante atraente para a análise sociológica, pois foi o primeiro caso de mobilização ocorrido na Europa no interior do novo ciclo inaugurado em 2010. Ao verbalizar a revolta contra a representação política e as condições de vida e de trabalho no país, os indignados portugueses anteciparam o padrão dos movimentos espanhol e grego. As lideranças envolvidas no protesto permaneceram centradas no Estado, sugerindo que, ao contrário dos tempos do movimento altermundialista, a cena política nacional tornara-se o alvo prioritário no contexto da crise da globalização.

Tratou-se de uma mobilização para a qual convergiram variadas forças sociais. Dos jovens precários aos aposentados, passando por organizações feministas, partidos de esquerda, setores da direita organizada, como a juventude do PSD, além dos sindicatos. A identificação com uma condição comum associada à precariedade, especialmente saliente entre os jovens, assegurou o fluxo predominante de indignação que transbordou os limites do espaço virtual e inundou as ruas e as praças das principais cidades portuguesas.

Ao analisar as 2.083 cartas que foram deixadas na Assembleia da República pelos manifestantes no dia 12 de março de 2011, José Soeiro concluiu que, além das questões relativas ao trabalho e ao emprego terem sido largamente predominantes no protesto, havia uma clara preocupação quanto à participação na vida democrática país. Além disso, entre os temas ligados ao trabalho e ao emprego, a precariedade dos contratos, os recibos verdes e o desemprego eram visivelmente predominantes[9].

A história da Geração à Rasca revelou que, desde o início, os jovens responsáveis por convocar o protesto preocuparam-se em recorrer às organizações de trabalhadores precários a fim de obter apoio político e organizativo. Isso provou que as intervenções anteriores do movimento do precariado português lograram acumular certo prestígio político, surgindo aos olhos da nova geração de ativistas como uma alternativa crível aos setores politicamente institucionalizados. Nesse sentido, é possível dizer que a identificação do movimento dos precários com o novo ciclo de protestos estabeleceu-se não apenas pela pauta e pelo protagonismo social, mas também pela forma organizativa do movimento que privilegiou a participação direta dos interessados em assembleias abertas.

Isso não implicava que o terreno da política institucional estivesse totalmente alheio ao movimento dos trabalhadores precários. Segundo a pesquisa de José Soeiro, entre os ativistas da Associação de Combate à Precariedade – Precários Inflexíveis, a esmagadora maioria (71%) estava ou já estivera ligada a algum dos partidos políticos

---

8 Ver Britta Baumgarten, "Geração à Rasca and Beyond", cit.

9 Ver José Soeiro, *A formação do precariado*, cit.

da esquerda portuguesa, em especial o Bloco de Esquerda. A despeito da frequente crítica aos partidos políticos, parece-nos razoável observar que a socialização política partidária fazia-se presente no horizonte desses militantes[10].

Na verdade, apesar de existir um nítido favorecimento dos métodos de ação direta e das formas de organização horizontalizadas, vale destacar que não é possível identificar um sentimento de hostilidade à participação na vida política institucional entre as organizações de jovens trabalhadores precários portugueses. Aliás, um estilo pragmático de luta política tem predominado, ao menos no tocante à relação dos precários com o parlamento, sendo frequentes os contatos com os partidos, em particular após a apresentação de petições endereçadas à Assembleia da República[11].

No caso do vínculo entre o movimento de jovens precários e o sindicalismo, vale destacar que se trata de uma relação usualmente tensa, cuja maturidade se deu no ritmo do aprofundamento da crise econômica que progressivamente deteriorou as bases do poder negocial dos sindicatos. Na verdade, a eclosão desse movimento levantou inicialmente questões relativas ao monopólio da representação trabalhista do precariado pós-fordista em Portugal. A reconhecida incapacidade demonstrada pelo sindicalismo de incorporar as demandas desse setor fez com que, numa primeira mirada, os precários parecessem ameaçar os sindicatos[12].

No entanto, conforme a necessidade de defesa dos direitos trabalhistas se foi impondo no dia a dia das mobilizações antiausteridade, uma agenda mais colaborativa do que competitiva floresceu entre o movimento de jovens trabalhadores precários e o sindicalismo, em especial aqueles sindicatos filiados à CGTP. Estes passaram a perceber o movimento dos precários como um aliado na resistência ao desmanche dos direitos sociais e trabalhistas contido no memorando da Troika. Além do mais, o protagonismo social demonstrado, desde 2011, pelo jovem precariado contra o memorando assinado pelo antigo governo de Pedro Passos Coelho com a Troika transformou o movimento de precários na vanguarda da defesa dos direitos trabalhistas num contexto de flagrante defensiva dos setores organizados dos trabalhadores[13].

Na realidade, o impacto do 12 de março sobre o nível de mobilização em Portugal pode ser mais bem apreendido se combinarmos três ângulos distintos. Em primeiro lugar, temos o ponto de vista dos eventos independentes e da formação de plataformas de movimentos sociais, como a organização dos dias internacionais de protestos (24 de novembro de 2011, 21 de janeiro e 22 de março de 2012) em favor da democracia e contra as elites financeiras. Tratou-se de uma série de eventos que demandou um longo período de elaboração e um considerável investimento em assembleias organizativas e decisórias[14].

---

[10] Idem.

[11] Idem.

[12] Ver Britta Baumgarten, " Geração à Rasca and Beyond", cit.

[13] Para mais informações, ver Hermes Costa, Hugo Dias e José Soeiro, "Significados da greve em contexto de austeridade: o caso português", em Ruy Braga, Elísio Estanque e Hermes Costa, *Desigual e combinado: precariedade e lutas sociais no Brasil e em Portugal* (São Paulo, Alameda, 2016).

[14] Ver José Soeiro, *A formação do precariado*, cit.

Em seguida, temos a perspectiva da ocupação dos espaços públicos, a começar no dia 20 de maio de 2011 com o acampamento na praça do Rossio, em Lisboa, onde cerca de cem pessoas permaneceram durante quinze dias. Além disso, do dia 15 de outubro ao dia 12 de dezembro de 2011, ocorreu o movimento Ocupar Lisboa em uma área em frente à Assembleia da República. A diferença em relação ao tipo anterior é sobretudo quanto à forma específica de ação direta. Durante o dia, ocorreram assembleias, reuniões e refeições organizadas pelos manifestantes[15].

Por fim, aparece o ângulo dos protestos liderados pelos sindicatos, sobretudo aqueles filiados à CGTP, e pelas greves gerais. Assim, os sindicatos organizaram demonstrações nos dias 1º de maio e 1º de outubro de 2011, e 12 de fevereiro de 2012, além de duas greves gerais combinadas com demonstrações mais amplas no dia 24 de novembro de 2011 e no dia 22 de março de 2012. Foram protestos organizados desde a cúpula sindical que contaram com a mobilização de notáveis recursos financeiros. Nos marcos da crise da globalização e diante do recuo de sua capacidade de negociação nas empresas, o movimento sindical português percebeu nos protestos dos trabalhadores precários uma oportunidade para fortalecer a resistência à política de espoliação social em escala nacional. Uma clara demonstração de flexibilidade tática[16].

Especificamente, a greve geral convocada pela CGTP e pela UGT no dia 24 de novembro de 2011, considerada por muitos sindicalistas a maior greve geral da história portuguesa, assistiu à maciça adesão dos jovens trabalhadores precários que se somaram ao protesto dos sindicalistas em frente à Assembleia da República. Além disso, a CGTP ajudou a convocar a manifestação do dia 2 de março de 2013, protagonizada pelo movimento "Que se lixe a Troika". Tratou-se do momento culminante de todo um conjunto de iniciativas levadas adiante pelos setores mais ativos do sindicalismo e do movimento social, como professores, enfermeiros, aposentados e estivadores, cujo resultado foi um dia de protesto que reuniu 800 mil manifestantes em Lisboa[17].

Apesar do declínio dos grandes protestos, verificado em 2014, esse ciclo deixou como legado um relacionamento entre os trabalhadores precários e os sindicalistas que, sem deixar de ser crítico, também não se mostrou hostil. Do reconhecimento das limitações do sindicalismo no tocante à representação dos interesses dos trabalhadores precários, avançou-se na compreensão de que o movimento sindical não é um obstáculo à organização do precariado, bastando uma mudança em direção ao sindicalismo de movimento social. Assim, surgiram inclusive agrupamentos originalmente saídos da organização do jovem precariado pós-fordista português que evoluíram rumo à criação de sindicatos[18].

---

[15] Ver Britta Baumgarten, "Geração à Rasca and Beyond", cit.

[16] Ver Hermes Costa, Hugo Dias e José Soeiro, "Significados da greve em contexto de austeridade", cit.

[17] Para mais informações, ver João Camargo, *Que se lixe a Troika!* (Porto, Deriva, 2013).

[18] Notoriamente, temos o Cena – Sindicato dos Músicos, dos Profissionais do Espetáculo e do Audiovisual – e o STCC – Sindicato de Trabalhadores de *Call Center* –, por exemplo. Para mais informações, ver Joana Soares Marques, "Trabalho artístico, precariedade e resistência: os coletivos de trabalhadores-

Apesar do burocratismo que caracteriza o movimento sindical português, vale observar que se trata de um setor que historicamente alcançou certo equilíbrio entre a inflexibilidade dos princípios e a adaptabilidade tática necessária à atualização de suas práticas. Contemporaneamente, o projeto da integração europeia é o que melhor ilustra essa mescla. Afinal, em termos históricos, o movimento sindical no país, em especial o sindicalismo comunista, sempre definiu sua política internacional baseando-se, sobretudo, no estilo e no programa de sua inserção nacional.

A estratégia internacional é interpretada como uma espécie de extensão da orientação política nacional, consequência da relação íntima existente entre o Estado nacional e o sindicalismo. E a moderna história do movimento sindical português não constitui exceção a essa regra, encontrando-se profundamente associada à trajetória e ao destino histórico do salazarismo, que, ao longo de quase meio século (1926-1974), dominou a sociedade portuguesa.

O sindicalismo português e o dilema europeu

Primeiramente, vale observar que o salazarismo rompeu com o período de afirmação dos direitos trabalhistas esboçado durante a Primeira República portuguesa. Em 1933, o regime autoritário revogou as Leis sobre as Associações Profissionais (1891-1924), substituindo-as pelo Estatuto do Trabalho Nacional, cujo sentido principal foi controlar as organizações independentes dos trabalhadores, submetendo-as à organização corporativa do trabalho. Assim, aboliu-se o direito à negociação coletiva, proibindo-se as greves. A regulação autoritária dos conflitos trabalhistas simplesmente não admitia qualquer margem de autonomia para os sindicatos, submetendo-os em bloco ao Estado corporativista[19].

No entanto, a partir do final dos anos 1960, o movimento sindical português passou a viver um momento de renovação, com o surgimento de reuniões intersindicais que convergiram para a fundação da CGTP, no dia 1º de outubro de 1970. No início da década de 1970, a maior razão de ser do associativismo intersindical foi organizar a resistência a um novo ciclo de endurecimento político do regime autoritário. A primeira etapa da nova organização encerrou-se com o fechamento das sedes dos sindicatos dos bancários de Lisboa e do Porto, a destituição compulsiva dos dirigentes e a detenção das lideranças sindicais pela polícia política do regime, a temida Pide[20].

A retomada da auto-organização sindical aconteceu em abril de 1973, em um congresso realizado na cidade de Aveiro. A partir da orientação do PCP, foi apresen-

-artistas no Brasil e em Portugal", em Ruy Braga, Elísio Estanque e Hermes Costa, *Desigual e combinado*, cit.

[19] Até 1969, com o efêmero esboço de distensão política causado pelo governo de Marcelo Caetano, o conflito trabalhista foi, em linhas gerais, considerado um delito criminal. Para mais informações, ver Fernando Rosas, *Salazar e o poder: a arte de saber durar* (Lisboa, Tinta da China, 2012).

[20] Para mais informações, ver José Pedro Castanheira, "Os sindicatos e a vida política", *Análise Social*, v. 21, n. 87/88/89, mar. 1985.

tada a proposta de criação de uma central sindical oposicionista por meio da tática da tomada de controle dos sindicatos corporativos a partir da cúpula da organização intersindical. Do período da ação clandestina, os sindicalistas comunistas fortaleceram suas posições entre os grupos operários industriais em expansão durante a consolidação do tardio fordismo periférico português. Com o engajamento do movimento sindical na Revolução dos Cravos, sedimentou-se a influência do PCP na organização intersindical, cuja hegemonia perdura até hoje[21].

Além da atuação em defesa do incremento das condições trabalhistas, a CGTP alcançou um papel de relevo durante o ciclo de nacionalizações que se seguiu ao 25 de Abril de 1974, alargando sua influência sobre os trabalhadores agrícolas devido ao apoio da central à reforma agrária na região do Alentejo. Da Revolução dos Cravos à adesão, em 1986, ao projeto da integração europeia, a CGTP esteve permanentemente associada à defesa da soberania nacional, à crítica à Comunidade Econômica Europeia (CEE) e, consequentemente, à rejeição de qualquer forma de interferência externa de interesses políticos ou econômicos nos assuntos portugueses[22].

Na realidade, a forma crítica como a CGTP avaliou todo o processo de integração europeia refletia a preocupação da central com o esvaziamento do poder do Estado nacional e o fortalecimento da supranacionalidade imposta por grandes monopólios capitalistas. Assim, a adesão de Portugal à CEE significou uma substancial perda de soberania, atingindo diretamente as diretrizes políticas da central. Para a CGTP, a entrada em vigor do euro seria parte de um processo de transferência dessa soberania nacional para instituições estrangeiras, o que contribuiria para consolidar o poder do grande capital monopolista, bloqueando o processo de democratização em curso no país desde 1974.

No entanto, ao longo dos anos 1990, isto é, na fase de preparação para a adoção do euro, houve uma leve mudança na questão europeia por parte da CGTP devido ao reconhecimento da inevitabilidade da integração da economia portuguesa ao continente. Para a central, a crise do socialismo burocrático teria repercutido em toda a Europa, traduzindo-se em um aprofundamento da desregulamentação das conquistas sociais dos trabalhadores e permitindo às grandes empresas capitalistas aumentar consideravelmente a exploração econômica[23].

A partir de 1993, os documentos da central passaram a defender a democratização das instituições europeias por meio de políticas *antidumping* social, bem como do apoio aos direitos da cidadania. Assim, a primeira metade da década de 1990 foi marcada pela redefinição do vínculo entre a central e o movimento sindical transnacional que redundou na filiação da CGTP, em janeiro de 1995, à Confederação Europeia de Sindicatos (CES). Em suma, a central transitou de uma posição "eurocética" para uma defesa da negociação coletiva em escala europeia como forma de

---

[21] Idem.

[22] Ver Hermes Augusto Costa, *Sindicalismo global ou metáfora adiada? Discursos e práticas transnacionais da CGTP e da CUT* (Porto, Afrontamento, 2008).

[23] Idem.

estender os direitos trabalhistas assegurados no Norte do continente aos trabalhadores portugueses[24].

Ao longo da década de 1990, a CGTP foi-se transformando em uma central mais europeia, sem ser "europeísta", isto é, sem aderir aos princípios neoliberais que forjaram a integração econômica do continente. Nesse sentido, após a adesão da CGTP à CES, a central portuguesa começou a participar dos congressos sindicais da confederação europeia, reforçando a linha da defesa dos direitos trabalhistas contra os ataques neoliberais. E essa abertura da central ao sindicalismo internacional fez com que a CGTP amadurecesse uma análise mais sistemática da globalização capitalista, aproximando-a da experiência dos Fóruns Sociais Mundiais:

> Nós vemos o Fórum como um espaço de debate aberto, amplo, plural, onde cabem todas as organizações e todas as opiniões dentro da unidade deste sistema que, além de injusto, é cruel. Por isso, a partir da CGTP, da nossa organização, nós somos do Fórum! Sendo o movimento sindical um movimento social por excelência, não faria sentido não estar aqui de alma e coração. É assim que nós estamos, não só no Fórum Mundial, como estivemos e estaremos no Fórum Social Europeu, assim como estamos profundamente empenhados na realização em junho (2003) do Fórum Social Português.[25]

A partir de então, a CGTP foi um dos principais responsáveis pela organização do Fórum Social Português, além de ter participado das diversas edições do Fórum Social Europeu. Ainda que mantendo certa "desconfiança" em relação às ONGs que participavam da organização do FSM, a aproximação da central no tocante às pautas levantadas pelos movimentos sociais em escala global fez com que a CGTP avançasse no sentido de incorporar questões tradicionalmente distantes de seu horizonte reivindicativo, como as pautas do movimento feminista, do movimento estudantil, dos trabalhadores aposentados, do movimento LGBT e do movimento ambientalista.

A modernização das pautas da central foi acompanhada pela atualização da estratégia de alianças que lentamente se deslocou na direção dos movimentos dos trabalhadores precários. Possivelmente, o principal exemplo desse realinhamento tenha sido o ativo engajamento do Sindicato de Trabalhadores do Calçado, Malas e Afins dos Distritos de Aveiro e Coimbra, filiado à CGTP, nas marchas europeias contra o desemprego e a precariedade. Além disso, a central passou a investir na relação com o sindicalismo no Sul global, cujas "afinidades com os princípios defendidos pela CGTP impulsionam processos de articulação sindical regional, como no Brasil (CUT) e na África do Sul (Cosatu)"[26].

---

[24] Idem.

[25] Depoimento do então secretário internacional da CGTP no III FSM, citado em ibidem, p. 280.

[26] Secretário internacional da CGTP, entrevista em Lisboa, 24 de setembro de 2003, citado em ibidem, p. 108.

Portugal: o precariado em greve

Enquanto o sindicalismo português se mostrava mais aberto aos temas internacionais, o refluxo do movimento altermundialista a partir de meados dos anos 2000 empurrava as organizações de trabalhadores precários na direção do terreno nacional. Apesar de o horizonte da solidariedade internacional ter inspirado desde o início a formação desses agrupamentos, a crise da globalização pressionou o movimento de precários a interpelar prioritariamente o governo e o parlamento. E, apesar de as medidas de austeridade adotadas pelo ex-primeiro-ministro Passos Coelho terem sido tramadas no âmbito europeu, os jovens manifestantes responsabilizaram os políticos portugueses pelos custos sociais da espoliação orquestrada pela Troika[27].

Em linhas gerais, as características basilares da relação entre o novo ciclo de mobilizações de trabalhadores precários, o Estado nacional e o sindicalismo português encontraram-se na organização do movimento Ferve. Além de desenvolver um esforço de sensibilização de outros coletivos e sindicatos sobre a importância dos falsos recibos verdes para o aprofundamento da precariedade laboral no país, essa organização promoveu ao longo de aproximadamente meia década uma intensa atividade de denúncia do falso trabalho independente junto às autoridades públicas[28].

Interpelando as autoridades em nome dos trabalhadores anônimos submetidos a um sistema que lhes negava os direitos trabalhistas, as intervenções do Ferve atingiram considerável repercussão política e midiática, alçando seus militantes ao centro do debate público. E, se bem é verdade que parte do sucesso da organização se deve ao fato de aqueles dispostos a debater temas trabalhistas serem os jovens ao invés das envelhecidas lideranças sindicais, importa destacar que a atitude da organização quanto aos sindicatos sempre foi amistosa e colaborativa[29].

Com o início da crise da globalização, a intervenção da Troika no país e a aplicação das medidas de austeridade, o Ferve percebeu a urgência de ampliar o foco reivindicativo do combate aos falsos recibos verdes para a luta contra todas as formas de subemprego, e para a defesa dos salários e das aposentadorias. A partir de 2011, sobretudo, o Ferve passou a participar das campanhas desenvolvidas pelos Precários Inflexíveis e parte de seus militantes engajou-se em organizações paralelas, como a que atuou no protesto da Geração à Rasca. Tendo em vista a decisão estratégica de ampliar seu foco original, o Ferve acabaria fundindo-se aos Precários Inflexíveis no dia 29 de setembro de 2012[30].

Da primeira florescência de organizações de jovens precários, ainda no contexto do movimento altermundialista, passamos ao momento da decantação do ativismo

---

[27] Para mais informações, ver João Camargo, *Que se lixe a Troika!*, cit.

[28] Para mais informações, ver Coletivo Ferve, *Dois anos a ferver: retratos da luta, balanço da precariedade* (Lisboa, Afrontamento, 2009).

[29] Para mais informações, ver José Soeiro, *A formação do precariado*, cit.

[30] Idem.

ao redor das ameaças surgidas com o avanço da mercantilização do trabalho em Portugal. Na esteira da insurgência de massas que marcou o início do novo ciclo de mobilização dos precários, adveio uma nova conjuntura que estimulou o apetite grevista do jovem precariado, cuja aproximação de organizações como os PIs, por exemplo, não apenas redefiniria as formas de engajamento militante no momento do refluxo das manifestações de massas como testaria os limites do burocratismo sindical português.

Provavelmente o exemplo mais importante desse novo apetite sindical dos trabalhadores precários seja a greve dos operadores de *telemarketing* da Linha Saúde 24. Em primeiro lugar, essa operação foi criada em meados dos anos 2000 como um serviço de triagem, aconselhamento e encaminhamento de doenças ligado ao Serviço Nacional de Saúde (SNS). Tratava-se de uma operação de porte médio que empregava quatrocentos teleoperadores, a maioria dos quais enfermeiras, responsáveis pelo atendimento telefônico 24 horas por dia, divididos em dois *call centers*, localizados em Lisboa e no Porto. O vínculo dessas teleoperadoras com a empresa de *telemarketing* ocorreu por meio de falsos recibos verdes[31].

No final de 2013, por ocasião da mudança da empresa contratada pelo ministério, foi apresentada aos trabalhadores uma proposta de corte de 50% do valor dos salários. Iniciou-se, então, um conflito trabalhista que culminou, no dia 4 de janeiro de 2014, na eclosão da primeira greve. Esse momento de mobilização foi marcado pelo surgimento de duas comissões de trabalhadores, em Lisboa e no Porto, organizadas por meio do Facebook.

Alegando impossibilidade de representação legal dos teleoperadores, o sindicato dos enfermeiros filiado à CGTP manteve-se afastado da mobilização dos trabalhadores grevistas, fazendo com que estes recorressem à Associação de Combate à Precariedade – Precários Inflexíveis. Por meio do recurso à Autoridade para as Condição de Trabalho (ACT), de demandas à Direção-Geral da Saúde, de encontros com grupos parlamentares e da mobilização da Ordem dos Enfermeiros, os PIs buscaram superar os limites privados da empresa, alçando a greve à esfera pública[32].

Esse exercício de poder simbólico dos subalternos mostrou-se bem-sucedido. A decisão da empresa de demitir dezesseis teleoperadores grevistas não surtiu o efeito esperado, pois a greve já havia sido incorporada aos debates parlamentares, motivando uma tomada de posição oficial da Ordem dos Enfermeiros e da CGTP. A visibilidade pública alcançada pela greve obrigou a empresa a recuar das demissões e, logo no mês seguinte, o relatório da ACT reconheceria não se tratar de trabalhadores independentes, acionando a Lei contra a Precariedade (aprovada na sequência da Iniciativa Legislativa Cidadã, que decorreu das manifestações da Geração à Rasca) para que o vínculo trabalhista dos teleoperadores fosse formalizado. Nesse momento, a greve foi encerrada[33].

[31] Idem.
[32] Idem.
[33] Idem.

A reação do sindicato dos enfermeiros ao movimento grevista revelou os limites do sindicalismo concentrado na organização de trabalhadores estáveis e relativamente protegidos. No entanto, mesmo distante do conflito e mostrando-se cético em relação à representação formal desses trabalhadores, o sindicato não foi alvo de hostilidade entre os teleoperadores, cuja liderança permaneceu defendendo a necessidade da sindicalização dos enfermeiros. Aqui, cabe destacar que, mesmo diante do burocratismo sindical, os trabalhadores da Linha Saúde 24 continuaram mobilizados, recorrendo a outros repertórios de ação a fim de superar a fragilidade de seu poder negocial[34].

Os limites da cidadania salarial

Em Portugal, a transição rumo a um modelo de desenvolvimento apoiado predominantemente em um regime de acumulação por espoliação durou cerca de duas décadas. Apesar da mudança qualitativa representada pela aplicação das medidas de austeridade nos anos 2010, mesmo quando houve um relativo progresso da proteção social, durante o ciclo de crescimento que se estendeu de 1995 até 2002, a precarização das condições reais do consumo da força de trabalho revelou-se a tendência predominante. Se a década de 2000 consolidou uma sociedade precária em Portugal, a partir de 2011 o país iniciou um novo ciclo marcado pelo abandono do projeto da cidadania salarial no país.

De fato, a crescente dissociação entre norma de consumo e direitos da cidadania tendeu a reforçar o endividamento das famílias, empurrando os jovens para fora dos padrões de consumo alcançados pela geração anterior. A notável adesão de setores crescentes da juventude, do funcionalismo público e dos aposentados ao ciclo de protestos em Portugal revelou não apenas o descontentamento com as políticas de austeridade, como uma redefinição do sistema de valores associado aos setores médios do país. Com o aumento das desigualdades sociais, a reestruturação empresarial, o desmanche dos serviços públicos e a deterioração do mercado de trabalho, verificou-se um processo de proletarização cujo epicentro se localizou nos grupos profissionais:

> Num estudo conduzido por Nuno Nunes (2013), utilizando dados do *European Social Survey* (ESS) e baseado na tipologia de classe da equipe do ISCTE-IUL, considerou-se o tipo de vínculo laboral cruzado com a categoria de classe, a fim de avaliar o nível de precariedade segundo a variável classe. Conclui-se que a posição mais vulnerável quanto à situação profissional é a dos Empregados Executantes (EE) [...]. Esta categoria, juntamente com os Profissionais Técnicos e de Enquadramento (PTE), corresponde a segmentos socioprofissionais qualificados, que, no passado recente, detinham uma posição estável nas fileiras da classe média assalariada. Estes são, com efeito, os setores que mais viram reforçado o seu peso estatístico entre a população portuguesa empregada nos últimos cinquenta anos em Portugal, evoluindo de 14,6% para 36,4% e de 2,6% para 22,5%, entre 1960 e 2011. Como se pode observar, os vínculos precários (contratos a termo certo, falsos recibos verdes e

[34] Idem.

trabalho a tempo parcial) atingem não apenas os operários manuais (categoria "O"), mas também a "pequena burguesia técnica e de enquadramento" (PTE) e os "empregados executantes" (EE). Note-se que Portugal é o país onde, em termos relativos, os "Empregados Executantes" (EE) são a categoria mais atingida por condições de trabalho precárias.[35]

Assim como ocorreu em outras regiões da Europa castigadas pela crise econômica, a proletarização dos setores profissionais em Portugal foi acompanhada pela ampliação do jovem precariado no país. E a exclusão dos mais jovens da cidadania salarial não apenas aprofundou o processo de espoliação dos direitos, característico do atual regime de acumulação, como também reforçou a exploração econômica daqueles setores mais qualificados da força de trabalho. A novidade é que esse processo foi seguido pela intensificação de um ciclo de rebeliões e greves capaz de interpor certa resistência ao aprofundamento das desigualdades sociais causado pela atual onda de mercantilização do trabalho[36].

Além disso, a experiência portuguesa recente demonstrou que os mundos da vida política institucional, incluindo os sindicatos, e do movimento de trabalhadores precários não são hostis, mas complementares. Ao mesmo tempo, revelou um dos principais limites da atual onda de rebeliões sociais, isto é, a centralidade do Estado nacional na luta política do precariado global. Trata-se de um aspecto que afasta nitidamente a recente experiência portuguesa do momento anterior marcado pela ascensão do movimento altermundialista, alinhando-a, quer no tocante à resistência à política de espoliação social, quer em relação a demandas pelo aumento da participação na vida democrática de países submetidos ao despotismo das finanças internacionais, aos demais ciclos de mobilização de jovens trabalhadores precários no Sul da Europa, assim como na África do Sul e no Brasil.

Assim, as recentes mobilizações ocorridas em Portugal, na Espanha e na Grécia, por exemplo, representam tanto reações ao crescimento do desemprego, da pobreza e das desigualdades quanto denúncias do sequestro da democracia pelo sistema financeiro. Não é surpreendente, portanto, verificarmos o ressurgimento de uma agenda política diretamente ligada à promessa da cidadania salarial entre jovens ativistas que criticam os limites de um sistema político colonizado pelo poder das finanças e, portanto, incapaz de assegurar a soberania popular nos diferentes contextos nacionais. Ao mesmo tempo, o ciclo atual de mobilizações abandonou os anseios internacionalistas, assim como afastou-se da crescente fragmentação ideológica, duas características marcantes do movimento altermundialista.

Em outras palavras, é mais fácil identificar atualmente um protagonista social, o jovem precariado urbano, mais ou menos engajado na formação de coalizões com os trabalhadores organizados, assim como uma agenda concentrada em torno da defesa

---

[35] Elísio Estanque, "Rebeliões de classe média? Precariedade e movimentos sociais em Portugal e no Brasil (2011-2013)", em Ruy Braga, Elísio Estanque e Hermes Costa, *Desigual e combinado*, cit., p. 91.

[36] Nesse sentido, a incapacidade demonstrada pelos setores médios de reproduzir sua posição social relativamente privilegiada reafirma a condição semiperiférica do capitalismo português, cujo esteio é a ampliação do trabalho barato. Para mais informações, ver Boaventura de Sousa Santos, *A difícil democracia*, cit.

da cidadania salarial. O contraste com a diversidade de sujeitos políticos que, por meio da experiência dos Fóruns Sociais Mundiais, articularam a crítica ao neoliberalismo é claro. E, quando a crise da globalização se aprofundou, enfraquecendo o poder negocial dos sindicatos, proletarizando setores médios e ampliando o peso do precariado na estrutura de classes nacional, as lutas sociais nacionalizaram-se, decantando-se em torno de um número menor de preocupações.

Ainda que seja possível verificar um efeito de contágio reunindo a Primavera Árabe e os Indignados portugueses, a relação entre esses diferentes movimentos esteve mais associada à circulação de informação *on-line* do que à iniciativa de uma organização supranacional, ao estilo do FSM. Apesar do entusiasmo despertado entre os ativistas portugueses pela onda global de protestos iniciada em 2010, a defesa estratégica do Estado nacional como último refúgio da soberania popular aproximou-os dos movimentos na Espanha e na Grécia. Trata-se, antes de tudo, de uma luta travada em escala nacional, e não na arena global[37].

O coroamento dessa dinâmica política parece ser o surgimento de novas experiências partidárias, como é o caso, notoriamente, do Podemos, na Espanha, ou do fortalecimento de partidos afinados com a mobilização do precariado, caso do Bloco de Esquerda, em Portugal. Nesse contexto, é possível identificar o surgimento de certa afinidade eletiva entre, por um lado, as demandas "neomaterialistas" do precariado e do sindicalismo em torno da proteção do trabalho e, por outro, as exigências "pós-materialistas", relativas à isonomia de oportunidades, participação política nas decisões governamentais e proteção ambiental, características dos setores mais jovens da sociedade.

A aproximação mais ou menos espontânea entre a ocupação das praças e a intensificação do ritmo grevista decorrente do atual ciclo de mobilização do precariado no Sul da Europa prefigura o desafio estratégico da (re)invenção de organizações capazes de somar a ação coletiva no espaço da produção à mobilização social nas esferas da circulação e da reprodução da vida cotidiana. Um desafio que terá de enfrentar o relativo esvaziamento da escala nacional da soberania popular em benefício da consolidação do despotismo financeiro em escala global.

[37] Ver Britta Baumgarten, "Geração à Rasca and Beyond", cit.

8

A REVOLTA DOS POBRES

O exemplo português nos ensina que, se o Estado-nação continua a ser a escala na qual se agitam as reinvindicações dos jovens trabalhadores precários, o aprofundamento da crise da globalização impede que uma alternativa estratégica se limite ao espaço nacional. Assim, se o despotismo financeiro e a política austericida esgarçaram a promessa da cidadania salarial, promovendo uma espécie de tutela colonial sobre governos que apoiam a ação coletiva em escala nacional, qualquer movimento que se detenha nessa esfera estará condenado ao malogro. Aqui, vale lembrar a advertência de Francisco Louçã e Mariana Mortágua a respeito dos limites que uma abordagem nacionalista necessariamente impõe a uma solução progressista à crise democrática:

> Rejeitar o nacionalismo e cortar-lhe espaço implica construir uma maioria para dirigir a nação. Essa luta pela hegemonia é a razão de ser da esquerda e mal irá se dela abdicar ou se, pelo contrário, se tornar ela própria nacionalista.[1]

Diante da crise da globalização, a luta pela hegemonia não cabe mais no interior dos processos nacionais de revolução passiva que formataram o domínio da cidadania salarial no Sul global ao longo das últimas três décadas. No caso sul-africano, se a ordem política pós-*apartheid* evoluiu como uma autêntica revolução passiva na qual se alcançou um modo de regulação democrático por meio de reformas pelo alto, acompanhadas pela imobilização do movimento de libertação nacional, em particular dos sindicatos, a atual crise do ANC anunciou o esgotamento dessa estratégia de pacificação social.

No fim das contas, como poderia ser diferente se o desgaste da capacidade de mobilização dos movimentos sociais sul-africanos foi acompanhado pela deterioração das condições de trabalho e pelo aprofundamento das desigualdades entre as classes sociais? Outro indício forte da crise de hegemonia que experimenta o ANC é a dinâ-

---

[1] Francisco Louçã e Mariana Mortágua, *A dívida(dura): Portugal na crise do euro*, cit., p. 205.

mica de fragmentação política que açambarcou a Aliança Tripartite, com ameaças frequentes de ruptura do Cosatu e do Partido Comunista, além da formação de novos partidos políticos com apelo popular entre os sul-africanos negros, como o *Economic Freedom Fighters* (EFF). Se acrescentarmos ao quadro vigente a frágil legitimidade do Estado no âmbito local, a emergência do ativismo político nas comunidades pobres e o aumento da violência xenofóbica entre os diferentes povos negros africanos, é fácil perceber o colapso político que se avizinha[2].

Na realidade, o consentimento ao projeto político do ANC tem-se apoiado mais nas memórias das lutas *anti-apartheid* do que nas promessas do bem-estar futuro. Assim, a constante referência aos símbolos de libertação nacional tem-se mostrado incapaz de moderar as críticas provenientes dos setores mais jovens e precários das classes subalternas sul-africanas. A retórica da "revolução democrática nacional" simplesmente não convence esses grupos. Ao mesmo tempo, o aumento dos gastos sociais do governo também não consegue reproduzir o consentimento ao projeto do ANC. Ao contrário, em muitos casos, o gasto social intensifica a competição entre as comunidades pobres, alimentando a violência e impulsionando ataques xenofóbicos[3].

Nesse tocante, cabe destacar que a recente onda de violência xenofóbica na África do Sul diferencia-se do protesto social das comunidades pobres contra os governos locais tanto em termos de níveis de coação quanto em relação aos alvos prioritários. No entanto, apesar de se tratar de um tema controverso, pesquisas de campo têm revelado a existência de semelhanças perturbadoras entre os dois tipos de protesto. Em termos gerais, é possível perceber que tanto os ataques xenofóbicos quanto os protestos sociais envolvem as mesmas organizações populares, compartilham repertórios comuns, aproximam a violência e a ação coletiva e verbalizam reclamações a respeito da corrupção e da incompetência do Estado em prover serviços adequados às comunidades pobres[4].

A cidadania em farrapos

A fim de interpretarmos essa convergência alarmante, devemos, em primeiro lugar, reconhecer que o aprofundamento da desigualdade promovido pelas políticas de espoliação gerou um acirramento das lutas sociais tanto entre a população africana pobre e a burocracia do ANC quanto no interior do próprio precariado urbano. Afinal, uma das características mais marcantes dessa fração da classe trabalhadora sul-africana é exatamente sua diversidade étnica e nacional. Não raro, encontramos

---

[2] Ver Vishwas Satgar, "Neoliberalized South Africa: Labour and the Roots of Passive Revolution", *Labour, Capital and Society/Travail, Capital et Société*, v. 41, n. 2, nov.-dez. 2008).

[3] Ver o aumento dos incidentes com prisão de manifestantes analisado por Peter Alexander, "Rebellion of the Poor: South Africa's Service Delivery Protests - A Preliminary Analysis", cit.

[4] Para mais informações, ver Karl von Holdt et al., *The Smoke That Calls: Insurgent Citizenship, Collective Violence and the Struggle for a Place in the New South Africa – Eight Case Studies of Community Protest and Xenophobic Violence* (Joanesburgo, Society, Work and Development Institute, University of the Witwatersrand, 2011).

trabalhadores nacionais e imigrantes acantonando-se nos bairros pobres e competindo pelos mesmos empregos e oportunidades comerciais, uma situação que se sobrepõe a uma série de dominações étnicas, nacionais e de gênero.

Ria Smit e Pragna Rugunanan, por exemplo, etnografaram recentemente as estratégias cotidianas de sobrevivência de mulheres refugiadas, oriundas da República do Congo, do Burundi e do Zimbábue, na África do Sul. Uma atenção especial foi reservada às razões que impedem as refugiadas de ascender ao emprego formal, empurrando-as para a informalidade e para as áreas mais deterioradas dos bairros populares. Trata-se do mesmo conjunto de motivos que transformou as refugiadas em alvos preferenciais da violência xenofóbica. O relato etnográfico sugere vivamente que os conflitos no interior da população pobre esgarçaram qualquer promessa da inclusão cidadã, substituindo-a por dinâmicas crescentemente violentas de exclusão social[5].

E a resposta dos grupos subalternos nacionais ao aumento da pressão sobre seus próprios interesses imediatos alimenta preconceitos patriarcais, reforçando a exclusão xenofóbica e estimulando a violência como forma de recalcar provisoriamente os conflitos locais. A reação do ANC à multiplicação dos casos de violência xenofóbica no país concentrou-se no aumento dos gastos sociais e na ampliação do acesso aos serviços municipais por meio de políticas pró-pobres, como a garantia de um provimento mínimo gratuito de água aos considerados indigentes[6].

Além disso, o partido governante empenhou-se em substituir suas lideranças locais desgastadas pela intensificação do ciclo de protestos nas comunidades pobres. De maneira geral, os resultados colhidos pelo ANC não foram animadores. Isso se deve ao fato de que, onde a violência xenofóbica se transformou no meio preferencial de ação coletiva, isto é, nos assentamentos informais e nos velhos conjuntos de barracos, o governo tem uma presença marcadamente remota. Nessas localidades, os serviços municipais praticamente inexistem, inviabilizando qualquer ação mais eficiente do Estado em âmbito local. Devido à precariedade do policiamento e da regulação do comércio, o governo enfrenta uma grande dificuldade para conter a violência xenofóbica[7].

Na ausência do Estado, os grupos locais acabam assumindo as funções de administração e de aplicação da justiça, o que implica, entre outras tarefas, o controle do fluxo de imigrantes. Assim, quando o Estado falha em cumprir determinados deveres, as associações de moradores, muitas vezes controladas por pequenos empresários locais com interesse em conter o comércio entre os grupos imigrantes, adotam medidas coercitivas relacionadas à imposição das fronteiras da cidadania. Isso nos ajuda a entender por que as associações envolvidas nos ataques xenofóbicos, diferentemente do que ocorre nos protestos comunitários, não desaparecem após o fim da onda de violência, permanecendo ativas no controle das redes informais do comércio local[8].

---

[5] Para mais informações, ver Ria Smit e Pragna Rugunanan, "From Precarious Lives to Precarious Work: The Dilemma Facing Refugees in Gauteng, South Africa", *South African Review of Sociology*, v. 45, n. 2, 2014.

[6] Ver Gillian Hart, *Rethinking the South Africa Crisis: Nationalism, Populism, Hegemony* (Durban, University of KwaZulu-Natal Press, 2013).

[7] Para mais informações, ver Karl von Holdt et al., *The Smoke That Calls*, cit.

[8] Idem.

Em suma, a violência xenofóbica configura uma prática criada pela aliança entre pequenos proprietários locais e grupos subalternos nacionais de afirmação de uma certa inclusão social por meio da exclusão política dos estrangeiros. Trata-se da evolução sombria, porém, compreensível, dos protestos contra o abandono das comunidades pobres pelo Estado. Enquanto a violência dos protestos nas comunidades tem uma dimensão emancipatória na medida em que estes ajudam a estender os direitos sociais às populações africanas pobres, os ataques xenofóbicos, ao contrário, reforçam o poder de elites locais, corroendo a participação política democrática.

Enquanto a luta contra o *apartheid* foi uma luta pelos direitos da cidadania, a formação de classe no pós-*apartheid* está criando uma cidadania esfarrapada e com resultados políticos bastante imprevisíveis, uma dinâmica já anunciada, desde o início dos anos 2000, por Gillian Hart. Na ocasião, a etnógrafa chamou a atenção para o papel cada vez mais importante que os conflitos locais cumpririam na cena política pós-*apartheid*. A partir da análise das tensões existentes entre as medidas de austeridade fiscal adotadas pelo governo de Mbeki e as novas responsabilidades atribuídas aos municípios em termos de provisão de serviços, ela localizou a raiz da crise entre o ANC e as comunidades pobres na pressão do governo central pela mercantilização dos serviços de água e luz[9].

Em contraste com a década de 2000, o governo Zuma estimulou a intervenção estatal, aumentando os recursos repassados pelo governo nacional aos municípios, o que ajudou a garantir uma provisão gratuita mínima de água para cada família. Contraditoriamente, tais políticas mostraram-se punitivas para os pobres devido ao forte vínculo entre a provisão de água e a necessidade de quitação das dívidas acumuladas no período do endividamento das famílias africanas com os municípios, que passaram a depender cada vez mais das políticas de recuperação de custos para pagar suas despesas, incluindo os salários dos vereadores[10].

O ciclo de aprofundamento da pobreza das populações africanas foi, portanto, alimentado pelo avanço da mercantilização dos serviços públicos. A pressão do governo nacional para implementar políticas de recuperação dos custos levou à privatização do provimento municipal de água e luz, que, por sua vez, redundou em aumentos abusivos das tarifas. As novas taxas agravaram o endividamento das famílias africanas, resultando na elevação da inadimplência e no aumento dos despejos. A fim de punir os moradores pelo não pagamento das contas, muitas municipalidades simplesmente cortaram o fornecimento de água e luz para as comunidades pobres, aprofundando a crise social e alimentando a indignação do precariado sul-africano.

Afinal, mesmo considerando que os recursos para os bairros pobres aumentaram no governo Zuma, estes permaneceram largamente insuficientes para atender as necessidades das comunidades, o que tende a estimular a mobilização social pela disputa do gasto público. Aqueles que se encontram desigualmente incluídos tornam-se objeto

---

[9] Gillian Hart, *Disabling Globalization: Places of Power in Post-Apartheid South Africa* (Berkeley, University of California Press, 2002).

[10] Para mais informações, ver Gillian Hart, *Rethinking the South Africa Crisis: Nationalism, Populism, Hegemony*, cit.

de clientelismos políticos, e os excluídos intensificam os protestos contra os governos municipais. Além disso, a centralização das lideranças locais pelo ANC aprofundou a alienação política dos representantes em relação aos representados, intensificando as lutas internas do ANC em torno do acesso às posições e aos recursos do poder local.

Por sua vez, o aprofundamento da pobreza aumentou a pressão das comunidades sobre os governos locais que tendem a realizar pequenas concessões aos moradores. Assim, aumentou a sensação entre os subalternos de que os protestos violentos são uma forma não apenas legítima, mas eficiente, de ação política. Ao mesmo tempo, muitas comunidades ainda apoiam eleitoralmente o partido governante. Nesse sentido, não é de todo estranho que a eleição de Jacob Zuma, em 2009, tenha coincidido exatamente com o pico de protestos municipais ocorridos no país até aquele momento[11].

Afinal, enquanto muitos protestos dirigidos aos governos locais e aos vereadores se alimentam da revolta contra a incapacidade de tais governos de prover serviços básicos, também se estendem para muito além das reclamações específicas das localidades, englobando antagonismos populares mais profundos. Se os novos movimentos sociais do final dos anos 1990 falharam em unificar as diferentes lutas locais, o mesmo não pode ser dito da candidatura de Jacob Zuma, que, com habilidade, soube capturar e rearticular esses conflitos, elevando-os a um patamar nacional. O resultado final condensou o grande dilema político sul-africano. Nas eleições nacionais de 22 de abril de 2009, os pobres votaram maciçamente em Zuma sem, no entanto, dar um só instante de trégua ao novo governo[12].

Marikana: o evento clássico

> *Recordem Sharpeville*
> *no dia das balas nas costas*
> *pois encarnou a opressão*
> *e a natureza da sociedade*
> *mais claramente que qualquer outra coisa;*
> *foi o evento clássico.*
> Dennis Brutus, *Sirens, Knuckles, Boots*
> (Monterey, Mbari, 1963)

A esse propósito, muitos identificaram no atrito entre Thabo Mbeki e Jacob Zuma, ocorrido durante o congresso do ANC em Polokwane, em 2007, a expressão de uma luta entre as elites e as massas pela direção do movimento de libertação nacional sul-africano. No entanto, a verdade é que Jacob Zuma nunca esteve seriamente comprometido com um modelo de desenvolvimento alternativo ao neoliberalismo. Sua preocupação principal era reforçar os mecanismos de regulação dos antagonismos populares intensificados pela crise da globalização. E, conforme os conflitos sociais foram

---

[11] Para mais informações, ver Peter Alexander, *Rebellion of the Poor*, cit.

[12] Para mais informações, ver Gillian Hart, *Rethinking the South Africa Crisis*, cit.

radicalizando-se, a face repressiva do novo governo revelou-se sem ambiguidades, culminando no maior massacre de cidadãos sul-africanos desde o levante de Soweto em 1976.

No dia 16 de agosto de 2012, a polícia sul-africana assassinou 34 trabalhadores que participavam de uma reunião pacífica em uma área pública do lado de fora do povoamento de Marikana. A demanda dos trabalhadores era simples. Desejavam que seu empregador, a empresa Lonmin, recebesse seu pedido de reajuste salarial. O objetivo era garantir um aumento do salário, mas o percentual exato deveria ser decidido na mesa de negociação:

> Sim, nós pedimos 12,5%, mas, na verdade, nós apenas queríamos apresentar nossa reivindicação para a empresa. Nós queríamos negociar com os gerentes e, quem sabe, conseguir um reajuste de uns 9%, até menos.[13]

No entanto, a gerência interpretou que uma reivindicação encaminhada por meio de greve e sem a autorização do NUM, o todo-poderoso sindicato dos mineiros, ameaçava o sistema de relações laborais que havia assegurado tanto os lucros dos empresários quanto os privilégios dos sindicalistas. Assim, a gerência e o sindicato decidiram recorrer à polícia para disciplinar os mineiros. Na realidade, foi a subserviência do governo de Pretória às corporações multinacionais, revelada por sua política econômica, que moldou as tensões no cinturão de extração da platina, preparando o terreno para o massacre dos mineiros.

Como é possível concluir da análise dos relatos dos trabalhadores em greve que presenciaram o fluxo dos acontecimentos, a chacina não foi o resultado da reação desastrada da polícia que buscava se proteger da fúria de trabalhadores armados, mas uma ação deliberadamente planejada envolvendo a empresa, o governo e o sindicato:

> Quem ordenou que a polícia matasse nossos maridos? Foi a Lonmin? Ou foi o governo que autorizou que a polícia matasse nossos maridos? Hoje, eu sou chamada de viúva e meus filhos estão órfãos por conta da polícia. Eu culpo a mina, a polícia e o governo porque eles são os que estão no controle deste país.[14]

Ao contrário do que foi divulgado pela imprensa logo após a matança, os trabalhadores grevistas formavam um grupo organizado e pacífico que em nenhum momento criou qualquer situação de perigo para os policiais. Ainda assim, após os assassinatos, a polícia permaneceu assediando a comunidade dos mineiros por alguns dias, alimentando um clima de terror que tomou conta das famílias trabalhadoras. Além da própria ação policial, vários indícios revelaram que o massacre resultou de um pacto sombrio entre políticos e empresários que conscientemente planejaram o assassinato dos grevistas[15].

Para apoiar essa hipótese, recorreremos aos relatos recolhidos logo após a brutal repressão policial por uma equipe de sociólogos do trabalho da Universidade de Joanesburgo, liderada por Peter Alexander. Utilizando técnicas etnográficas, os pesquisadores

---

[13] Operador de perfuratriz, citado em Peter Alexander et al., *Marikana: A View from the Mountain and a Case to Answer* (Sunnyside, Jacana, 2012), p. 21.

[14] Viúva de um operador de perfuratriz assassinado em Marikana, citado em ibidem, p. 7.

[15] Idem.

acompanharam desde o início da organização do movimento grevista até os efeitos da chacina sobre o ciclo nacional de mobilização dos mineiros sul-africanos. As decisões tomadas pelos trabalhadores em Marikana partiram da constatação lentamente amadurecida de que o sindicato estava bloqueando suas demandas em benefício dos interesses da Lonmin: "Falando bem francamente, o NUM fica sempre do lado dos gerentes"[16].

E, apesar do desejo de abandonar o sindicato, encontravam-se em um impasse, pois a alternativa, isto é, a Associação dos Mineiros e Trabalhadores da Construção (Amcu), não dispunha dos direitos formais de negociação coletiva necessários para representar os grevistas. Tendo em vista o conflito com o NUM e a impotência da Amcu, os mineiros resolveram eleger uma comissão de trabalhadores selecionados com base em sua liderança tradicional em espaços de recreação, na comunidade e no local de trabalho, a fim de negociar diretamente com a empresa.

Das informações colhidas pelos pesquisadores em campo, é possível concluir que os salários dos operadores de perfuratriz oscilavam entre 4 mil e 5 mil rands (oitocentos e mil reais) por mês. Além da importância do reajuste salarial na pauta dos grevistas, era notório que a deterioração das condições de trabalho na mina significava, igualmente, uma forte preocupação dos trabalhadores. Formado majoritariamente por jovens imigrantes da região oriental do Cabo, do Lesoto e de Moçambique, com famílias para sustentar tanto na cidade quanto na área rural, o grupo operário da Lonmin submete-se frequentemente às condições de trabalho mais árduas imagináveis.

Além dos perigos inerentes ao trabalho no subsolo, há ainda aqueles criados por erros devido às longas jornadas e à pressão das gerências. De acordo com o relato de um operador de perfuratriz:

> Nós trabalhamos sob muita pressão dos gerentes aqui, pois eles querem a produção e, então, há muita intimidação para entregar a produção. Eles querem que você faça coisas que estão abaixo do padrão e se você se recusar e, simplesmente, seguir as regras... eles dizem que vão demitir você ou bater em você, coisas desse tipo. [...] Eles não te deixam nem comer seu almoço. Eles apenas dizem que sua lancheira precisa ficar na superfície. [...] Trabalhamos de dez a doze horas por dia. A única preocupação dos gerentes é que nós não deixemos as máquinas explodirem. Se você faz muitas horas extras, eles não estão preocupados com isso. Somos sempre os primeiros a chegar e os últimos a sair daqui. [...] Esta é a razão por que os operadores de perfuratriz estão reclamando. [...] Nós percebemos que não era justo que nós fizéssemos o trabalho mais pesado, mas continuássemos a ganhar uns trocados. Se os operadores de perfuratriz deixassem de trabalhar por um dia, toda a mina ficaria paralisada, pois não há trabalho sem a gente.[17]

O depoimento do mineiro da Lonmin revela o despotismo gerencial como uma das fontes do movimento grevista. Além disso, é importante considerar que parte do ativismo sindical dos operários das minas deve-se à importância da máquina perfuratriz, cuja mecanização na face da rocha no subsolo está estagnada, ou seja, a presença continuada de um grande número de trabalhadores perfuradores de rocha e seus

---

[16] Operador de perfuratriz, citado em ibidem, p.18.

[17] Operador de perfuratriz, citado em ibidem, p. 59-60.

ajudantes é ainda requerida para sustentar as atividades de mineração tanto da platina quanto do ouro. A consequência é a presença de uma classe trabalhadora mineira de massas reminiscente dos tempos do fordismo periférico[18].

No entanto, será por meio da diferença em relação ao passado que compreenderemos a escala e a duração inéditas do ciclo grevista mineiro iniciado em 2012. Simplificadamente, submetidos à terceirização, à compressão salarial e ao aumento do endividamento dos lares, os perfuradores de rocha deixaram de ser a elite relativamente bem remunerada das minas da era fordista. Assim, a inquietação nas minas alcançou um novo patamar na história recente da mineração sul-africana. Em resposta à violência econômica, as greves recentes passaram a registrar danos às instalações das empresas. Por isso, os mineiros da Lonmin preocuparam-se em formar uma comissão de representantes que fosse capaz de controlar os eventuais excessos dos operários:

> Em outras greves, o pessoal bagunçou tudo, danificou alguns armazéns e até bateu em certas pessoas, coisas desse tipo. Então, eles (a comissão de representantes eleita pelos trabalhadores) foram escolhidos pois eram capazes de controlar o ânimo do pessoal, pois queríamos ter certeza de que haveria ordem durante a greve.[19]

E a comissão tratou de convocar uma assembleia para o dia 9 de agosto de 2012, a qual decidiu que os operadores de perfuratriz cruzariam os braços na manhã seguinte. Os grevistas marcharam, assim, até o escritório central da administração da mina e foram informados pela gerência de que suas reivindicações deveriam necessariamente passar pela representação sindical oficial. Na manhã seguinte, dia 11 de agosto, os trabalhadores concordaram em seguir a orientação dos gerentes e apresentar sua pauta ao NUM. No sindicato, porém, foram recebidos a bala por capangas, com o saldo de um grevista assassinado. Um dos aspectos mais trágicos do ataque do sindicato aos trabalhadores é que a maioria dos grevistas, incluindo o mineiro assassinado, era formada por membros do NUM:

> O NUM atirou em sua própria gente! [...] Pedimos uma única coisa que era um aumento do salário e nós queríamos ser representados pelo NUM, mas nossa esperança foi destruída quando eles (os sindicalistas) começaram a atirar na gente.[20]

Fugindo do ataque dos sindicalistas, os trabalhadores buscaram abrigo em um estádio localizado a dois quilômetros da entrada das minas. No entanto, a segurança armada não permitiu sua entrada. Os grevistas decidiram, então, seguir até *Wonderkop Koppie*, uma elevação natural localizada em área pública com uma boa visão das minas, mais conhecida como "a montanha". Tratativas com a polícia foram ensaiadas e os líderes escolhidos pelos trabalhadores disseram aos policiais que tudo o que os grevistas desejavam era simplesmente conversar com seu empregador. Eles queriam que o gerente fosse até a montanha, mas, se necessário, iriam até ele.

---

[18] Para mais informações, ver Paul Stewart, "'Kings of the Mine': Rock Drill Operators and the 2012 Strike Wave on South African Mines", *South African Review of Sociology*, v. 44, n. 3, jun. 2013.

[19] Operador de perfuratriz, citado em Peter Alexander et al., *Marikana*, cit., p. 23.

[20] Operador de perfuratriz, citado em ibidem, p. 120.

Segundo relatos colhidos em campo pela equipe liderada por Peter Alexander, após receber a mensagem, os policiais deixaram os trabalhadores com a impressão de que transmitiriam ao empregador a solicitação dos grevistas. No entanto, ao retornarem no dia seguinte, quarta-feira, dia 15 de agosto, os policiais não estavam acompanhados por um representante da empresa. Em vez disso, escoltavam Senzeni Zokwana, presidente do NUM, que ordenou aos trabalhadores a imediata suspensão da greve: "O senhor Zokwana disse que ele tinha ido lá apenas pra dizer que ele queria que os trabalhadores voltassem imediatamente ao trabalho e que não havia nada a ser conversado com os grevistas"[21].

Os trabalhadores, porém, resolveram manter seu movimento, permanecendo na montanha. Formavam uma multidão de aproximadamente 3 mil pessoas, espalhando-se tanto pela área térrea quanto por toda a elevação. Na manhã seguinte à visita do presidente do NUM, os policiais ergueram um cerco aos grevistas, encurralando parte deles na planície. Ao tentarem passar por uma abertura no cerco, os mineiros da Lonmin foram alvejados sem nenhum aviso pelos policiais:

> As pessoas não foram mortas porque estavam lutando... Nós fomos alvejados quando estávamos correndo. Nós nos enfiamos na abertura deixada pelos policiais e, por isso, fomos alvejados. [...] A primeira pessoa que começou a atirar foi um soldado que estava em um "Caveirão" ("Hippo") da polícia e ele jamais deu um aviso de que iria atirar, ele apenas atirou direto na gente.[22]

De acordo com o inquérito conduzido pelas autoridades sul-africanas, dos 34 trabalhadores massacrados no dia 16 de agosto, 12 morreram na parte térrea onde estava a passagem do cerco policial que os atraiu. Além disso, 8 grevistas morreram em locais próximos à abertura do cerco. O mais chocante é que 14 corpos de mineiros assassinados, isto é, a maioria dos mortos, foram encontrados em uma área remota, identificada pelo inquérito oficial como *Kleinkopje*. Trata-se de uma clara demonstração de que os trabalhadores foram perseguidos pelos policiais enquanto fugiam dos tiros, em uma operação militar punitiva que implicou diretamente o governo do ANC, pois o ministro da polícia teria que ter autorizado o ataque.

Entre outras razões, o massacre de Marikana representou um momento de inflexão na política sul-africana pelo fato de colocar um ponto final nas esperanças de que o governo de Jacob Zuma se revelasse mais sensível às reivindicações dos trabalhadores do que o de seu predecessor. O nível criminoso da repressão ao movimento grevista, contudo, demonstrou que o ANC, a Lonmin e o NUM estavam determinados a disciplinar o grupo operário a qualquer custo.

No entanto, esse verdadeiro banho de sangue não foi capaz de pôr fim na greve dos mineiros. Ao contrário, os líderes sobreviventes mostraram-se determinados a não recuar, organizando uma passeata maciça até a sede da empresa, que contou com a participação de toda a comunidade pobre de Marikana. Diante da resiliência dos grevistas, a Lonmin

---

[21] Operador de perfuratriz, citado em ibidem, p. 32.
[22] Operador de perfuratriz, citado em ibidem, p. 36.

enfim concordou em abrir negociações diretamente com os mineiros, consentindo em reajustar os salários dos operadores de perfuratriz em 22%, além de conceder um prêmio de 2 mil rands para todos os grevistas que retornassem ao trabalho.

Quando as concessões da empresa foram anunciadas, no dia 18 de setembro, os trabalhadores celebraram como uma vitória tanto sobre a empresa quanto sobre o sindicato. A escala da conquista refletiu-se na maciça desfiliação do NUM e na formação de uma onda grevista liderada por militantes de base que se espalhou pelas minas de platina e outros minerais, renovando o sindicalismo mineiro no país. De fato, a ruptura da relação dos trabalhadores com o sindicato mostrou-se profunda:

Os trabalhadores das regiões noroeste, do Limpopo, do Estado Livre, de Mpumalanga, do Cabo do Norte e das províncias de Gauteng começaram a se desfiliar em massa do NUM, associando-se ao Amcu (Sindicato da Mineração e da Construção), a partir do fim de 2011, devido à péssima reputação que o NUM havia acumulado de ser um sindicato "pelego".

> [...] Como consequência da falha sistêmica das vias institucionais para controle e administração de conflitos sociais, a liderança mundial da África do Sul em termos de protestos locais, durante os anos 2000, foi acompanhada – imediatamente após o massacre de Marikana – por uma onda de greves selvagens em 2012 que afetou um quinto do meio milhão de trabalhadores das minas, assim como outros setores críticos da economia.[23]

A péssima reputação do NUM entre os mineiros havia se formado antes da tragédia de Marikana. Afinal, não devemos nos esquecer de que o secretário-geral do NUM, Frans Balen, recebia 160 mil dólares por ano no momento do massacre e havia ganhado notoriedade por ter aconselhado a Lonmin a demitir 9 mil mineiros de uma de suas minas por entrarem em greve contra a vontade do sindicato. Além disso, um dos filhos de Jacob Zuma era proprietário da maior empresa do cinturão da platina especializada na terceirização dos trabalhadores para as minas[24].

Assim, após um longo período marcado por perdas salariais e pela terceirização do trabalho, foi possível verificar uma renovação do ativismo político durante o governo de Zuma. Em grande medida, a convergência das tensões que se acumularam nos anos 2000, aprofundando-se após o início da crise da globalização em 2008, encontrou seu desfecho em Marikana. Mesmo antes, o sindicalismo já havia demonstrado que a reprodução automática da aliança com o ANC se tornara problemática diante do aumento da pressão de suas próprias bases sociais. A partir de 2010, por exemplo, o movimento sindical passou a conquistar aumentos salariais superiores à inflação em setores cruciais da economia[25].

Em larga medida, trata-se de uma reação esperada, considerando-se o crescente endividamento das famílias trabalhadoras. A coerção direta no local de trabalho por

---

[23] John S. Saul e Patrick Bond, *South Africa, The Present as History: From Mrs Ples to Mandela & Marikana*, cit., p. 177.

[24] Para mais informações, ver Jack Gerson, "The Marikana Massacre and the New Wave of Workers' Struggle", *New Politics*, v. 14, n. 3, 2013.

[25] Idem.

meio do despotismo fabril somou-se à coerção indireta via endividamento do trabalhador com bancos e agiotas. Na realidade, os operários em Marikana eram vítimas não apenas da exploração no interior da produção, mas também da espoliação de seus salários via empréstimos de curto prazo com taxas excepcionalmente elevadas de juros oferecidos por bancos controlados pelo NUM[26].

Por isso, é compreensível que a retomada do ativismo sindical tenha ocorrido concomitantemente à intensificação dos protestos contra a mercantilização dos serviços municipais, responsável pelo aumento do endividamento das famílias de trabalhadores. E, apesar da falta de uma organização nacional capaz de articular as demandas das comunidades pobres, o aumento da pressão inorgânica do precariado urbano repercutiu no trabalho organizado: em 2013, o sindicato dos metalúrgicos, o Numsa, rompeu com o Cosatu e, consequentemente, retirou-se da Aliança Tripartite, conclamando os demais sindicatos a fazer o mesmo e destacando a necessidade da criação de um "Partido dos Trabalhadores" da África do Sul.

Apesar dos contornos um tanto incertos dessa nova etapa, é possível vislumbrar o ressurgimento de uma forma de organização sindical apoiada em comitês eleitos pelos trabalhadores na base e balizada pela independência em relação ao NUM. Ao mesmo tempo, trata-se de uma organização alinhada a uma agenda política que desafia o neoliberalismo do ANC. Principal representante dessa nova etapa, o recém-criado Comitê de Coordenação de Greves de Rustemburg apresentou no dia 19 de setembro de 2012 um conjunto de exigências que partiam das questões ordinárias da pauta sindical, como melhores salários e condições de trabalho, chegando às demandas por serviços básicos de educação e saúde às comunidades pobres e culminando com uma exigência pouco usual de "nacionalização das minas sob o controle democrático dos trabalhadores"[27].

Ao menos uma parte dessa nova geração de ativistas mineiros parece se interessar pela formação de coalizões políticas alternativas ao ANC, como a recém-lançada Frente Democrática de Esquerda (DLF), formada por movimentos sociais, associações de moradores dos bairros pobres, partidos políticos, sindicatos e outras organizações da classe trabalhadora. Ao mesmo tempo, a criação da DLF revela a fragmentação política que abraçou o ANC a partir, sobretudo, da incapacidade do governo de reduzir a pobreza, criar empregos e fornecer serviços públicos à população africana. Muito provavelmente, o ANC atingiu seu limite em termos eleitorais e não deverá voltar a conquistar vitórias expressivas com dois terços dos votos:

> A África do Sul está entrando em um período de realinhamento político no qual a maioria do ANC vai provavelmente ser dramaticamente reduzida e uma série de novos partidos políticos surgirá das rupturas internas do partido governante – da esquerda ao centro até chegarmos aos grupos populistas.[28]

Essa tendência de fragmentação política pode ser identificada no crescimento do partido Economic Freedom Fighters (EFF), criado pelo antigo líder da juventude do

---

[26] Para mais informações, ver John S. Saul e Patrick Bond, *South Africa, The Present as History*, cit.

[27] Idem.

[28] William Gumede, "ANC Fragmentation", *Pambazuka News*, n. 637, 4 jul. 2013.

ANC, Julius Malema. Em abril de 2012, Malema foi expulso do ANC, passando a se apresentar como a vanguarda de uma insurgência contra os poderosos em benefício das populações africanas pobres. Entre as várias razões para o bem-sucedido ressurgimento do nacionalismo populista negro, destaca-se naturalmente o problema da igualdade econômica. Malema costuma repetir em seus discursos que, no momento em que os negros conquistaram o poder de votar na África do Sul:

> [...] os brancos passaram a esconder o poder em lugares invisíveis, isto é, em corporações multinacionais e na mídia, em laboratórios e no judiciário, em sistemas fechados e em espaços exóticos. Minha missão consiste em ir atrás e encontrar o poder onde quer que ele esteja se escondendo e recuperá-lo para o povo negro.[29]

Não por acaso, dois dias após o massacre, o líder do EFF discursou para cerca de 15 mil trabalhadores revoltados em Marikana, fazendo pesadas críticas ao governo de Zuma, à Lonmin e a Cyril Ramaphosa, um dos proprietários da empresa e vice-presidente do país. Malema fez outro discurso inflamado no primeiro aniversário do massacre, quando o principal sindicato do Cosatu, o NUM, se recusou a participar do evento. Sistematicamente, ele tem buscado capturar e amplificar os antagonismos populares e os descontentamentos causados pela fadiga do modelo de desenvolvimento pilotado pelo ANC. Para tanto, Malema insiste na articulação do nacionalismo africano com o tema da espoliação das riquezas naturais do país.

De fato, Marikana mostrou a letalidade da política de acumulação por espoliação. Ao mesmo tempo, o massacre dos mineiros apontou para a profundidade da crise do capitalismo sul-africano. Nesse sentido, Marikana provou que, no contexto da crise da globalização, a luta pela hegemonia não cabe mais no interior da revolução passiva dirigida pelo ANC. Daí o apelo exercido por uma liderança como Malema em sua tentativa de preencher o vazio deixado pela crise de hegemonia no seio do movimento de libertação nacional sul-africano.

Trabalhadores pobres em Soweto

Ao falar em roubo dos recursos naturais sul-africanos pelos colonizadores, Julius Malema recuperou o problema da espoliação das terras dos negros pelos brancos, exigindo a nacionalização das minas e a expropriação sem compensação das propriedades dominadas pelos últimos. Um discurso que, além de dialogar com as comunidades pobres e com os trabalhadores da mineração, tem-se mostrado bastante alinhado às aspirações de uma juventude negra, desempregada e em busca de alguma proteção econômica. Em poucas palavras, o projeto anunciado pelo líder do EFF consiste em completar a libertação nacional traída pelo ANC. Assim, ele considera necessário superar a primeira etapa do poder político para alcançar a segunda etapa da construção do poder econômico pelos negros. E, para isso, é apoiado por uma

---

[29] Julius Malema, citado em Gillian Hart, *Rethinking the South Africa Crisis*, cit., p. 82.

pequena, porém poderosa, parcela da nova classe burguesa "patriótica", criada pelo programa BEE[30].

Completar a libertação nacional por meio da construção do poder econômico pelos negros é uma promessa que cala fundo nas aspirações do jovem precariado sul-africano. A fim de compreender essas expectativas, alguns pesquisadores interessaram-se por analisar as diferenças sociológicas existentes entre a rebeldia do jovem precariado nas comunidades pobres e a elevação do apetite grevista dos trabalhadores sindicalizados. Assim, Peter Alexander, Claire Ceruti, Keke Motseke, Mosa Phadi e Kim Wale decidiram levantar a seguinte questão: seria possível que, na África do Sul pós-*apartheid*, os trabalhadores e os pobres estivessem evoluindo na direção da formação de classes sociais distintas com expectativas antagônicas[31]?

Afinal, indícios colhidos em campo sugeriam que os movimentos sociais mais radicais do país eram formados majoritariamente por jovens desempregados ou subempregados constituídos espontaneamente à revelia dos sindicatos. Apoiando-se em entrevistas em Soweto, Alexander e seus colaboradores perceberam que uma proporção bastante elevada de seus entrevistados identificava-se como parte das "classes baixas" em vez de "trabalhadores". Afinal, sentir-se parte da "classe trabalhadora" parecia um luxo que a maioria da população das comunidades pobres simplesmente não era capaz de sustentar[32].

Daí a ampliação analítica proposta por Alexander, isto é, empregar a noção de "pobre" não como sucedâneo de "trabalhador", mas como forma de agregar os pensionistas, os desempregados e os trabalhadores empobrecidos em uma mesma categoria, ou seja, um trabalhador pode estar eventual, material e culturalmente melhor do que alguém considerado pobre, mas ambos tendem a compartilhar os mesmos lares e bairros. Além disso, alguém pode ser trabalhador em um dia e pobre no outro – um alargamento necessário tendo em vista o fato de que, num país como a África do Sul, uma proporção crescente da população trabalhadora vive desempregada ou subempregada[33].

A passagem da condição de trabalhador à de pobre – e vice-versa – é um traço característico da precariedade da vida da maioria da população africana em Soweto, uma cidade onde diferentes experiências de exploração oscilam permanentemente entre o emprego, o subemprego e o desemprego. Daí a importância de pesquisar o precariado nessa região saturada de achados desconcertantes para um sociólogo. Uma dessas surpresas reveladas pela pesquisa etnográfica é que os desempregados moram usualmente em condições melhores do que os trabalhadores subempregados.

Basicamente, isso se deve ao fato de que a situação de desemprego apenas é possível àqueles lares com algum acesso a pensões ou auxílios dos programas de

---

[30] Para mais informações, ver John S. Saul e Patrick Bond, *South Africa, The Present as History*, cit.

[31] Ver Peter Alexander et al., *Class in Soweto* (Scottsville, University of KwaZulu-Natal Press, 2013).

[32] Idem.

[33] Essa é uma ampliação analítica compatível com o conceito marxista de precariado segundo o qual este seria formado pela fração mais precária e mal paga da classe trabalhadora em contínuo trânsito entre, por um lado, o aprofundamento da exploração econômica e, por outro, a ameaça da exclusão social. Para mais informações, ver Ruy Braga, *A política do precariado: do populismo à hegemonia lulista*, cit.

governo – os mais idosos ou as mães com crianças pequenas, por exemplo. Simples: o precariado em idade de trabalho é muito pobre para ficar desempregado e, portanto, depende quase em sua totalidade de formas do trabalho intermitente que tendem a se transformar na única alternativa disponível. Daí a urgência, identificada por Peter Alexander e sua equipe, de construir um modelo analítico capaz de ir além da classificação ocupacional clássica que tende a subestimar as situações de subemprego, acantonando-as no interior do emprego.

De minhas duas visitas a Soweto, em 2012 e 2014, pude pessoalmente observar que uma minoria dos moradores da cidade vive em casas recém-construídas ou reformadas, restritas a áreas próximas às rodovias, enquanto a maior parte da população africana mora nas antigas casas construídas pelo município, que nunca passaram por melhoria alguma, em quartinhos dos fundos, em barracos erguidos com placas de metal e alojamentos precários sem água encanada ou tratamento de esgoto. Em resumo, um espaço privilegiado para a observação da composição social, do processo de construção das identidades coletivas e, consequentemente, do comportamento político das classes subalternas sul-africanas.

Assim, a equipe de pesquisadores liderada por Peter Alexander mostrou que, em Soweto, os trabalhadores empregados regularmente tendem a se identificar como "classe trabalhadora", enquanto os aposentados, os pensionistas, os trabalhadores subempregados e os desempregados descrevem a si mesmos como "pobres". No entanto, como ficou claro conforme a pesquisa etnográfica progredia, não se trata de uma diferença percebida como hostil, mas, ao contrário, como complementar. Em Soweto, as famílias trabalhadoras tendem a se mostrar simpáticas às famílias pobres, sugerindo que não há base para um antagonismo associado às localizações ocupacionais ou mesmo às identidades coletivas.

Há inúmeras razões para isso: histórias de vida, proximidade física entre trabalhadores e desempregados e, principalmente, a tendência dos lares a redistribuir os recursos dos membros das famílias remediadas entre os mais pobres. Do ponto de vista ocupacional, essa interação solidária entre famílias trabalhadoras e famílias pobres, registrada pela etnografia, tem como principal explicação a relação fluida entre o emprego, o desemprego e o subemprego que historicamente caracteriza o mercado de trabalho da população negra na África do Sul, pressionando de forma contínua os desempregados rumo ao subemprego. Assim, não é de surpreender que com frequência o emprego apareça no registro etnográfico como o desejo principal dos trabalhadores subempregados:

> Mamsie tem 28 anos e dois filhos pequenos. Ela teve treinamento em segurança e consegue um turno aqui e outro lá, mas, "normalmente, as empresas preferem contratar os homens... Então, eu decidi começar este negócio". Por aproximadamente quatro anos ela tem vendido toalhas de rosto e vasilhas perto da estação de Orlando. Ela leva para casa entre R 10,00 (US$ 1,5) e R 80,00, em um dia excepcional. [...] Quando perguntada, "Se você pudesse mudar uma única coisa na sua vida, o que seria?". Mamsie respondeu: "Um bom lugar para morar... Ou, melhor dizendo, o que eu queria mesmo era ter um emprego". [...] Uma mulher que vendia mercadorias na rua em Diepkloof disse: "Eu me considero uma trabalhadora porque eu consigo dinheiro fazendo algo para sustentar minha casa. Mas isto

não é um trabalho de verdade... Se eu conseguisse um emprego, eu poderia deixar esta atividade... Eu ainda estou à procura de um trabalho".[34]

E, mesmo entre os empregados regularmente, o trabalho temporário e terceirizado é o que mais sobressai. Os trabalhadores empregados regularmente por menos de vinte horas por semana referem-se aos próprios empregos como "bicos". A pesquisa de campo aferiu que 11% da população de Soweto é formada por trabalhadores que fazem bicos. Nos intervalos entre um período trabalhando para um supermercado e outro limpando as ruas empregado por uma empresa terceirizada pela prefeitura, os moradores de Soweto sobrevivem recorrendo às atividades de jardinagem, ao serviço braçal e ao trabalho doméstico.

A proximidade entre desemprego e trabalho precário, mesmo quando formal, reforça a dependência das famílias da combinação de diferentes fontes de renda, como salários, pensões e auxílios governamentais. Entre as trajetórias dos desempregados, destaca-se o recebimento do auxílio para crianças ou outros benefícios ligados aos gastos sociais do governo e, entre os trabalhadores precários, a regra é a combinação do emprego temporário com algum tipo de atividade de subsistência:

> Em casa, ninguém trabalha. Mesmo meu irmão mais velho faz a mesma coisa que eu faço. Minha mãe, às vezes, faz bicos de lavadeira para o pessoal da comunidade. Por semana, ela deve ser chamada para isso umas duas ou três vezes apenas. Meus dois irmãos menores ainda estão na escola. O dinheiro que eu faço vendendo sucata eu uso para comprar comida. Como, hoje, eu consegui R 80,00, eu estou indo comprar comida. Meu irmão também traz um dinheiro para casa e então a gente pode juntar e comprar comida.[35]

A situação de extrema pobreza impede a permanência do trabalhador na condição do desemprego, levando-o a se submeter a formas cada vez mais inseguras e intermitentes de trabalho, ou seja, em muitos casos, o trabalhador é simplesmente "muito pobre para ser desempregado". E, ao invés de estimular a concorrência entre os trabalhadores, o resultado da mescla entre o desemprego, o subemprego e a precariedade tende a favorecer o surgimento de formas de solidariedade e de identidade coletiva.

Como argumentam Kim Wale e Peter Alexander, se é verdade que, quando os moradores de Soweto olham "para cima", tendem a destacar características individuais, quando olham "para baixo" tendem a enfatizar questões econômicas, como o desemprego, associando a ideia de pertencimento a uma "classe" – seja a trabalhadora, seja a pobre – à reprodução das injustiças sociais. Essa parece ser a base para uma eventual articulação entre as mobilizações tipicamente associadas aos trabalhadores empregados, como as greves, e as formas de protesto social lideradas por estudantes, desempregados, trabalhadores subempregados e pensionistas[36].

Nesse sentido, não há nenhuma barreira classista separando os pobres dos trabalhadores, mas uma relação distinta quanto aos meios e fins das diferentes formas de

---

[34] Citado em Peter Alexander et al., *Class in Soweto*, cit., p. 105-6.

[35] Lawrence, morador de Soweto, citado em ibidem, p. 128.

[36] Kim Wale e Peter Alexander, "*Too Poor to Be Unemployed*": *Underemployment in South Africa* (Joanesburgo, mimeo, 2009).

ação coletiva. Quando os trabalhadores protestam, também entram em greve – frequentemente por um aumento salarial. E, quando o precariado protesta, costuma ser contra as prefeituras, exigindo o fornecimento dos serviços básicos. Aliás, vale lembrar que, desde 2005, a África do Sul tem experimentado um considerável aumento tanto da atividade grevista quanto dos protestos urbanos. Assim, se as maciças mobilizações do precariado permanecem desconectadas da atual onda grevista sul-africana, isso se deve a razões políticas, e não a obstáculos sociológicos[37].

Ao mesmo tempo que a ação coletiva do precariado se alimenta do ânimo da juventude desempregada, seu poder não raro se esgota na capacidade de pressionar vereadores e autoridades do ANC. Os sindicatos, por sua vez, atuam nacionalmente, mas têm-se mostrado pouco permeáveis à dinâmica da mobilização coletiva protagonizada pelos pobres. E, por certo, existe uma complementaridade entre os protestos sociais e as greves. Afinal, quando aqueles são bem-sucedidos em melhorar os serviços municipais, por exemplo, os trabalhadores sindicalizados também se beneficiam, pois moram nos mesmos bairros onde vive o precariado. Por outro lado, quando trabalhadores grevistas conquistam um aumento salarial, a comunidade é diretamente favorecida pelo reforço na renda das famílias.

Na África do Sul contemporânea, existem sinais claros de desilusão popular em relação ao bloco histórico dominante. Ainda assim, a dinâmica da mobilização coletiva sul-africana segue refém do impasse entre a rebeldia do precariado nas comunidades e a relativa passividade das direções sindicais em relação ao Estado. Todavia, devido ao fato de que as barreiras que separam trabalhadores e pobres são políticas, e não sociológicas, a tendência é que ocorra um aumento da pressão das bases sindicais sobre as direções no sentido da incorporação das demandas das comunidades na agenda sindical:

> Como um trabalhador municipal afirmou: "Nós somos todos membros de uma mesma comunidade, então, é claro que nós apoiamos as demandas" (dos pobres). [...] Em uma cidade nas proximidades de Soweto nós deparamos com uma passeata da comunidade em apoio ao piquete de greve dos trabalhadores e [com] a solidariedade dos trabalhadores com o protesto da comunidade. [...] Além disso, em uma recente pesquisa sobre os lares dos trabalhadores, conclui-se que aproximadamente 25% dos membros do Cosatu já haviam participado de algum protesto pelo fornecimento de serviços básicos nos quatro anos anteriores à pesquisa.[38]

África do Sul: o precariado em greve

Em outras palavras, um sindicalismo de movimento social pode estar ressurgindo na África do Sul como forma de solucionar o impasse entre o ativismo inorgânico do precariado nas comunidades e a centralização burocrática das direções sindicais pelo movimento de libertação nacional. Naturalmente, não se trata de nenhuma novidade, pois, no fim das contas, durante as lutas *anti-apartheid*, o movimento sindical sul-

---

[37] Para mais informações, ver Peter Alexander, *Rebellion of the Poor*, cit.

[38] Peter Alexander et al., *Class in Soweto*, cit., p. 250.

-africano assumiu uma marcante característica "movimentista" que pode ser mais bem identificada no esforço dos ativistas em elevar as condições de vida da classe trabalhadora como um todo, e não apenas proteger os interesses de seus filiados[39].

Comparando as trajetórias brasileira e sul-africana da industrialização fordista periférica entre as décadas de 1960 e 1980, Gay Seidman mostrou como os trabalhadores que viviam em comunidades pobres da periferia perceberam as lutas dentro e fora das fábricas como dimensões complementares do esforço comum de elevação do patamar de reprodução dos trabalhadores. Por um lado, ao exigirem transformações políticas e econômicas que incorporavam uma parcela mais ampla da classe trabalhadora, os operários fordistas acabaram por redefinir as relações sociais entre os Estados, as classes dominantes e os subalternos, acelerando o processo de democratização nos dois países. Por outro, os moradores das comunidades pobres reinterpretaram suas demandas por moradia, educação e serviços à luz do ativismo grevista, reforçando a solidariedade dos bairros com os sindicatos[40].

Provavelmente o maior desafio enfrentado na atualidade pelos trabalhadores sul-africanos seja esse. Como superar o burocratismo, organizar o precariado e reconstruir os laços de solidariedade entre os sindicatos e as comunidades pobres a fim de vivificar um sindicalismo de movimento social capaz de enfrentar a crise da globalização? Apesar das enormes dificuldades inerentes a essa tarefa, é importante destacar o papel estratégico cumprido pelos setores precários em qualquer tentativa crível de reinvenção do movimento dos trabalhadores na África do Sul. E exemplos de campanhas vitoriosas lideradas pelo precariado sindicalmente mobilizado, cujo desfecho foi o fortalecimento do sindicalismo de movimento social, começam a surgir com certa frequência.

Nessa direção, um dos casos mais emblemáticos talvez seja o da vitoriosa greve dos carteiros sul-africanos, ocorrida entre dezembro de 2011 e abril de 2012, a fim de reverter a terceirização do trabalho na South African Post Office (Sapo). Afinal, após muitos anos de aprofundamento da terceirização pelos correios, o veto contra a subcontratação, assegurado pelo movimento, representou uma importante reviravolta para a reinvenção do sindicalismo social na África do Sul.

A reestruturação dos correios sul-africanos começou em 1998, quando a empresa decidiu expandir seus serviços por meio, sobretudo, da subcontratação de força de trabalho por uma fração do salário pago a um efetivo. A consolidação da terceirização empresarial criou uma força de trabalho fortemente dualizada em termos salariais. Como resposta a uma realidade marcada por jornadas flexíveis e baixíssimos salários, entre junho e agosto de 2011, uma série de paralisações protagonizadas pelos carteiros terceirizados espalhou-se pela província de Gauteng[41].

---

[39] Ver Gay W. Seidman, *Manufacturing Militance: Workers' Movements in Brazil and South Africa, 1970-1985*, cit.

[40] Idem.

[41] Para mais informações, ver David Dickinson, "Fighting Their Own Battles: The Mabarete and the End of Labour Broking in the South African Post Office", Society, Work & Development Institute, University of the Witwatersrand, fev. 2015, disponível em <http://www.ee.co.za/wp-content/uploads/2015/07/Post-Office-Labour-Unrest-Strikes-2009-2014-Prof-Dickinson.pdf>, acesso em 23 mar. 2016.

No entanto, essa primeira onda de mobilização acabou sem nenhuma conquista efetiva. A Justiça do Trabalho acolheu a argumentação da empresa de que se tratava de uma greve ilegal por não ter sido decretada pelo sindicato oficial da categoria e o movimento acabou refluindo. No entanto, as lições aprendidas nesse primeiro momento de retomada das atividades grevistas pelos carteiros em breve se destacariam. Em primeiro lugar, os carteiros terceirizados compreenderam que deveriam ficar longe dos tribunais; em segundo lugar, perceberam que deveriam pressionar diretamente os correios, e não as terceirizadas; e, finalmente, os trabalhadores concluíram que deveriam criar uma série de estratégias para não entregar a correspondência nas comunidades pobres[42].

De fato, a derrota do movimento grevista não desmoralizou a comissão de mobilização formada pelos carteiros. E uma nova greve à revelia do sindicato oficial filiado ao Cosatu, o CWU, eclodiu no dia 12 de dezembro de 2011. Dessa vez, a onda grevista manteve-se preocupada em interromper a entrega da correspondência em toda a província do Gauteng, e não mais em negociar com as empresas terceirizadas concessões aos trabalhadores. Além disso, a liderança do movimento permaneceu anônima, permitindo que as decisões da Justiça do Trabalho ordenando o retorno às agências e aos depósitos fossem ignoradas:

> O movimento que surgiu após a adoção deste conjunto de medidas foi sustentado por um grupo coeso e quase militarizado de trabalhadores. A certa altura, o apelido "maberete" (as "beretas") pegou. Tratava-se de uma referência ao grupo paramilitar organizado pelo então ministro da polícia, Bheke Cele, apelidado por suas pistolas Beretta.[43]

O movimento grevista atravessou diferentes fases. De início, os maberetes tentaram convencer os terceirizados a participar do movimento e grupos de trabalhadores saíram marchando de depósito em depósito da empresa a fim de convencer os demais a paralisar suas atividades. Essa primeira etapa de mobilização aconteceu durante os meses de dezembro de 2011 e janeiro de 2012. No entanto, a maior parte dos terceirizados não aderiu ao movimento grevista, o que levou os maberetes a desenvolver outra tática: patrulhar as comunidades pobres a fim de coibir a entrega de correspondência pelos terceirizados.

Assim, em vez de concentrar seus esforços nos depósitos da empresa, guardados por seguranças e controlados pelas gerências, a greve espalhou-se pelas comunidades pobres por meio de uma técnica que ficou conhecida como *Ho Tsoma* ("à caça"). E a eficiência desse método foi comprovada pelo aumento substantivo da participação dos carteiros na greve. Aqui, vale observar que as "patrulhas" tiveram êxito, pois contaram com a solidariedade ativa dos moradores dos bairros pobres, que se recusavam a receber as correspondências, denunciando os carteiros recalcitrantes aos maberetes.

Em parte, a solidariedade dos moradores explica-se pelo fato de que, com a greve, as cobranças de serviços municipais, as contas de lojas e os boletos de empréstimos

---

[42] Idem.

[43] Ibidem, p. 24.

bancários deixavam de chegar, permitindo o pagamento em atraso dos débitos. Além disso, a técnica *Ho Tsoma* criou laços de camaradagem entre os carteiros, assegurando a etapa seguinte da ação coletiva dos grevistas, isto é, as visitas de centenas de maberetes às casas dos gerentes dos correios e das lideranças do sindicato CWU. Obviamente, para os carteiros, não foi nada difícil localizar os endereços.

E a visita à casa do gerente regional dos correios, E. T. Mpai, enfim garantiu a abertura de negociações com os correios. Os grevistas decidiram, então, convocar um pequeno e até então pouco representativo sindicato, o Sapwu (South African Postal Workers Union), a fim de negociar com a empresa. E a primeira cláusula do acordo celebrado entre as partes previa que os trabalhadores terceirizados seriam diretamente incorporados pelos correios por meio de contratos temporários pelo mesmo valor pago às empresas de terceirização, isto é, 4 mil rands. Finalmente, em julho de 2012, apenas quatro meses após o término da greve dos maberetes, todos os trabalhadores terceirizados haviam se convertido em trabalhadores diretamente contratados[44].

A greve dos maberetes merece ser considerada um movimento estratégico na cena sindical sul-africana não apenas pelo fato de ter desafiado vitoriosamente tanto os correios quanto o Cosatu, demonstrando a contemporaneidade da mobilização das bases em torno de uma questão-chave para os trabalhadores, isto é, o combate à terceirização. Trata-se de uma greve que merece ser destacada, igualmente, pela solidariedade despertada nas comunidades pobres da província do Gauteng. Em grande medida, um efeito criado pelo reconhecimento dos moradores da existência de uma convergência global de interesses entre os bairros pobres e os trabalhadores terceirizados.

Além disso, fato relativamente raro na cena sul-africana, essa greve criou uma nova organização, o Depacu (Democratic Postal and Communications Union), surgida da evolução da aliança entre o ativismo dos trabalhadores precários e a atuação do movimento sindical não burocratizado, cuja representação se dava por meio do Sapwu. E, de fato, se ainda é prematuro falar em uma autêntica reinvenção do sindicalismo de movimento social protagonizado pelo precariado na África do Sul, ao menos é possível identificar alguns indícios de seu ressurgimento[45].

---

[44] Idem.

[45] Na mesma direção, vale citar o reaparecimento do ativismo sindical entre os trabalhadores rurais da região do Cabo ocidental e as lutas contra a pobreza em comunidades mineiras dominadas por autoridades tradicionais na província do Noroeste. Para mais informações, ver Jesse Wilderman, "From Flexible Work to Mass Uprising: The Western Cape Farm Workers' Struggle". *Working Paper*, n. 4, Society, Work & Development Institute (SWOP), University of Witwatersrand, abr. 2015); e Sonwabile Mnwana e Gavin Capps, "'No Chief Ever Bought a Piece of Land!' Struggles Over Property, Community and Mining in the Bakgatla-ba-Kgafela Traditional Authority Area", Society, Work & Development Institute (SWOP), University of the Witwatersrand, mar. 2015, disponível em <http://www.fes-southafrica.org/fes/13-mar-no-chief-ever-bought-a-piece-of-land-struggles-over-property-community-and-mining/>, acesso em 19 ago. 2015.

9

OS SENTIDOS DE JUNHO

Na atual etapa da crise da globalização, as políticas de espoliação implementadas pelo Estado neoliberal a fim de reviver a acumulação de capital tendem a promover crises de regulação capazes de impulsionar revoltas mais ou menos abertas contra a combinação dos modos de mercantilização do trabalho, da terra e do dinheiro promovida pelo neoliberalismo. A hipótese que perseguimos neste livro postula que a resistência às políticas de espoliação, isto é, os diferentes movimentos insurgentes em escala nacional que se multiplicaram pelo Sul global após 2008, se apoia, principalmente, nos setores precários das classes trabalhadoras nacionais.

E, apesar de identificarmos inúmeras tensões entre o precariado urbano e a burocracia sindical em diferentes países, argumentamos que não há uma contradição de fundo opondo os interesses dos trabalhadores precários aos interesses dos trabalhadores organizados. Da mesma maneira que ocorreu em Portugal quando a mobilização dos jovens precários desafiou o sindicalismo tradicional, o exemplo sul-africano revelou que, mesmo em condições de fusão do aparelho sindical ao Estado, uma ação sindical renovada pela mobilização das bases é capaz de alcançar vitórias em questões estratégicas para os interesses dos trabalhadores, como a reversão da tendência à terceirização do trabalho nos correios. Em suma, trata-se de um problema de construção política, e não uma determinação sociológica.

Se no caso português o precariado deparou com um sindicalismo mais permeável aos movimentos sociais, na África do Sul os trabalhadores pobres e terceirizados enfrentam um poder sindical resolutamente refratário à participação democrática, além de centralizado politicamente pelo Estado. Ainda assim, em ambos os casos, é possível identificar na mobilização dos trabalhadores precários o porquê da vivificação do sindicalismo de movimento social e, consequentemente, solucionar o dilema entre o poder sindical declinante e a inquietação social gradativa das classes subalternas.

Em síntese, será por meio da pressão dos jovens trabalhadores precários que o sindicalismo encontrará recursos para superar sua crise. Concomitantemente, sustentamos que a reinvenção democrática do movimento sindical fortalecerá a mobilização do precariado, elevando-a a um patamar superior em termos de organização política. Trata-se de uma aposta arriscada. No entanto, é a única que parece realmente crível quando pensamos em combinar tendências recentes de involução do mundo do trabalho com um horizonte futuro de intervenções das forças democráticas no contexto da crise da globalização.

Para além da fragmentação da política das identidades que tem marcado as tentativas de reinvenção das esquerdas no presente, apostar em uma agenda capaz de aproximar trabalho e democracia do movimento real de um protagonista político essencialmente globalizado parece-nos um caminho alvissareiro em se tratando de fortalecer o novo internacionalismo proletário. Ainda que o ritmo do desenvolvimento das mobilizações desse protagonista se mostre muito desigual quando comparamos diferentes países, a crise da globalização tem pressionado as insurgências nacionais do precariado a avançarem no sentido da desmercantilização do trabalho, da terra e do dinheiro.

O caso brasileiro pode ser considerado um exemplo intermediário entre uma mobilização dos precários subjetivamente orgânica e objetivamente alinhada aos interesses do movimento sindical, como no caso português, e uma ação do precariado subjetivamente inorgânica e objetivamente contrária aos interesses burocráticos de um sindicalismo controlado pelas forças do Estado e do mercado, como no caso sul-africano. Daí a importância da comparação internacional. Olhar para o Brasil recorrendo aos exemplos de Portugal e da África do Sul permite-nos caracterizar e antever as principais tendências derivadas da relação conflitiva entre as classes subalternas, os sindicatos e o Estado num futuro próximo.

"Não é por centavos, é por direitos!"

Argumentaremos neste último capítulo que, em contraste com os casos português e sul-africano, a atual ação coletiva dos trabalhadores precários no país caracteriza-se por ser, em termos gerais, subjetivamente inorgânica, porém objetivamente mais alinhada aos interesses dos sindicatos no país. De fato, como vimos anteriormente, se a formação e a ampliação do precariado pós-fordista brasileiro é facilmente perceptível quando analisamos as tendências relativas ao aumento da terceirização, da contratualização e da deterioração das condições de trabalho impostas pelo regime de acumulação às classes subalternas, o mesmo não pode ser afirmado no tocante à ação coletiva desses trabalhadores.

Tendo em vista sua composição social predominantemente jovem e uma experiência política limitada ao ciclo lulista, isto é, a uma forma de dominação basicamente alicerçada na desmobilização dos movimentos sociais, durante muito tempo a expectativa da maior parte dos estudiosos das classes subalternas brasileiras era que os setores mais dominados e explorados do país mantivessem uma atitude politicamente passiva diante do modo de regulação consolidado ao longo dos anos 2000. Para alguns, inclusive, o lulismo seria um processo de "esclarecimento popular" capaz de fazer com que amplas esferas de trabalhadores e de microempresários incorporassem as necessidades da acumulação financeira a fim de ascenderem a novos patamares de consumo[1].

No entanto, como costuma acontecer, as reviravoltas da realidade social costumam pregar peças desconcertantes na análise sociológica. E o fim do lulismo começou a ser anunciado quando o Movimento Passe Livre (MPL) da cidade de São Paulo organizou sua quarta manifestação contra o aumento das tarifas do transporte municipal. Como é sabido, o ato do dia 13 de junho de 2013 em São Paulo transformou-se numa batalha campal onde apenas um dos lados estava armado. A brutal repressão da Polícia Militar (PM) aos manifestantes respondeu aos apelos do governador tucano Geraldo Alckmin e do prefeito lulista Fernando Haddad, além de inúmeras lideranças políticas da cidade, entre as quais, todos os vereadores do PT e do Partido Comunista do Brasil (PC do B), pelo restabelecimento imediato da "ordem" na cidade.

As lideranças lulistas pareciam pressentir que a reprodução do consentimento popular estava sendo seriamente desafiada pelos atos do MPL. De fato, ao longo do mês de junho de 2013, durante aproximadamente três semanas de protestos, um verdadeiro terremoto social chacoalhou a cena política brasileira, deixando um rastro de destruição da popularidade de inúmeros governos municipais, estaduais, assim como do então governo federal[2]. A partir daí, as manifestações de rua espalharam-se por diferentes capitais, chegando ao ápice em 17 de junho, com 75 mil participantes em São Paulo, além de centenas de milhares no Rio de Janeiro, Porto Alegre e Belo Horizonte.

A fim de entendermos a dinâmica dessa onda de atos, protestos e ocupações de Câmaras municipais e de Assembleias estaduais estabelecida com as Jornadas de Junho, é necessário, em primeiro lugar, localizar o papel que a luta pela redução das tarifas de ônibus desempenhou naquela conjuntura. Em janeiro de 2013, a pedido do governo federal, a prefeitura de São Paulo adiou o reajuste das tarifas do transporte coletivo, em uma tentativa de controlar a inflação; em maio, mesmo com a suspensão pelo governo federal da cobrança de dois impostos que incidiam sobre as tarifas de transporte urbano, a prefeitura municipal e o governo do Estado de São Paulo anunciaram o reajuste de três reais para três reais e vinte centavos[3].

Em resposta ao anúncio do aumento, no dia 6 de junho de 2013, o MPL organizou um ato que reuniu, segundo a estimativa da PM, cerca de 2 mil pessoas na avenida Paulista. Entre os dias 7 e 13 de junho de 2013, o MPL organizou outros três protestos, juntando mais de 15 mil manifestantes que marcharam pela avenida

---

[1] Ver Jessé de Souza, *Os batalhadores brasileiros: nova classe média ou nova classe trabalhadora?* (Belo Horizonte, Editora da UFMG, 2010).

[2] Apenas alguns dias após o início dos protestos, a popularidade da ex-presidenta Dilma Rousseff já havia despencado de 65% de aprovação dos entrevistados para apenas 30%. Para mais informações, ver José Roberto Toledo, "Nunca houve uma queda de popularidade como a de Dilma", *O Estado de S. Paulo*, 29 jun. 2013.

[3] Para mais informações, ver Elena Judensnaider et al., *20 centavos: a luta contra o aumento* (São Paulo, Veneta, 2013).

Paulista, pela marginal do rio Pinheiros e pelas ruas do centro da cidade. O protesto do dia 13 de junho, no entanto, representou o momento da guinada. Após uma intensa campanha midiática que pedia a punição dos "vândalos", a PM do Estado de São Paulo decidiu reprimir duramente os militantes do MPL, utilizando bombas de gás lacrimogêneo, bombas de efeito moral e tiros de bala de borracha de maneira indiscriminada na região central da cidade.

Após esse dia, um forte sentimento de indignação tomou conta de São Paulo, e a manifestação convocada pelo MPL para a segunda-feira, dia 17 de junho de 2013, reuniu aproximadamente 75 mil pessoas no largo da Batata, zona oeste da capital paulista, iniciando uma passeata que tomou conta da avenida Brigadeiro Faria Lima e dirigiu-se tanto à marginal Pinheiros quanto à avenida Paulista. Nessa ocasião, o movimento de massas já não mais podia ser reprimido pela PM. A promessa feita pelo MPL no início do mês de junho havia sido cumprida: "Se a tarifa não baixar, São Paulo vai parar".

Ao longo desses dias, amplos setores da juventude paulistana, majoritariamente formados por trabalhadores jovens e inseridos em condições precárias de trabalho, manifestaram publicamente sua insatisfação com os limites de um modelo de desenvolvimento que se apoiou na espoliação do espaço urbano por meio do conluio entre incorporadoras, construtoras, empresas de transporte e poder público. De fato, no dia 17 de junho de 2013, os jovens expressaram seu desejo de inventar outra metrópole, um lugar onde as diferenças pudessem ser acolhidas, os serviços públicos funcionassem a contento para a ampla maioria e a cidade não permanecesse como propriedade de uns poucos privilegiados[4].

A imagem de 75 mil pessoas caminhando por entre os prédios envidraçados dos bancos e corporações na avenida Faria Lima rumo à região da avenida Engenheiro Luís Carlos Berrini – no bairro do Brooklin, região sul de São Paulo, um ponto estratégico da cidade e próximo às grandes avenidas – traduziu esse desejo em um clima festivo, no qual incontáveis cartazes foram exibidos de forma espontânea por uma massa de debutantes em protestos sociais[5].

O sucesso dessa manifestação foi coroado no dia seguinte, quando mais de 50 mil pessoas participaram da manifestação na praça da Sé, em São Paulo, forçando a prefeitura municipal e o governo do estado a suspender o reajuste da tarifa no dia 19 de junho. A partir dessa inegável vitória popular, o movimento de rua espalhou-se pelas principais cidades do país, a ponto de uma pesquisa nacional publicada no dia 21 de junho e realizada pela Confederação Nacional do Transporte (CNT) e pelo Instituto Brasileiro de Opinião Pública e Estatística (Ibope) indicar que 75% da população brasileira apoiava as manifestações e 6% dos entrevistados, isto é, o equivalente a 12 milhões de pessoas, declararem ter participado de alguma forma dos protestos[6].

---

[4] Idem.

[5] Idem.

[6] Josias de Souza, "Ibope: 75% dos brasileiros apoiam os protestos", UOL Notícias, 22 jun. 2013, disponível em <http://josiasdesouza.blogosfera.uol.com.br/2013/06/22/ibope-75-dos-brasileiros-apoiam-os-protestos/>, acesso em 12 nov. 2013.

Além disso, a pauta de reivindicações transcendeu o tema do transporte coletivo de qualidade, expandindo-se para demandas a respeito de outros serviços públicos, notoriamente saúde e educação. A síntese da ampliação do escopo original dos protestos ficou registrada no *slogan* mais associado ao ciclo de mobilização liderado pelo MPL: "Não é por centavos, é por direitos!". E os sismos surgidos na capital paulistana espalharam-se por todo o país em um rápido movimento de nacionalização dos protestos sem paralelo na história das lutas populares no país.

A então presidenta Dilma Rousseff decidiu se pronunciar em rede nacional e afirmou estar "atenta ao apelo das ruas". Em seguida, reuniu-se no dia 24 de junho de 2013 com representantes do MPL, bem como com prefeitos e governadores, a fim de negociar um pacto nacional pela melhoria dos serviços públicos. Assim, os eventos na cidade de São Paulo foram o gatilho que disparou uma enorme onda de mobilização popular.

Jornadas de Junho: o desafio do precariado

Essa onda pode ser explicada por diferentes razões. Além de verificarmos a atual fadiga do modelo de desenvolvimento, apoiado no consumo de força de trabalho barata, em gerar empregos e distribuir renda, devemos levar em consideração o aprofundamento da crise da globalização, assim como suas implicações sobre o regime de acumulação pós-fordista e financeirizado vigente no país em termos de desaceleração do ritmo de crescimento econômico. Por fim, identificamos a transformação de um estado mais ou menos latente de inquietação social, que acompanhou o bom desempenho do Produto Interno Bruto (PIB) entre 2005 e 2010, em uma caudalosa indignação popular que transbordou para as ruas em 2013.

O primeiro mandato de Lula da Silva foi marcado por uma política econômica ortodoxa e terminou em um ruidoso escândalo de corrupção. Esse fato obrigou o governo a ajustar seus rumos, elevando ainda mais os gastos sociais, aumentando o salário mínimo acima da inflação e reforçando o crédito popular. Como bem demonstrou o cientista político André Singer, essa estratégia ajudou a garantir a sedimentação do apoio eleitoral dos setores mais empobrecidos da população brasileira ao modo de regulação lulista[7].

Além disso, a fim de administrar os encargos crescentes da dívida pública e visando recuperar o apoio perdido em importantes setores das classes médias e da própria classe trabalhadora, o governo federal estimulou a formalização do mercado de trabalho, fazendo com que milhões de trabalhadores ascendessem a um patamar superior de proteção social. A aceleração do ritmo de crescimento da economia na última década, puxada pela elevação no preço das *commodities* brasileiras no mercado mundial, coroou a combinação entre o aumento dos gastos sociais e a ampliação da cobertura da proteção trabalhista.

---

[7] André Singer, *Os sentidos do lulismo: reforma gradual e pacto conservador*, cit.

No entanto, como argumentamos anteriormente, além dos avanços da formalização do emprego e dos ganhos reais do salário mínimo, o atual modelo de desenvolvimento também se apoiou na elevação do número de acidentes de trabalho, no aumento da rotatividade, na elevação da taxa de terceirização e no aprofundamento da flexibilidade da jornada de trabalho – em suma, na mercantilização do trabalho, que, contraditoriamente, se mesclou ao aumento da cobertura trabalhista proporcionada pela formalização.

Essa face do modelo alimentou um estado mais ou menos permanente de inquietação entre os trabalhadores, em particular entre os mais jovens, não qualificados, não sindicalizados, semiqualificados e sub-remunerados. Se levarmos em consideração que 65% do total das vagas formais criadas nos últimos dez anos foram ocupadas por jovens entre 18 e 28 anos, entenderemos por que essa inquietação social se concentrou especialmente nesse grupo, levando-o a cumprir um papel-chave na eclosão das Jornadas de Junho[8].

Além disso, é possível perceber mudanças no perfil dos manifestantes. Os protestos começaram com estudantes e trabalhadores que usam o transporte coletivo e, por meio do MPL, desde 2005, têm organizado manifestações em várias cidades, como Florianópolis, Porto Alegre, Vitória e Salvador, atraindo jovens militantes de partidos de esquerda. Pouco a pouco, o movimento foi-se ampliando e, depois da violenta repressão policial à passeata do dia 13 de junho na cidade de São Paulo, os protestos alargaram seu escopo, chegando às periferias, onde uma massa acentuadamente plebeia de jovens iniciou um processo de mobilização que bloqueou várias rodovias na cidade de São Paulo:

> Simultaneamente, mas fora das câmeras, manifestações autônomas eclodiam em vários pontos da cidade. Nas linhas Esmeralda e Rubi da CPTM (Companhia Paulista de Trens Metropolitanos), após panes, passageiros ocupam os trilhos, quebram os trens e sabotam as vias. Em Cotia, cerca de 5 mil pessoas trancam os dois sentidos da Rodovia Raposo Tavares. Protestos bloqueiam a Ponte do Socorro e a Estrada do M'Boi Mirim. No Grajaú, junto a uma onda de saques, fala-se em mais de oitenta ônibus danificados. Na zona leste, o impacto foi tamanho que, no dia seguinte, o Consórcio Leste 4 colocou menos da metade da frota em operação. Em Guarulhos, manifestantes bloqueiam por horas a via de acesso ao Aeroporto Internacional, enquanto em Parelheiros a população invadiu e paralisou o Rodoanel.[9]

Mais adiante, veremos que o ciclo de protestos iniciado em junho de 2013 não apenas ajudou a alimentar o apetite grevista dos grupos mais precários e periféricos de trabalhadores sindicalmente organizados como ele próprio evoluiu conforme uma dinâmica espiralar, movendo-se dos centros para as periferias, ou seja, as manifestações nas praças e avenidas principais atraíram a participação dos moradores das periferias e, paralelamente, ao perderem força no Rio de Janeiro e em São Paulo, os protestos mantiveram-se ativos, apesar da escala muito menor, em cidades como Porto Alegre, Recife, Fortaleza e São Luís. Além disso, a mudança da temperatura política pós-

---

[8] Ver Marcio Pochmann, *Nova classe média? O trabalho na base da pirâmide salarial brasileira*, cit.

[9] Caio Martins e Leonardo Cordeiro, "Revolta popular: o limite da tática", em Alana Moraes et al., *Junho: potência das ruas e das redes* (São Paulo, Friedrich Ebert Stiftung, 2014).

-Junho serviu para levar ao centro do palco, em todo o país, os movimentos sociais de trabalhadores sem-teto.

De fato, após alcançar seu pico entre 19 e 21 de junho, a maior onda de mobilização popular da história brasileira refluiu em agosto para a participação de alguns milhares. O então governo petista pareceu recuperar parte do prestígio pulverizado pelas passeatas. No final de 2013, a inflação voltou ao controle. Além disso, os mais pobres e miseráveis, dependentes dos gastos sociais do governo federal, continuaram depositando sua confiança no modo de regulação lulista, amparando a tese de que as Jornadas de Junho resultavam da elevação das expectativas populares produzida pelas políticas petistas.

Neste capítulo, argumentaremos que as Jornadas de Junho revelaram a presença de um protagonista social, o jovem precariado urbano, aproximando-se da tradição de mobilizações das classes subalternas no país que, desde a consolidação do fordismo periférico, se manifestam por meio da gramática dos direitos sociais e trabalhistas. Trata-se de uma tradição que tende a aproximar o jovem precariado urbano dos setores mais organizados da classe trabalhadora brasileira, em especial dos sindicatos. E a entrada na cena política de milhares de trabalhadores grevistas no dia 11 de julho de 2013 apontou nessa direção.

Bloqueios de rodovias, concorridas assembleias operárias, paralisações de empresas e greves de ônibus não deixaram dúvidas de que o aumento da inquietação nas fábricas aproximou-se espontaneamente do surto de indignação nas ruas. O protesto contra a quadrilha da Companhia do Metropolitano de São Paulo (Metrô) e da Companhia Paulista de Trens Metropolitanos (CPTM), promovido conjuntamente pelo Sindicato dos Metroviários e pelo MPL, mostrou que a formação de novas coalizões entre a juventude trabalhadora precarizada e o movimento sindical, apesar de difícil, era viável[10].

Além disso, não devemos nos esquecer de que as diferentes esferas governamentais foram obrigadas a agir, tentando satisfazer certas demandas apresentadas durante a onda de protestos. O governo da então presidenta Dilma Rousseff anunciou um plano que previa investimentos de 51 bilhões de reais em projetos de mobilidade urbana, além da contratação imediata de 35 mil médicos para atender as periferias das grandes cidades e o interior do país. Além disso, a Câmara dos Deputados aprovou, na madrugada do dia 26 de junho, o outrora polêmico projeto de lei do Executivo que destinava 75% dos recursos dos *royalties* do petróleo para a educação pública, com prioridade para a educação básica, e 25% para a saúde[11].

A pressão política causada pelas manifestações foi tão intensa que acabou gerando as primeiras conquistas populares desde o *impeachment* de Fernando Collor de Mello,

---

[10] Em 2016, no contexto da resistência ao golpe parlamentar da presidenta Dilma Rousseff, a celebração da aliança entre as frentes Brasil Popular, dirigida pela CUT, e Povo Sem Medo, liderada pelo MTST, reforçou significativamente essa viabilidade.

[11] Para mais informações, ver André Singer, "A (falta de) base política para o ensaio desenvolvimentista", em André Singer e Isabel Loureiro (orgs.), *As contradições do lulismo: a que ponto chegamos?*, cit.

em 1992. Além disso, partidos políticos e agrupamentos de oposição de esquerda ao então governo petista permaneceram mobilizados após o fim dos protestos de rua. Isso não quer dizer que não tenham ocorrido disputas e conflitos durante as Jornadas.

A partir do dia 20 de junho, sobretudo em São Paulo, no Rio de Janeiro e em Campinas, cresceu a polarização política entre os movimentos sociais organizados – como o MPL, o Movimento dos Trabalhadores Sem-Teto (MTST) e o movimento Periferia Ativa, entre outros –, aliados de partidos e agrupamentos de esquerda ligados aos movimentos estudantis, e os agrupamentos de direita – explícita e violentamente antipartidos e antiesquerdas –, que buscavam conquistar a condução dos setores de massa durante os protestos. Os enfrentamentos com os setores da direita e a marcante presença de setores médios tradicionais a partir da massificação dos protestos alimentou interpretações a respeito das Jornadas de Junho que merecem destaque.

Alguns jornalistas alinhados ao governo petista apressaram-se em sustentar que as Jornadas de Junho não passavam de uma tentativa de golpe de Estado tramada pela mídia conservadora. O reposicionamento da cobertura jornalística em apoio aos protestos e a presença nas ruas das classes médias tradicionais descontentes com o governo petista confirmariam a suspeita. No entanto, essa hipótese falhava em explicar tanto a natureza massiva e popular dos protestos quanto a defesa de investimentos públicos em transporte, educação e saúde. Por fim, os protestos não visavam especificamente o governo federal, mas atingiam praticamente todo o *mainstream* político brasileiro[12].

Ciente da fragilidade dessa elaboração, a cúpula do Partido dos Trabalhadores (PT) ajustou o discurso, transitando do "golpe da direita" para o "sucesso do atual modelo de desenvolvimento". Segundo a reelaboração petista, as políticas públicas do governo federal teriam redistribuído tanta renda, elevando de tal maneira as expectativas populares em relação à qualidade dos serviços públicos, que a "nova classe média" criada durante os anos 2000 teria ido às ruas exigir ainda mais iniciativas do governo federal[13].

Sem entrar na questão da existência ou não de uma nova classe média no país, produto do ciclo de desconcentração de renda entre aqueles que vivem dos rendimentos do trabalho, a verdade é que essa segunda hipótese não explica o *timing* dos protestos. Afinal, o que teria acontecido especificamente no mês de junho de 2013 para detonar a maior revolta popular da história brasileira? Por que motivo uma elevação das expectativas populares desaguaria numa onda formada por milhões de indignados nas ruas?

A terceira hipótese buscou localizar as Jornadas de Junho no mesmo diapasão do ciclo de protestos que enlaçou Espanha (2011), Portugal (2012) e Turquia (2013). Em suma, um enrijecido sistema político, fundamentalmente refratário à participação

---

[12] Ver Paulo Henrique Amorim, "Globo derruba a grade. É o Golpe!", *Conversa Afiada*, 20 jun. 2013, disponível em <http://www.conversaafiada.com.br/brasil/2013/06/20/globo-derruba-a-grade-e-o-golpe/>, acesso em 18 ago. 2013.

[13] Para mais informações, ver Daniela Pinheiro, "O comissário: Rui Falcão e a missão de comandar o PT depois das revoltas de junho e do desgaste de Dilma", *Piauí*, São Paulo, n. 83, ago. 2013.

popular, estaria se chocando com uma vibrante cultura política democrática fermentada desde baixo pelas redes sociais eletrônicas. De certa maneira, tratar-se-ia de uma renovação das diferentes crises que o sistema político brasileiro teria sofrido desde a redemocratização, como durante a Constituinte, quando a aliança entre movimentos sociais e sindicatos fortalecidos pelo processo de redemocratização se chocou contra uma abertura política comandada por um bloco suprapartidário liderado pelo PMDB[14].

A pulsão democrática em luta contra um sistema impermeável à participação popular teria prevalecido momentaneamente durante o processo de *impeachment* de Fernando Collor de Melo, apenas para fortalecer a opinião daqueles que viam a necessidade da formação de esmagadoras maiorias suprapartidárias pelos governos a fim de evitar um novo *impeachment*. Desse modo, o sistema político brasileiro ter-se-ia especializado em repelir as demandas populares por transformação social ao criar um pacto que, ao fim e ao cabo, teria blindado a vida política contra a participação da sociedade civil.

No entanto, ao contrário do que ocorrera nas décadas de 1980 e 1990, quando a pulsão democrática se expressou por meio do PT, o atual desafio ao sistema político nacional adviria de muitas direções, demonstrando a vitalidade de uma cultura democrática cujo pluralismo radical apenas poderia encontrar guarida na horizontalidade das redes sociais. Ao mesmo tempo, as Jornadas de Junho teriam desafiado outra das certezas do peemedebismo restaurado pelo lulismo nos anos 2000, isto é, a ideia segundo a qual os avanços materiais seriam suficientes para garantir a estabilidade do sistema político.

Então, como explicar que, ainda na vigência do pleno emprego e na ausência de sinais claros de crise econômica, uma rebelião popular daquela magnitude viesse à tona? Para Marcos Nobre:

> As manifestações só podem ser interpretadas como de classe média se forem ignoradas as irrupções nas periferias das grandes cidades, se não se prestar atenção à real dimensão das revoltas, se a atenção ficar concentrada apenas em regiões ricas de São Paulo, Rio de Janeiro, Recife, Porto Alegre, Fortaleza, Belo Horizonte ou Curitiba. É impressionante a quantidade de irrupções nas periferias que se dirigem contra os baixos salários, contra a péssima qualidade dos empregos, em um país que se encontra em situação próxima do pleno emprego.[15]

Lulismo: aviso de incêndio

Marcos Nobre acertou no alvo ao incorporar a frustração das periferias com os empregos gerados pelo atual modelo de desenvolvimento entre as razões da revolta. No entanto, trata-se de uma observação que não encontrou meio de desenvolver-se a

[14] Para mais informações, ver Marcos Nobre, *Choque de democracia: razões da revolta* (São Paulo, Companhia das Letras, 2013).

[15] Ibidem, p. 15.

contento tendo em vista seu cuidado de esquadrinhar a capitulação do PT ao peemedebismo. Além disso, a relação entre o neodesenvolvimentismo deletério existente e o social-desenvolvimentismo distributivista almejado não nos parece suficientemente clara, ou seja, não sabemos ao certo quais das potencialidades progressistas do atual regime de acumulação estariam sendo de fato bloqueadas pela lentidão das transformações imposta pelo sistema político. Aparentemente, haveria espaço para um processo mais rápido de redistribuição de renda. No entanto, até que ponto a crise da acumulação pode ser contida em seu enfoque distributivo?

Entre as tentativas de compreensão dos protestos que buscaram lançar luz sobre o vínculo entre a fadiga do atual modelo de desenvolvimento, as formas ideológicas conflitantes e a questão da violência policial, sem dúvida a mais bem-sucedida foi aquela elaborada por André Singer[16]. O ponto de partida foi a constatação (bastante turva para a maioria dos analistas, diga-se) de que, tendo em vista a dimensão e a energia alcançadas pelos protestos, algo até certo ponto incontrolável em termos políticos tradicionais estaria desenvolvendo-se "nas entranhas da sociedade". A suspeita era informada por uma sensibilidade etnográfica que dialogava diretamente com as pesquisas de campo promovidas pelo Cenedic.

Em outras palavras, se os alarmes do terremoto reverberavam a gritaria política, as verdadeiras causas dos sismos estavam em outro lugar, possivelmente no próprio coração do atual modelo de desenvolvimento pós-fordista e financeirizado. A fim de acercar-se de tal domínio, André Singer identificou três grandes momentos na onda de protestos, cujo desenrolar permitiria antever a crise por meio do ruidoso retorno das lutas de classes ao país após certa sonolência que havia durado uma década.

A solidez da regulação lulista dos conflitos de classe começou a ruir quando os militantes do MPL enfrentaram a repressão policial na avenida Paulista. Em poucas palavras, a ousadia de uma fração combativa da "classe média" paulistana teria aberto as comportas para a inesperada e caudalosa torrente de insatisfações que inundou as ruas de São Paulo entre os dias 17 e 20 de junho. E a entrada em cena de incontáveis forças sociais com demandas difusas teria conduzido as Jornadas de Junho ao seu derradeiro momento de fragmentação por meio de demandas específicas, como a redução de pedágios, a derrubada da PEC 37, os protestos contra o Programa Mais Médicos etc.

Debruçando-se sobre a composição social dos manifestantes, Singer concluiu que tanto as interpretações que enfatizaram a presença da classe média quanto as que identificaram o protagonismo do precariado urbano estavam parcialmente corretas (ver tabela a seguir). Além disso, lembrou-se de destacar a marcante presença de uma massa de jovens de escolaridade mais alta que a renda. A hipótese de que um "novo proletariado" havia tomado as ruas ao lado dos setores médios tradicionais considerava ainda a experiência recente desses jovens com o emprego formal. Tudo somado, a nacionalização dos protestos teria produzido um efeito de "cruzamento de classes" em junho de 2013.

---

[16] Ver André Singer, "Brasil, Junho de 2013: classes e ideologias cruzadas", *Novos Estudos Cebrap*, n. 97, nov. 2013.

TABELA 3: MANIFESTANTES DE JUNHO DE 2013, DISTRIBUÍDOS CONFORME FAIXAS DE RENDA NO RIO DE JANEIRO, BELO HORIZONTE E MAIS OITO CAPITAIS[17]

Faixas	Rio de Janeiro 20/06	Oito capitais 20/06	Belo Horizonte 22/06
Mais baixa	34% (Até 1 salário mínimo – SM)	15% (Até 2 SM)	20% (Até 2 SM)
Intermediária 1	54% (De 2 a 5 SM)	30% (De 2 a 5 SM)	36% (De 2 a 5 SM)
Intermediária 2	1% (De 6 a 10 SM)	26% (De 5 a 10 SM)	24% (De 5 a 10 SM)
Alta	10% (Mais de 11 SM)	23% (Mais de 10 SM)	21% (Mais de 10 SM)
	100%	100%	100%

No momento do "tudo junto e misturado", os extremos esquerdistas e direitistas do espectro político ter-se-iam destacado obliterando a inclinação centrista da maioria dos manifestantes. E, assim como os Indignados espanhóis e portugueses haviam inadvertidamente preparado a vitória eleitoral dos conservadores Partido Popular espanhol e do Partido Social Democrata português, o MPL brasileiro teria criado a oportunidade para que visões de mundo direitistas pegassem carona na luta contra o aumento das tarifas do transporte público.

Nesse sentido, os setores médios tradicionais e politicamente conservadores ter-se-iam aproveitado dos protestos para levantar sua própria bandeira desfraldada pelas denúncias de corrupção que atingiam o governo federal. Entre a crítica às condições de vida nas cidades e a revolta contra os escândalos, ter-se-ia formado um amplo centro político cuja vantagem residiria exatamente na possibilidade de levantar tanto a bandeira do transporte quanto a da corrupção. Ao fim e ao cabo, nos desejos desse "centro pós-materialista" em busca da "autoexpressão e da qualidade de vida" residiria a chave para interpretarmos as Jornadas de Junho[18].

Trata-se de uma hipótese instigante, que merece ser testada. De início, é necessário esclarecer que tanto a descrição das bases sociais do ciclo de protestos quanto a periodização em três momentos, isto é, a etapa do protesto popular, a da nacionalização e, finalmente, a da fragmentação, realizadas por Singer são irrefutáveis. Além disso, o argumento segundo o qual a partir da nacionalização das Jornadas de Junho uma massa de jovens incorporou-se às manifestações, flertando tanto com as bandeiras relacionadas ao direito à cidade quanto com aquelas contrárias à corrupção, parece-me bastante convincente.

No entanto, a hipótese de que um "centro pós-materialista" emancipado do "fardo material das gerações anteriores" tenha açambarcado as Jornadas de Junho soa problemática por duas razões principais. Em primeiro lugar, trata-se de uma explicação que serviria para iluminar parte da segunda etapa das Jornadas, isto é, aquela

---

[17] Ibidem, p. 31.

[18] Idem.

compreendida entre os dias 17 e 20 de junho, quando milhares de jovens das classes médias tradicionais tomaram as ruas. Todavia, o argumento revela-se pouco produtivo quando desejamos captar tanto o sentido das lutas populares que foram acumulando-se no país até a manifestação do MPL do dia 13 de junho quanto a crescente polarização social inaugurada com a terceira etapa dos protestos, isto é, a da separação das pautas a partir do dia 21 de junho.

Em outras palavras, as Jornadas de Junho não apontam para uma sociedade em via de resolver seus problemas materiais. Ao contrário, são um indício de que esses problemas se acumularam sem uma solução previsível devido à articulação dos diferentes modos de mercantilização em escala nacional, explodindo abruptamente numa multiplicidade de sentidos. Assim, parece-nos que a chave explicativa para interpretarmos os sentidos de Junho está não no centro, mas nos extremos do espectro político. Seguindo os novíssimos tempos, devemos transitar do colapso da pacificação lulista ao retorno da luta de classes. E trazer para o centro da cena política a periferia das grandes cidades.

Inadvertidamente, os manifestantes insurgiram-se contra a própria estrutura de gastos do governo federal, que, por um lado, reservava, em 2013, 44% do orçamento do Estado para o pagamento de juros e amortizações da dívida pública e, por outro, apenas 3% para a saúde, 2% para a educação e menos de 1% para o transporte[19]. Assim, extrapolando os limites do antigo lulismo, as Jornadas de Junho insurgiram-se contra os fundamentos do regime de acumulação predominantemente financeiro que asfixia a estrutura social do país.

Para além das interpretações unilateralmente centradas em características políticas, demográficas ou socioeconômicas dos manifestantes, é muito importante levar em consideração como a nova conjuntura produzida pelas Jornadas de Junho evoluiu após o refluxo dos protestos de massa a partir de julho de 2013. Os recortes por idade, renda e ideologia são importantes como pontos de partida da análise. No entanto, é a mescla dessas diferentes dimensões em uma totalidade conflitiva evoluindo no tempo que pode garantir uma compreensão mais precisa da atual etapa das lutas sociais no país.

Nesse sentido, é importante destacar que as Jornadas de Junho não se esgotaram nos protestos de rua, mas transbordaram em múltiplas direções que se revelam apenas quando deslocamos nossa observação para as margens das cidades, das regiões, das classes sociais, do mercado de trabalho e das formas de representação política. Assim, já no final de 2013, começaram a aparecer as primeiras notícias a respeito da repressão empreendida tanto pela Polícia Militar (PM) quanto por seguranças privados aos "rolezinhos", isto é, encontros organizados pelo Facebook por jovens moradores das periferias da cidade, em *shopping centers* paulistanos.

Em primeiro lugar, trata-se de levantar a questão: o que pode justificar que esses jovens fossem barrados nas portas dos centros comerciais, revistados, imobilizados, ameaçados, agredidos e, finalmente, presos pela PM? As razões só podem ser o racis-

---

[19] Auditoria Cidadã da Dívida, "É por direitos! Auditoria da dívida já!", *Auditoria Cidadã da Dívida*, Brasília, disponível em <http://www.auditoriacidada.org.br/e-por-direitos-auditoria-da-divida-ja-confira-o-grafico-do-orcamento-de-2012/>, acesso em 26 ago. 2013.

mo e o ódio de classe que transformam a vida dos moradores das periferias em um verdadeiro calvário. Na realidade, esses encontros condensavam alguns aspectos conflitantes do modelo de desenvolvimento outrora pilotado pela burocracia lulista e denunciados nas Jornadas de Junho.

Por um lado, temos a desconcentração da renda entre os que vivem dos rendimentos do trabalho, cujo resultado foi a ampliação do acesso dos trabalhadores pobres e precarizados, em especial os mais jovens, ao crédito. Apesar da deterioração das condições de trabalho e da dura realidade dos baixos salários, a base da pirâmide da renda composta majoritariamente por negros e não brancos progrediu mais rápido que os estratos médios, alterando a norma social de consumo. Em suma, jovens pobres passaram a comprar um "Mizunão" de mil reais em várias parcelas: "Por enquanto a ostentação está só na imaginação. Só tenho um Mizuno, que custou R$ 1.000. Eu paguei em prestação, porque na lata [à vista] não é fácil, não"[20].

Por outro lado, o atual modelo baseia-se em um tipo de acumulação por espoliação que mercantilizou o solo urbano ao transformá-lo em uma inesgotável fonte de superlucros capitalizados por bancos e construtoras. Além disso, essa verdadeira financeirização da terra ajudou a segregar bairros populares, ao deslocar esses mesmos grupos recém-promovidos ao consumo para regiões mais distantes[21]. Os desejos de lazer e consumo de milhões de jovens recém-chegados ao mercado de trabalho passaram a se chocar com a inexistência de espaços públicos nas periferias e com instituições plasmadas por uma soma de racismo e ódio de classe. A acumulação por espoliação aprofundou o isolamento urbano, exacerbando o *apartheid* social:

> O maior defeito do Jardim Nazaré é não ter espaço para o lazer. Falta lugar pra gente se encostar e ninguém discriminar. Se a gente fica na praça à noite, eles vão achar que a gente está usando drogas. [...] A gente foi pra se divertir, ficar com as meninas e conhecer outras pessoas. Mas a polícia chegou com cassetete. [...] Chegou com agressão pra gente tudo ir embora, bala de borracha, gás. Eu achei errado. Se fosse numa conversa como gente grande, a gente poderia chegar num acordo, colocar um lugar pra fazer esses rolês.[22]

Assim, importa menos a aparente despolitização dos encontros do que a revelação da face racista do modelo de desenvolvimento brasileiro. A propósito, o simples fato de ir ao *shopping center* em grupo já é um ato inadvertidamente político. Afinal, esses jovens estão se reapropriando coletivamente de espaços que lhes foram espoliados pela privatização da cidade. Observamos um desdobramento previsível do processo aber-

---

[20] Anderson da Silva, dezoito anos, citado em Letícia Macedo e Paulo Toledo Piza, "'Rolezinho' nas palavras de quem vai", *G1*, 15 jan. 2014, disponível em <http://g1.globo.com/sao-paulo/noticia/2014/01/rolezinho-nas-palavras-de-quem-vai.html>, acesso em 11 fev. 2017.

[21] Veja-se o caso de Itaquera, por exemplo, onde a construção do estádio do Corinthians e os investimentos em mobilidade urbana decorrentes da Copa do Mundo inflacionaram os aluguéis e os valores dos serviços na região. Para mais informações, ver Luiz Henrique de Toledo, "Quase lá: a Copa do Mundo no Itaquerão e os impactos de um megaevento na sociabilidade torcedora", *Horizontes Antropológicos*, Porto Alegre, v. 19, n. 40, jul.-dez. 2013.

[22] Lucas Lima, dezessete anos, citado em Letícia Macedo e Paulo Toledo Piza, "'Rolezinho' nas palavras de quem vai", cit.

to pelas Jornadas de Junho e enraizado no esgotamento do ciclo de crescimento com relativa redistribuição de renda. E a desaceleração econômica ajudou a precipitar a mudança da inquietação social das periferias em indignação com a maneira deplorável como os jovens pobres, em especial os negros, são tratados no país.

Ante a experiência da violência e da segregação, a politização dos rolezinhos não tardou. No final de setembro de 2015, a Secretaria de Educação do Estado de São Paulo anunciou um projeto de reestruturação da rede escolar pública que transferiria 311 mil estudantes e fecharia 94 escolas em todo o Estado. Em resposta, os estudantes do ensino médio iniciaram um inédito movimento de ocupação que alcançou mais de duzentas escolas, desafiando diretamente o governador Geraldo Alckmin e o então secretário de educação, Herman Voorwald. Organizando-se por meio das redes sociais, os estudantes (a maioria jovens moradores das periferias paulistanas) atuaram de maneira coordenada, limpando as escolas, preparando as refeições e organizando eventos, como shows musicais e aulas públicas[23].

O movimento de ocupação das escolas impulsionou diversas manifestações públicas, algumas nas avenidas centrais de São Paulo, como a Brigadeiro Faria Lima e a Paulista, sendo duramente reprimido pela PM. A resiliência demonstrada pelos estudantes, associada ao apoio popular ao movimento, fez com que a reestruturação da rede fosse cancelada e o secretário de educação pedisse demissão no dia 4 de dezembro de 2015. A juventude periférica experimentou uma importante vitória sobre a mercantilização da educação, politizando-se ao longo do processo de ocupação das escolas. Uma demonstração de como as Jornadas de Junho promoveram uma notável mudança no comportamento político dos grupos sociais subalternos, estimulando o engajamento dos jovens em projetos coletivos de defesa de seus direitos da cidadania[24].

Esses desdobramentos haviam sido anunciados em 2013. No entanto, os analistas que permaneceram excessivamente centrados nos acontecimentos paulistanos não souberam perceber a radicalidade plebeia implícita na onda nacional de mobilizações. Para alguns, por exemplo, "os mais pobres, a periferia, não estiveram presentes nas manifestações em junho"[25]. Para outros, as jornadas expressaram a revolta da classe média brasileira com o governo petista. Uma crescente irritação com "a escalada da esperteza governamental" teria transbordado para as ruas quando "notícias de corrupção destrambelhada" associadas ao governo do PT passaram a monopolizar as manchetes[26].

Na realidade, o recalque da pulsão plebeia presente em Junho sacia o apetite ideológico tanto de petistas como de tucanos. Por um lado, contenta tucanos que se imaginam alinhados à vontade das ruas na rebelião contra a corrupção petista. Por outro, se os protestos de fato tivessem sido protagonizados por classes sociais privile-

---

[23] Para mais informações, ver Antonia M. Campos, Jonas Medeiros e Márcio M. Ribeiro, *Escolas de luta* (São Paulo, Veneta, 2016).

[24] Idem.

[25] Maria da Glória Gohn, *Manifestações de junho de 2013 no Brasil e praças dos indignados no mundo* (Petrópolis, Vozes, 2014), p. 40.

[26] Ver Rubens Figueiredo (org.), *Junho de 2013: a sociedade enfrenta o Estado* (São Paulo, Summus, 2014).

giadas, mobilizadas por escândalos de corrupção, então estaria manifesta a tese ventilada pelo PT segundo a qual o então governo de Dilma Rousseff estaria enfrentando uma tentativa de golpe da direita orquestrada pela mídia conservadora.

Das passeatas às ocupações: uma nova conjuntura nacional

A redução das Jornadas de Junho à "revolta coxinha" é uma maneira certeira de trancar a luta de classes no Brasil no agastado cárcere da briga entre o PT e o PSDB. Entretanto, aquilo que é oportuno para os partidos e seus intelectuais simplesmente não é capaz de explicar o elementar: a presença maciça do precariado nos protestos e a série de vitórias populares proporcionadas pelo ciclo de mobilizações. Não devemos nos esquecer de que, desde o *impeachment* de Fernando Collor de Mello, não havia registro no país de uma vitória tão diretamente associada à mobilização popular quanto a derrubada das tarifas do transporte público por todo o país[27].

Libertar as Jornadas de Junho da miséria do debate político polarizado entre o PT e o PSDB implica interpretar os protestos à luz do recente ciclo de lutas sociais associado à espoliação do espaço urbano, somado à maior onda grevista da história brasileira e que revelou o aprofundamento da mercantilização do trabalho. Entendemos que a articulação entre os diferentes modos de mercantilização do espaço urbano e do trabalho oferece indícios mais sólidos a respeito de como interpretar a nova constelação política surgida em junho de 2013.

De fato, tentar esvaziar a natureza plebeia dos protestos implica silenciar uma rica história de mobilização popular apoiada na formação de novas coalizões políticas entre os grupos subalternos. Uma parte importante desse processo remonta ao ano de 2011 quando começaram a ser criados os comitês populares dos atingidos pelas obras da Copa do Mundo de Futebol. Nesse momento, do encontro entre as inúmeras resistências às remoções forçadas e as críticas aos gastos com as novas arenas, uma sensação difusa, porém enraizada, de insatisfação social começou a se insinuar nas cidades diretamente envolvidas no evento[28].

Algo não ia nada bem no país da Copa. O *apartheid* social e a segregação espacial urbana que avançaram nos principais centros urbanos brasileiros nos anos 2000 tornaram-se mais visíveis durante as obras, estimulando as resistências coletivas e as ocupações urbanas. Na cidade de Belo Horizonte, por exemplo:

> Das diversas ocupações e das diversas situações em que se encontram opto por citar as da região do Isidoro – Rosa Leão, Esperança e Vitória, como também a ocupação do Cafezal, na zona sul da cidade, Dandara no bairro Céu Azul, Willian Rosa e Guarani Kaiowá em

---

27 Levantamento feito pelo jornal *Folha de S. Paulo* mostrou que, durante o ciclo de protestos, o preço das passagens de ônibus, trens ou metrô caiu em 59 municípios com mais de 200 mil habitantes, beneficiando 53 milhões de pessoas. Ver André Monteiro et al., "Tarifas caem para 70% da população das grandes cidades", *Folha de S. Paulo*, 6 jul. 2013.

28 Ver Alana Moraes et al., *Junho: potência das ruas e das redes* (São Paulo, Friedrich Ebert Stiftung, 2014).

> Contagem, na região metropolitana. [...] A participação dos moradores de ocupações nos movimentos de Junho de 2013, por vezes em conjunto com o MST, deu-se em dimensão organizativa. Mais do que coadjuvantes ou número para as grandes marchas, as ocupações estiveram presentes na constituição da Assembleia Popular Horizontal, dos fóruns e debates orgânicos daquele movimento.[29]

Em Porto Alegre, a formação do "Bloco de Lutas pelo Transporte 100% Público" coroou as diversas mobilizações populares contra a mercantilização do espaço urbano decorrentes da resistência às obras da Copa. No início de 2013, formou-se na cidade uma articulação de forças políticas, partidos de esquerda, movimentos sociais, sindicatos e associações estudantis cujo principal objetivo era impulsionar as reivindicações pelo transporte público na cidade. Ao mesmo tempo, os trabalhadores sem-teto aproximaram-se do Bloco, fortalecendo as assembleias populares onde eram discutidos os rumos do movimento.

As iniciativas do Bloco concentraram-se na resistência ao aumento das tarifas, como a passeata do dia 27 de março de 2013, duramente reprimida pela Brigada Militar do Estado. A truculência policial, no entanto, ao invés de desestimular o ativismo, serviu de detonador de manifestações ainda maiores, como a passeata de mais de 10 mil pessoas que serpenteou pelo centro de Porto Alegre no dia 1º de abril de 2013 e, já no contexto da nacionalização das Jornadas de Junho, a ocupação da Câmara de Vereadores no dia 10 de julho de 2013[30].

No mesmo sentido, a constituição da Assembleia Popular Horizontal (APH) marcou um momento de ascendência da articulação dos diferentes movimentos que promoviam protestos contra as desocupações em Belo Horizonte. O amadurecimento desses movimentos avançou rumo à ocupação da Câmara Municipal no dia 29 de junho de 2013. Além de reivindicar a revogação do aumento da passagem, demanda alinhada ao fluxo basilar das Jornadas de Junho, o principal objetivo dessa intervenção pressupunha uma reivindicação nada usual, isto é, fazer com que a prefeitura detalhasse os contratos com as concessionárias de transporte coletivo. E o corte em quinze centavos do valor da tarifa de ônibus em Belo Horizonte anunciado no dia 7 de julho premiou parcialmente a luta da APH[31].

Processo semelhante pode ser percebido no ciclo de protestos de Brasília, onde uma miríade de movimentos de luta por moradia, transporte, educação e direitos civis, em flagrante articulação com o MTST, além do sindicato de professores do Distrito Federal, realizou assembleias populares com milhares de pessoas que organizaram os protestos durante os jogos da Copa das Confederações. Apesar de a imprensa ter enfatizado a presença dos setores médios nos atos de Brasília, o protagonismo popular que impulsionou o ciclo de protestos revelou-se de maneira inusitada. Conforme o relato de uma participante dos atos ocorridos na capital federal:

---

[29] Francisco Foureaux, "Belo Horizonte: a cavalaria andou de ré", em ibidem, p. 32-3.

[30] Para mais informações, ver Lorena Castillo, "O antes, o durante e o depois das mobilizações de 2013 em Porto Alegre: a força das ruas e seus desafios", em ibidem.

[31] Para mais informações, ver Francisco Foureaux, "Belo Horizonte: a cavalaria andou de ré", cit.

No dia seguinte, estava muito cansada com toda jornada e os processos. Amanheci viva, mas era difícil ficar inteira. Fui ler os jornais. A versão é que a burguesia havia se rebelado contra o sistema. Porém, uma imagem transgressora bastava para desmerecer a linha editorial equivocada da imprensa. O jornal *Correio Brasiliense* publicou uma foto em que uma pilha de chinelos populares estava abandonada em frente ao palácio do Itamaraty. Aquela foto dos chinelos revelava muito sobre a classe de quem também estava ali nos protestos e quão arriscado – e eu ousaria dizer leviano – era afirmar que foi apenas um protesto de burgueses.[32]

Por sua vez, em Curitiba, também é possível identificar a tendência geral de fortalecimento dos movimentos sociais de luta por transporte e moradia que a nacionalização das Jornadas de Junho assegurou. Na capital paranaense, os protestos contra o aumento da tarifa de ônibus haviam começado em março sem muito sucesso. No entanto, quando as imagens da repressão ao MPL chegaram à cidade, uma onda de indignação popular avançou sobre Curitiba, garantindo, mesmo sob chuva e frio, o enorme sucesso do ato do dia 20 de junho de 2013. O fortalecimento da organização popular na cidade a partir de então não apenas conquistou a redução do preço da passagem como estimulou o apetite grevista dos rodoviários, assegurando, em outubro de 2013, a primeira ocupação popular da história da Câmara Municipal[33].

A continuidade das Jornadas de Junho por meio de ocupações de espaços públicos ameaçados pela mercantilização das terras urbanas deixou marcas em Fortaleza. Na capital cearense, após a repressão da PM aos milhares de manifestantes que se aglutinaram em torno da Arena Castelão para os jogos da Copa das Confederações, houve uma retomada do ativismo social por meio do "Movimento Ocupe o Cocó", isto é, o principal parque da cidade. A ocupação do espaço público não apenas serviu para amadurecer a experiência política de jovens que nunca se haviam engajado em um movimento social antes das Jornadas de Junho como assegurou que a agenda da mobilidade urbana e do direito à cidade permanecesse por várias semanas em destaque na capital cearense[34].

A transformação das passeatas em movimentos de ocupação dos espaços urbanos ameaçados pela especulação imobiliária também ocorreu em Recife, quando parte da "Frente Popular de Luta pelo Transporte Público" se reagrupou, atraindo outras organizações, como o grupo Direitos Urbanos, ao movimento de ocupação do Cais Estelita. Abandonada durante décadas, essa área tornou-se alvo de um grande projeto imobiliário de gentrificação do centro da cidade, transformando sua ocupação em estandarte das lutas de resistência à espoliação urbana e pelo direito a uma cidade democrática: "No Recife, as passeatas de Junho desembocavam no Cais Estelita. O nosso sonho cabia dentro de um cais e ele tinha nome: Movimento Ocupe Estelita"[35].

[32] Ju Pagul, "Brasília: poéticas públicas", em ibidem, p. 56.
[33] Ver Michele Torinelli, "Junho de 2013 desde Curitiba: a juventude em rede nas ruas", em ibidem.
[34] Para mais informações, ver Valéria Pinheiro, "Fortaleza #OcupeOCocó", em ibidem.
[35] Érico Andrade, Liana Lins e Frida Lemos, "Nem solitárias nem amargas: a luta pelo direito à cidade para e pelas pessoas – O caso do #OcupeEstelita", em ibidem, p. 138.

No Rio de Janeiro, o mês de junho de 2013 foi marcado não apenas pelas maciças mobilizações de rua, mas igualmente por um importante processo de mobilização das favelas cariocas encurraladas entre o permanente assédio policial e o aumento dos preços dos aluguéis, estimulado pelos grandes projetos de urbanização ligados à Copa do Mundo e aos Jogos Olímpicos. Além disso, a mudança na conjuntura política produzida pelas Jornadas de Junho fortaleceu o movimento grevista na cidade, estimulando os professores estaduais e municipais a paralisar suas atividades por quase oitenta dias[36].

Nesse sentido, Junho representou uma oportunidade ímpar de fortalecimento dos movimentos sociais tradicionais. Em suma, uma nova agenda política popular e democrática emergiu a partir do ciclo das grandes passeatas no Rio, convergindo com as carências mais sentidas pelos trabalhadores precários dos principais centros urbanos do país:

> Não se trata apenas da questão dos professores ou dos vinte centavos, da resolução 013 etc. Se trata de lutar contra um algo que "se acha" superior a tudo e todos, o Estado "como alguém", onde em nome desse Estado os políticos partidários sentem-se como deuses e nos pisoteiam, ignoram nossas reivindicações e violam de forma brutal e grotesca a Constituição Federal. Dizem que vivemos em um Estado democrático de direito... Seus direitos estão sendo respeitados? Você tem casa própria? Você tem fácil acesso à alimentação? Passa horas do seu dia no trânsito em ônibus lotado em direção ao trabalho e após do ônibus para casa? Chega de mortes nas favelas! Chega de discursos![37]

Possivelmente na cidade de São Luís encontraremos o melhor exemplo de mescla entre a explosão maciça de protestos, com um pico de 40 mil pessoas no dia 22 de junho, e seu transbordamento para toda a capital maranhense. O fortalecimento da luta popular impulsionada pelos grupos mais empobrecidos de trabalhadores somou-se aos movimentos sociais já existentes, impulsionando a mobilização nas periferias da cidade. Novos coletivos surgiram nos bairros, liderando bloqueios de ruas e avenidas, apenas para se fundirem com formas de resistência já existentes, como o movimento estudantil, o ativismo das comunidades quilombolas e as mobilizações dos trabalhadores do transporte alternativo[38].

Assim como aconteceu em outras cidades, esse vibrante caldo de ativismo social desaguou em ações como a criação da Assembleia Popular do Maranhão e a ocupação da Câmara Municipal por moradores da periferia de São Luís:

> O movimento foi iniciado pelos moradores da Vila Apaco e ativistas que os apoiavam. A Vila Apaco, localizada na periferia da cidade, é uma comunidade completamente desassistida pelo poder público [...] A eles se juntaram representantes de dezenas de movimentos

---

[36] Ver Giuseppe Cocco, "O levante de junho: uma potentíssima bifurcação dentro da qual ainda estamos (entrevista), *Revista IHU-On-line*, n. 498, 7 dez. 2013, disponível em <http://uninomade.net/tenda/o-levante-de-junho-uma-potentissima-bifurcacao/>, acesso em 11 mai. 2017.

[37] Raull Santiago, militante do movimento Ocupa Alemão, citado em Thamyra Thâmara, "Junho preto: favelado ocupando as ruas", em Alana Moraes et al., *Junho*, cit., p. 172-3.

[38] Para mais informações, ver Cláudio Castro e Bruno Rogens, "Jornadas de Junho no Maranhão: as ruas e as redes como espaço da reivindicação", em ibidem.

sociais (movimento estudantil, MPL São Luís, que aproveitou para reivindicar a melhoria dos serviços de transporte juntamente com outros militantes da área, mídia alternativa, religiosos, sindicais e de direitos humanos).[39]

Nessa constelação das novas lutas políticas que tomaram o país em 2013, Vitória ocupa um papel proeminente devido à precocidade do engajamento dos movimentos sociais no problema da mobilidade urbana. Já em 2005, a Terceira Ponte havia entrado no mapa dos movimentos sociais capixabas devido à sequência de mobilizações populares contra o aumento do preço do transporte público que tomou a praça do pedágio da Ponte. Em janeiro de 2011, uma marcha formada por 5 mil manifestantes tentou novamente assumir o controle da praça. Das várias experiências de mobilização em torno da questão do transporte público, surgiu o movimento "Vitória contra o aumento", cujo sucesso ajudou a vivificar as lutas populares no Espírito Santo[40].

Esse acúmulo de ensaios de mobilização popular convergiu no dia 17 de junho de 2013 na organização via redes sociais do ato "Já pra rua! Primeiro grande ato contra a criminalização dos movimentos sociais". E a Terceira Ponte foi novamente tomada por uma multidão formada por mais de 30 mil pessoas que reivindicavam o direito de circular livremente pela cidade, além de manifestar a solidariedade aos ativistas barbaramente reprimidos em São Paulo no dia 13 de junho de 2013. O resultado foi uma clara vitória popular sobre a mercantilização do espaço urbano: após uma primeira redução do valor do pedágio de R$ 1,90 para R$ 0,80, a cobrança foi finalmente suspensa no dia 22 de abril de 2014[41].

Além disso, o processo de mobilização social de Junho avançou na criação do Movimento Ocupa Ales (Assembleia Legislativa do Estado), que, durante doze dias, promoveu uma incessante atividade de debates sobre os problemas da cidade, articulando militantes do MPL, do Partido Socialismo e Liberdade (Psol), da União da Juventude Socialista (UJS), da juventude do PT, do Levante Popular da Juventude, do sindicato dos bancários do Espírito Santo e do Diretório Central dos Estudantes da Ufes[42].

Brasil: o precariado em greve

Em suma, a formação de novas coalizões políticas por meio da ocupação de espaços políticos institucionais por militantes de movimentos sociais de base tornou-se uma das principais características das Jornadas de Junho. No entanto, os ecos de 2013 não reverberaram apenas nas mobilizações em torno do transporte público. Menos visível, mas igualmente importante, a massificação dos protestos galvanizou o ativismo sindical dos setores mais precários das classes trabalhadoras do país. De acordo com o Sistema

[39] Ibidem, p. 183.
[40] Ver Haroldo Ferreira Lima, "Vitória: ponte interditada por manifestantes", em ibidem.
[41] Idem.
[42] Idem.

de Acompanhamento de Greves do Departamento Intersindical de Estatística e Estudos Socioeconômicos (SAG-Dieese), os trabalhadores brasileiros protagonizaram, em 2013, uma onda grevista inédita na história do país, somando 2.050 greves[43].

Em 2013, o país superou o declínio grevista das últimas duas décadas e o movimento sindical readquiriu certo protagonismo político. Em várias capitais, por exemplo, as greves bancárias tornaram-se rotineiras. Além disso, professores, funcionários públicos, metalúrgicos, operários da construção civil, motoristas e cobradores reconciliaram-se com a mobilização sindical entre 2013 e 2015. Um notável protagonismo da esfera privada tornou-se manifesto, consolidando a tendência iniciada em 2012. Proporcionalmente, as greves da esfera privada representaram 54% do total, superando as greves da esfera pública[44].

Apesar de não podermos afirmar de modo cabal que o número de greves tenha aumentado após junho de 2013, pois o SAG-Dieese não fornece a curva de greves mês a mês, o crescimento de 134% no número total e de 28% no número de horas paradas nos permite aventar a possibilidade de que os protestos tenham reforçado o apetite grevista dos trabalhadores. Como veremos adiante, algumas greves vitoriosas de rodoviários e garis, por exemplo, emergiram de maneira invulgar na conjuntura produzida pelos protestos em 2013.

E, se essa sugestão mostrar-se acurada, então o ano de 2013 terá testemunhado a convergência espontânea entre a luta política do precariado urbano manifestando-se nas ruas em defesa de seus direitos sociais e a luta econômica da classe trabalhadora mobilizada sindicalmente em defesa de melhores salários e condições de trabalho. Em outras palavras, a combinação dessas duas dimensões das lutas de classes no país atingiu simultaneamente tanto o modo de regulação lulista de outrora quanto o regime de acumulação pós-fordista e financeirizado, que garantiram a reprodução do modelo de desenvolvimento capitalista brasileiro até o golpe parlamentar de 2016.

Nesse caso, o ativismo sindical de cerca de 2 milhões de grevistas em 2013 deve ser somado ao militantismo dos jovens e dos trabalhadores sem-teto que permaneceram protestando mesmo após o refluxo da grande onda de manifestações. Essa convergência pode ser intuída de igual maneira pelo fato de que as greves de 2013 foram predominantemente defensivas, isto é, greves em defesa de condições de trabalho vigentes, pelo respeito às condições mínimas de saúde e segurança ou contra o descumprimento de direitos trabalhistas e previdenciários[45].

Assim, a explicitação dos limites políticos do modo de regulação somou-se à percepção de parte da classe trabalhadora brasileira de que o atual regime de acumu-

---

[43] Isso significou um crescimento de 134% em relação ao ano anterior, quando foram registradas 877 greves. Tal número superou o do ano de 1990, configurando um novo recorde na série histórica do SAG-Dieese. Em termos de horas paradas, tivemos 111.342 horas paradas em 2013, representando um crescimento de 28% em relação ao ano anterior. Trata-se do maior número desde o ano de 1990, quando foram registradas 117.027 horas paradas. Ver Dieese, "Balanço das greves em 2013", *Estudos e Pesquisas*, n. 79, dez. 2015.

[44] Idem.

[45] Idem.

lação pós-fordista e financeirizado apresenta enormes dificuldades em garantir algum tipo de concessão material. No tocante às greves ocorridas na esfera privada, por exemplo, a maioria das greves defensivas (46%) esteve diretamente associada ao descumprimento de direitos trabalhistas e previdenciários por parte dos empregadores. Em comparação com o ano de 2012, nota-se um importante aumento (21,6%) na proporção do número de greves relacionadas ao pagamento de salários atrasados, um indício bastante claro da deterioração das condições gerais de reprodução do regime de acumulação (ver tabela abaixo).

TABELA 4: PRINCIPAIS REIVINDICAÇÕES DAS GREVES NA ESFERA PRIVADA, BRASIL, 2012 E 2013[46]

Reivindicação	2012		2013	
	n.	%	n.	%
Alimentação	184	39,7	418	37,8
Reajuste salarial	156	33,6	326	29,5
Pagamento de salários atrasados	94	20,3	287	25,9
PLR – Participação nos Lucros e Resultados	157	33,8	232	21,0
Assisitência médica	91	19,6	158	14,3
Condições de trabalho	37	8,0	104	9,4
Total	**464**	**100**	**1.106**	**100**

Com um crescimento de 332% em relação a 2012, em apoio à tendência identificada acima, vale destacar a verdadeira explosão de greves ocorrida no domínio que aglutina com mais frequência os grupos de trabalhadores não qualificados ou semiqualificados, terceirizados, sub-remunerados, submetidos a contratos precários de trabalho e mais distantes de certos direitos trabalhistas, isto é, o setor de serviços privados. Além de oito greves nacionais realizadas pelos trabalhadores bancários, nota-se um particular ativismo existente entre os trabalhadores de turismo, limpeza, educação, saúde privada, segurança e comunicação. No entanto, é notável que a maioria das greves tenha sido deflagrada pelos trabalhadores do setor de transportes[47].

Trata-se de outro indício em favor da hipótese de que as Jornadas de Junho tenham impulsionado a convergência espontânea entre a luta política do precariado urbano em defesa de seus direitos sociais e a luta econômica da classe trabalhadora em defesa de seus direitos trabalhistas. Ademais, é possível notar uma tendência semelhante de aumento do ativismo sindical dos trabalhadores precários quando observamos os servidores públicos. Tanto em termos de administração direta quanto em relação às empresas estatais, a elevação mais expressiva no número de greves deu-se nos municípios[48].

Em outras palavras, a atividade grevista avançou na direção dos grupos de trabalhadores mais precarizados do Estado. Em termos gerais, considerando tanto a esfera privada quanto a pública, é possível identificar uma expansão do movimento do centro para a periferia em uma espécie de transbordamento paredista. Além da presença cada vez mais saliente das reivindicações defensivas nas pautas sindicais, esse

---

[46] Ibidem, p. 32.

[47] Idem.

[48] Idem.

avanço das greves para a periferia dos diferentes setores econômicos revelou uma forte aproximação do precariado urbano no tocante à mobilização sindical:

> Essa transformação relaciona-se, precisamente, com a ampliação da deflagração de greves entre categorias profissionais mais frágeis – tanto do ponto de vista remuneratório (são trabalhadores que ocupam a base na distribuição das remunerações) quanto do ponto de vista de suas condições de trabalho, saúde e segurança.[49]

Uma amostra dessas tendências pode ser encontrada na greve iniciada no dia 1º de março de 2014, um sábado de Carnaval, pelos garis da cidade do Rio de Janeiro. Ainda em fevereiro, os garis haviam procurado o sindicato da categoria, que se mostrou refratário às reivindicações da base. Diante desse cenário, os próprios garis convocaram a greve, reivindicando aumento salarial e melhores benefícios. Assim que o lixo começou a se acumular nas ruas da cidade, o movimento grevista passou a sofrer uma série de ataques: a tropa de choque da PM reprimiu violentamente uma passeata dos grevistas, o Tribunal do Trabalho julgou a greve ilegal e grupos não uniformizados de garis começaram a recolher o lixo sob escolta de policiais armados.

Na segunda-feira, dia 3 de março de 2014, a reunião de negociação entre a empresa Conlurb e o sindicato oficial da categoria redundou, contra a vontade dos trabalhadores presentes, na assinatura de um acordo que concedia um aumento cinco vezes inferior ao reivindicado pelos grevistas. Além disso, o acordo determinava que aqueles que não retornassem de imediato ao trabalho seriam sumariamente demitidos. Apesar disso, o movimento não recuou, permanecendo mobilizado até a vitória de suas reivindicações. Após oito dias de greve, o governo municipal aceitou reajustar os salários para 1.100 reais e o tíquete-alimentação para vinte reais.

Foi uma vitória incontestável de um movimento grevista deflagrado contra a vontade da burocracia sindical e liderado por um dos grupos mais precários de trabalhadores que podemos imaginar. E, afinal, como explicar que esses trabalhadores tenham logrado atropelar um sindicato comprometido com o poder municipal, enfrentado ameaças de demissão, resistido à repressão policial, conquistado a simpatia popular e derrotado um governo tão poderoso quanto o da cidade do Rio de Janeiro? Além da coragem pessoal e da disposição combativa demonstradas pelos garis, sua engenhosidade foi decisiva para a vitória do movimento. Instintivamente, os trabalhadores cariocas da limpeza urbana construíram o que poderíamos chamar de "política simbólica do trabalho"[50].

De fato, apenas tornando público um problema tratado como se fosse de domínio privado é que os subalternos podem reequilibrar minimamente a balança das forças sociais. E, durante a mais importante festa popular brasileira, exatamente na cidade do Carnaval, quando o mundo todo está admirando a beleza da folia carioca, o lixo acumulou-se nas ruas, lembrando a todos a importância desses homens e mulheres "invisíveis". Assim, a greve tornou-se um incontornável assunto de domínio público,

---

[49] Ibidem, p 40.

[50] Para mais informações, ver Jennifer Jihye Chun, *Organizing at the Margins: The Symbolic Politics of Labor in South Korea and the United States* (Ithaca, Cornell University Press, 2009).

retirando o manto da invisibilidade social que cobria o grupo. A partir de então, inspirados no exemplo carioca, movimentos semelhantes eclodiram em Santo André, Belo Horizonte e Curitiba.

Em maio de 2014, engrossando a onda grevista dos precários, os trabalhadores rodoviários do Rio de Janeiro realizaram paralisações de acordo com um padrão similar ao dos garis. O sindicato posicionou-se contra a greve, também considerada ilegal pela Justiça do Trabalho e que igualmente passou a ser atacada pela imprensa. Apesar de toda a pressão, os motoristas e os cobradores de ônibus cariocas mantiveram a paralisação, promovendo atos e assembleias ao longo do mês até alcançarem termos mais favoráveis em um acordo com as empresas. E, finalmente, no dia 5 de junho, os metroviários de São Paulo, cidade da abertura da Copa, decidiram entrar na onda grevista do transporte público.

Alguns analistas alinhados ao lulismo dirão que a convergência entre a inquietação das ruas e a agitação sindical desgastou o governo da então presidenta Dilma Rousseff, pavimentando o caminho para o golpe de 2016. O argumento não se sustenta quando comparamos as reivindicações de junho de 2013 às campanhas sindicais predominantemente defensivas do mesmo ano. Na realidade, ao olharmos para o novo protagonismo dos trabalhadores precários no país, identificamos algo muito claro: a defesa intransigente dos direitos sociais e trabalhistas. Trata-se de uma luta redistributiva abertamente atacada pela adoção, no segundo governo de Dilma Rousseff, de uma agenda comprometida com a implementação da política de austeridade fiscal e cortes nos gastos sociais após a vitória nas eleições de 2014.

É a traição pelo então recém-eleito governo das expectativas populares despertadas por uma campanha presidencial vertebrada pela garantia dos empregos e da inviolabilidade dos direitos sociais e trabalhistas, o que explica a alienação das bases sociais do governo petista. E a intensificação do ritmo de mobilização dos setores médios tradicionais, respondendo positivamente à convocatória dos meios de comunicação de massa, ocupou o espaço de experimentação política aberto pelas Jornadas de Junho. Daí em diante, o país passou a viver uma mescla entre crise política e crise econômica como não víamos desde o período das crises combinadas da ditadura e do modelo de desenvolvimento fordista periférico no início dos anos 1980.

O fim do lulismo significou o colapso de um modo de regulação hegemônico atado ao ciclo expansivo do regime de acumulação pós-fordista e financeirizado. O avanço da crise da globalização no país acabou por eliminar as margens de concessão aos trabalhadores, radicalizando o conflito redistributivo e precipitando uma saída reacionária: um golpe parlamentar cuja razão última consiste em aprofundar o neoliberalismo por meio de políticas de espoliação social concentradas nos ataques aos gastos sociais, aos direitos trabalhistas e previdenciários, em tudo contrárias às expectativas das classes subalternas brasileiras.

E a cena política tornou-se tão volátil que, em meio ao caos criado pelo golpe, a única certeza é que o autoritarismo econômico e político tende a ser fortalecido pelas contrarreformas (orçamentária, trabalhista e previdenciária) impostas aos subalternos por um governo ilegítimo. Relembrando Antonio Gramsci, diríamos que, no Brasil, só é possível prever cientificamente a luta de classes, mas não seu resultado. Ainda assim, resta saber a forma que esse processo tenderá a assumir no futuro. A combinação entre a mercantilização, a exploração e a espoliação do trabalho apenas nos permite antever um horizonte tormentoso para as tensões sociais que se acumulam no país.

PORTUGAL, ÁFRICA DO SUL, BRASIL: DESIGUAL E COMBINADO

A explosão não vai acontecer hoje.
Ainda é muito cedo... Ou tarde demais.

Frantz Fanon, *Pele negra, máscaras brancas* (Porto, Paisagem, 1952)

Ao longo de nossa navegação atlântica, fomos convencidos de que a evolução recente da relação entre o neoliberalismo, a precarização do trabalho e a renovação das lutas sociais na crise da globalização requer uma síntese das teorias de Karl Marx com as de Karl Polanyi. Afinal, ambos enfatizaram a tendência capitalista de mercantilização do trabalho como fonte do aumento da inquietação e da resistência dos trabalhadores. Enquanto Polanyi destacou a dinâmica pendular por trás da ação coletiva dos trabalhadores, na qual a mercantilização do trabalho seria sucedida pelo avanço da proteção social, Marx realçou a transformação processual das formas de resistência passiva para as lutas mais ofensivas dos trabalhadores contra os capitalistas[1].

A diferença entre as interpretações de Polanyi e de Marx a respeito da transformação da classe trabalhadora levanta a questão sobre que tipo de relação é possível estabelecer entre os processos de *mercantilização* e de *exploração* do trabalho. Para Burawoy, por exemplo, aqueles que se orientam pela centralidade da exploração tenderiam a apostar na construção de alianças entre trabalhadores através das fronteiras nacionais. Já aqueles que elegem a mercantilização como experiência social estratégica acabariam enfatizando as alianças locais entre os que sofrem os efeitos da alienação mercantil[2].

No entanto, como buscamos argumentar nos capítulos anteriores, a análise da inquietação social do precariado pós-crise da globalização em Portugal, na África do Sul e no Brasil sugere que, em vez de assumirmos a disjunção entre a mercantilização e a exploração, devemos entender que a característica mais marcante da acumulação capitalista é a permanente *transição* da centralidade da acumulação por

[1] Ver Michael Burawoy, "Marxism after Polanyi", em Michelle Williams e Vishwas Satgar (orgs.), *Marxism in the 21th Century: Crisis, Critique and Struggle* (Joanesburgo, Wits University, 2013).

[2] Ver Michael Burawoy, "From Polanyi to Pollyanna", cit.

exploração econômica para a centralidade da mercantilização do trabalho, da terra e do dinheiro, e vice-versa. Daí a importância da atualização, empreendida por David Harvey, da teoria da acumulação por espoliação proposta originalmente por Rosa Luxemburgo[3].

De fato, talvez a tese mais produtiva elaborada por David Harvey, desde que o geógrafo inglês iniciou seu projeto de "reconstruir" a teoria de Marx à luz das contradições capitalistas contemporâneas, seja exatamente afirmar que, "no centro daquilo que define fundamentalmente o capitalismo, existe uma economia baseada na espoliação"[4]. Em outras palavras, trata-se de uma radicalização da análise da acumulação primitiva elaborada por Marx no final do Livro I de *O capital*[5], temperada tanto pela apreensão da unidade dialética entre produção e realização do mais-valor quanto pela interpretação histórica elaborada por Karl Polanyi a respeito da mercantilização da terra, do trabalho e do dinheiro durante o século XIX.

Para o geógrafo britânico, a acumulação capitalista apoia-se em dois processos mutuamente dependentes. Por um lado, verificamos a exploração econômica do trabalho assalariado que domina os locais de produção de mais-valor, isto é, as fábricas, a agricultura capitalizada e os mercados de *commodities*. Por outro, encontramos a espoliação violenta dos setores não totalmente mercantilizados da economia. Historicamente, as características predatórias e fraudulentas da espoliação são mais cristalinas quando comparadas à acumulação econômica, tornando a legitimação política mais difícil de ser alcançada e reproduzida.

Em suma, a natureza específica da mercantilização contemporânea torna-se mais bem definida quando empregamos o conceito de acumulação por espoliação para interpretar a neoliberalização que desorganizou os sistemas de proteção social do fordismo. Assim, a relativa "desmercantilização" do trabalho no pós-guerra, proporcionada pela institucionalização dos direitos trabalhistas, não apenas transformou a norma social de consumo, ampliando os mercados para bens duráveis, como também criou um "exterior" disponível para ser eventualmente "remercantilizado". A geração ativa de um "exterior" implica que a reprodução da dinâmica da acumulação por espoliação é, em termos capitalistas, interminável[6].

A relação entre "desmercantilização" e "remercantilização" sugere que a coexistência de diferentes relações de classe capitalistas e não capitalistas no espaço e no tempo representa um âmbito necessário da reprodução global das relações capitalistas de produção. Além disso, uma vantagem adicional de empregarmos a teoria da acumulação por espoliação consiste em acolher a afinidade dialética entre a

[3] Para mais informações, ver Rosa Luxemburgo, *A acumulação do capital: contribuição ao estudo econômico do imperialismo* (São Paulo, Nova Cultural, 1985); e David Harvey, *O novo imperialismo* (São Paulo, Loyola, 2004).

[4] David Harvey, *17 contradições e o fim do capitalismo*, cit., p. 60.

[5] Karl Marx, *O capital: crítica da economia política*, Livro I: *O processo de produção do capital* (São Paulo, Boitempo, 2013).

[6] Para mais informações, ver Klaus Dörre, "Social Classes in the Process of Capitalist Landnahme: On the Relevance of Secondary Exploitation", *Socialist Studies/Études Socialistes,* v. 6, n. 2, 2010.

mercantilização e a exploração do trabalho, evitando tanto a relativa homogeneização dos diferentes tipos de intervenção do Estado quanto a ausência de uma teoria dos movimentos sociais capaz de iluminar a estrutura do contramovimento, subjacentes à premissa polanyiana.

Aliás, uma das conclusões às quais chegamos, após analisar os três países enlaçados neste livro, é que a teoria do duplo movimento segundo a qual a devastação mercantil é seguida por um único contramovimento em favor da desmercantilização regulada deveria ser transferida de sua atual posição hegemônica na agenda dos estudos sobre a classe trabalhadora global para uma posição subsidiária à teoria marxista da acumulação capitalista. Isso implica rejeitar a teleologia regulacionista inerente à teoria do duplo movimento, mas, ao mesmo tempo, conservar o foco na articulação entre os diferentes modos de mercantilização do trabalho, da terra e do dinheiro, cada dia mais estratégica na atual etapa da acumulação por espoliação.

Assim, não haveria sentido em opor a mercantilização à exploração, pois seriam processos complementares da dinâmica da acumulação do capital. Na realidade, o neoliberalismo é uma forma globalizante de dominação apoiada na espoliação tanto do excedente econômico quanto dos direitos sociais dos trabalhadores, cujo sentido consiste em garantir os lucros dos grandes proprietários e acionistas em um contexto mundial marcado pela crise da valorização do valor. Nesse sentido, ao analisarmos países como Portugal, África do Sul e Brasil, percebemos que, antes de tudo, o neoliberalismo vertebra um tipo de política cujo objetivo é ampliar a mercantilização de setores inteiros da produção e da vida social, por meio de medidas adotadas prioritariamente pelo próprio Estado.

Em outras palavras, observamos intervenções estatais que promovem o mercado autorregulador por meio do ataque aos direitos universais, ampliando o campo do protesto social. Quando, por alguma razão, decidem rebelar-se contra o acesso insuficiente aos bens essenciais que a limitação ou mesmo a eliminação dos direitos sociais promove, as classes subalternas são violentamente reprimidas pelo Estado. Daí a insistência de Harvey em afirmar que a contradição entre capital e trabalho não deve ser interpretada pelos marxistas como a fonte básica de todas as formas de crise e, consequentemente, a razão última das lutas políticas das organizações e movimentos anticapitalistas.

Na realidade, outras fontes de conflitos classistas acrescentam-se à contradição entre capital e trabalho, em um mundo cada dia mais marcado pelos efeitos socialmente regressivos da difusão do neoliberalismo. Ao insistir na importância dessa dimensão da luta social contemporânea, Harvey nada mais faz do que radicalizar o pensamento de Marx, quando este interpreta as contradições da realização do mais-valor de maneira articulada às questões da produção do mais-valor, ou seja, quando Marx afirma a necessidade de pensarmos a reprodução ampliada do capital como uma unidade contraditória entre a produção e a realização do mais-valor.

Daí a importância da reconstrução da teoria marxista da classe operária por meio da incorporação daqueles setores que normalmente não são privilegiados pela análise das lutas sociais, como os trabalhadores do *telemarketing*, os trabalhadores do setor de serviços, os garis, os carteiros, os camelôs, as empregadas domésticas, os motoristas e cobradores de ônibus, os professores etc.[7].

Uma abordagem concentrada na reprodução ampliada do capital permite perceber mais claramente como a articulação entre as estratégias de acumulação por espoliação e sua forma racionalizada, isto é, a política de austeridade, tem impulsionado a extração de renda e riqueza dos trabalhadores, sobretudo por meio da precarização do trabalho e da mercantilização das terras urbanas. Assim, os trabalhadores, como verificamos no caso brasileiro, por exemplo, mesmo quando são capazes de alcançar alguma concessão salarial no mercado de trabalho, usualmente sacrificam seus ganhos devido à majoração dos preços dos aluguéis, da mercantilização do fornecimento de serviços essenciais ou de formas predatórias de financiamento da casa própria.

Em síntese, como argumentamos ao longo deste livro, a evolução desigual e combinada da atual crise da globalização em Portugal, na África do Sul e no Brasil tem estimulado os setores financeiros a saquear os diferentes fundos públicos à custa dos direitos da cidadania garantidos pelas respectivas Constituições nacionais pós-ditatoriais. E o aprofundamento da tensão entre o regime de acumulação e o modo de regulação promovido pelo desaquecimento econômico global fez com que esses países experimentassem um aumento em larga escala da inquietação social de suas respectivas classes subalternas, em especial do precariado urbano. Nas palavras de Chico de Oliveira:

> O "desmanche" globalitário de alguma maneira forjou uma espécie de contemporaneidade entre todos os trabalhadores, o que ajuda a construir agendas comuns, como o mostram as manifestações antiglobalização: é a exclusão ou a desfiliação, nos termos de Castel, que está lançando pontes entre os continentes.[8]

A atual onda de mercantilização implicou o fortalecimento de uma ampla ofensiva política contra os sindicatos e os partidos políticos de esquerda que tradicionalmente se alinham à proteção das classes subalternas. Em Portugal, na África do Sul e no Brasil, o desenvolvimento combinado da mundialização da divisão do trabalho e o aumento da desigualdade entre as classes sociais exacerbou a alienação social dos grupos subalternos, estimulando a transição de uma postura passiva desses setores, em particular o precariado urbano, para uma atitude de desafio político mais (caso da África do Sul) ou menos (casos de Portugal e, relativamente, do Brasil) inorgânico à mercantilização do trabalho, das terras urbanas e do dinheiro.

Nesse sentido, é possível afirmar que o atual ciclo de revoltas populares protagonizado pelos trabalhadores precários em diferentes países do Sul global anunciou que a crise da globalização está longe de seu fim e, provavelmente, a espiral descendente das condições de vida desses trabalhadores continuará funcionando como um elemento catalisador das insatisfações quanto às políticas de austeridade impostas mundialmente aos trabalhadores por diversos Estados neoliberais. Daí verificarmos que,

---

[7] Para mais informações, ver David Harvey, *17 contradições e o fim do capitalismo*, cit.

[8] Francisco de Oliveira, "Quem canta de novo *L'Internationale*?", em Boaventura de Sousa Santos (org.), *Trabalhar o mundo: os caminhos do novo internacionalismo operário* (Rio de Janeiro, Civilização Brasileira, 2005), p. 160.

em Portugal, na África do Sul e no Brasil, os movimentos polanyianos de autoproteção contra a mercantilização têm-se combinado de forma mais ou menos problemática às ondas marxianas de agitação operária.

Apoiando-se no diagnóstico de que a crise do movimento de trabalhadores do final do século XX é passageira e será superada pela formação de novas classes trabalhadoras localizadas nos países semiperiféricos, Beverly Silver apostou na combinação entre inquietações polanyianas no Norte e agitações marxianas no Sul. No entanto, as inúmeras indicações dos casos analisados nesse livro apontam para uma direção diferente. Em vez de depararmos com a formação de um contramovimento global de proteção do trabalho produzido pelos esforços de autoproteção no Norte e pelas agitações operárias no Sul, verificamos o isolamento nacional de movimentos que buscam articular inquietações polanyianas e marxianas, com resultados muito desiguais[9].

Em Portugal, a ampliação do peso social do precariado urbano desafiou de forma bem-sucedida o corporativismo dos sindicatos. No Brasil, o saldo é menos positivo, mas, ainda assim, o precariado mostrou-se, *grosso modo*, uma força dinamizadora do movimento sindical. Na África do Sul, o quadro é sombrio, porém a única possibilidade de reinvenção do sindicalismo no país passa necessariamente pela formação de novas coalizões entre os trabalhadores sindicalizados e a massa do precariado urbano capazes de transcender os espaços nacionais. Todavia, mesmo no caso português, não se verificou qualquer internacionalização à escala europeia dos esforços de criação de um polo protagonizado pela aliança entre sindicatos e movimentos de trabalhadores precários.

Na realidade, a adoção de políticas de espoliação por diferentes Estados tem estimulado dois grandes conjuntos de reações da sociedade, estilizadas nos casos português e sul-africano. Por um lado, a luta política nacional pode eventualmente avançar rumo à criação de novas coalizões entre os subalternos unindo trabalhadores organizados e precários, assegurando a formação de governos antiausteridade e mitigando a exclusão social. Por outro lado, o aumento do autoritarismo do partido governante em benefício da acumulação por espoliação conduz ao aprofundamento da violência política contra os trabalhadores somado à intensificação da concorrência no interior das próprias classes subalternas, desembocando no agravamento da tensão entre o trabalho organizado e o precariado urbano e, finalmente, no aumento da exclusão social.

Resistência ou estímulo à exclusão social? O caso brasileiro oscilou entre esses dois polos. No começo da era Lula, parecia que a proteção social prevaleceria devido ao incremento da inclusão social, ainda que predominantemente por meio do consumo de massas apoiado no trabalho barato. No entanto, conforme a crise da globalização avançou, experimentamos um nítido endurecimento do regime em benefício da aplicação de medidas austericidas em apoio à política de espoliação. O golpe parlamentar que entronizou Michel Temer representou a opção desavergonhada pela exclusão social que, de modo recalcitrante, vinha sendo testada pelo segundo governo Dilma Rousseff. Ao mesmo tempo, passamos a verificar pressões em favor da frag-

---

[9] Ver Beverly Silver, *Forças do trabalho*, cit.

mentação política, o que sugere, entre outras coisas, que as tensões entre o trabalho organizado sindicalmente e os trabalhadores precários estão aumentando.

Se a nova onda de estudos sobre a classe trabalhadora global assumiu o "otimismo neopolanyiano" como prerrogativa analítica, este livro mostrou que as razões capazes de subsidiar essa perspectiva são muito frágeis. Em grande medida, tal conclusão remete ao fato de que, ao contrário do ocorrido nos tempos da grande transformação de Polanyi, atualmente não é possível compreender o neoliberalismo sem destacar o vínculo entre o espaço nacional e as soluções encontradas pelas grandes empresas para a crise de superprodução em escala global[10].

O dilema não consiste em optar por construir alianças entre trabalhadores através das fronteiras nacionais ou por enfatizar as alianças locais entre os que sofrem os efeitos da alienação mercantil. O problema está em como articular as escalas – local, nacional, regional e internacional – na formação de novas ondas de resistência dos trabalhadores às ameaças da mercantilização. De fato, como procuramos indicar anteriormente, o principal desafio para o estabelecimento de um novo internacionalismo dos trabalhadores segue sendo a discordância entre as diferentes escalas de ação dos próprios trabalhadores[11]. Antes de tudo, trata-se de uma construção política que demanda o recurso a referenciais estratégicos. As forças sociais do trabalho devem aprender a lutar contra o grande capital simultaneamente nas escalas nacional e global. Para tanto, é necessário evitar a suposição polanyiana de que o Estado se alinhe automaticamente ao polo da proteção social.

Neste livro, escolhemos enfatizar a mediação entre o Estado nacional e o mercado mundial, recorrendo à comparação de diferentes trajetórias nacionais no contexto da crise da globalização. Nesse sentido, vale destacar que, nos casos estudados, não verificamos um colapso definitivo e inelutável da regulação fordista, ainda que tardia e periférica. Na realidade, mais correto seria dizer que a promessa da cidadania salarial permaneceu atuando como uma fonte de estímulo para os movimentos sociais nos diferentes países analisados.

Em poucas palavras, os ataques neoliberais aos direitos sociais e trabalhistas herdados do fordismo periférico prepararam a retomada, mesmo que em ritmos muito díspares, das lutas sociais em escala nacional. Aqui, caberia uma ressalva concernente às análises que partem da premissa segundo a qual o declínio das lutas de classe no domínio das relações sociais de produção teria sido acompanhado pela ascendência da esfera da reprodução como espaço privilegiado de oposição ao neoliberalismo. Para Nancy Fraser, por exemplo, razões estruturais impediriam que as forças sociais do trabalho vertebrassem o polo protetor de um duplo movimento no século XXI: "O 'precariado' tem a seu favor a força dos números, mas sua situação não o conduz à

---

[10] Ver Robert Brenner, *O* boom *e a bolha: os Estados Unidos na economia mundial* (São Paulo, Record, 2003).

[11] Para mais informações, ver Boaventura de Sousa Santos e Hermes Augusto Costa, "Introdução: para ampliar o cânone do internacionalismo operário", em Boaventura de Sousa Santos (org.), *Trabalhar o mundo*, cit.

organização; e boa parte dele não possui nada de que o capital necessite ou do que poderia privá-lo"[12].

Assim, a mudança da escala da acumulação do capital impulsionada pela globalização financeira teria enfraquecido em definitivo os sistemas nacionais de proteção, inviabilizando a mobilização do orçamento público pelo Estado, tão necessária à desmercantilização do trabalho, da terra e do dinheiro. Conscientes desses limites, os movimentos sociais contemporâneos teriam abandonado o duplo movimento polanyiano, afastando-se tanto da proteção quanto da mercantilização, em benefício das lutas feministas, étnicas, raciais e anti-homofóbicas[13].

Diagnósticos como esse claramente desvalorizam a proteção do trabalho como campo de resistência ao neoliberalismo. De fato, a burocratização sindical e o consequente déficit democrático produzido por esse processo fazem parte do contexto histórico da atual defensiva dos movimentos pela proteção social. No entanto, a crise do sindicalismo e dos sistemas nacionais de proteção não é capaz de explicar por que os movimentos sociais contemporâneos teriam abandonado a defesa dos direitos sociais e trabalhistas. Ao contrário, as lutas sociais em Portugal, na África do Sul e no Brasil analisadas neste livro sugerem que a agenda da proteção social organizada em torno da desmercantilização do trabalho e da terra está longe de ter esgotado seu potencial mobilizador.

Nosso trabalho investigativo apontou para uma direção alternativa à análise pós-polanyiana do atual momento das lutas sociais. Por um lado, Fraser tem razão ao afirmar que as velhas elites social-democratas rendidas ao neoliberalismo, sobretudo na Alemanha e na França, não são capazes de seduzir as forças sociais comprometidas com a emancipação, em especial os mais jovens. No entanto, cabe observar que o ressurgimento de uma pauta materialista no sul da Europa tem desafiado o neoliberalismo de uma forma mais contundente do que as lutas feministas, étnicas, raciais e anti-homofóbicas foram capazes de fazer até o presente momento.

Trata-se de uma dimensão-chave da luta política europeia, isto é, a formação de coalizões entre os setores mais dinâmicos do trabalho organizado e o jovem precariado europeu em movimentos inovadores que não apenas enfrentam a excessiva burocratização dos sindicatos, mas também lograram alcançar expressivas vitórias eleitorais na região. Em acréscimo, cabe dizer que, da perspectiva de Portugal, África do Sul e Brasil, nem o bloqueio organizativo das forças sociais do trabalho nem a oposição entre emancipação e proteção social conformam parâmetros acurados do atual contexto dos movimentos sociais.

Talvez devêssemos pensar pelo avesso a avaliação pós-polanyiana de Nancy Fraser: no Sul global, coube ao precariado, em uma difícil aliança com o trabalho organizado, a tarefa de impulsionar tanto o movimento de emancipação quanto o movimento pela proteção social contra as investidas da mercantilização do trabalho, da terra e

---

[12] Nancy Fraser, "¿Triple movimiento? Entender la política de la crisis a la luz de Polanyi", *New Left Review*, n. 81, jul. 2013, p. 131.

[13] Idem.

do dinheiro, ainda que os resultados colhidos sejam muito desiguais. Nesse sentido, vale destacar a importância das conexões existentes entre aquilo que Burawoy chamou de "forças gêmeas da exclusão e da inclusão desigual", conformando a desigualdade social no âmbito global[14].

Em suma, precisamos reconhecer tanto a situação defensiva na qual o movimento sindical se encontra inserido, devido ao avanço da exclusão social, quanto a centralidade política das novas lutas dos trabalhadores em torno das resistências aos processos de inclusão desigual. Essa perspectiva, além de reconhecer a importância das tradições políticas nacionais na conformação das insurgências contemporâneas contra a dominação do capital financeiro, apresenta a vantagem de valorizar a interação entre a proteção e a emancipação na agenda das forças sociais do trabalho[15].

No momento em que o capital financeiro, por meio de suas agências de *rating* e de seus fluxos de investimento, dita aos Estados enfraquecidos em sua capacidade de proteger o trabalho os termos de seus gastos, os novos movimentos sociais impulsionados pelo precariado global tendem a se aglutinar em torno da defesa de uma agenda autenticamente universalista dos direitos sociais e trabalhistas. No presente e no futuro, esse continua sendo o verdadeiro embrião de qualquer projeto internacionalista operário, exatamente por ser capaz de articular as forças da proteção e da emancipação contrárias às ameaças originadas pela terceira onda da mercantilização. E a evolução desse projeto, devido a seu peso social cada dia maior, depende da capacidade de o precariado global superar suas limitações estratégicas e internacionalizar sua experiência política.

---

[14] Ver Michael Burawoy, "Facing an Unequal World", *Current Sociology*, v. 63, n. 1, 2014.

[15] Aparentemente, a vivificação de um autêntico sindicalismo de movimento social crítico do burocratismo e permeável às lutas feministas, étnicas, raciais e anti-homofóbicas encontra-se na ordem do dia no Sul global. Para mais informações, ver Immanuel Ness, *Southern Insurgency*, cit.

AGRADECIMENTOS

Perseguindo o bem-sucedido propósito de chegar à Índia pelo mar, os portugueses foram os primeiros europeus a alcançar o sul da África. De início, passaram pela região do Cabo sem perceber, dando-se conta do feito apenas alguns meses mais tarde, quando já retornavam para Lisboa. Pouco mais de dez anos depois, meio desavisadamente, atracaram suas naus em terras tupiniquins.

O projeto deste livro também nasceu acidentalmente das experiências que fui acumulando em minhas andanças por Portugal e pela África do Sul. Mesmo sem conhecer nada de navegação marítima, na condição de pesquisador associado do Centro de Estudos Sociais (CES) da Universidade de Coimbra e do Instituto Sociedade, Trabalho e Desenvolvimento (Swop) da Universidade de Witwatersrand, explorei intuitivamente os ventos que me trouxeram até aqui.

Em Portugal, beneficiei-me da liderança de um acordo de pesquisa financiado pela Coordenação de Aperfeiçoamento de Pessoal de Nível Superior (Capes) e pela Fundação para a Ciência e a Tecnologia (FCT) portuguesa, entre os anos de 2012 e 2014. Esse acordo permitiu-me participar de missões em Portugal em três ocasiões diferentes, nas quais entrevistei operadores de *telemarketing*, ativistas de associações de trabalhadores precários, sindicalistas e dirigentes de partidos políticos portugueses, em especial do Bloco de Esquerda.

Nas missões em Coimbra, fui generosamente acolhido pelos colegas Elísio Estanque e Hermes Augusto Costa, ambos parceiros intelectuais de longa data e professores da Faculdade de Economia da Universidade de Coimbra (Feuc), além de investigadores do CES. Contei, ainda, com a solidariedade de Paulo Marques Alves, professor do ISCTE–Instituto Universitário de Lisboa (ISCTE-IUL), que me pôs em contato com um vibrante grupo de operadores de *telemarketing* lisboetas por meio do qual fui apresentado a Manuel Afonso e aos demais companheiros do Sindicato dos Trabalhadores de Call Center (STCC).

Finalmente, cabe mencionar a relação de colaboração com José Soeiro, também pesquisador do CES e deputado da Assembleia da República pelo Bloco de Esquerda, cujos engajamento sociológico e militância política em favor do precariado têm alcançado ótimos frutos em termos da revitalização da proteção do trabalho em Portugal.

Na África do Sul, desde 2011, tenho participado como pesquisador associado das atividades do Swop, sempre a convite de Edward Webster e de Karl von Holdt. Ao longo dos últimos cinco anos, minhas visitas ao país de Nelson Mandela foram financiadas pela Fundação Friedrich Ebert (FES). Além disso, contei igualmente com o apoio do Instituto Chris Hani, ligado ao Congresso dos Sindicatos Sul-Africanos (Cosatu).

Em Joanesburgo, apesar de visitar Soweto com certa frequência, não fui capaz de desenvolver, ainda que de maneira exploratória, uma pesquisa de campo. A fim de sanar essa lacuna, beneficiei-me do notável material etnográfico produzido pela equipe do Swop sobre as condições de vida e as formas de ação coletiva dos trabalhadores pobres sul-africanos.

Em março de 2015, ao participar do seminário em comemoração dos trinta anos do Swop, conheci o sociólogo norueguês Alf Nilsen, cujo interesse em montar uma rede de pesquisadores especializada em países dos Brics evoluiu para a criação do grupo formado por Aparna Sundar, Ching Kwan Lee, Fábio Luis Barbosa dos Santos, Gayatri Menon, Karl von Holdt e Prishani Naidoo. Em junho de 2016, durante nosso primeiro encontro na cidade de Bergen, debatemos a relação entre o neoliberalismo, a precarização do trabalho e as lutas sociais no Sul global – o que inspirou a estrutura deste livro.

Além disso, a reflexão aqui apresentada favoreceu-se de minha participação na pesquisa coordenada por André Singer, com financiamento do Conselho Nacional de Desenvolvimento Científico e Tecnológico (CNPq), intitulada "Desigual e Combinado: capitalismo e modernização periférica no Brasil do século XXI". Esse projeto, desenvolvido no Centro de Estudos dos Direitos da Cidadania (Cenedic) da Universidade de São Paulo (USP), teve como objetivo analisar a trajetória e o destino histórico do – para utilizarmos a expressão cunhada por André – "ensaio neodesenvolvimentista" testado pelo primeiro governo de Dilma Rousseff.

Conforme a divisão do trabalho estabelecida no interior de nosso grupo de investigadores – formado por Ana Amélia da Silva, Carlos Belo, Cibele Rizek, Isabel Loureiro, Leonardo Gomes de Mello e Silva, Maria Elisa Cevasco e Wolfgang Leo Maar –, ocupei-me das tensões que a crise da regulação lulista, somada ao esgotamento do atual modelo de desenvolvimento brasileiro, promoveu entre os trabalhadores sindicalizados e o precariado urbano.

Este livro não teria sido possível sem o estágio de pós-doutoramento realizado junto ao Departamento de Sociologia da Universidade da Califórnia, em Berkeley, durante o ano acadêmico de 2015-2016, financiado pela Fundação de Amparo à Pesquisa do Estado de São Paulo (Fapesp) e identificado pelo número 2015/02025-6.

Em Berkeley, fui recebido por Michael Burawoy, que me acolheu com a generosidade que lhe é peculiar, abrindo as portas do departamento e pondo-me em contato com pesquisadores interessados em temas tanto brasileiros quanto sul-africanos.

Entre os especialistas em África do Sul, gostaria de mencionar o precioso auxílio de Zachary Levenson e de Gillian Hart no tocante à interpretação das sutilezas da cena política contemporânea desse fascinante país.

Na Universidade da Califórnia, fui consultado pela chefe do Departamento de Sociologia, Mara Loveman, sobre a possibilidade de ministrar um conjunto de palestras dedicado à análise da crise brasileira contemporânea. Assim, juntamente com Rebecca Tarlau, organizamos um ciclo de cinco seminários intitulado "Lulismo: regulação e crise", realizado ao longo do primeiro semestre de 2016. Tratou-se de uma atividade cujo ápice ocorreu durante a participação de Peter Evans no seminário dedicado a debater o ensaio neodesenvolvimentista. Desse ciclo de seminários permaneceu a inestimável amizade de Mara Loveman, Carter Koppelman, Elizabeth McKenna, Fatinha Santos, Manuel Zimbalist Rosaldo, Rebecca Tarlau e Tianna Paschel.

Ainda em Berkeley, não poderia deixar de mencionar todo o carinho com o qual minha família foi recebida por Aynur Sadet Tuğal, Cihan Tuğal, Gautam Premnath, Kasturi Ray, Leela Premnath, Fernando Meneguin, Ana Marusia Meneguin, Eunice Ostrenski, Plínio Junqueira Smith e Laurindo Dias Minhoto. Ao longo do ano, eles foram uma fonte inesgotável de afeto e amizade.

De volta ao Brasil, gostaria de destacar o apoio que sempre recebi de Alvaro Bianchi. Nos últimos vinte anos, Alvaro e eu temos colaborado ativamente em diferentes projetos – sendo o mais recente deles o *Blog Junho* –, além de dedicarmos incontáveis horas de conversa na contestação mútua de nossos argumentos. Os achados deste livro seriam bem mais frágeis sem as muitas críticas de Alvaro.

Palavras seriam insuficientes para expressar a gratidão a minha família.

Finalmente, gostaria de agradecer a André Singer, Cibele Rizek, Daniela Mussi, Demian Melo, Felipe Demier, Guilherme Boulos, Iram Jácome Rodrigues, Isabel Loureiro, Isabel Georges, Leonardo Gomes de Mello e Silva, Luiz Bernardo Pericás, Marcelo Badaró, Marco Aurélio Santana, Maria Arminda do Nascimento Arruda, Maria Elisa Cevasco, Michael Löwy, Michel Cahen, Nadya Araújo Guimarães, Patrícia Maia, Paula Marcelino, Ricardo Antunes, Ricardo Musse, Vera da Silva Telles e Vladimir Safatle pela inspiração, amizade e solidariedade ao longo da jornada.

REFERÊNCIAS BIBLIOGRÁFICAS

ABÍLIO, Ludmila Costhek. A gestão do social e o mercado da cidadania. In: CABANES, Robert et al. (orgs.) *Saídas de emergência:* ganhar/perder a vida na periferia de São Paulo. São Paulo, Boitempo, 2011.

AGARWALA, Rina. *Informal Labor, Formal Politics, and Dignified Discontent in India*. Cambridge, Cambridge University Press, 2013.

ALEXANDER, Peter. Rebellion of the Poor: South Africa's Service Delivery Protests – A Preliminary Analysis. *Review of African Political Economy*, Abingdon, Taylor & Francis, v. 37, n. 123, mar. 2010, p. 25-40.

ALEXANDER, Peter et al. *Class in Soweto*. Scottsville, University of KwaZulu-Natal Press, 2013.

______. *Marikana:* A View From the Mountain and a Case to Answer. Sunnyside, Jacana, 2012.

ALMEIDA, Ana Nunes de. Perfis demográficos e modos de industrialização: o caso do Barreiro. *Análise Social*, v. XXIV, n. 100, 1988, p. 449-60.

ALMEIDA, Vanessa de. A greve de 1943 no Barreiro: resistência e usos da memória. *UBImuseum, Revista Online do Museu de Lanifícios da Universidade da Beira Interior*, n. 2, 2014. Disponível em: <http://www.ubimuseum.ubi.pt/n02/docs/ubimuseum02/ubimuseum02.vanessa-almeida.pdf>. Acesso em: 3 jun. 2016.

ALVES, Nuno de Almeida et al. *Jovens em transições precárias: trabalho, quotidiano e futuro*. Lisboa, Mundos Sociais, 2011.

AMORIM, Paulo Henrique. Globo derruba a grade. É o Golpe! *Conversa Afiada*, 20 jun. 2013. Disponível em: <http://www.conversaafiada.com.br/brasil/2013/06/20/globo-derruba-a-grade-e-o-golpe/>. Acesso em: 18 ago. 2013.

ANDRADE, Érico; LINS, Liana; LEMOS, Frida. Nem solitárias, nem amargas: a luta pelo direito à cidade para e pelas pessoas – O caso do #OcupeEstelita. In: MORAES, Alana et al. *Junho: potência das ruas e das redes*. São Paulo, Friedrich Ebert Stiftung, 2014.

ANTUNES, Ricardo. A sociedade da terceirização total. *Revista da Abet*, v. 14, n. 1, jan.-jun. 2015, p. 6-14.

______. *A rebeldia do trabalho* – o confronto operário no ABC paulista: as greves de 1978/80. São Paulo/Campinas, Ensaio/Unicamp, 1988.

ANTUNES, Ricardo; BRAGA, Ruy (orgs.). *Infoproletários:* degradação real do trabalho virtual. São Paulo, Boitempo, 2009.

ARANTES, Paulo. *O novo tempo do mundo*. São Paulo, Boitempo, 2014.

ARAÚJO, Ângela Carneiro; OLIVEIRA, Roberto Véras de. O sindicalismo na era Lula: entre paradoxos e novas perspectivas. In: OLIVEIRA, Roberto Véras de; BRIDI, Maria Aparecida; FERRAZ, Marcos. *O sindicalismo na era Lula:* paradoxos, perspectivas e olhares. Belo Horizonte, Fino Traço, 2014.

ASHMAN, Sam; FINE, Ben; NEWMAN, Susan. The Crisis in South Africa: Neoliberalism, Financialization and Uneven and Combined Development. *Socialist Register*, n. 47, 2011.

AUDITORIA CIDADÃ DA DÍVIDA. É por direitos! Auditoria da dívida já!, *Auditoria Cidadã da Dívida*, Brasília. Disponível em: <http://www.auditoriacidada.org.br/e-por-direitos-auditoria-da-divida-ja-confira-o-grafico-do-orcamento-de-2012/>. Acesso em: 26 ago. 2014.

BARBOSA, Marcelo; MACHADO, Kadu. A segunda onda, *PT*, 16 mar. 2015. Disponível em: <http://www.pt.org.br/marcelo-barbosa-e-kadu-machado-a-segunda-onda/>. Acesso em: 16 jun. 2015.

BARCHIESI, Franco. *Precarious Liberation:* Workers, the State, and Contested Social Citizenship in Postapartheid South Africa. Albany, Suny, 2011.

BARCHIESI, Franco; KENNY, Bridget. From Workshop to Wasteland: Deindustrialisation and Fragmentation of the Black Working Class on the East Rand (South Africa), 1990-99. *International Review of Social History*, n. 47 (Supplement), 2002.

BASKIN, Jeremy. *Striking Back:* A History of Cosatu. Joanesburgo, Ravan, 1991.

BAUMGARTEN, Britta. Geração à Rasca and Beyond: Mobilizations in Portugal After 12 March 2011. *Current Sociology*, v. 61, n. 4, 2013.

BEAUREGARD, Robert A.; TOMLINSON, Richard. The Discourse of Governance in Post-Apartheid Johannesburg. In: SEGBERS, Klaus. *The Making of Global City Regions:* Johannesburg, Mumbai/Bombay, São Paulo, and Shangai. Baltimore, John Hopkins University Press, 2007.

BHORAT, Haroon; OOSTHUIZEN, Morné. Evolution of the Labour Market: 1995-2002. In: BHORAT, Haroon; KANBUR, Ravi. *Poverty and Policy in Post-Apartheid South Africa*. Cidade do Cabo, HRSC, 2006.

BIANCHI, Alvaro. "Do PCB ao PT: continuidades e rupturas na esquerda brasileira". *Marxismo Vivo*, n. 4, 2001.

BIANCHI, Alvaro; BRAGA, Ruy. Brazil: The Lula Government and Financial Globalization. *Social Forces*, Chapel Hill, v. 83, n. 4, 2005.

BIELER, Andreas et al. *Free Trade and Transnational Labour*. Londres, Routledge, 2014.

BIELER, Andreas; LINDBERG, Ingemar. *Global Restructuring, Labour and the Challenges for Transnational Solidarity*. Londres, Routledge, 2010.

BOULOS, Guilherme. *De que lado você está? Reflexões sobre a conjuntura política e urbana no Brasil*. São Paulo, Boitempo, 2015.

BRAGA, Ruy. *A pulsão plebeia:* trabalho, precariedade e rebeliões sociais. São Paulo, Alameda, 2015.

______. *A política do precariado:* do populismo à hegemonia lulista. São Paulo, Boitempo, 2012.

BRASS, Tom. *Labour Regime Change in the Twenty-First Century:* Unfreedom, Capitalism and Primitive Accumulation. Leiden, Brill, 2011.

BRENNER, Neil; PECK, Jamie; THEODORE, Nik. Após a neoliberalização? *Cadernos Metrópole*, v. 14, n. 27, 2012.

BRENNER, Robert. *O boom e a bolha:* os Estados Unidos na economia mundial. Rio de Janeiro, Record, 2003.

BUHLUNGU, Sakhela. Union-Party Alliances in the Era of Market Regulation: The Case of South Africa. *Journal of Southern African Studies*, v. 31, n. 4, 2005.

______ (org.). *Trade Unions and Democracy:* Cosatu Workers' Political Attitudes in South Africa. Cidade do Cabo, HSRC, 2006.

BUHLUNGU, Sakhela et al. *State of the nation:* South Africa 2005-2006. Cidade do Cabo, HSRC, 2006.

BURAWOY, Michael. Facing an Unequal World. *Current Sociology*, v. 63, n. 1, 2014, p. 5-34.

______. From Polanyi to Pollyanna: The False Optimism of Global Labor Studies. *Global Labour Journal*, v. 1, n. 2, 2010.

______. For a Sociological Marxism: The Complementary Convergence of Antonio Gramsci and Karl Polanyi. *Politics & Society*, v. 31, n. 2, jun. 2003.

______. Marxism after Polanyi. In: WILLIAMS, Michelle; SATGAR, Vishwas (orgs.). *Marxism in the 21th Century:* Crisis, Critique and Struggle. Joanesburgo, Wits University, 2013.

______. *Marxismo sociológico:* quatro países, quatro décadas, quatro grandes transformações e uma tradição crítica. São Paulo, Alameda, 2014.

BURAWOY, Michael et al. *Global Ethnography:* Forces, Connections and Imaginations in a Postmodern World. Berkeley, University of California Press, 2000.

CABANES, Robert. Proletários em meio à tormenta neoliberal. In: CABANES, Robert et al. (orgs.). *Saídas de emergência:* ganhar/perder a vida na periferia de São Paulo. São Paulo, Boitempo, 2011.

CABANES, Robert et al. (orgs.). *Saídas de emergência:* ganhar/perder a vida na periferia de São Paulo. São Paulo, Boitempo, 2011.

CABANES, Robert; GEORGES, Isabel. Perspectiva. In: CABANES, Robert et al. (orgs.). *Saídas de emergência:* ganhar/perder a vida na periferia de São Paulo. São Paulo, Boitempo, 2011.

CABANES, Robert; SOUZA, Mônica Virgínia de. A coleta e o tratamento do lixo. In: CABANES, Robert et al. (orgs.). *Saídas de emergência:* ganhar/perder a vida na periferia de São Paulo. São Paulo, Boitempo, 2011.

CABRAL, Manuel Villaverde. L'État et le patronat portugais devant la classe ouvrière de 1890 à 1914. *Le Mouvement Social*, n. 123, abr.-jun. 1983, p. 45-68.

CALLINICOS, Alex. Brexit: A World-Historic Turn. *International Socialism*, n. 151, jun.-set. 2016.

CAMARGO, João. *Que se lixe a Troika!* Porto, Deriva, 2013.

CAMPOS, Antonia M.; MEDEIROS, Jonas; RIBEIRO, Márcio M. *Escolas de luta*. São Paulo, Veneta, 2016.

CARDOSO, Adalberto. *A construção da sociedade do trabalho no Brasil:* uma investigação sobre a persistência secular das desigualdades. Rio de Janeiro, FGV, 2010.

CARDOSO, Margarida. Indústria do mobiliário espera ano recorde. *Expresso*, 18 nov. 2014.

CAROTHERS, Thomas; YOUNGS, Richard. *The Complexities of Global Protests*. Washington, Carnegie Endowment for International Peace, 2015.

CASTANHEIRA, José Pedro. Os sindicatos e a vida política. *Análise Social*, v. 21, n. 87/88/89, mar. 1985.

CASTILLO, Lorena. O antes, o durante e o depois das mobilizações de 2013 em Porto Alegre: a força das ruas e seus desafios. In: MORAES, Alana et al. *Junho:* potência das ruas e das redes. São Paulo, Friedrich Ebert Stiftung, 2014.

CASTRO, Cláudio; ROGENS, Bruno. Jornadas de Junho no Maranhão: as ruas e as redes como espaço da reivindicação. In: MORAES, Alana et al. *Junho:* potência das ruas e das redes. São Paulo, Friedrich Ebert Stiftung, 2014.

CENTRO DE ESTUDOS SOCIAIS (CES). *Barómetro das crises*, n. 13, 26 mar. 2015.

______. *Barómetro das crises*, n. 12, 27 jan. 2015.

______. *Barómetro das crises*, n. 10, 27 mai. 2014.

______. *Barómetro das crises*, n. 5, 27 mai. 2013.

______. *Barómetro das crises*, n. 4, 10 jan. 2013.

______. *Barómetro das crises*, n. 1, 25 mai. 2012.

CHERRY, Janet. *Umkhonto weSizwe*. Sunnyside, Jacana, 2011.

CHUN, Jennifer Jihye. *Organizing at the Margins:* The Symbolic Politics of Labor in South Korea and the United States. Ithaca, Cornell University Press, 2009.

COCCO, Giuseppe. O levante de junho: uma potentíssima bifurcação dentro da qual ainda estamos (entrevista). *Revista IHU-On-line*, n. 498, 7 dez. 2013. Disponível em: <http://uninomade.net/tenda/o-levante-de-junho-uma-potentissima-bifurcacao/>. Acesso em: 11 mai. 2017.

COLETIVO FERVE. *Dois anos a ferver:* retratos da luta, balanço da precariedade. Porto, Afrontamento, 2009.

COSTA, Hermes Augusto. *Sindicalismo global ou metáfora adiada? Discursos e práticas transnacionais da CGTP e da CUT*. Porto, Afrontamento, 2008.

COSTA, Hermes Augusto; DIAS, Hugo; SOEIRO, José. Significados da greve em contexto de austeridade: o caso português. In: BRAGA, Ruy; ESTANQUE, Elísio; COSTA, Hermes. *Desigual e combinado:* precariedade e lutas sociais no Brasil e em Portugal. São Paulo, Alameda, 2016.

COX, Laurence; NILSEN, Alf Gunvald. *We Make Our Own History:* Marxism and Social Movements in the Twilight of Neoliberalism. Londres, Pluto, 2014.

CRUZ, Sofia Alexandra. *Entre a casa e a caixa:* retrato de trabalhadoras na grande distribuição. Porto, Afrontamento, 2003.

CUTILEIRO, José. *Ricos e pobres no Alentejo:* uma sociedade rural portuguesa. Lisboa, Sá da Costa, 1977.

D'ARAÚJO, Maria Celina. *A elite dirigente do governo Lula*. São Paulo, FGV, 2009.

DALE, Gareth. *Karl Polanyi: The Limits of the Market*. Malden, Polity, 2010.

DAU, Denise Motta; RODRIGUES, Iram Jácome; CONCEIÇÃO, Jefferson José da (orgs.). *Terceirização no Brasil:* do discurso da inovação à precarização do trabalho (atualização do debate e perspectivas). São Paulo, Annablume, 2009.

DEDECCA, Claudio Salvadori; ROSANDISKI, Eliane Navarro. Recuperação econômica e a geração de empregos formais. *Parcerias Estratégicas*, v. 11, n. 22, 2006.

DEPARTAMENTO INTERSINDICAL DE ESTATÍSTICA E ESTUDOS SOCIOECONÔMICOS (Dieese). Balanço das greves em 2013. *Estudos e Pesquisas*, n. 79, dez. 2015. Disponível em: <http://www.dieese.org.br/estudosepesquisas/2013/estPesq79balancogreves2013.pdf>. Acesso em: 12 jan. 2017.

______. *Rotatividade setorial:* dados e diretrizes para a ação sindical. São Paulo, Dieese, 2014.

______. Balanço das greves em 2010-2011. *Estudos e Pesquisas*, n. 63, nov. 2012. Disponível em <http://www.dieese.org.br/balancodasgreves/2011/estPesq63balGreves2010_2011.pdf>. Acesso em: 12 jan. 2017.

DESAI, Ashwin. Service Delivery and the War Within: Wentworth, Durban, South Africa, *South African Review of Sociology*, v. 48, n. 1, 2017.

______. *We Are the Poors:* Community Struggles in Post-Apartheid South Africa. Nova York, Monthly Review, 2002.

DICKINSON, David. *Fighting Their Own Battles:* The Mabarete and the End of Labour Broking in the South African Post Office. Society, Work & Development Institute, University of the Witwatersrand, fev. 2015. Disponível em: <http://www.ee.co.za/wp-content/uploads/2015/07/Post-Office-Labour-Unrest-Strikes-2009-2014-Prof-Dickinson.pdf>. Acesso em: 23 mar. 2016.

DÖRRE, Klaus. Social Classes in the Process of Capitalist Landnahme: On the Relevance of Secondary Exploitation. *Socialist Studies/Études Socialistes*, v. 6, n. 2, 2010.

ELSLEY, Trenton. Outcomes of Collective Bargaining: The Quality of Low Wage Employment in the Formal Economy in South Africa. In: ELSLEY, Trenton. *Bargaining Indicators 2007: A Collective Bargaining Omnibus*. Woodstock, África do Sul, Labour Research Service, 2007.

ESTANQUE, Elísio. Rebeliões de classe média? Precariedade e movimentos sociais em Portugal e no Brasil (2011-2013). In: BRAGA, Ruy; ESTANQUE, Elísio; COSTA, Hermes. *Desigual e combinado:* precariedade e lutas sociais no Brasil e em Portugal. São Paulo, Alameda, 2016.

______. *Entre a fábrica e a comunidade:* subjectividades e práticas de classe no operariado do calçado. Porto, Afrontamento, 2000.

ESTANQUE, Elísio; COSTA, Hermes A (orgs.). *O sindicalismo português e a nova questão social:* crise ou renovação? Coimbra, Almedina, 2011.

EVANS, Peter. National Labor Movements and Transnational Connections: Global Labor's Evolving Architecture under Neoliberalism. *Global Labour Journal*, v. 5, n. 3, 2014.

______. Is It Labor's Turn to Globalize? Twenty-First Century Opportunities and Strategic Responses. *Global Labour Journal*, v. 1, n. 3, 2010.

______. Is an Alternative Globalization Possible? *Politics & Society*, v. 36, n. 2, 2008.

FELTRAN, Gabriel de Santis. "Trabalhadores" e "bandidos" na mesma família. In: CABANES, Robert et al. (orgs.). *Saídas de emergência:* ganhar/perder a vida na periferia de São Paulo. São Paulo, Boitempo, 2011.

FERREIRA, Virgínia. Os paradoxos da situação das mulheres em Portugal. *Revista Crítica de Ciências Sociais*, Coimbra, n. 52-53, nov. 1998-fev. 1999, p. 199-227.

FIGUEIREDO, Rubens (org.). *Junho de 2013:* a sociedade enfrenta o Estado. São Paulo, Summus, 2014.

FILGUEIRAS, Vitor Araújo. *Terceirização e acidentes de trabalho na construção civil.* Relatório parcial de pesquisa apresentado ao Cesit. Campinas, mimeo, 2014.

FONSECA, Inês. Identidades e memórias em torno de uma mina: o caso de Aljustrel. *Revista de Antropología Iberoamericana*, v. 1, n. 3, 2006.

FONTES, Paulo; MACEDO, Francisco. As ambivalências das conquistas: os dilemas do Sindicato dos Bancários de São Paulo na era Lula. In: OLIVEIRA, Roberto Véras de; BRIDI, Maria Aparecida; FERRAZ, Marcos. *O sindicalismo na era Lula:* paradoxos, perspectivas e olhares. Belo Horizonte, Fino Traço, 2014.

FOSTER, John Bellamy; MCCHESNEY, Robert W. *The Endless Crisis:* How Monopoly-Finance Capital Produces Stagnation and Upheaval from the USA to China. Nova York, Monthly Review, 2012.

FOUREAUX, Francisco. Belo Horizonte: a cavalaria andou de ré. In: MORAES, Alana et al. *Junho:* potência das ruas e das redes. São Paulo, Friedrich Ebert Stiftung, 2014.

FRASER, Nancy. ¿Triple movimiento? Entender la política de la crisis a la luz de Polanyi. *New Left Review*, n. 81, jul. 2013, p. 121-46.

FREUND, Bill. South Africa: The End of Apartheid and the Emergence of the "BEE Elite". *Review of African Political Economy*, v. 34, n. 14, 2007.

FRIEDMAN, Steven. *Building Tomorrow Today:* African Workers in Trade Unions, *1970-1984*. Cidade do Cabo, Ravan, 1987.

GALVÃO, Andréia. A reconfiguração do movimento sindical nos governos Lula. In: BOITO, Armando; GALVÃO, Andréia. *Política e classes sociais no Brasil dos anos 2000*. São Paulo, Alameda, 2012.

GEORGES, Isabel; SANTOS, Yumi Garcia dos. *As novas políticas sociais brasileiras na saúde e na assistência: produção local do serviço e relações de gênero*. Belo Horizonte, Fino Traço, 2016.

GERSON, Jack. The Marikana Massacre and the New Wave of Workers' Struggle. *New Politics*, v. 14, n. 3, 2013, p. 15-38.

GOHN, Maria da Glória. *Manifestações de junho de 2013 no Brasil e praças dos indignados no mundo*. Petrópolis, Vozes, 2014.

GUMEDE, William. ANC Fragmentation. *Pambazuka News*, n. 637, 4 jul. 2013.

HART, Gillian. *Rethinking the South Africa Crisis:* Nationalism, Populism, Hegemony. Durban, University of KwaZulu-Natal Press, 2013.

______. *Disabling Globalization:* Places of Power in Post-Apartheid South Africa. Berkeley, University of California Press, 2002.

______. *The World Summit on Sustainable Development:* a Diary. Mimeo, 2002.

HARVEY, David. *17 contradições e o fim do capitalismo*. São Paulo, Boitempo, 2016.

______. *O enigma do capital e as crises do capitalismo*. São Paulo, Boitempo, 2011.

______. *O novo imperialismo*. São Paulo, Loyola, 2004.

HAYEK, Friedrich von. *O caminho da servidão*. São Paulo, Vide, 2013.

HENNING, Dietmar; KUCKARTZ, Andreas. Interview with a South African Volkswagen Worker. *World Socialist*, 29 abr. 2000. Disponível em: <https://www.wsws.org/en/articles/2000/04/savw-a29.html>. Acesso em: 12 set. 2015.

HESPANHA, Pedro; FERREIRA, Sílvia; PACHECO, Vanda. O Estado social, crise e reformas. In: REIS, José et al. *A economia política do retrocesso:* crise, causas e objetivos. Coimbra, Almedina, 2014.

HIRATA, Daniel Veloso. Vida loka. In: CABANES, Robert et al. (orgs.). *Saídas de emergência:* ganhar/perder a vida na periferia de São Paulo. São Paulo, Boitempo, 2011.

HIRSON, Baruch. *Year of Fire, Year of Ash:* The Soweto Revolt. Londres, Zed, 2016.

HOLDT, Karl von et al. *The Smoke That Calls:* Insurgent Citizenship, Collective Violence and the Struggle for a Place in the New South Africa – Eight Case Studies of Community Protest and Xenophobic Violence. Joanesburgo, Society, Work and Development Institute, University of the Witwatersrand, 2011.

HOLDT, Karl von; WEBSTER, Edward. Work Restructuring and the Crisis of Social Reproduction: A Southern Perspective. In: HOLDT, Karl von; WEBSTER, Edward (orgs.). *Beyond the Apartheid Workplace:* Studies in Transition. Durban, University of KwaZulu-Natal Press, 2005.

HURWITZ, Ingrid; LUIZ, John. Urban Working Class Credit Usage and Over: Indebtedness in South Africa. *Journal of Southern African Studies*, v. 33, n. 1, 2007.

HUSSON, Michel. Flexibilité du travail, anarque néo-libérale (I). *A l'encontre (La Bréche)*, 14 mar. 2016.

IBOPE. *Pesquisa de opinião pública sobre as manifestações*. Ibope, jun. 2013. Disponível em: <http://www.ibope.com.br/pt-br/noticias/Documents/JOB_0948_BRASIL%20-%20Relatorio%20de%20tabelas.pdf>. Acesso em: 11 set. 2014.

JARDIM, Maria A. Chaves. *Entre a solidariedade e o risco:* sindicatos e fundos de pensão em tempos de governo Lula. São Paulo, Annablume, 2009.

JUDENSNAIDER, Elena et al. *20 centavos: a luta contra o aumento*. São Paulo, Veneta, 2013.

KAPSOS, Steven. *World and Regional Trends in Labour Force Participation:* Methodologies and Key Results. Genebra, International Labour Organization, 2007.

KINGDON, Geeta; KNIGHT, John. Unemployment in South Africa, 1995-2003: Causes, Problems and Policies. *Global Poverty Research Group*, Oxford, jan. 2005. Disponível em: <www.sarpn.org/documents/d0002390/Unemployment_SA_GPRG_Jan2005.pdf>. Acesso em: 11 fev. 2017.

KOVÁCS, Ilona. *As metamorfoses do emprego:* ilusões e problemas da sociedade da informação. Oeiras, Celta, 2002.

______ (org.). *Flexibilidade de emprego:* riscos e oportunidades. Oeiras, Celta, 2005.

KREIN, José Dari. Formalização e flexibilização? *IHU On-Line*, n. 441, abr. 2014. Disponível em: <http://www.ihuonline.unisinos.br/index.php?option=com_content&view=article&id=5451&secao=441%20>. Acesso em: 30 nov. 2015.

______; TEIXEIRA, Marilane Oliveira. As controvérsias das negociações coletivas nos anos 2000 no Brasil. In: OLIVEIRA, Roberto Véras de; BRIDI, Maria Aparecida; FERRAZ, Marcos. *O sindicalismo na era Lula:* paradoxos, perspectivas e olhares. Belo Horizonte, Fino Traço, 2014.

______; SANTOS, Anselmo Luis dos. La formalización del trabajo en Brasil: el crecimiento económico y los efectos de las políticas laborales. *Nueva Sociedad*, v. 21, n. 239, 2012.

LADOSKY, Mario Henrique Guedes; RAMALHO, José Ricardo; RODRIGUES, Iram Jácome. A questão trabalhista e os desafios da ação sindical nos anos 2000. In: OLIVEIRA, Roberto Véras de; BRIDI, Maria Aparecida; FERRAZ, Marcos. *O sindicalismo na era Lula:* paradoxos, perspectivas e olhares. Belo Horizonte, Fino Traço, 2014.

LAVAL, Christian; DARDOT, Pierre. *A nova razão do mundo:* ensaio sobre a sociedade neoliberal. São Paulo, Boitempo, 2016.

LEGASSICK, Martin. Legislation, Ideology and Economy in Post-1948 South Africa. *Journal of Southern African Studies*, v. 1, n. 1, 1974.

______. South Africa: Capital, Accumulation and Violence. *Economy and Society*, v. 3, n. 3, ago 1974.

LEITE, Jorge et al. Austeridade, reformas laborais e desvalorização do trabalho. In: CENTRO DE ESTUDOS SOCIAIS (CES). *A anatomia da crise:* identificar os problemas para construir as alternativas – relatório preliminar do Observatório sobre Crises e Alternativas. Coimbra, CES, no prelo.

LEVITT, Kari Polanyi. *From the Great Transformation to the Great Financialization: On Karl Polanyi and Other Essays*. New York, Zed, 2013.

LIMA, Haroldo Ferreira. Vitória: ponte interditada por manifestantes. In: MORAES, Alana et al. *Junho:* potência das ruas e das redes. São Paulo, Friedrich Ebert Stiftung, 2014.

LIMA, Maria da Paz Campos. A reconfiguração do regime de emprego e de relações laborais em Portugal na ótica liberal. CES/*Cadernos do Observatório*, Coimbra, n. 5, jun. 2015.

LINDEN, Marcel van der. Global Labour: A Not-so-grand Finale and Perhaps a New Beginning. *Global Labour Journal*, v. 7, n. 2, maio 2016.

______. *Trabalhadores do mundo:* ensaios para uma história global do trabalho. Campinas, Editora da Unicamp, 2013.

LIPIETZ, Alain. *Miragens e milagres:* problemas da industrialização no Terceiro Mundo. São Paulo, Nobel, 1988.

LOUÇÃ, Francisco; MORTÁGUA, Mariana. *A dívida(dura):* Portugal na crise do euro. Lisboa, Bertrand, 2012.

LOUÇÃ, João Carlos. *Call centers:* trabalho, domesticação, resistências. Lisboa, Deriva, 2014.

LUXEMBURGO, Rosa. *A acumulação do capital:* contribuição ao estudo econômico do imperialismo. São Paulo, Nova Cultural, 1985.

MACEDO, Letícia; PIZA, Paulo Toledo. "Rolezinho" nas palavras de quem vai. *G1*, 15 jan. 2014. Disponível em: <http://g1.globo.com/sao-paulo/noticia/2014/01/rolezinho-nas-palavras-de-quem-vai.html>. Acesso em: 11 fev. 2017.

MAGALHÃES, José César. As entidades sociais e o surgimento de uma gestão concorrencial do engajamento cívico. In: CABANES, Robert et al. (orgs.). *Saídas de emergência:* ganhar/perder a vida na periferia de São Paulo. São Paulo, Boitempo, 2011.

MALIKANE, Christopher. Income Distribution, Persistent Unemployment, and the Classical Growth Cycle: Evidence from South Africa. *The Journal of Developing Areas*, v. 44, n. 1, out. 2010.

MARAIS, Hein. *South Africa Pushed to the Limit:* The Political Economy of Change. Claremont, UCT, 2011.

MARQUES, Joana Soares. Trabalho artístico, precariedade e resistência: os coletivos de trabalhadores-artistas no Brasil e em Portugal. In: BRAGA, Ruy; ESTANQUE, Elísio; COSTA, Hermes (orgs.). *Desigual e combinado: precariedade e lutas sociais no Brasil e em Portugal.* São Paulo, Alameda, 2016.

MARTINS, Caio; CORDEIRO, Leonardo. Revolta popular: o limite da tática. In: MORAES, Alana et al. *Junho: potência das ruas e das redes*. São Paulo, Friedrich Ebert Stiftung, 2014.

MARX, Karl. *O capital:* crítica da economia política, Livro I: *O processo de produção do capital.* São Paulo, Boitempo, 2013.

MATTOS, Marcelo Badaró. Junho e nós: das jornadas de 2013 ao quadro atual. *Blog Junho*, 2 jul. 2015. Disponível em: <http://blogjunho.com.br/junho-e-nos-das-jornadas-de-2013-ao-quadro-atual/>. Acesso em: 2 jul. 2015.

MBEKI, Govan. *Sunset at Midday:* Latshon'ilang'emini! Joanesburgo, Pan MacMillan South Africa, 1996.

MCDONALD, David A.; PAPE, John. *Cost Recovery and the Crisis of Service Delivery in South Africa*. Cidade do Cabo, HSRC, 2002.

MCNALLY, David. *Global Slump:* The Economics and Politics of Crisis and Resistance. Oakland, PM, 2010.

MELO, Marcus André. Unexpected Successes, Unanticipated Failures: Social Policy from Cardoso to Lula. In: KINGSTONE, Peter R.; POWER, Timothy J. (orgs.). *Democratic Brazil Revisited*. Pittsburgh, Pittsburgh University Press, 2008.

MENDONÇA, Ricardo. Centro-direita sustenta liderança de Marina no 2º turno, diz Datafolha. *Folha de S.Paulo*, 7 set. 2014. Caderno Poder, p. 9. Disponível em: <http://www1.folha.uol.com.br/poder/2014/09/1512201-centro-direita-sustenta-lideranca-de-marina-no-2-turno-diz-datafolha.shtml?cmpid=menupe>. Acesso em: 13 jul. 2015.

MILKMAN, Ruth; OTT, Ed (orgs.). *New Labor in New York:* Precarious Workers and the Future of the Labor Movement. Ithaca, Cornell University Press, 2014.

MNWANA, Sonwabile; CAPPS, Gavin. *"No Chief Ever Bought a Piece of Land!" Struggles Over Property, Community and Mining in the Bakgatla-ba-Kgafela Traditional Authority Area*. Society, Work & Development Institute (SWOP), University of the Witwatersrand, mar. 2015. Disponível em: <http://www.fes-southafrica.org/fes/13-mar-no-chief-ever-bought-a-piece-of-land-struggles-over-property-community-and-mining/>. Acesso em 19 ago. 2015.

MONTEIRO, André et al. Tarifas caem para 70% da população das grandes cidades. Folha de S. Paulo, 6 jul. 2013.

MONTEIRO, Bruno. *Frágil como o mundo:* etnografia do cotidiano operário. Porto, Afrontamento, 2014.

MOODIE, T. Dunbar. *Going for Gold:* Men, Mines, and Migration. Berkeley, University of California Press, 1994.

______. *The Rise of Afrikanerdom:* Power, Apartheid, & the Afrikaner Civil Religion. Berkeley, University of California Press, 1975.

MORAES, Alana et al. *Junho:* potência das ruas e das redes. São Paulo, Friedrich Ebert Stiftung, 2014.

MORAIS, Jorge. *Rua do ácido sulfúrico:* patrões e operários, um olhar sobre a CUF do Barreiro. Lisboa, Bizâncio, 2008.

MORGENSTERN, Flavio. *Por trás da máscara:* do Passe Livre aos Black Blocs, as manifestações que tomaram as ruas do Brasil. São Paulo, Record, 2015.

MORTON, Adam David. *Unravelling Gramsci:* Hegemony and Passive Revolution in the Global Economy. Londres, Pluto, 2007.

MUNCK, Ronaldo. *Globalization and Labour:* The New "Great Transformation". Londres, Zed, 2002.

NATIONAL LABOUR AND ECONOMIC DEVELOPMENT INSTITUTE (Naledi). *The State of Cosatu: Phase One Report*. Joanesburgo, Naledi, 2006.

NESS, Immanuel. *Southern Insurgency:* The Coming of the Global Working Class. Londres, Pluto, 2015.

NOBRE, Marcos. *Choque de democracia: razões da revolta*. São Paulo, Companhia das Letras, 2013.

NOWAK, Jörg; GALLAS, Alexander. Mass Srikes against Austerity in Western Europe: A Strategic Assessment. *Global Labour Journal*, v. 5, n. 3, 2014.

OLIVEIRA, Francisco de. Prefácio: Contos kafkianos. In: CABANES, Robert et al. (orgs.). *Saídas de emergência: ganhar/perder a vida na periferia de São Paulo*. São Paulo, Boitempo, 2011.

______. Quem canta de novo *L'Internationale*? In: SANTOS, Boaventura de Sousa (org.). *Trabalhar o mundo:* os caminhos do novo internacionalismo operário. Rio de Janeiro, Civilização Brasileira, 2005.

______ *Crítica à razão dualista/O ornitorrinco*. São Paulo, Boitempo, 2003.

OLIVEIRA, Francisco de; BRAGA, Ruy; RIZEK, Cibele (orgs.). *Hegemonia às avessas:* economia, política e cultura na era da servidão financeira. São Paulo, Boitempo, 2010.

OLIVEIRA, Luísa; VELOSO, Luísa. Assédio moral no trabalho: Vamos fingir que não existe. In: DORNELAS, António et al. *Portugal invisível*. Lisboa, Mundos Sociais, 2011.

OLIVEIRA, Sirlei Márcia de; COSTA, Patrícia Lino. Condicionantes para a profissionalização do trabalho doméstico no Brasil: um olhar sobre a profissão em duas regiões metropolitanas – São Paulo e Salvador – na última década. In: ENCONTRO ANUAL DA ANPOCS, 36, 2012, Águas de Lindoia.

OREIRO, José Luis; FEIJÓ, Carmem. Desindustrialização: conceituação, causas, efeitos e o caso brasileiro. *Revista de Economia Política*, São Paulo, v. 30, n. 2, abr.-jun. 2010.

PAGUL, Jul. Brasília: poéticas públicas. In: MORAES, Alana et al. *Junho:* potência das ruas e das redes. São Paulo, Friedrich Ebert Stiftung, 2014.

PAULANI, Leda. *Brasil* delivery*:* servidão financeira e estado de emergência econômico. São Paulo, Boitempo, 2008.

PENA, Paulo Gilvane Lopes et al. Taylorismo cibernético e lesões por esforços repetitivos em operadores de telemarketing em Salvador-Bahia. *Caderno CRH*, v. 24, n. 1, 2011, p. 133--53.

PIALOUX, Michel; BEAUD, Stéphane. *Retorno à condição operária:* investigação em fábricas da Peugeot na França. São Paulo, Boitempo, 2009.

PINHEIRO, Daniela. O comissário: Rui Falcão e a missão de comandar o PT depois das revoltas de junho e do desgaste de Dilma. *Piauí*, São Paulo, n. 83, ago. 2013.

PINHEIRO, Valéria. Fortaleza #OcupeOCocó. In: MORAES, Alana et al. *Junho:* potência das ruas e das redes. São Paulo, Friedrich Ebert Stiftung, 2014.

PINTO, Ana Filipa. *À Rasca*: retrato de uma geração. Lisboa: Planeta, 2011.

POCHMANN, Marcio. *Nova classe média? O trabalho na base da pirâmide salarial brasileira.* São Paulo, Boitempo, 2012.

POLANYI, Karl. *A subsistência do homem e ensaios correlatos.* Rio de Janeiro, Contraponto, 2012.

______. *A grande transformação: as origens da nossa época.* Rio de Janeiro, Campus, 2000.

POMAR, Valter. Quem não sabe contra quem luta não pode vencer. *Valter Pomar*, 4 set. 2014. Disponível em: <http://bit.ly/1tzbBH2>. Acesso em: 15 set. 2014.

PRASHAD, Vijay. *The Poorer Nations:* A Possible History of the Global South. Londres/ Nova York, Verso, 2012.

REIS, José et al. Compreender a crise: a economia portuguesa num quadro europeu desfavorável. In: REIS, José. *A economia política do retrocesso:* crise, causas e objetivos. Coimbra, Almedina, 2014.

RIZEK, Cibele S. Gerir a pobreza? Novas faces da cultura nos territórios da precariedade. In: TORRES, Ana Clara R.; VAZ, Lilian Fessler; SILVA, Maria Lais Pereira da (orgs.). *Leituras da Cidade*. Rio de Janeiro, Letra Capital, 2012.

RODRIGUES, Alan. O que os jovens pensam sobre a política. *Istoé*, 29 ago. 2014. Disponível em: <http://istoe.com.br/380009_O+QUE+OS+JOVENS+PENSAM+SOBRE+A+POLITICA/>. Acesso em: 7 nov. 2016.

RODRIGUES, Fernando. Presidente da Fiesp fala em flexibilizar a lei trabalhista. *Folha de S.Paulo*, 29 nov. 2014.

RODRIGUES, João; CORDEIRO, Ana; TELLES, Nuno. *A financeirização da economia portuguesa* – Observatório sobre crises e alternativas. Coimbra: Centro de Estudos Sociais, 2014.

RODRIGUES, José Albertino. *Sindicato e desenvolvimento no Brasil*. São Paulo, Difusão Europeia do Livro, 1968.

ROLNIK, Raquel. *Guerra dos lugares:* a colonização da terra e da moradia na era das finanças. São Paulo, Boitempo, 2015.

ROSAS, Fernando. *Salazar e o poder:* a arte de saber durar. Lisboa, Tinta da China, 2012.

______. Estado Novo e desenvolvimento económico (anos 30 e 40): uma industrialização sem reforma agrária. *Análise Social*, v. XXIX, n. 128, 1994.

SADER, Emir; SANTOS, Theotonio dos (orgs.). *A América Latina e os desafios da globalização:* ensaios dedicados a Ruy Mauro Marini. São Paulo, Boitempo, 2009.

SALES, Jeane; FILGUEIRAS, Vitor Araújo. Trabalho análogo ao escravo no Brasil: natureza do fenômeno e regulação. *Revista da Abet*, v. 12, n. 2, jul.-dez. 2014.

SANTANA, Marco Aurélio; JATAHY, Paula. O sindicalismo telefônico do Rio de Janeiro na era Lula: orientações e práticas. In: OLIVEIRA, Roberto Véras de; BRIDI, Maria Aparecida; FERRAZ, Marcos. *O sindicalismo na era Lula:* paradoxos, perspectivas e olhares. Belo Horizonte, Fino Traço, 2014.

SANTOS, Boaventura de Sousa. *A difícil democracia:* reinventar as esquerdas. São Paulo, Boitempo, 2016.

______. *The Rise of the Global Left:* The World Social Forum and Beyond. Londres, Zed, 2006.

______ (org.). *Trabalhar o mundo:* os caminhos do novo internacionalismo operário. Rio de Janeiro, Civilização Brasileira, 2005.

SANTOS, Boaventura de Sousa Santos; COSTA, Hermes Augusto. Introdução: para ampliar o cânone do internacionalismo operário. In: SANTOS, Boaventura de Sousa (org.). *Trabalhar o mundo:* os caminhos do novo internacionalismo operário. Rio de Janeiro, Civilização Brasileira, 2005.

SANTOS, Yumi Garcia dos. Interrupções e recomeços: aspectos das trajetórias das mulheres chefes de família monoparental de Cidade Tiradentes. In: CABANES, Robert et al. (orgs.). *Saídas de emergência:* ganhar/perder a vida na periferia de São Paulo. São Paulo, Boitempo, 2011.

SATGAR, Vishwas. Neoliberalized South Africa: Labour and the Roots of Passive Revolution. *Labour, Capital and Society/Travail, Capital et Société*, v. 41, n. 2, nov.-dez. 2008.

SAUL, John S.; BOND, Patrick. *South Africa, The Present as History:* From Mrs Ples to Mandela and Marikana. Joanesburgo, Jacana, 2014.

SECRETARIA NACIONAL DE RELAÇÕES DE TRABALHO. Departamento Intersindical de Estatística e Estudos Socioeconômicos (Dieese). *Terceirização e desenvolvimento, uma conta que não fecha:* dossiê acerca do impacto da terceirização sobre os trabalhadores e propostas para garantir a igualdade de direitos. São Paulo, Central Única dos Trabalhadores, 2014.

SEIDMAN, Gay W. *Beyond the Boycott:* Labor Rights, Human Rights and Transnational Activism. Nova York, Russell Sage Foundation, 2007.

______. *Manufacturing Militance:* Workers' Movements in Brazil and South Africa, *1970-1985*. Berkeley, University of California Press, 1994.

SEOANE, José; TADDEI, Emilio. From Seattle to Porto Alegre: The Anti-Neoliberal Globalization Movement. *Current Sociology*, v. 50, n. 1, jan. 2002.

SILVA, Eliane Alves da. Ocupação irregular e disputas pelo espaço na periferia de São Paulo. In: CABANES, Robert et al. (orgs.). *Saídas de emergência:* ganhar/perder a vida na periferia de São Paulo. São Paulo, Boitempo, 2011.

SILVA, Maria da Conceição de Melo; GOMES, António Rui da Silva. Stress ocupacional em profissionais de saúde: um estudo com médicos e enfermeiros portugueses. *Estudos de Psicologia*, v. 14, n. 3, set.-dez. 2009.

SILVA, Sidartha Sória e. As relações entre sindicalismo e fundos de pensão no governo Lula. In: OLIVEIRA, Roberto Véras de; BRIDI, Maria Aparecida; FERRAZ, Marcos. *O sindicalismo na era Lula:* paradoxos, perspectivas e olhares. Belo Horizonte, Fino Traço, 2014.

SILVER, Beverly J. *Forças do trabalho:* movimentos de trabalhadores e globalização desde 1870. São Paulo, Boitempo, 2005.

SINGER, André. A (falta de) base política para o ensaio desenvolvimentista. In: SINGER, André; LOUREIRO, Isabel (orgs.). *As contradições do lulismo:* a que ponto chegamos? São Paulo, Boitempo, 2016.

______. Brasil, junho de 2013: classes e ideologias cruzadas. *Novos Estudos Cebrap*, n. 97, nov. 2013.

______. *Os sentidos do lulismo:* reforma gradual e pacto conservador. São Paulo, Companhia das Letras, 2012.

______. Raízes sociais e ideológicas do lulismo. *Novos Estudos Cebrap*, n. 85, nov. 2009.

SINGER, André; LOUREIRO, Isabel (orgs.). *As contradições do lulismo:* a que ponto chegamos? São Paulo, Boitempo, 2016.

SLUYTER-BELTRÃO, Jeffrey. *Rise and Decline of Brazil's New Unionism:* The Politics of the Central Única dos Trabalhadores. Oxford, Peter Lang Publisher, 2010.

SMIT, Ria; RUGUNANAN, Pragna. From Precarious Lives to Precarious Work: The Dilemma Facing Refugees in Gauteng, South Africa. *South African Review of Sociology*, v. 45, n. 2, 2014.

SMITH, Tony. *Globalisation:* A Systematic Marxist Account. Chicago, Haymarket, 2009.

SOEIRO, José. *A formação do precariado:* transformações no trabalho e mobilizações de precários em Portugal. Tese de Doutorado em Sociologia, Coimbra, FEUC, 2015.

______. *Reforma agrária:* a revolução no Alentejo. Lisboa, Página a Página, 2013.

SOUZA, Jessé de. *Os batalhadores brasileiros:* nova classe média ou nova classe trabalhadora? Belo Horizonte, Editora UFMG, 2010.

SOUZA, Josias de. Ibope: 75% dos brasileiros apoiam os protestos. *UOL Notícias*, 22 jun. 2013. Disponível em: <http://josiasdesouza.blogosfera.uol.com.br/2013/06/22/ibope-75-dos-brasileiros-apoiam-os-protestos/>. Acesso em: 12/11/2013.

STANDING, Guy. The Precariat, Class and Progressive Politics: A Response. *Global Labour Journal*, v. 7, n. 2, 2016.

______. *A Precariat Charter:* From Denizens to Citizens. Londres, Bloomsbury, 2014.

STEWART, Paul. "Kings of the Mine": Rock Drill Operators and the 2012 Strike Wave on South African Mines. *South African Review of Sociology*, v. 44, n. 3, jun. 2013.

TELLES, Vera da Silva. Ilegalismos populares e relações de poder nas tramas da cidade. In: CABANES, Robert et al. (orgs.). *Saídas de emergência:* ganhar/perder a vida na periferia de São Paulo. São Paulo, Boitempo, 2011.

______. *A cidade nas fronteiras do legal e ilegal*. Belo Horizonte, Argumentum, 2010.

THÂMARA, Thamyra. Junho preto: favelado ocupando as ruas. In: MORAES, Alana et al. *Junho:* potência das ruas e das redes. São Paulo, Friedrich Ebert Stiftung, 2014.

TOLEDO, José Roberto de. Nunca houve uma queda de popularidade como a de Dilma. *O Estado de S. Paulo*, 29 jun. 2013.

TOLEDO, Luiz Henrique de. Quase lá: a Copa do Mundo no Itaquerão e os impactos de um megaevento na sociabilidade torcedora. *Horizontes Antropológicos*, Porto Alegre, ano 19, n. 40, jul.-dez. 2013.

TORINELLI, Michele. Junho de 2013 desde Curitiba: a juventude em rede nas ruas. In: MORAES, Alana et al. *Junho:* potência das ruas e das redes. São Paulo, Friedrich Ebert Stiftung, 2014.

TUĞAL, Cihan. *The Fall of the Turkish Model:* How the Arab Uprisings Brought Down Islamic Liberalism. Londres/ Nova York, Verso, 2016.

WALE, Kim; ALEXANDER, Peter. "Too Poor to Be Unemployed": Underemployment in South Africa. Joanesburgo, mimeo, 2009.

WATERMAN, Peter. Needed: A Global Labour Charter Movement. Mimeo, 2010. Disponível em: <http://api.ning.com/files/450anIHETHS9vRdJEsc89Gp0ugYcdO5k1SC2Pc4oLncl1B8IhnDQNeeihere4A7ILpiyDqZjkQojrjbpLxdHWk03UWdgXRwu/GLCM_PWaterman_Malmo_sep09.pdf>. Acesso em: 24 set. 2015.

WEBSTER, Edward; ADLER, Glenn. Exodus Without a Map? The Labour Movement in a Liberalizing South Africa. In: BECKMANN, Björn; SACHIKONYE, Lloyd (orgs.). *Labour Regimes and Liberalization:* The Restructuring of State-Society Relations in Africa. Harare, University of Zimbabwe, 2001.

WEBSTER, Edward; BUHLUNGU, Sakhela. Between Marginalization and Revitalization? The State of Trade Unionism in South Africa. *Review of African Political Economy*, n. 100, 2004.

WEBSTER, Edward; HOLDT, Karl von. *Beyond the Apartheid Workplace: Studies in Transition*. Durban, University of KwaZulu-Natal Press, 2005.

WEBSTER, Edward; HURT, Karen. *A Lula Moment for South Africa*? Lessons from Brazil. Joanesburgo, Chris Hani Institute, 2014.

WEBSTER, Edward; LAMBERT, Rob; BEZUIDENHOUT, Andries. *Grounding Globalization:* Labour in the Age of Insecurity. Oxford, Wiley-Blackwell, 2008.

WILDERMAN, Jesse. *From Flexible Work to Mass Uprising:* The Western Cape Farm Workers' Struggle. Society, Work & Development Institute (SWOP), University of the Witwatersrand, abr. 2015. (Working Paper n. 4)

WOLPE, Harold. Capitalism and Cheap Labour-Power in South Africa: From Segregation to Apartheid. *Economy and Society*, v. 1, n. 4, 1972.

WRIGHT, Erik Olin. *Understanding Class*. Londres/ Nova York, Verso, 2015.

______. *Envisioning Real Utopias*. Londres/ Nova York, Verso, 2010.

OUTROS LANÇAMENTOS DA BOITEMPO

Bem mais que ideias:
a interseccionalidade como teoria social crítica
Patricia Hill Collins
Tradução de **Bruna Barros e Jess Oliveira**
Orelha de **Elaini Cristina Gonzaga da Silva**

Querido Lula: cartas a um presidente na prisão
Maud Chirio (org.)
Com a colaboração de **Ernesto Bohoslavsky, Luciana Heymann, Ana Lagüéns, Angela Moreira, Benito Schmidt e Adrianna Setemy**
Pesquisa documental de **Ana Lagüéns**
Prefácio de **Emicida**
Orelha de **Conceição Evaristo**
Apoio de **Fundação Perseu Abramo**

O que é a filosofia?
Giorgio Agamben
tradução de **Andrea Santurbano e Patricia Peterle**
Orelha de **Claudio Oliveira**

A questão comunista
Domenico Losurdo
Organização e introdução de **Giorgio Grimaldi**
Tradução de **Rita Coitinho**
Orelha de **Marcos Aurélio da Silva**

Sinfonia inacabada:
a política dos comunistas no Brasil
Antonio Carlos Mazzeo
Prólogo de **Milton Pinheiro**
Apresentação de **Mauro Iasi**
Orelha de **Marly Vianna**

ARSENAL LÊNIN

Conselho editorial: Antonio Carlos Mazzeo, Antonio Rago, Fábio Palácio, Ivana Jinkings, Marcos Del Roio, Marly Vianna, Milton Pinheiro e Slavoj Žižek

Imperialismo, estágio superior do capitalismo
Vladímir Ilitch Lênin
Tradução de **Edições Avante! e Paula V. Almeida**
Prefácio de **Marcelo Pereira Fernandes**
Orelha de **Edmilson Costa**
Quarta capa de **György Lukács, István Mészáros e João Quartim de Moraes**

BIBLIOTECA LUKÁCS

Conselho editorial: José Paulo Netto e Ronaldo Vielmi Fortes

Goethe e seu tempo
György Lukács
Tradução de **Nélio Schneider** com a colaboração de **Ronaldo Vielmi Fortes**
Revisão da tradução de **José Paulo Netto e Ronaldo Vielmi Fortes**
Orelha de **Ronaldo Vielmi Fortes**
Quarta capa de **Miguel Vedda**

ESCRITOS GRAMSCIANOS

Conselho editorial: Alvaro Bianchi, Daniela Mussi, Gianni Fresu, Guido Liguori, Marcos del Roio e Virgínia Fontes

Homens ou máquinas?
escritos de 1916 a 1920
Antonio Gramsci
Seleção e apresenttação de **Gianni Fresu**
Tradução de **Carlos Nelson Coutinho e Rita Coitinho**
Orelha de **Marcos del Roio**

MARX-ENGELS

A guerra civil dos Estados Unidos
Friedrich Engels
Seleção dos textos de **Murillo van der Laan**
Tradução de **Luiz Felipe Osório e Murillo van der Laan**
Orelha de **Cristiane L. Sabino de Souza**

MUNDO DO TRABALHO

Coordenação de **Ricardo Antunes**
Conselho editorial: Graça Druck, Luci Praun, Marco Aurélio Santana, Murillo van der Laan, Ricardo Festi, Ruy Braga

Capitalismo pandêmico
Ricardo Antunes
Orelha de **Virgínia Fontes**

"Greve de 1917", ilustração de Voltolino publicada n'*O Parafuso*.

Finalizado em julho de 2017, cem anos após a histórica Greve Geral de 1917 em São Paulo, este livro foi composto em Adobe Garamond Pro, 10,5/12,6, e reimpresso em papel Pólen Natural 80 g/m² pela gráfica UmLivro, para a Boitempo, com tiragem de 300 exemplares.